创新驱动战略与经济转型

辜胜阻　著

人民出版社

辜胜阻，男，汉族，湖北省武汉市人，1956年出生，经济学博士，经济学和管理学教授，国家有突出贡献中青年专家、国家有突出贡献的留学人员。现任全国人大常委、内务司法委员会副主任委员、民建中央副主席、武汉大学战略管理研究院院长、国家教育咨询委员会委员、国家自然科学基金委管理科学部评审组成员、中国软科学研究会副理事长、教育部科技委管理学部学部委员，清华大学、中国人民大学、中国社会科学院兼职教授及博士生导师。曾任九届全国政协常委、全国工商联副主席、湖北省副省长、武汉市副市长。他1986年至1988年在美国密西根大学进修硕士学位课程；1989年至1990年任日本国日本大学客座教授；1992年至1993年任美国密西根大学访问教授；1994年任德国杜伊斯堡大学客座教授；1996年至1997年作为美国哈佛大学访问教授在美进行合作研究和讲学。

辜胜阻教授先后主持了20余项国家级、部省级及国际合作项目。出版了《危机应对之策与经济转型之道》、《民营经济与创新战略探索》、《民营经济与高技术产业发展战略研究》、《城镇化与经济发展热点问题探索》、《新经济的制度创新与技术创新》、《中国跨世纪的改革与发展》等专著20多部。在《求是》、《中国社会科学》、《中国软科学》、[美]《人口与发展评论》、《人民日报》、《经济日报》、《光明日报》等国家级报刊和国外学术刊物上发表论文百余篇。他有20多项研究成果获得"孙冶方经济科学奖"、"全国'五个一工程'奖"、"教育部优秀成果奖"、湖北省社会科学成果特等奖等国家级和省部级奖励。辜胜阻教授曾获第三届"中国十大杰出青年"荣誉称号，1996年入选国家"百千万人才工程"，1997年入选国家"跨世纪人才工程"。

辜胜阻教授依托其学术研究成果，围绕发展方式转变与经济结构调整、中小企业与民营经济发展、创新与高技术产业发展、经济发展与城镇化等经济社会热点问题参政议政，先后九次登上全国政协大会和政协常委会讲坛发表政见，多次在全国人大常委会和代表大会上建言献策，引起高度重视和广泛关注。他的观点、政见及相关学术研究，经由各大媒体得以广泛传播；他向国家提出许多项重要建议，已经为政府有关部门在政策制定中所采纳。

代　序

转变经济发展方式如何着力

成思危

　　全球金融危机以后，原来的经济发展模式所带来的问题逐渐显现。特别是 2008 年年底，国家启动了 4 万亿元的经济刺激计划。实际上到 2009 年底，政府投资是 6800 亿元，银行信贷大约增加 9.6 万亿元，加起来实际上远远超过 4 万亿元。根据我的研究，如果没有这个经济刺激计划，我国 2009 年的增长率可能只有 2.4%。由于有了这个经济刺激计划，达到了 9.2%，实现了"保八"的目标。但是任何事物都有两面性。过度的经济刺激也带来了明显的负面效应。一是产能的过剩。据报道，在 24 个主要产业部门中，有 21 个产能过剩。钢铁行业，目前有 6 亿多吨产量，但是过剩的产能有 2 亿吨，如果每吨产能的投资以 5000 元计算，就是 1 万亿的资金。这笔投资在投入的时候拉动了 GDP，因为投入时要购买生产资料，还有一部分投资会通过工资转化成为消费。但是它以后就再也不能继续拉动 GDP 了。二是库存的积压。由于外需的减少和国内的产能过剩，以及产品的内需不足，产品就会积压。但是产品积压从 GDP 上反映不出来，因为我国的 GDP 是用生产法计算的，生产出来就算，因此不能反映库存的情况。这和支出法、收入法计算的结果不完全是一样的。三是投资效益的下降。衡量投资效益有两个直观的指标。一是投资的弹性，就是投资增长 1%，GDP 增长多少。一般来说，投资的弹性系数至少应该是 0.7。但是我国 2009 年投资增长了 30.1%，GDP 才增长了 9.2%，投资的弹性只有 0.3。

另一个较明显、直观的指标是投资转化率，就是投入 1 元钱，能增加多少元 GDP（以不变价格算）。我国这个指标最高的时候曾经接近过 1，但是近几年来，都是在 0.25 左右。当然投资效益较低可能有"铁公机"等基础设施建设项目周期长、收益慢的原因，以及一些无效的投资。即使考虑这些原因，我国的投资效益的降低还是严重的。四是环境成本的大量增加。我们曾专门测算过，2005 年由于能源利用效率低、环境污染和生态破坏等原因，造成的经济损失约占 GDP 的 13.5%。而当年我国 GDP 增长率仅为 10.4%。这实际上是把我们这一代对环境的债务，留给了我们的子孙后代，这种发展模式肯定是不可持续的。五是大量货币投放造成的问题。首先就是引发通货膨胀。所谓通货膨胀是指货币供应超过了实体经济的需要，造成了货币购买力的持续下降，或者说物价总水平的持续上升。这个问题在 2010 年和 2011 年是比较明显的。其次就是地方债务的迅速增加。当然有人说，地方债务还是在可控范围之内，因为中央政府还有很大的财力，部分省市也有一定财力。但是如果都由中央政府来"买单"的话，那不就意味着鼓励赖账吗？如果变成银行坏账的话，那不就变成老百姓的损失吗？危险就在这里。再有就是资产泡沫的上升。2009 年上半年本来经济情况不好，但是股指却从 1664 点上涨到了 3300 点，经过我们分析和测算，原因就在于，2009 年 1 季度，我国银行信贷增加了 4.6 万亿元。4.6 万亿元的信贷大部分流入地方政府和国有企业手中，他们没有收益较好的项目，也不甘心把钱拿在手中，于是大概有 1.9 万亿元进入股市，结果抬高了股指。但是由于整体经济形势不好，到 2009 年下半年，大约有 1.1 万亿元资金撤出，股指就跌下来了。

转变经济发展方式要做到三个"外转内"

中央认真地总结了 2009 年的经验教训以后，提出一定要转变经济发展方式。我认为，转变经济发展方式需要做到三个"外转内"。一是从过多依靠外需，转向更多地依靠内需，特别是居民的消费。要依靠国内消费，首先要提高老百姓的购买力，让大家有能力消费，这就需要有制度性的安排，包括让人民群众的收入和经济增长同步，工资与通货膨胀联动，职工报酬随劳动生产率上升，提高个人所得税的起征点，适度推进信贷消费等；其次要改善社会保障体系，让大家敢于消费，不会为子女上学贵、看病贵、养老难等因素而不敢花钱。更重要的是，我国的企业要提供适销对路的产品，让大家愿意消费。中国需要有更多的"乔布斯"，总是能不断推出新产品吸引大家消费。因此消费拉动的关键是要让人民群众能消费、敢消费、愿消费。当然，我们说更多地依靠内需，并不是说不重视外贸，而是要注意在外贸产品结构上从低端产品逐渐向高端产品提升，既要引进来也要走出去。二是从外延型增长转为内涵型增长。外延型增长就是做加法，比如城市发展"摊大饼式"的扩张，这就是外延型的增长。今后城市发展不能走这样的道路，而是要走内涵式发展道路。内涵型增长现在国外讲得比较多的就是智慧城市，包括精明增长、绿色建筑等。精明增长主要指两个方面：一方面是合理利用土地；另一方面是调整产业结构。内涵型增长主要是依靠提高劳动生产率、提高资金的使用效率以及降低环境成本等方面来实现的。提高劳动生产率，实际上就是要降低物质消耗，提升每一单位物质消耗所创造财富的水平，创造更多的社会财富。同时把这些财富合理地分配给全体人民。通过提高劳动生产率来促进经济增长比投资拉动增长的难度要大得多，但却是促进经济增长的根本。另外，提高资金的使用效率和降低生产的环境成本也很重要。三是从外生性动力向内生性动力转变。所谓外生性动力，主是指靠依靠银行贷款、政府的优惠政策等推动发展，这当然是重要的，但更重要的是如何调动内在的动力来更好地实现发展。我认为，一要提倡创新，鼓励大家能够为企业的发展、为地区的发展，提供各种各样的建议。创新不仅仅是技术创新，还包括管理创新、制度创新等内容。二要大力发展教育，提高人口的素质。通过教育，可以提高人民群众的思想、道德、科技和文化水平，也可以培养创新能力，这两点是至关重要的。经济可以保证今天，科技可以保证明天，但只有教育才能保证后天。投资教育就是投资于我们的未来。三要充分挖掘自身的资源优势。

改革攻坚要处理好四大关系

我国改革开放的成绩是巨大的。回顾改革的历程，可以看到层出不穷的制度创新推动了我国的快速发展。我认为制度创新是改革的核心。制度创新经常成为影响改革进一步发展，甚至转变发展路径的主要因素。现在我国的改革可以说已进入了深化和攻坚的阶段，主要有以下四个关系或矛盾需要认真处理。

　　一是法治和人治的关系。党中央提出了依法治国的方略，但是要解决这个问题还需要做长期的努力。依法治国方略的提出可以说是从理论上解决了"党大还是法大"的问题，就是说执政党的主张要通过法定的程序变成国家的意志，一旦变成国家意志以后，任何党派、任何个人都必须遵守。但是在实际的执行过程中，我们还是发现在法治和人治之间存在着矛盾和问题。我曾经讲过，依法治国的核心是依宪治国。宪法是我国的根本大法，这些年来宪法经过多次修改，不断完善，但是在执行的过程中，很多人并没有把宪法当做一个根本大法来看待，这也是非常严重的问题。违宪可以说是最大的违法，但是我们现在还未能真正树立宪法的权威。需要进一步根据宪法来审查各个部门和各个地方推出的法规，违反宪法的一定要撤销。依法治国首要是依法行政，也就是依法治官，我国政府对民众处于强势，如果政府官员不守法，如何能让民众守法？政府官员的自由裁量权过大，不仅容易滋生腐败，还会因追求政绩或决策失误等原因而造成社会财富的浪费。众所周知，腐败问题是严重影响我国发展的一个问题，尽管这些年来中央采取了标本兼治的办法，处理了不少腐败分子，取得了阶段性的成果，但是要彻底根治腐败还必须靠法治。

　　二是公平和效率的关系。处理好公平和效率的关系始终是政治学中一个永恒的课题。我认为邓小平提出的社会主义市场经济实际上是把公平和效率结合起来了。就是说一方面要用市场经济的手段去追求经济发展的效益和效果，因此我们要大胆地学习国外各种资本主义市场经济在几百年来发展过程中所形成的好的经验和做法、好的组织方式和管理方式，并结合我国的国情加以运用。另一方面，我们要坚持和完善我国的社会主义制度，保障社会的公平和正义，特别是保障弱势群体的合法权益。如果只讲效率不讲公平，贫富差距越拉越大，社会不稳定，就难以保证效率；但是如果只讲公平不讲效率，就难以满足人民群众日益增长的物质和文化需求。由此可见，没有公平的效率是不稳定的效率，而没有效率的公平是低水平的公平，因此二者需要兼顾，防止一种倾向掩盖另一种倾向。

三是政府和市场的关系。政府这只"看得见的手"和市场这只"看不见的手"，应该密切结合起来，而不是相互较劲。我讲过，政府的宏观调控不应违反市场经济的三个基本规律。第一，不应违反价值规律。价格不应过分背离价值，采取限价或者补贴的方法都只能是权宜之计，并没有真正解决问题。限价的结果可能就会减弱生产者的积极性，造成市场的供求关系的扭曲。而补贴的结果就可能给有些人提供钻空子的机会。第二，不应违反供求规律，我们应该相信市场的信号，不要用自己主观的判断来代替市场的信号。我国的电力市场就曾经发生过这个问题。有一段时期有关部门认为电厂建设多了，因而限制电力的发展，结果造成了一些地方的工厂在夏天停三天开四天，老百姓家里的空调也因缺电而不能用，只好到人防工程中去避暑。第三，不应违反竞争规律。我们以前老是用"防止重复建设"来限制市场的新进入者，实际这个提法是不对的。没有新的市场进入者，没有新的竞争者，市场是不可能进步的。所以后来的提法改成了"防止低水平的重复建设"，这个提法就科学了。政府不应保护垄断，限制竞争，而应该鼓励竞争。只有通过竞争才能够实现技术的进步，最后才会使消费者得到更大的实惠。

四是集权和分权的关系。这也是政治学中的一个重大课题，我国在集权和分权方面都经过了一些改革，但尚未完全克服"一统就死，一放就乱"的弊端。我认为在这个问题上，一方面中央要有集中的力量和权威，但是另一方面也要给地方一定的事权。很多问题的产生，都是由于在集权和分权的处理上引导了地方政府的行为。地方政府之所以追求GDP，当然追求政绩是一个原因，但在财政分灶吃饭的情况下，追求财政收入也是一个原因。在处理集权和分权的关系中要考虑到，当过分集中权力时，也会把矛盾过分集中；当过分集中财力时，也会把负担过分集中。在这个问题上要有巧妙的处理艺术。

【注】 辜胜阻同志的新作《创新驱动战略与经济转型》即将出版，他找到一篇我在前不久的一次讲话的速记稿，希望能作为该书的代序。我很赞赏他多年来长期进行大量调查研究并积极建言献策的精神，因此欣然同意。原速记稿中错漏之处甚多，已经由我加以补正。

前　言

转变经济发展方式的新方向与新动力[*]

辜胜阻

在深化改革开放、加快转变经济发展方式攻坚时期召开的十八大为我国经济转型提供了新设计和新理论，十八大报告为全面建成小康社会设定了体现以人为本的居民人均收入倍增的新量化目标，强调质量效益为发展的立足点，要求将"创新驱动"作为新经济发展方式的新动力，提出指导经济体制改革的"三个平等"的公平竞争理论，推动经济可持续发展的"四化同步"思想，以及实现绿色发展建设美丽中国的新观点，为下一阶段中国经济发展方式转变指明了前进的新方向和新动力。

一、十八大报告对既定小康社会目标提出了新的量化。报告提出 2020 年居民人均收入要实现倍增，这体现了经济发展要以人为本和民富优先的理念，是报告最引民众关注的一个亮点

全面建设小康社会是多次党代会的既定目标和任务，但对小康社会的量化是各不一样的。十六大对小康社会的量化指标仅仅是国内生产总值（GDP），就是要在 20 年，从 2000 年到 2020 年实现 GDP 翻两番。由于我

＊ 王敏、李洪斌协助研究。

们的增长速度超出了预期，在十七大的时候提出了人均 GDP 翻两番，量化指标由"总量"改为"人均"。两次大会均未对居民收入增长提出具体量化目标。中共十七届五中全会虽然首次提出努力实现居民收入增长和经济发展同步，但也未提收入增长具体量化目标。十八大有一个非常重大的突破，就是首次明确提出居民的收入要在十年的时间里实现倍增，到 2020 年，实现国内生产总值和城乡居民人均收入比 2010 年翻一番。这是一个重大的突破。我们要从四个方面理解居民收入倍增的内涵及其意义：一是居民收入不仅要倍增，而且要同"GDP 翻一番"同步；二是把居民收入作为建成小康社会的目标之一体现了以人为本和民富优先；三是用十年时间实现居民收入倍增并非不可企及的"高指标"，而是在中速增长假设前提条件下切实可行、容易做到的；四是在实现居民收入倍增的过程中，要着力解决收入分配差距较大的问题。

当前，我国收入分配制度在初次分配和再分配两个层次上都存在制约分配公平的缺陷，由此产生了居民收入和劳动报酬比重过低并呈现不断下降趋势、收入差距日益扩大、企业薪外各类附加费过重挤占员工加薪空间等问题，收入分配格局存在严重失衡。收入分配失衡使居民难以均衡分享经济发展成果，再加上上学难、看病贵、住房难、养老负担重等问题成为阻碍居民消费的障碍，影响居民的消费预期，导致我国居民消费低迷和内需不足。这也是我国经济增长长期过度依赖投资和出口拉动，出现内需与外需失衡、投资与消费失衡的重要原因。收入分配失衡还容易诱发社会不满情绪，影响生产生活秩序，有损社会公平正义，甚至会使我国陷入"中等收入陷阱"，难以实现从中等收入国家向高收入国家的转型。十八大报告指出，要着力解决收入分配差距较大问题，使发展成果更多更公平地惠及全体人民。

合理调整收入分配关系，这既是一项长期任务，也是当前的紧迫工作。要提高居民所得，就要降低政府所得或降低企业所得，这是收入分配改革的最大亮点，也是最大难点。十八大报告提出"要规范收入分配秩序，保护合法收入，增加低收入者收入，调节过高收入，取缔非法收入"。从长远来看，要提高居民收入在整个国民收入中的比重，提高劳动报酬在初次分配中的比重。"两个提高"是对国家、企业、居民三方利益的重大调整。推进收入分配改革要按照"十二五"规划提出的"明显增加低收入者收入，持续扩大中等收入群体，加大对高收入者税收调节力度"的政策取向。具体而言：一要扩大中等收入群体，构建"橄榄型"财富分配结构。从全球视角来看，"橄榄型"社会具有较强的稳定性。中间阶层的壮大，有助于缩小贫富差距，减少由这种差距引致的对立情绪和社会矛盾。因此，要进一步调整产业结构，积极发展服务业尤其是金融、旅游、物流和 IT 等现代服务业，通过经济服务化培育大量"白领"阶层。要出台更多的优惠政策促进中小企业成长，鼓励创业创新，让更多的就业者变成创业者，培育一大批中小"老板"。要通过推动城镇化进程，让进城农民工变市民，促进底层农民工向中层的上升流动，改变弱势群体家庭贫穷状况的代际复制。要实行综合与分类相结合的个人所得税制度，充分考虑家庭综合税负能力，以家庭为单位进行计征、抵扣和返还，切实减轻中低收入者税负。要将教育、医疗、保险、养老金等必要、重大支出作为税收减免和抵扣的重点，让中产阶层的收入增量能够拿得到、存得住、经得起花。要创造条件提高居民财产性收入。深化土地制度改革，尽快出台物权法配套法规，让农村居民拥有财产性收入，在稳定农民对承包地拥有长期物权的前提下，推进农村宅基地、住房、土地使用权的抵押贷款，促进土地流转和变现，使农民能够充分享受土地流转的增值收益。要完善资本市场体系建设，鼓励金融产品创新，提升居民理财水平，拓宽居民金融投资渠道，提高居民的股息、利息、红利等财产性收入。要研究专利和企业家才能这两大要素通过"技术资本化"和"管理资本化"参与分配过程的有效实现形式和途径。二要明显增加低收入者收入。逐步提高最低工资标准，建立健全职工工资正常增长机制，发挥工资指导线、劳动力市场价位、行业人工成本信息对工资水平的引导作用。要加强对劳动合同法等法律法规落实情况的监督，保护劳动者在分配中的地位和合法权益。深化矿产资源产品价格和税费改革，合理设置补偿费比例和中央地方份额，使中西部的矿产资源优势能惠及当地普通居民，缩减地区收入差距。三要加大对高收入者的调节力度。加强对收入过高行业工资总额和工资水平的双重调控，严格规范国有企业、金融机构高管人员薪酬管理。国有企业应搞好企业内部分配，正确安排各层次劳动者的薪酬分配关系。利用法律、经济和行政手段，严厉打击非法收入，取缔不合法收入。

二、十八大报告强调经济的持续健康发展，提出实现国内生产总值十年翻一番即年均7%的中速增幅，把转变经济发展方式的立足点从速度至上和规模扩张转向"质量和效益优先"的轨道

我国经济工作的总基调已经发生三次转变：第一次强调"快"字当头——强调"又快又好"，在这种基调下，经济增长速度是两位数的增长；第二次是"好"字当头——强调"又好又快"，党的十七大以来一直坚持这一总基调；第三次是"稳"字当头——"稳中求进"，这是当前经济工作的总基调。"稳"是一位数增长——七上八下。在没有水分的七点五的增速下，大力提高增长的质量和效益是"稳中求进"的要义。当前，美国经济复苏缓慢，欧元区经济陷入萎缩，全球经济形势持续低迷。国内经济增速下行的压力也在不断增大。过去高速经济增长伴随的高流动性和规模经济收益掩盖的低效率问题将会逐渐暴露，实体经济要素流失严重，中小企业盈利能力下降，生存困境加剧。当前和今后很长时期，我国经济社会发展中存在的突出矛盾和问题是发展不平衡、不协调、不可持续。

十八大报告指出"只有推动经济持续健康发展，才能筑牢国家繁荣富强、人民幸福安康、社会和谐稳定的物质基础"，强调必须"要适应国内外经济形势新变化，加快形成新的经济发展方式，把推动发展的立足点转到提高质量和效益上来"。经济发展最重要的任务就是要处理好"稳增长"和"促转型"之间的关系。当前，要利用经济下行的压力，推动经济转型。不能再靠无效投资和放松房地产调控的"老办法"来稳定经济增长，而是要采取新的"组合"型政策，培育经济增长的内生动力。一方面要优化生产要素和资源的分配与投入，引导产业升级的方向；另一方面要注重居民生活的质量，努力推动区域经济平衡发展，让所有人共享经济发展的成果。具体而言：一要巩固实体经济的坚实基础，营造"让勤劳做实业能富，创新做实业大富"的市场环境，以实体经济的创新引领经济的持续发展；二要靠有效投资特别是扩大民间投资，通过减税费的积极财税政策调

动民间资本的投资积极性，让其遵循经济规律"自然成长"；三要培植新的消费热点，探索将出口退税转为居民消费补贴，提高居民收入比重，使居民消费成为稳增长的持久动力；四要充分发挥欠发达地区的后发优势，在"东慢中快"和"东慢西快"的形势下，把中西部打造成"稳增长"的新引擎；五要大力发展战略性新兴产业和现代服务，寻求房地产调控的长效机制；六要促进出口多元化，努力实现外需稳定。

三、十八大报告揭示了新发展方式的新动力。报告指出，我们要适应国内外经济形势新变化，加快形成新的经济发展方式，着力增强创新驱动发展新动力，首次提出把实施创新驱动发展战略摆在国家发展全局的核心位置

经济学认为：国家竞争优势的发展需经历要素驱动、投资驱动、创新驱动等四个阶段。创新驱动是相对于要素驱动、投资驱动而言更高级的发展阶段。改革开放三十多年来，我国主要依靠廉价劳动力投入、大量资源消耗和大规模政府投资实现了经济高速增长。但随着经济发展方式和要素结构的转变，原有的"人口红利"、"土地红利"优势开始减弱，"要素投入驱动"无法持续，使得原本依靠"要素驱动"和"投资驱动"的外延式、粗放型发展模式难以为继。当前，中国经济转型的关键是要实现增长动力的转换：从"要素驱动"、"投资驱动"转向通过技术进步来提高劳动生产率的"创新驱动"，从过度依赖"人口红利"和"土地红利"转向靠深化改革来形成"制度红利"，促进经济内生增长。

经济发展要实现创新驱动，首先必须深刻理解创新的内涵。认识创新，要防"创新是个筐，什么都往里装"的"庸俗主义"把创新庸俗化，又要避免把创新看成高不可攀、无所作为的"虚无主义"，将创新神秘化。经济学家熊彼特认为，创新是企业家通过新组合而产生新利润的活动，包括新产品、新生产方法、新市场、新材料供给、新管理五种形式。"竞争战略之父"迈克尔·波特在《国家竞争优势》中认为，"创新"一词应该做广义的解释，它不仅是新技术，而且也是新方法或新态度。"现代管理学之父"彼得·德鲁克在《创新与企业家精神》中提出，创新不是一个技

术概念，而是一个经济社会的概念。因此，广义的创新还包括体制、机制、法治等方面的制度创新，即通常所说的改革。著名管理学家成思危教授认为，创新是指引入或者产生某种新事物而造成变化，大体有三种主要类型，即技术创新、管理创新和制度创新。创新是多层次的，高端创新具有革命性、颠覆性、破坏性，而中端、低端创新则具有渐进性。

落实创新驱动的发展战略关键要把建设创新型国家的国家意志变为企业行为。我们的调查表明，企业创新有四大瓶颈：一是"动力不足，不想创新"，因为激励机制缺失，创新无利可图；二是"风险太大，不敢创新"，因为缺乏知识产权保护，创新往往是"九死一生"；三是"能力有限，不会创新"，特别是中小企业面临严重的创新人才瓶颈；四是"融资太难，不能创新"，融资体系不完善使企业创新面临资金约束。当前，创造环境让企业创新有利可图，比打造"乔布斯"式的领军人物更为重要。我们现在有很多优惠政策支持企业创新，但实施起来很难。知识产权保护不力，让企业创新步履维艰。所以如何营造"做实业能致富，创新做实业能大富"的环境非常重要。具体而言：要建立利益补偿机制，完善有关财税政策，解决企业不想创新的问题；完善风险分担机制，加大对自主知识产权的保护与激励，营造良好的市场环境和创新氛围，让企业敢于创新；完善创新合作机制，鼓励中小企业与大企业进行战略联盟，实施有效的产学研合作，推进开放创新，让不同类型和不同规模的企业在互惠共生的环境中提高创新能力；重构为创新服务的金融体系，为企业创新建立良好的融资平台。

推进创新驱动战略，还需要从宏观层面进行全面部署和战略规划。要全面整合创新资源，推进技术创新工程，建立起以企业为主体、市场为导向、产学研相结合的技术创新体系，促进创新链、产业链、资本链、人才链"四链融合"；完善知识创新体系，强化基础研究、前沿技术研究、社会公益技术研究，提高科学研究水平和成果转化能力，抢占科技发展战略制高点；运用高新技术加快改造提升传统产业，促进高技术产业发展和传统产业高技术化，提高产业技术创新能力和市场竞争力。充分发挥人才作为第一资源的作用，坚持尊重劳动、尊重知识、尊重人才、尊重创造的重大方针，建设一支规模宏大、结构合理、素质优良的创新人才队伍，利用人才创业创新带动先进技术的应用。

四、十八大报告提出了指导经济体制改革的新理论，认为经济体制改革的核心问题是处理好政府和市场的关系，特别强调各种所有制经济依法"平等使用生产要素、公平参与市场竞争、同等受到法律保护"的"三个平等"的公平竞争观，这是中国特色社会主义经济理论的重大创新

　　1978 年十一届三中全会以来，历次党代会都会有市场经济理论上的重大创新。1978 年的十一届三中全会提出了"让一部分人先富起来"。1982 年的十二大报告，提出了"非公有制经济是必要的、有益的补充"。1992 年十四大提出"多种经济成分长期共同发展"。1997 年十五大提出非公有制经济是"市场经济的重要组成部分"。2002 年的十六大提出两个"毫不动摇"，即必须毫不动摇地巩固和发展公有制经济，必须毫不动摇地鼓励、支持和引导非公有制经济发展。2007 年的十七大提出了对不同的市场主体法律上的"平等"保护和经济上的"平等"竞争这"两个平等"，这是所有制经济理论的又一次飞跃。十八大报告的经济理论创新是把经济体制改革核心定位为处理好政府"有形之手"和市场"无形之手""两只手"的关系，提出不同市场主体竞争要实现"三个平等"即"平等使用生产要素、公平参与市场竞争、同等受到法律保护"。"三个平等"的公平竞争理论是中国特色社会主义经济理论的又一重大创新，特别是"平等使用生产要素"具有十分重要的现实意义。

　　目前不同所有制主体在经济生活中的不平等有六种表现：一是资源占有的不平等。许多大中型国企获取稀缺资源既容易又便宜，如获得土地、矿产等自然资源，电网、电讯等特许经营权，政府投资项目等等。二是资金要素使用的不平等。国有企业和民营企业在经营条件上面临着显著的融资可获性和融资成本的差异。国企以国家信用作背书，更容易从正规金融体系中获得资金。而大量民营企业却因为规模小、实力弱、经营管理机制落后、市场稳定性较差、资信等级不高、可抵押担保品较少等条件约束，

常常遭遇银行等金融机构"重大轻小"、"嫌贫爱富"的"规模歧视"和"重公轻私"的"所有制歧视"。融资渠道狭窄使得民企总体融资成本显著高于国有企业。三是一些企业在一些上游产业、基础服务业形成寡头垄断，获得超额利润。一段时间以来，两家利润最好的国企利润之和超过民企五百强的利润总和。四是在竞争性行业，市场准入和行政审批"两道门槛"，民企比国企承担更多税费负担，造成国企和民企的不平等。一些地方，民企承担着比国企更多更重的税费负担，造成竞争过程中"民企带着枷锁与国企赛跑"。五是在应对金融危机期间，地方政府建立和引进了很多新的国企，对民企产生"挤出效应"。六是在财产权的法律保护方面，对不同所有制主体的保护离"同等保护"的目标要求还有距离。

落实平等竞争观需要深化改革，利用改革形成新的制度红利。过去三十年，我国经济的辉煌除了得益于"人口红利"、"土地红利"、"资源红利"之外，还有一个重要因素是得益于通过改革产生的"制度红利"。过去三十年，第一个十年是农村农业改革所创造的制度红利，第二个十年是国企改革的"黄金十年"推动了经济可持续发展，第三个十年改革主要是加入WTO以后"开放倒逼改革"的十年。三个阶段的改革创造的"制度红利"推动了中国经济的辉煌，初步建立了社会主义市场经济体制。但是，改革是阶段性的，经济发展到一定阶段，旧红利不可避免会消失。为此，十八大报告把全面深化经济体制改革作为加快完善社会主义市场经济体制和转变经济发展方式的重大战略，开启了新一轮改革"大门"。

当前，我们要以落实"三个平等"的公平竞争观为契机，不断深化市场经济体制改革形成新"制度红利"，激发新一轮经济增长活力。要进一步打破所有制障碍，破除民营企业在市场竞争中遭遇的"玻璃门"和"弹簧门"，营造和谐有序、自由竞争、公平发展的市场环境。竞争是市场经济的基本理念和灵魂，实现公平竞争首先要保障不同市场主体"权利公平、机会公平、规则公平"，实现不同市场主体在法律上"平起平坐"。政府要对不同市场主体"一视同仁"。落实"三个平等"的公平竞争观需要采取以下三方面措施。一要加快要素市场改革，建立要素价格的市场化形成机制，创造平等使用生产要素的前提条件。当前，要完善要素自由流动机制，进一步清理各种要素市场准入条件中有关所有制限制的条款，打破行业垄断与地区封锁，促进生产要素在全国市场自由流动，让各类市场主体在同一规则环境下参与要素市场竞争、获得生产要素。深化金融体制改革，发展多层次的金融体系，建立专门面向中小企业服务的政策性银行和引导民间资本参与建立中小金融机构，形成与企业构成相匹配的"门当户对"的金融格局，缓解中小企业"融资难、融资贵"难题。二要深化垄断行业改革和国企改革，减少行政审批，营造不同市场主体公平参与竞争的市场环境。公平竞争的对立面是垄断。当前我国垄断型企业是少数，但垄断极大妨碍了企业间的公平竞争，拉高了整个社会成本，降低了投资效率，挫伤了社会资本的投资热情，甚至造成"劣币驱逐良币"或者"逆淘汰"的后果。为此，要坚持"高屋建瓴、从长计议、深谋远虑、系统设计"的原则进行顶层设计和总体规划，强力推进垄断行业改革，有效打破既得利益对改革的锁定，构建有利于多种经济科学发展的体制机制，释放民间投资增长活力。要按照历次党代会提出的"有进有退，有所为有所不为"原则，对国有企业的布局进行优化，在有进有退的过程中大力发展"混合经济"。对垄断行业要尽可能引入竞争机制，通过竞争性领域放开市场、资本多元化改造、可竞争性环节分离等措施，在竞争中增强国有经济活力、控制力、影响力。打破行政垄断行业不仅要放开，还要在竞争模式、治理模式、财税体制、监管模式、公共服务等多方面整体同步推进。要进一步进行市场化取向的分类改革，对公益性行业、垄断性行业和竞争性行业三种类型国企进行不同的公司治理建设，构建不同类型的公司治理评价指标体系。要进一步减少、简化行政审批，坚决清理和取消不合理收费。在政府采购中要对不同所有制企业一视同仁，扶持民营中小企业拓展国内外市场，加大对中小企业科技创新、创业、人力资源培训等公共服务平台建设的财政资金投入，完善民营中小企业发展的公共服务体系。三要依法保护不同市场主体的合法权益，构建同等受到法律保护的法治环境。法律应赋予每个市场主体平等参与市场竞争的权利，最大限度地调动和发挥不同市场主体的积极性、主动性和创造性，鼓励各个市场主体在公平公正的法治环境中合法追求各自利益的最大化。当前，构建同等保护的法治环境要加快建设法治政府和服务型政府，坚持依法行政、公正司法，不仅做到形式上的公平，还要做到在具体实施过程中的实质公平，依法保护民营企业和企业家合法财产不受侵犯、合法经营不受干扰。要尽快出台和完善各项法律法规以及相关配套措施，解决民营企业发展过程中遇到的体制性障碍，保障民营经济稳定发展。要严格按照《反垄断法》查处垄断协议、滥用市场支配地位和滥用行政权力排除、限制竞争等各种垄断行为。

五、十八大报告明确提出以"四化同步"推动经济可持续发展的新观点。此前的党代会基本都提到工业化、城镇化、信息化和农业现代化等建设内容，但"十八大"报告首次提出"四化"同步观点，即工业化、信息化、城镇化和农业现代化"四化"同步发展

十八大报告中提出要推动工业化和城镇化良性互动、城镇化和农业现代化相互协调，促进工业化、信息化、城镇化、农业现代化同步发展。这是保障经济可持续发展最具实践意义的战略对策。为什么"四化"要同步发展？在长期的发展过程中，由于过度重视外延扩张和粗放式发展，我国城镇化发展出现过度依赖土地财政使过高地价推高房价、人口过于集中于大城市、城镇转移人口过多的被边缘化及农村过度空心化等多种偏向，不仅抑制了城镇化潜在内需向现实需求的转化，而且影响城镇化的可持续发展。十八大报告指出："坚持走中国特色新型工业化、信息化、城镇化、农业现代化道路，推动信息化和工业化深度融合、工业化和城镇化良性互动、城镇化和农业现代化相互协调，促进工业化、信息化、城镇化、农业现代化同步发展。"工业化、信息化、城镇化、农业现代化"四化"同步发展是保障经济可持续协调发展，从经济"失衡"走向经济"均衡"的关键。"四化"同步发展对中国可持续发展有何意义？如果说工业化在某种意义上主要是创造供给，那么城镇化则主要是创造需求。城镇化是我国经济发展最大的潜在内需，也是支撑中国经济未来20年乃至30年高速增长的最大动力。城镇化率每提高一个百分点，意味着数以千万的人进城，对应的是十年几十万亿元的投资和几十万亿元的消费。有专家预测，通过体制政策创新，尤其是农民工市民化问题的初步解决，未来5年的消费需求会从2011年的16万亿元，提升到2016年的30万亿元，居民消费率有望

回升到40%左右，最终消费率达到55%左右。随着城乡二元结构的彻底打破，未来10年居民消费需求有望达到45万亿元以上，居民消费率将达到50%左右，最终消费率达到60%左右。城镇化不仅是引发消费需求、带动投资增长、推动经济服务化的重要途径，而且是培育创业者和新型农民、实现安居乐业市民梦的重要手段。

总结国外城镇化发展的经验教训，我们容易发现，健康可持续发展的城镇化必须建立在实体经济的坚实基础上，以产业为支撑，实现城镇化与工业化、农业现代化以及信息化的"四化"协调发展。像巴西2000年城镇化率就超过了80%，大量的农民在城市没有工作，聚集在贫民窟，落入"城镇化陷阱"。我国的城镇化率2011年已经达到了51.27%，但大规模进城的农民工虽然实现了地域转移和职业转换，却没有实现身份的转变，处于"半城镇化"的状况。还有部分地区出现"农民被上楼"现象，大量土地被征用作为城市建设用地，居住在土地上的农民"被"住进集中建设的楼房，但其生产方式和生活方式并未实现真正意义上的市民化。城镇化这件好事要办好，要做好"五防"：一是防有城无市的过度城镇化，避免使新市民变游民、新城变空城的"拉美化陷阱"；二是防有速度无质量的城镇化，不能一哄而起搞运动，一味追求城镇化高速度和规模扩张；三是防城镇化的"房地产化"，避免城市过度依赖土地财政而使过高地价推高房价；四是防地方以地生财，消灭村庄逼使农民"被上楼"；五防特大都市"大城市病"，避免大中小城市布局失衡而导致特大城市人口过度膨胀。

当前，推动我国城镇化的健康可持续发展，一要坚持"两条腿"走路，将发展城市群推进城市化和实施农村城镇化相结合，在发展城市集群的同时，大力发展县城和中小城市。二要在城镇化进程中推动沿海产业向中西部转移和农民工向流出地的回流，缩小地区差异，缓解特大城市的人口膨胀，实现城镇化均衡发展。城镇化只有均衡才能实现健康可持续发展。三要把城镇化建立在良好的产业基础之上，实现工业化与城镇化的良性互动，防止"产业空心化"，不能搞"空城计"和农民"被上楼"。四要使城镇化和农业现代化联动，通过农业现代化释放更多劳动力，满足城镇化的用工需求。通过工业反哺农业、城市支持农村，缩小城乡差距，促进城乡互动协调发展。五要使城镇化与工业化、信息化相协调，提高城镇化质量。在城镇化的发展过程中，不仅要重视"量"的扩大，更要重视"质"的提高，建设"幸福城市"、"智慧城市"、"和谐城市"。

六、十八大报告首次提出要着力推进绿色发展、循环发展、低碳发展"三大发展"，强调把生态文明建设放在突出地位，融入经济建设，促进生产空间集约高效、生活空间宜居适度，努力建设美丽中国，实现中华民族永续发展

经验表明，发展经济必须树立尊重自然、顺应自然、保护自然的生态文明理念。十八大报告将"生态文明建设"与"经济建设、政治建设、文化建设、社会建设"提高到同等重要的位置，并由此引申出"美丽中国"这一全新概念，是统筹考虑经济增长与资源环境约束、短期经济增长和未来可持续发展的必然结果。从近期看，我国面临的实体经济形势比较严峻，"稳增长"成为政府宏观调控的重要任务。但区别于以往的"保增长"，现阶段的"稳增长"要更加重视与转方式、调结构的有机结合，更加重视人类与自然和谐相处。从长远看，受国内资源保障能力和环境容量制约以及全球性能源安全和应对气候变化影响，我国面临的资源环境约束日趋强化。据统计，我国国内生产总值占全世界GDP总量的9%左右，但能源消费却达到了全世界能源消费总量的19%。单位GDP能耗是世界平均水平的2.5倍，美国的3.3倍。过去20年间我国每年由于环境污染和生态破坏造成的经济损失相当于GDP的7%～20%。要在资源环境瓶颈的严格约束下实现稳增长，我国必须大力发展绿色经济，通过"绿色转型"实现人口、资源和环境协调发展。

绿色经济是一种以资源节约型和环境友好型经济为主要内容，资源消耗低、环境污染少、产品附加值高、生产方式集约的一种经济形态。绿色经济综合性强、覆盖范围广，带动效应明显，能够形成并带动一大批新兴产业，有助于创造就业和扩大内需，是推动经济走出危机"泥淖"和实现经济"稳增长"的重要支撑。同时，绿色经济以资源节约和环境友好为重要特征，以经济绿色化和绿色产业化为内涵，包括低碳经济和生态经济等

在内的高技术产业，有利于转变我国经济高能耗、高物耗、高污染、高排放的粗放发展模式，有利于推动我国经济集约式发展和可持续增长。积极探索绿色发展模式需要采取以下六条措施。一要利用利益引导机制，培育绿色新兴产业，推动绿色产业集聚，延长产业链，提升价值链，提高产品附加值；二要加强绿色技术研发、培育发展绿色产业的人才，建立支持绿色产业的产学研合作体系和绿色人才培养激励机制；三要完善金融投融资渠道，发展绿色金融，吸引天使投资、风险投资和股权基金等股权投资来发展绿色经济，通过绿色信贷政策引导社会资金流向绿色产业；四要通过政府采购和绿色产品补贴等措施，刺激绿色消费，推动绿色生产和绿色消费良性互动；五要探索建立绿色政绩考核机制，加快完善资源环境成本核算体系，进一步强化环境绩效在地方政绩考核的硬指标地位；六要加快修订和制定绿色经济相关法律法规，提高环境执法力度，逐步构建系统、高效的绿色经济法律体系，强化法律的执行。

目　录

金融改革篇

城镇化与社会发展篇

创新战略篇

—*1*—
国家创新体系要汇集
政府和民间两股力量*

国家创新体系建设是一项系统工程，涉及全社会的各个领域和各个层面，特别要处理好政府主导型创新和民间推动型创新的关系，充分发挥政府和民间两股力量、两种优势，激发全民族的创新精神，不断提升自主创新能力。政府主导型创新是指官方运用行政、经济、法律手段自上而下实施的有组织的创新行为。民间推动型创新是指由民间主体依据自身力量、技术水平和制度安排所实施的自下而上的创新，或者由掌握一定技能的普通公民自发、分散、随机地以产品、技术、工艺的改进为内容的技术创新行为。

一、政府和民间在国家创新体系建设中的必要性

国家创新体系是政府、企业、大学、研究院所和中介机构之间在追求一系列共同的社会和经济目标过程中相互作用，并将创新作为关键驱动力的体系。其中，政府主要是制度创新的主体，企业是技术创新的主体，研究机构是知识创新的主体。各类主体互相联系，密不可分。强调企业作为

* 本文发表于《求是》2008 年第 9 期，洪群联协助研究。文中部分数据进行了更新。

技术创新主体的地位，绝不能忽视政府在国家创新体系中的作用。

首先，国家创新体系建设需要政府充分发挥宏观调控的作用，需要政府提供与创新相关的公共产品和制度供给。目前在我国社会主义市场经济体制不断完善的过程中，要素配置和价格形成机制尚不合理，公平有序的市场竞争格局还未完全形成，社会商业信用体系也还没有建立，地区发展和产业发展都很不均衡。在国家创新体系建设中，需要政府综合协调宏观、中观和微观主体之间的利益关系，适时调整宏观目标并引导各种创新资源配置。国家创新体系建设是一项复杂的系统工程，不是单纯的资金、人才、技术投入，需要观念更新、制度保障，政府是推进管理创新、文化创新、制度创新等创新配套环境的主导力量。

其次，从国际经验来看，当今世界公认的创新型国家，无不走过了政府主导下的技术创新历程。在工业化的初期和中期，民间力量较为薄弱，绝大部分研发投入、研发机构和科研人员应由政府提供，政府需要在技术创新中处于主导地位。20 世纪 60 年代处于工业化中期的美国，全社会科研经费中政府投入占 65%，70 年代是 55%，2000 年美国政府的科技经费中还有 33% 投向企业。相比之下，2006 年我国政府研发资金占全社会研究开发投入的比重不到 30%，是远远不够的。我国目前总体上处于工业化中期阶段，政府仍然需要在技术创新中发挥积极的作用。

二、政府主导型创新和民间推动型创新的区别和分工

政府主导型创新和民间推动型创新的区别和分工主要表现在：

第一，在创新主体上，政府主导型创新的主体为政府、政府所属的科研机构、实验室及国有企业。2002 年，我国国有研发机构有 4347 个，其中从事研发的人员共有 20.6 万名。2010 年，政府研究机构开展 R&D 活动的人员达到 34.2 万人，其中硕士以上学历的研发人员比重为 38.9%，政府研究机构的研发经费也达到 1186.4 亿元。民间推动型创新的主体由民间科技研究者、民办科研机构和民营科技企业三个部分构成，其中最主要的是中小型民营科技企业，也包括掌握工艺的基层技术人员、工人或农民。目前，我国民营科技企业已超过 15 万家。据国家知识产权局和全国工商联

发布的统计数据显示，我国专利申请量的 61% 以上是民间创新者完成的。我国 85% 的新产品、65% 的发明专利是民营中小企业创造的。

第二，在创新载体上，政府主导型创新主要以高新区为载体，如我国各地由政府规划建立高新技术园区和经济技术开发区。目前，我国共有 88 家国家级高新技术园区，到 2011 年底，国家级高新区内共聚集了 57033 家企业，从业人员达到 1074 万人。另有 79 个国家级经济技术开发区和各省市区开发区 4000 多个，汇集了国家大部分的研发资金和创新型人才。民间推动型创新则主要以民营经济和中小企业集群为载体，如以浙江温州等地为代表的民营经济和民营科技企业的块状经济和产业集群。这些块状经济区集中了浙江半数以上的民营科技企业，研发投入占全省企业投入的 80% 以上。需要特别指出的是，这些高新技术园区虽然是政府主导下的产物，但是随着市场化改革的深入以及民营科技企业的发展，它们日渐成为政府组织民间创新的重要形式。

第三，在动力机制上，政府主导型创新主要为了满足社会公共需求，主要考虑社会效益，致力于弥补市场失灵，积极寻求在航天、国防等无法通过市场手段获得核心技术的领域取得突破，缩小与发达国家的差距，在世界各国的竞争中占据先机，全面拓展国家和民族未来的发展空间。由于公共产品供给的主体是政府，公共产品创新的主体也应该是政府。民间推动型创新主要为了满足个体需要和市场需求，主要考虑经济效益，致力于提高产品竞争力，追求利润最大化。普通公民的创新则是为了打下创业的基础，便利日常生活或满足好奇心。

第四，在创新层次上，政府主导型创新应该主要着力于一批重大的、高端的、投资大、回收期限长、自主研发、具有自主知识产权的关键技术和原始创新，特别是具有公共产品性质的共性技术和基础研发技术，如神舟系列载人航天飞船、"嫦娥一号"月球探测工程等重大科技项目。民间推动型创新则大量集中于面向市场、中低端的、实用型的创新产品和工艺改进。民间推动型创新具有领域广、层次多、形式丰富等特点，其创新成果紧贴百姓日常生产和生活需要。

第五，在创新优势上，政府主导型创新具有"集中力量办大事"的优越性，宏观协调把握的能力较强，往往"站得更高，看得更远"。特别是公共产品的创新，往往有明确的需求目标，一般不存在市场风险，只存在技术风险；民间推动型创新的力量往往比较分散，但其机制灵活、决策迅速，具备政府主导型创新所无法比拟的贴近市场、反应灵敏的优势，但它不仅面临技术研发风险，也面临管理决策和产品营销的市场风险。

政府主导型创新和民间推动型创新具有不同的特点，发挥着不同的作用。在直接面向市场的广阔领域上，要坚持企业作为技术创新的主体。在一些重大的、关系国家安全的、无法通过市场手段获取的、具有公共产品性质的领域，仍然需要政府直接参与技术创新活动。此外，政府作为技术创新的制度供给者，需要在企业技术创新的激励机制、人才培养、创新环境营造等方面发挥重要作用，引导民间资本进入创新领域，激发民间创新的积极性。

三、推进国家创新体系建设的对策

国家创新体系建设需要充分调动政府和民间两股力量，充分发挥政府主导型创新和民间推动型创新两种优势，营造一个鼓励创业、支持创新的良好环境。具体来说，要进一步做好以下工作：

第一，重视市场配置资源的作用，把民间创新纳入国家创新体系建设中。世界科技史表明，科学技术的发展是从民间走向官方、从非主流走向主流的，民间创新资源和创新能力是不可忽视的。各级政府在制定创新体系的战略和规划以及实施过程中，要把民间创新纳入国家创新体系中，特别需要完善发现和培育机制、评估和保护机制、扶持和激励机制、交流和合作机制。

第二，优化资金配置，解决民间创新的融资难题。政府在加大基础科学研究投入力度的基础上，要集中力量解决民间创新的融资难题，引导民间资本参与技术创新。要进一步发挥政府资金在创新投入中的引导作用，加大财政支持和税收优惠，加强地方财政对创新基金的投入，提高中小企业创新基金的支持强度、扩大资助范围；逐步完善股份代办转让系统和产权交易市场，构建支持创新的多层次资本市场。通过财政税收优惠、组织制度创新，壮大风险投资事业，构建天使投资与创业企业的网络交流平台，鼓励民营企业家等先富人群通过天使投资参与技术创新；放松金融管制，借鉴我国村镇银行和美国硅谷银行的模式，优先在高新技术园区鼓励民间资本试办社区银行，化解科技型创业企业融资难问题。在民营经济发达地区，引导民间非正规金融发展成社区银行、中小民营银行，从制度上解决民间创新融资难问题。

第三，健全支撑体系，支持创新公共服务平台的建设。要积极推进公共服务平台建设，建立技术成果交易、成果转化、科技评估、创新资源配置、创新决策和管理咨询等专业化服务体系。以官产学研合作体制改革为突破口，整体推进创新的中介服务体系建设，特别是要完善包括技术市场、人才市场、信息市场、产权交易市场等在内的生产要素市场体系，逐步培育和规范管理各类社会中介组织，强化中介组织的联动集成作用，形成有利于创新的市场体系结构。重视军民融合技术创新体系的建立，在产业链分工层次上推进军民一体化，形成"民为军用、以军带民"的发展模式，缩短技术开发时间，节省技术创新成本。在完善"创新链"、供给具有公共产品性质的共性技术和基础研发技术上，政府主导型创新要发挥更大的作用。

第四，优化创新载体，建设有竞争力的创新经济集群。创新需要有良好的空间载体和基地，高新技术园区是高技术产业集群的一种典型模式，也是创新型国家的先行区和示范区。我国高新技术园区和经济技术开发区的发展需要以创新创业为驱动力，转变竞争方式和增长方式，提升内生发展能力和创新能力。具体而言，就是要实现增长方式从粗放向集约转变，从单纯重项目引进向重环境和服务转变，从以政策优惠为主向制度创新为主转变，从模仿创新向模仿和自主创新相结合的方式转变，从重空间规模扩张向重视人力资源开发转变。对于民营经济的产业集群和块状经济而言，要通过增加创新投入、技术改造、自主创新、品牌战略等途径，发挥集群内技术扩散途径通畅、创新网络建设便捷等优势，推动传统产业集群的优化升级。

第五，重视创新教育，培养高素质的创新型人才。教育能否发挥其培育创新人才、为经济社会发展提供智力和人力支持的作用，是创新型国家建设成败的关键。在创新型国家建设中，应充分发挥高等教育创新源和科研院所智力源的作用，增强高校科研投入，改革科研评价体系，激励科研人员的积极性；改革高校传统的教学方式、教育目标和评价体系，构建创新型教育平台，实施开放式、互动式教学，促进人才培养由注重知识学习向注重能力培养转变；大力发展职业教育，重视就业指导和创业培训，实现实验室人才和创业型人才结合，培养一批既懂科技又懂市场的创新创业人才，最终推动技术创新；改革高校、科研院所的管理体制，把大量原来依附于政府科研机构的技术创新人员推向市场，使其在市场竞争中实现流动重组和优化配置。激发大学与科研院所的创业动力，提高科技成果转化的效率，推进产学研密切合作。

第六，塑造创新文化，营造鼓励创新的良好氛围。创新文化能够通过创造、激励、渗透、整合、导向与规范等机制影响创新的制度安排。在创新型国家建设过程中，要通过重塑区域经济文化，培育创新创业精神。具体来说：弘扬创业文化，实现从依赖政府向依靠市场的转变；弘扬创新文化，实现从墨守成规、小富即安的价值观念向勇于创新、追求卓越、鼓励探索、宽容失败转变；弘扬合作文化，实现从利己独赢向合作共赢转变；弘扬信用文化，实现从重即期利益向重长远效应转变，从守财向守信转变；弘扬开放文化，倡导开放思维与流动意识，实现从静态封闭向动态开放转变。

2

创新型国家建设中的
制度创新与企业技术创新*

改革开放以来，我国经济建设取得了巨大成就，已经成为世界第二大经济体和全球第二大贸易国。然而，经济高速增长的背后却存在巨大的隐忧：一是经济增长仍然依赖生产要素的高投入和资源的高消耗，粗放型特点明显。随着高成本时代的到来，低价工业化模式已经难以为继。二是对外技术依存度较高，大量关键设备依赖进口，一些产业、产品的核心技术受制于人，利润分配受控于人。[1]在这种背景下，我国提出了建设创新型国家的战略，目的在于通过科技进步和创新实现经济增长方式转变，提升产业自主创新能力，推动制造大国向创造强国的转变，保持我国的国际竞争力和实现未来经济社会的可持续发展。当前加快推进创新型国家建设显得尤为重要和紧迫。本轮全球金融危机影响下的世界政治经济格局正在发生重大变化，发达国家在应对危机的过程中积极利用其技术优势，以发展低碳经济、绿色环保、知识产权等为重要手段，推动国际经济秩序重构，强化其全球竞争优势。[2]在这种大变局下，中国迫切需要加快创新型国家建设步伐，进一步提高自主创新能力，防止在新的国际经济新秩序中处于被动局面，争取在新一轮全球经济增长中占得先机。

---

* 本文发表于《江海学刊》2010 年第 6 期，李华、洪群联协助研究。

技术创新与制度创新是创新型国家最重要的组成部分。政府和企业是创新型国家建设最重要的参与者，分别扮演着制度创新主体和技术创新主体的角色。尽管创新型国家建设的衡量标准多是纯粹的技术创新指标，然而为实现创新型国家的目标，绝不能忽视制度创新的作用。

一、创新型国家建设中政府的制度创新

制度（Institutions）是调整人类行为的规则，是收入的过滤器和调节器，是一种激励机制，是一种游戏规则。[3]制度为人类提供了一个基本结构，它为人们创造出秩序，并试图降低交换中的不确定性。[4]在创新型国家建设过程中，作为激励功能的制度可以充分调动人的积极性和创造性，发挥人的潜能；作为市场配置功能的制度可以充分调动包括资金资源在内的各种社会资源并实现这些资源的优化配置；作为资源整合功能的制度可以实现资金、人才、技术三大高科技要素的互动和集成，发挥合力作用；作为服务保障功能的制度可以营造良好的环境，促进创新的顺利完成；作为文化培植功能的制度可以形成尊重创新、敢于创新的社会氛围。作为最主要的制度供给主体，政府在创新型国家建设中的核心功能就在于构造一个有利于技术创新的制度框架。从国际经验来看，当今世界公认的20多个创新型国家，无不走过了政府主导下的技术创新的历程。因此，为了实现创新型国家的战略目标，需要政府建立和完善一整套支持创新的制度体系。

（一）财税制度创新

在建设创新型国家的过程中，国家的财政政策有着直接而关键的作用。财政政策是由政府通过直接控制和调节，从收入和支出两个方面来影响国家资源分配的政策手段，其主要工具是增加政府财政支出和税收优惠。因此，政府支持创新的财政税收政策主要包括以下几个方面：

1. 要加大财政科研投入，调整投入结构，提高科研投入使用效率

2009年中国全年研究与试验发展（R&D）经费支出占国内生产总值（GDP）的比重为1.62%，[5]低于国际公认的2%的标准。科技投入用于企

业的比例比较低，经济发达国家科技投入大约有 30% 用于扶植企业，我国科技投入有 90% 以上用于科研单位和大专院校。[6]为此，要逐步加大财政科技投入，调整科研投入在基础研究与应用研究、大学科研院所与企业之间的分布结构，吸引更多企业参与研究和创新，促进研发主体从国有科研机构和大学转变为企业；要提高科研投入资金的使用效益，改革和强化科研项目的经费管理，调整和完善科研经费管理的制度体系。

2. 要完善支持创新的政府采购政策

"十一五"规划已将政府采购纳入创新政策，未来应该探索支持创新的政府采购的具体措施和手段。可以借鉴安徽政府对奇瑞汽车采购的经验，进一步研究对国产高新技术产品的"首购"政策和"优先购买"政策；允许将大额采购合同实行分割招标，建立中小企业参与政府采购的优惠政策；[7]重视通过对国外技术产品的消化吸收带动本国企业创新，如三峡工程中对国外技术产品的引进消化吸收大幅提升了我国相关领域产业技术水平与创新能力。

3. 要改革税收制度、强化政策执行力度

相对财政投入，税收政策体现的是一种激励，是当今世界各国政府扶持科技产业的重要途径。当前，我国促进技术创新的税收政策还存在支持力度不够和执行不到位的问题。为此，要转变进出口税收政策优惠的重心，实现进口税收政策的优惠从对企业进口整机设备逐渐转变到鼓励国内企业研制具有自主知识产权的产品和装备所需要的重要原材料和关键零部件上；要优化所得税制度，允许企业按销售收入的一定比率在税前提取科技发展准备金，允许企业将用于研究开发的设备仪器加速折旧，强化技术开发费 150% 抵扣应纳税所得额等若干配套政策的执行力度，进一步提高创新企业计税工资的标准，调动企业吸引创新人才的积极性。

（二）金融制度创新

融资难是企业技术创新最大的外部瓶颈，也是建设创新型国家的重大障碍，特别是在我国特定的资本市场、金融结构的背景下，构建一个支持创新的多层次金融体系是政府迫切的任务。

1. 完善多层次资本市场

一方面，在支持高技术产业进程中，做强主板，壮大创业板，大力推动新三板和产权交易市场的发展。由于创新具有不同的层次和阶段，技术创新的主体——企业具有不同规模和生命周期，这决定了为企业技术创新提供融资支持的资本市场必然是一个多层次的资本市场。当前我国主板市场容量有限、中小企业板需要进一步完善、代办股份转让系统发展不充分、创业板尚处发展初期，资本市场发展表现出产品结构单一、层次互补功能不足等问题，企业上市犹如"千军万马过独木桥"。为此，要进一步推进创业板健康发展，使更多具有创新能力的优质企业与资本市场对接；要建立全国性的技术产权交易市场，将股份代办股份转让系统推广覆盖到全国国家级高新区，探索建立支持创业企业融资的场外交易市场；要进一步探索多种形式的债券融资方式，加快债券市场制度建设，建立多层次的债券交易市场体系，健全债券评级制度，为企业通过发行债券融资创新良好的市场环境。[8]另一方面，要构建完整的创业投资链，大力发展风险投资和私募股权基金，完善天使投资机制。创新型国家建设离不开风险投资事业的健康发展。风险投资不仅能解决科技成果转化及其产业化的资金短缺问题，而且能把资金、技术、人才、信息、管理、市场等各种经济资源集成一个系统，形成有效配置，提高要素使用效率，分散技术创新风险。发展风险投资，要拓宽资金来源，实行投资主体多元化，允许保险资金、银行资金、社会资本都可以参与创业投资基金；要完善鼓励风险投资发展的财政、税收政策。适当降低风险投资企业的所得税率，或按照其投资额给予税收减免，对于参与天使投资的个人可按照其投资额给予适当的所得税抵扣；要设立政策性风险投资担保基金，对风险投资公司所投资的项目提供部分担保，完善相应的担保政策，降低投资风险；要制定《风险投资促进法》，进一步完善《合伙企业法》中有限合伙制在风险投资企业组织形式上的操作方案。当前支持创新型国家建设的风险投资（VC）和私募股权基金（PE）的发展需要着力推进三个改变：一是改变一哄而起的非理性行为；二是改变重短轻长的短期行为，鼓励"把鸡蛋孵化成小鸡、把小鸡养成大鸡"的长远战略；三是改变重"晚期"轻"早期"的急功近利行为，避免出现 VC 的 PE 化以及私募基金大量通过上市前投资的投机现象。同时，构建完整的创业投资体系还要十分重视天使投资的作用。要积极鼓励富人开展天使投资活动，培育壮大天使投资人群体，并通过构建网络和信息平台、健全相关政策和法律法规、优化区域市场环境等一系列措施完善天使投资机制。

2. 发展中小社区银行，扩展间接融资渠道

要改变我国创新型企业外源性债权融资遭受的"规模歧视"与"所有制歧视"的现状，迫切需要通过调整金融结构，建立面向中小企业的金融机构。首先，建立面向科技型企业的中小社区银行。要借鉴美国硅谷银行的模式，优先在高新技术开发区鼓励民间资本试办社区银行，化解科技型创业企业融资难问题。其次，规范发展非正规金融。要放松金融管制，引导民间非正规金融发展成社区银行或互助合作性金融组织，从制度上缓解中小企业创业融资难问题。[9]再次，完善信用担保制度。要建立包括以政府为主体的非营利性信用担保、商业性信用担保和互助性担保在内的多层次的信用担保体系。特别要在适度控制担保风险的基础上，允许创新型企业按有关规定用知识产权和有效动产作为财产抵押向银行贷款，建立高效的贷款抵押管理体制。

（三）法律制度创新

完备的法律体系是国家占领技术创新制高点、保持技术领先、获取长期竞争优势的重要保障。改革开放以来，我国在技术创新的法律建设方面获得了较大发展，不仅制定实施并适时修订了科学技术的基本法——《中华人民共和国科学技术进步法》以及相关法律法规，而且逐渐与国际接轨，加入了一些相关的国际条约。当前，在完善支持创新的法律制度上，首先，要加强立法，根据《科技进步法》的基本框架，做好配套制度的制定和实施，加强配套细则实施过程的调研和评估，及时发现实践中的问题并提出解决措施，不断完善有利于自主创新的制度环境。[10]其次，要以《国家知识产权战略纲要》的启动实施为契机，加强自主知识产权保护战略。改善知识产权的保护方式，可适当降低专利申请费用和专利年费的标准，降低被保护者的成本；完善专利信息平台，建设专利动态监测及预警机制，继续加强专利产业化工作；建立知识产权纠纷的仲裁、协调机制，

严厉打击知识产权侵权案件，保护创新的利益不受侵害。再次，要积极参与国际知识产权领域的交流合作，为扩大国际经济技术合作创造良好条件。鼓励拥有知识产权的企业组建行业协会，积极应对国际贸易技术壁垒，有效化解跨国公司滥用知识产权阻碍我国自主创新的问题。

（四）人才制度创新

优秀的海外归国人员在创新型国家建设过程中具有不可替代的作用：一方面，他们活跃在教育和科研领域，为创新型国家建设提供有力的智力支持。据统计，我国留学回国人员已占国家重点项目学科带头人的72%，两院院士的80.5%。2006年国家自然科学奖的67%、科学技术发明奖的40%、科技进步奖的30%，其第一完成人都是回国留学人员。[11]另一方面，他们积极投身于创办高新技术企业，是创新型国家建设的排头兵。从1978年至2009年，中国各类回国留学人员总数达到49.74万人，[12]他们中有许多人选择了创业，涌现出中星微电子、百度等一批拥有自主知识产权、在各自领域内位居全国甚至国际前列的高新技术企业。但是，我国的海外留学人员归国的比例较低，目前只有1/3的海外留学生选择回国。未来，要营造贯彻落实全国人才工作会议和实施《国家中长期人才发展规划纲要（2010—2020年）》的良好社会环境，进一步吸引吸收更多的海外高层次人才回国创业，为建设创新型国家做贡献：第一，创新人才引进聘用模式。要树立"不求人才为我所有，更重人才为我所用"的理念，打破国籍、户籍、身份、档案、人事关系等人才流动中的刚性制约，通过人才的"柔性流动"，使更多的海外留学人员能更方便地回国服务。同时，通过兼职、开展合作研究、回国讲学、进行学术技术交流、从事考察咨询、开展中介服务等各种适当形式实现海外留学人员回国发展。第二，建立全国性的留学人才信息系统。解决当前留学人才供求信息不对称的问题，需要建立一个全国统一、便利高效、准确丰富的留学人才信息系统，从而使在外留学人员能够查询到国内准确的人才岗位需求信息，使国内用人单位也能查找海外留学人才的供给信息。第三，完善留学人员回国创业的保障体系。建设创新型国家，不仅需要吸引留学人员回国从事教育科研，更需要鼓励大批优秀留学人员归国创业。留学人员回国创业的支持体系的核心是要以留学人员创业园为载体，在创业上支持留学人员以专利、专有技术、科研成果等在国内进行转化、入股，创办企业，并对留学人员创办的高新技术企业在税收、融资、劳动人事等方面提供便利；[13]重点是建立和完善针对海外留学人才及其家属子女的医疗、教育、失业、养老、住房等为主要内容的社会保障体系，为留学人员解决后顾之忧；关键是营造尊重留学人员、适合留学人员发展的社会氛围，包括良好的工作环境、和谐融洽的人际环境、民主活泼的学术环境以及尊重理解的社会环境。

二、创新型国家建设中企业的技术创新

美国经济学家熊彼特认为，所谓"创新"，就是"建立一种新的生产函数"，即把一种从来没有过的关于生产要素和生产条件的"新组合"引入生产体系。[14]创新与发明的一个重要区别就在于创新通过新工具或新方法在实际中的应用创造新的价值。可见，技术创新是新工艺、新产品从研发到投入市场直至进入实际应用的全过程，其重要特征是满足市场需求、追求商业利润。在市场经济环境下，企业会在市场机制的激励下从事技术创新，企业家能够通过市场来实现生产要素的重新组合，发挥其他组织和个人无法替代的重要作用。所以，在创新型国家建设过程中，企业是技术创新、技术开发和科技投入的主体。从当前的实际情况看，我国企业多依赖自然资源和低劳动力成本形成竞争优势，技术创新能力总体上还比较薄弱，企业还没有成为技术创新的主体。据统计，2008 年我国大中型工业企业中有研发活动的仅占 24.9%，研发经费支出仅占企业主营业务收入的0.84%。[15]国内拥有自主知识产权核心技术的企业仅为万分之三，98.6%的企业没有申请专利。[16]因此，在建设创新型国家的时代背景下，企业要认识到自主创新的重要性，要通过建立激励机制，促进创新要素向企业集聚，要在技术引进的同时加强消化吸收再创新，要健全合作机制，形成互动，发挥协同效应，切实转变增长方式和发展战略。

（一）创新要素的集聚与激励

企业的技术创新离不开企业的 R&D 投入。统计数据显示，我国企业

R&D 经费占销售收入的比重平均为 0.5%，远远低于发达国家 3%—5% 的一般水平。发达国家经验表明，企业 R&D 经费投入只有达到其销售收入的 5% 以上，才有较强的竞争力，2% 只能维持企业的基本生存，1% 的企业极难生存。企业的技术创新也离不开创新型人才的集聚。世界主要创新型国家的技术创新成果主要是由企业完成，技术创新人才也主要集聚在企业。据统计，美国有 80% 左右的优秀人才集聚在企业。相比之下，我国有很大部分科技人才集中在机关、高校和科研院所，科研人员过多地集中于企业之外，远离市场。这种人才分布结构显然不利于国家经济结构的调整和以企业为主体的技术创新体系的建设。

为了使企业真正成为技术创新的主体，必须引导创新要素向企业集聚，建立有效的激励机制。首先，在加大政府科研经费的同时，企业也应该积极转变发展观念，加大企业研发资金的投入，提高 R&D 经费投入强度。其次，要重视研发人员在企业发展中的重要作用，进一步提高研发人员的待遇，并采取多种措施吸引研发人才向企业积聚。以深圳市为例，目前深圳 90% 的研发人员、科研投入、专利和研发机构来源于企业，实现了以企业为主体的自主创新。要学习深圳经验，确立以企业为主体的自主创新方针，把企业真正建设成为技术创新的主体。再次，要建立以鼓励创新为导向的人才激励机制。要通过不断完善分配方式和奖励形式，形成切实有效的激励机制，充分调动创新型人才的积极性和创造性，鼓励科技人员以自主知识产权、科研成果等为资本，参与企业投资和收益分配。鼓励有条件的高新技术企业采取股份期权的试点等，对有贡献的高级管理者、骨干技术人员实施股权激励。最后，要培育优秀的企业文化。成功企业的重要推动力来自于其源源不断的创新成果，而创造这些成果的创新行为又受到企业本身独特文化的影响，创新文化是现代企业成功发展的深层次原因之一。当前我国企业对企业创新文化认识上存在一些偏差，应该从以下几个方面深入认识和培育企业创新文化。一要重视企业家创新精神的培养。创新型企业家，对企业能否成为技术创新的主体以及企业技术创新能否成功，都具有举足轻重的作用。[17] 如果企业家创新精神缺乏、不善于创新，那么企业往往就没有创造力，也就难以生存和发展。建立以市场为导向的企业家激励制度，对于充分发挥企业家的创新精神具有关键作用。二要重视员工创新积极性的发挥。要在加强员工培训力度的同时，注重培养员工的自主学习能力；要鼓励交流合作，强化研发人员的市场意识，让不同部门的员工、研发人员及客户之间实现主动交流；要在企业中营造鼓励创新、宽容失败的氛围，为员工提供舒适和宽松的工作环境，将企业建成创新者的乐园。

（二）技术引进与消化吸收

当前，在自主创新和技术引进的关系上，社会上存在着两种认识上的误区：一是认为自主创新是完全依靠自己创新，忽视合作与开放；二是认为模仿创新成本低，盲目依靠技术引进。事实上，现代技术的综合性与复杂性决定了企业不能单打独斗、自我封闭。通过合作创新，形成创新网络体系，能有效地降低研发风险和创新成本，提高创新效益。在当今科技经济全球化的态势下，强调自主创新也不是排斥技术引进，技术引进是自主创新的重要辅助和补充。但是，引进技术不等于引进技术创新能力。要避免盲目依靠技术引进从而陷入"引进、落后、再引进、再落后"的怪圈，就必须着眼于技术引进的消化、吸收和再创新。日本、韩国的技术进步就是通过技术引进帮助建立自主的产品开发平台，然后以自主的产品开发平台吸收国外技术知识，通过自主创新获得竞争优势，实质上走的是引进、吸收再创新道路。数据显示，日本、韩国的技术引进和消化吸收投入之比达到了 1∶5 到 1∶8。而我国技术引进和消化吸收严重脱节，2008 年我国大中型工业企业引进技术和消化吸收经费支出之比仅为 1∶0.24。[18] 因此，首先，要加大对引进技术和合作技术的研发投入，实现企业的技术创新要由重引进向重引进消化吸收的转变。其次，要提高技术引进的适用性和有效性。从现实经验看，一些企业盲目引进国外最新的技术，却没有考虑到具体的国情和企业的生产技术条件，造成了巨大的浪费，也没有获得明显的经济收益和创新能力的提升。因此，在技术引进之前要对引进的技术做好充分的评估和分析。再次，创新多种形式的引进技术方式，特别要借鉴三峡工程走"引进技术、联合设计、合作制造、消化吸收"的自主创新和技术引进相结合的道路的模式，[19] 做好技术引进过程中的制度安排，走自主创新与技术引进相结合的道路。

（三）合作创新机制

在提升创新能力的过程中，对于我国这类技术后发国家来说，合作创新是多数企业现实可行的路径选择。[20] 中小企业由于体制的灵活以及竞争的压力，往往创新意识强，对新的技术机会非常敏感，具有明显的"行为优势"，但其规模和实力明显不强。大企业具备较充足的创新资源，具有技术创新的"资源优势"，能获得较高的技术创新规模经济收益，但市场垄断地位和企业组织刚性会阻碍创新的涌现，创新活力不足。[21] 在创新型国家建设中，作为知识创新主体的大学、科研院所与作为技术创新主体的企业分别承担着不同的功能。大学和科研院所主要从事知识生产、传播和转移及人才培养的工作，在加强基础性科学研究的同时，积极参与到产学研合作创新之中，为企业技术创新提供坚实的科学和技术支持。长期以来，我国的大学、科研院所和企业在各自系统内部从事科技活动，缺乏必要的合作：一方面，我国的产业技术过多地依靠技术引进，有的产业甚至形成对国外技术的高度依赖，缺乏自主创新能力；另一方面，大学、科研院所的研发活动往往存在着单纯的技术导向倾向，对市场需求和规律缺乏把握，成果往往不能符合市场需求，存在着科技成果转化率不高的难题。实践证明，产学研合作既可以克服企业在技术研发方面的劣势，也可以解决学校和科研机构在成果转化上的弱点。

因此，推进合作创新，实施有效的产学研合作，可以使企业在互惠共生的合作环境中实现优势互补，并获得持续的创新能力。首先，要灵活选择合作创新的形式。当前国内主要的合作创新形式有合同创新、技术许可证、R&D 合作、战略联盟等，不同的合作创新形式具有不同的特点。合同创新一般用于短期合作，可以缩短周期，但比较难以选择合作伙伴；R&D 合作的优点在于共担费用和风险，成果往往是层次较高的专利和知识产权，但容易造成知识泄漏或产权纠纷的问题。[22] 因此，企业要根据自身条件和需求灵活地选择合作创新形式。针对我国现状，由政府引导的产学研合作创新是一种有效的方向。可以根据科技发展纲要确定的一批重点领域、优先主题及重大专项，以大型项目为依托，由政府组织公共研究机构、大学和企业共同研发、分工协作，实施面向市场的官产学研一体化运作。其次，要明确风险分担和收益共享机制。要有效地确定和解决合作创新的风险分担和收益共享的难题，一方面要强化沟通和交流，建立信任机制。只有加强产学研各方的相互信任，才能使知识和技术的交流、创造、共享、转移顺利实现，减少合作创新的成本和风险，提高创新绩效。另一方面要建立完善的契约体系，明确合作创新各方的权利和义务、风险和收益，建立制度化的约束机制。

三、研究结论

技术和制度是创新型国家建设的两个轮子，两者共同作用、缺一不可。在实践中许多国家和地区都抛开了单纯依靠技术创新推动创新型国家建设的发展方式，积极谋划技术创新和制度创新的协同，实现了较大的发展。美国硅谷就是技术和制度双轮驱动推进创新发展的典型案例，硅谷风险投资制度的创新充分发挥了市场筛选功能、产业培育功能、风险分散功能、政府导向功能、资金放大器的功能、要素集成功能、激励创新功能、降低交易成本的功能、更新人们创新观念的功能以及管理等增值服务的功能，[23] 实现了技术创新与制度创新的良性互动，成就了硅谷新经济的迅猛发展。对于现阶段的中国，创新型国家建设，制度重于技术。一是中国正处于市场经济体系进一步完善的阶段，制度建设本身就是前提和基础。只有把原来抑制创业人员的主动性、积极性的计划经济制度改成一个能够充分发挥创业者的积极性和创造性的、符合于社会主义市场经济要求的制度，才能实现经济增长方式的转变，才能真正做到自主创新，才能最终建成创新型国家。[24] 二是从创新型国家的发展规律看，制度创新在建设创新型国家进程中发挥着重要作用。片面的从技术创新的角度来考虑创新问题很难形成有效的内生自主创新能力。所有创新型国家都是市场经济体制比较完善的国家，都注重以政府为主导建设国家创新体系，加强体系内各个创新主体的互动。[25] 因此，未来中国的创新型国家建设要扭转重视技术创新而忽视制度创新的思想倾向，立足于技术创新积极探索制度创新，实现技术创新与制度创新的协调互动。

参考文献

〔1〕辜胜阻:《企业创新是国家强盛的基石》,《人民日报》2007 年 3 月 10 日。

〔2〕中国科学院:《2010 高技术发展报告》,科学出版社 2010 年版,第 195—213 页。

〔3〕辜胜阻等:《新经济的制度创新与技术创新》,武汉出版社 2001 年版,第 14—15 页。

〔4〕道格拉斯·C. 诺斯:《制度、制度变迁与经济绩效》,刘守英译,上海三联出版社 1994 年版,第 158—159 页。

〔5〕肖明、李娇凤:《"十二五"研发投入指标或再提高》,《21. 世纪经济报道》2010 年 4 月 28 日。

〔6〕蒋正华:《提高自主创新能力　改变经济增长方式》,《中国高校科技与产业化》2007 年第 8 期。

〔7〕课题组:《创新型国家支持科技创新的财政政策》,《经济研究参考》2007 年第 22 期。

〔8〕辜胜阻、洪群联、张翔:《论构建自主创新的多层次资本市场》,《中国软科学》2007 年第 8 期。

〔9〕辜胜阻、肖鼎光、洪群联:《完善中国创业政策体系的对策研究》,《中国人口科学》2008 年第 1 期。

〔10〕万钢:《建设创新型国家的重要法律保障》,《科技日报》2007 年 6 月 1 日。

〔11〕柯进:《大批留学人员归国　如何为他们发展加大"引擎"》,《中国教育报》2010 年 6 月 2 日。

〔12〕张冬冬:《30 年留学归国人员近 50 万人　去年首超 10 万》,http://www.chinanews. com. cn/edu/2010/06 – 29/2370348. shtml,2010 – 6 – 29。

〔13〕黄抗生:《三大计划吸引留学人才为国服务》,《人民日报 (海外版)》2007 年 1 月 8 日。

〔14〕约瑟夫·熊彼特:《经济发展理论》,何畏等译,商务印书馆 1991 年版,第 73—82 页。

〔15〕郑新立:《运用科技力量推动发展方式转变》,《经济日报》2010 年 3 月 15 日。

〔16〕徐冠华:《大力优化体制和政策环境　积极推进创新型企业建设》,《科技日报》2007 年 2 月 27 日。

〔17〕王顺义:《创新型国家呼唤创新型企业家》,《上海科技报》2006 年 2 月

22 日。

〔18〕郑新立：《运用科技力量推动发展方式转变》，《经济日报》2010 年 3 月 15 日。

〔19〕科技部办公厅调研室：《我国产业引进消化吸收国家技术与发展自主知识问题研究报告》，2006 年科学技术部重大调研课题研究报告，2006 年，第 12 页。

〔20〕辜胜阻：《我国民营企业自主创新的问题及其对策思路》，《中国非公有制经济年鉴》，民主与建设出版社 2007 年版。

〔21〕罗艾·劳斯韦尔、马克·道格森：《创新和公司规模》，《创新聚集——产业创新手册》，清华大学出版社 2000 年版，第 362 页。

〔22〕周赵丹、刘景江、许庆瑞：《合作创新形式的研究》，《自然辩证法通讯》2003 年版第 5 期。

〔23〕辜胜阻等：《新经济的制度创新与技术创新》，武汉出版社 2001 年版，第 14—15 页。

〔24〕吴敬琏：《制度安排重于技术演进》，《企业改革与管理》2006 年第 4 期。

〔25〕赵凌云：《创新型国家的形成规律及其对中国的启示》，《学习月刊》2006 年第 3 期。

3

支持创新型国家建设的
财税政策体系研究[*]

胡锦涛总书记在 2012 年 7 月 6 日召开的全国科技创新大会上指出，我国到 2020 年的发展目标是要实现基本建成适应社会主义市场经济体制、符合科技发展规律的中国特色国家创新体系，进入创新型国家行列。科技进步和创新越来越成为经济社会发展的首要推动力量，是一个企业、地区乃至国家获得竞争优势的源泉。目前，我国国家创新体系建设步入快速发展轨道，取得较为显著成绩，但仍然面临创新资源配置低效，投入产出效率不高，企业创新"动力不足、能力有限"等问题。作为创新活动的重要参与者和创新政策的供给者，政府如何利用政策工具为各创新主体营造良好的创新生态环境，提供更为完善的制度保障应成为当前研究的重要内容。

从现有创新型国家的成功经验上看，制定和完善创新政策是激励全社会创新、赢取竞争优势的有效手段。其存在的合理性主要源自于三大理由（OECD，2005）：市场失灵、系统失灵和战略需要。① 政府政策在促进全社

---

* 本文发表于《财政研究》2012 年第 10 期，王敏协助研究。

① 经济合作与发展组织（OECD）认为，市场失灵是由于技术创新活动具有部分公共产品的特性，企业不能充分占有研究开发收益，导致企业在研究开发上投资会低于社会最优水平；系统失灵是由于创新系统结构上的缺陷，使得创新体系内知识的生产、利用和扩散不畅；战略需要是指出于国防和能源安全等国家战略目标考虑，必须由政府出面安排。

会各创新主体自主创新方面具有长期性、普惠性、针对性、引导性等突出优势。目前，各国所使用的典型创新政策工具主要从供给、需求和环境三个视角着手（Rothwell、Zegbeld，1982；陈向东、胡萍，2003）。其中，大部分政策工具都与政府财政收支调控有着密切关系，财税政策起着直接而关键的作用。在创新资源配置方面，政府财政对科技创新的干预有利于克服科技和知识产权的私有独占性与科技活动本身所具有的公共产品性质之间矛盾所造成的市场失灵。[1] 在创新激励方面，政府财税政策是推动自主创新最正面、最直接的激励，能降低创新和科技成果产业化、市场化的成本，提高创新的投资回报率。[2] 因此，加快推进创新型国家建设，必须要进一步健全支持创新的财税政策体系，充分发挥财税政策工具在促进创新资源优化配置和激励创新行为中的引导和调节功能，提升科技进步对经济社会发展的贡献程度。

一、我国创新型国家建设的财税政策实施现状与问题

财税政策对国家创新资源配置和创新激励的影响主要从收入和支出两个渠道来实现，具体包括财政支出、税收、补贴、政府采购等工具。国务院《关于实施〈国家中长期科学和技术发展规划纲要（2006—2020 年）〉的若干配套政策》从科技投入、税收激励、金融支持、政策采购等十个方面提出了 60 条政策，奠定了创新型国家建设的基本政策框架。同时，国家发改委、科技部、财政部等 20 多个部门还先后出台了 78 条实施细则。近年来，我国不断推进财税政策体系的健全和完善，加快政策调整和体制变革，增强财政收支的精细化管理，对促进我国科技发展水平提高和创新能力增强起着至关重要的作用。但是由于制度设计和政策实施等方面的原因，我国支持创新的财税政策存在以下五个问题。

（一）税收政策激励总体目标和配合关系不明确的现象仍未有效改善

我国自主创新的税收激励呈现两大过度"偏向"问题：强调创新结果，对创新过程重视不足；强调技术应用环节，对研发环节（尤其是研发前期和中期）重视不足。以企业创新成果为对象的税收优惠是一种事后优惠，对有

创新投入、无创新产出的企业难以产生积极的政策效应。面对高风险的创新行为和不确定的创新收益预期，企业的避险动机将更强于创新意识，尤其规模、技术实力相对较弱的中小企业。在企业生产技术方面，对技术应用的过度激励，可能引导企业更加注重技术引进，忽略自主研发。目前，我国正大力推进结构性减税政策，希冀减轻税负，增强对企业创新的支持。但从实施情况上看，各项税收优惠政策对创新激励的实际效果与理想目标还有较大差距。我国已经实施的小微企业减半征收企业所得税、高新技术企业所得税优惠、研发费用加计扣除、技术转让和节能环保项目税收优惠等政策普遍存在进入门槛高、覆盖面窄、支持力度小、难以执行等问题（见表1）。

表1 支持企业技术创新的典型税收政策及实施效果

优惠政策	实施效果	原因	条款表述
小微企业减半征收企业所得税	• 优惠政策覆盖面小，大量小微企业难以享受	• 认定标准和享受条件过于严格 • 财务制度不规范，核定难度大	应纳所得税额低于6万元
高技术企业所得税优惠政策	• 一些生产高新技术产品（服务）的大型、综合性企业难以享受优惠	• 以高新技术企业为优惠对象，而非高新技术产品，许多企业难以达到高新技术企业认定标准	认定范围：高新技术产品（服务）收入占企业当年总收入的60%以上
技术转让所得减免税优惠	• 难以执行	• 范围不明确 • 转让技术使用权所得能否享受减免税优惠未规定	优惠范围：技术转让属于财政部、国家税务总局规定的范围
研发费用加计扣除	• 前期研发投入不能抵扣，企业过度依赖技术引进和产品生产 • 对中小企业研发活动激励不明显 • 企业研发费用实际抵扣份额小，一般有10%以上的研发费用不能享受加计扣除，有的甚至还不到实际发生的50% • 委托开发扣除费用扣除方案不明确	• 对企业提取研发准备金和新产品试制准备金等无税前扣除规定 • 科技开发研究费用列支范围及标准过高 • 研发费用投入受市场需求变化、技术可行性进展等因素影响，不可能存在平稳增长，难以满足增长幅度超过10%以上的需求 • 新技术、新产品、新工艺认定存在难度 • 委托开发项目费用归集的规定不统一	列支范围：所得税法规定的八项费用允许加计扣除 相关规定：《高新技术企业认定管理工作指引》规定委托外部研究开发费用，按发生额的80%计入研发费用总额； 《企业研究开发费用税前扣除管理办法（试行）》对委托开发的项目，规定受托方应向委托方提供该研发项目的费用支出明细情况，否则不得加计扣除

续表

优惠政策	实施效果	原因	条款表述
节能环保项目税收优惠	● 一些环保项目有投入却不能享受 ● 企业购置设备，却不关心使用	● 有投入无产出 ● 税收激励节能环保设备注重购置而不注重使用	优惠范围：环境保护、节能节水项目的所得予以优惠；专用设备投资额的10%抵免应纳税额

资料来源：根据"完善企业所得税优惠政策问题研究"课题组（2009）、安徽省国家税务局课题组（2010）、上海市国家税务局课题组（2010）、河北省国家税务局课题组（2010）、梁桂云等人（2010）、李登明等人（2011）、高萍（2011）等团体和个人的调查和研究成果整理所得。

（二）从国际比较和现实需要来看，政府 R&D 经费和基础研究投入强度偏低

改革开放以来，我国财政科技投入一直保持逐年增长，但增速远落后于财政总支出，占其比重自 1983 年达到最高的 5.61% 之后，总体上呈现下降的趋势，到 2000 年达到最低值 3.62%。随着创新型国家战略的提出，政府近年来加大了对科技的投入力度，财政科技投入增长进入"快车道"，年均增速超过 20%，到 2010 年达到 4114.4 亿元，占财政总支出的比重上升到 4.58%。然而，从统计数据上看，政府 R&D 经费投入和基础研究投入占全国 R&D 经费总支出的比重却与财政科技投入比重上升相反，呈现下降趋势（见图 1）。这在某种程度上与国家加大企业 R&D 投入的政策激励有关，但更重要的原因是我国财政科技资金配置结构不合理，政府 R&D 投入规模偏低，对基础研究的投入力度依然较弱。我国全社会 R&D 总经费中来自政府的比重低于绝大多数发达国家，甚至低于一些发展中国家。从研究类型上看，这一特征更为明显。以政府财政资金为主体的基础研究和应用研究经费与以企业投资为主体的试验发展经费之比约为 1∶5。而大多数发达国家的这一比例一般维持在 1∶1 的水平。[3]

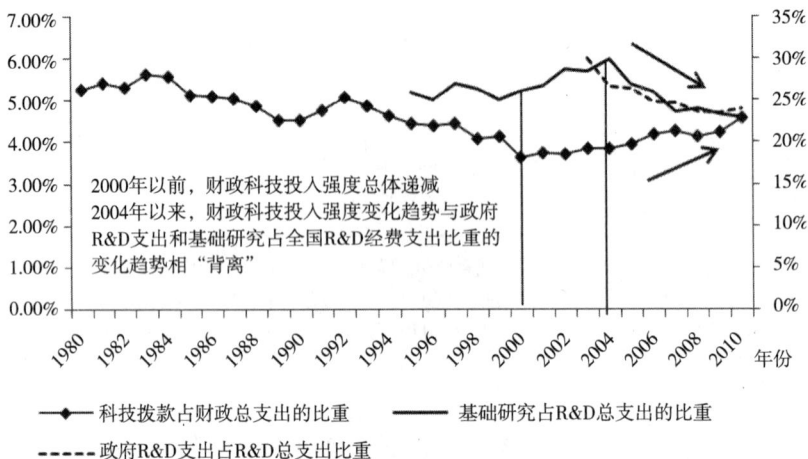

图1　我国财政科技投入强度与政府 R&D 经费投入情况

资料来源：《中国科技统计年鉴（2011）》。

（三）政府采购对企业自主创新的促进作用还难以充分发挥

我国政府采购制度建立时间较晚，目前整体规模相对较小，占 GDP 的比重偏低，对自主创新的支持力度有限且效率不高。一方面是由于我国政府采购的法律法规体系不完善，实施细则缺乏、招投标和监督管理机制不健全等问题，导致政策执行不到位。另一方面，政府采购过程中对自主创新产品进入门槛的过高要求也制约了其效用发挥。我国要求自主创新产品需满足具有自主知识产权、自主品牌、产品技术先进、在同类产品中处于国际领先水平等 7 个条件，过高的认定标准将大多数企业的研发产品排斥在自主创新产品目录之外。[4] 同时，近年来我国的自主创新产品优先购买政策正遭遇欧美国家和利益集团关于违反世贸协议非歧视原则，违背反对贸易保护主义、推行开放政府采购政策承诺的指责和非议。[5] 自 2011 年 7月起，我国先后停止执行现行的《自主创新产品政府采购预算管理办法》、《自主创新产品政府采购评审办法》和《自主创新产品政府采购合同管理办法》三大文件，政府采购支持自主创新的政策实践也进入"低潮"时期。[6]

（四）对创新人才培养、使用及其创新活动的财税激励不足

公共财政资金人才投入不足，加剧了人力资本投入中的个人和社会负担。同时，现行税收政策对创新人才的人力资本投入也缺乏必要激励。例如，在企业所得税方面，企业发生的职工教育经费支出，除软件生产企业可按实际发生额扣除外，其他企业都只能按不超过工资薪金总额的2.5%扣除，超出部分在以后纳税年度结转扣除。[7]从创新人才培养的长远视角上看，职工教育投入应成为企业创新发展的长期行为，而现行税法的规定可能使企业更注重短期、一次性投资。在个人所得税方面，创新人才的大量人力资本投入并未享受税收优惠。相反，过高的边际税率使得这一群体面临更重的税收负担，抑制高素质人才的供给，影响个人投入与人力资本开发的激励机制。[8]同时，对省级以下政府及企业颁发的重大成就奖、科技进步奖征收个人所得税，科技人才的技术转让、技术入股、股票期权所得缺乏明确税收激励等问题的存在也会影响科研人员科技研发和攻破科技难关的主动性和积极性，抑制人才使用效能的充分发挥。

（五）财税政策引导金融资本与创新资源有效对接的功能有待进一步增强

中小企业是我国企业构成的主体和自主创新的生力军。但中小企业融资难的问题久而难决，成为制约企业创新的重要障碍。目前，国家出台了财政贴息、设立中小企业发展基金、风险投资基金等政策促进中小企业融资。但总的来说，以政策性基金、政策性银行、政策性担保为主体的政策性金融体系还不够完备，我国尚未建立针对科技型中小企业创新融资的政策性银行。现有政策性银行的商业化转型步伐却在不断加快，政策性金融功能日益模糊。在融资担保方面，由于财政资金的杠杆效应不理想、调动银行积极性收效不大、风险分担与补充机制建设滞后、融资担保过程中存在基础环境建设支持力度不足等因素影响，政策性担保对中小企业融资支持力度有限。[9]在直接融资方面，现有税收优惠政策主要针对风险企业。天使投资者和风险投资机构普遍感觉税负重，追求稳健投资收益的意愿更趋强烈，呈现出"VC－PE化、PE投机化"的投资特征，大大削弱了支持"初创期、高风险"中小企业发展的动力。融资难依旧是中小企业创业创

新过程中普遍面临的问题。

二、完善创新型国家建设财税政策支持的战略思考

建设创新型国家的关键在于形成结构合理、运行高效的国家创新体系，使创新体系各主体的作用得到充分发挥，形成创新的"合力"。[10] 政府要建立健全多层次、全方位的财税政策体系，对创新主体的创新行为进行利益补偿和风险分担，大幅度提高创新主体的比较效益，使创新有利可图，引导创新主体走创新发展的道路。

（一）进一步推进税制改革，利用税收政策工具构建激励企业技术创新的利益引导机制和风险分担机制，使创新型企业有利可图，激发企业创新活力和动力

实践表明，税收激励政策设计的完善程度是决定政策是否有效及有效程度的关键因素。从国际经验上看，创新型国家的税收激励往往具备激励目标的战略性、激励环节的整体性、激励力度的高强度性和激励方式的综合性等特征。[11] 我国应充分借鉴现有创新型国家的成功经验，不断推进税收体制改革，建立完善促进自主创新的税收激励政策。要明确科技创新税收政策的目标，统筹协调政策激励环节。在税制设计上，处理好鼓励基础研究与应用研究的关系、技术自主开发与技术引进的关系、高技术产业化与对传统产业技术改造的关系。强化创新税收政策的执行力，制定完善相关政策实施细则，清除不同政策文件相互掣肘的内容。将零散分布在各个文件的税收优惠政策条理化和规范化，并通过法定程序制定出统一的税收法律规范。要推进建立对所有创新企业适用的具有普惠性的税收激励政策。例如，将对高新技术企业的优惠变为对高技术产品（服务）的优惠；进一步推广和落实高新技术企业认定、研发费用加计扣除、教育经费列支等方面的税收政策试点、放宽科技型企业费用列支标准等等。要加强对面向企业技术创新的服务体系建设的财税优惠，努力办好各类科技孵化服务机构，加快产品研发、检验检测等公共服务平台建设，推动高校、科研院所和企业之间建立高效、协调的服务网络，为企业创业创新提供高效

服务。

（二）不断加大财政科技投入力度，优化资金配置结构，创新投入方式，提高财政支持创新研究的针对性和有效性

资源的稀缺性决定了整合资源的必要性和优化资源配置的重要性。胡锦涛总书记在 2012 年的全国科技创新大会上提出，到 2020 年我国要实现全社会研发经费占国内生产总值 2.5% 以上的目标。要实现这一目标，需进一步建立健全财政科技投入稳定增长机制，充分发挥财政科技投入的杠杆作用，有效地引导社会资金对科技创新的投入，建立企业、社会、政府多渠道，中央、地方多层次的科技投入体系，并进行集成和整合，形成资金的集聚效应。[12] 财政科技资金投入必须强化各级、各部门科技投入的整合，统一规划、总体设计、分项实施，形成各有侧重、相互补充的科技投入结构和机制。[13] 要优化财政科技资金在不同研究类型、不同创新主体、不同地区之间的配置结构，明确资金投入重点。例如，加大对基础研究的支持力度，特别是重点领域前沿技术和关键技术的联合攻关、基础和共性技术研究等方面的科技投入。建立国家和地方科技成果转化专项资金，开展重大、共性技术成果的推广转化，引导社会科技资源的优化配置。增强科技型企业技术创新基金的投入力度，吸引更多企业参与研究和创新，促进以国有科研机构和大学为研发主体向以企业为研发主体的创新体系转变，进一步加大企业承担国家科技计划、重大科技专项等国家财政资金计划的比例。合理调整各地区间的财政科技支出结构，促进区域间的协调发展。

（三）完善支持自主创新的政府采购政策，让政府采购惠及各创新主体，为创新企业开拓市场需求

政府采购制度是利用"公共采购"手段形成市场需求的一种政策安排。它向创新的倾斜有助于为企业创新行为和创新产品提供稳定、可预期的市场需求。当前，我国应增强对发达国家政策采购制度及相关法律法规的研究，借鉴其先进经验，加快对现行《政府采购法》的修订，促进自主创新政策符合国际、国内相关法律法规的要求，避免法律冲突，保障相关法律的协调性。进一步制定完善国货标准，启动新一批国家自主创新产品的认定并将其常态化，加大自主创新产品的政府采购范围与力度。进一步完善政府采购政策的实施细则，建立健全相应的监督和处罚机制，强化政府采购的执行力和配套措施，让政府采购政策惠及各创新主体。尽快制定出台《中小企业政府采购管理办法》，通过确立政府采购中小企业比例、拆分大额采购项目或采购合同、允许中小企业组成联合体进行投标竞标、给予中小企业投标价格一定比例折扣、保证同等条件下中小企业采购优先地位、保证参与采购询价过程中的中小企业比例、降低中小企业参与采购的准入门槛等方式，强化政府对中小企业的采购。

（四）实施"以用为本"的人才战略，积极探索利用财税政策鼓励培养和引进创新创业人才的新思路、新方法，切实激发科技人员和经营管理人员开展创新活动的积极性和主动性，充分发挥人才"第一资源"的作用

科技竞争的关键是人才实力竞争，而人才实力竞争的核心是人才创新能力的竞争。[14]创新型国家建设必须要建立起完善的人才储备体系和有效的激励机制，保障人力资源的有效供给和合理优化配置，激发创新活力。为此，一要加大对人才培养的财政投入，使国家财政性教育经费支出占国民生产总值的比例随国民经济发展和财政收入增长逐步提高，推动高等院校培养能满足市场需要、具有良好创业创新意识和创业创新能力的高端人才和企业家队伍。进一步加大人才发展资金投入力度，鼓励和支持企业和社会组织建立人才发展基金，保障人才发展重大项目的实施。二要加大引进海外高层次创新创业人才的财政投入，营造贯彻落实《中央人才工作协调小组关于实施海外高层次人才引进计划的意见》的良好社会环境，继续做好做强"长江学者奖励计划"、"百人计划"、"国家杰出青年科学基金"等人才引进项目，以项目和平台为依托，引进和重点支持一批海外高层次人才回国（来华）创新创业，做到人才能够"引得进、用得上、留得住"。开辟人才引进的"绿色通道"，鼓励和支持建立国家创新人才培养示范基地、国家海外高层次人才创新创业基地、各类人才培训基地、人才储备中心、博士后培养和引智示范基地等人才集聚平台。同时，建立配套完善的人才服务机制，为高端领军人才的生活和工作提供全方位、人性化、专业化服务。三要研究制定和不断完善鼓励人才创业创新的税收政策。通过税收优惠政策，鼓励和引导社会、用人单位、个人投资人才资源开发和培训。对于企事业单位为引进高层次人才支付的一次性住房补贴、安家费、科研启动经费等费用，可允许其据实在计算企业所得税前扣除。不断完善科技人员股权激励、未分配利润转增投资免征个人所得税、财政补贴和奖励不计入纳税额等税收政策，通过免征和减征个人所得税，调动各类人才创新创业的积极性。

（五）充分利用财税政策在资源配置中的导向功能，合理引导和支持金融资本与科技资源对接，解决创新主体的融资难题

财税政策工具有助于引导各类金融资源聚集整合和优化配置，促使其更好地为创新主体服务。为此，一要充分发挥财税政策工具在创新主体直接融资中的积极作用。通过国家和地方的财政投入引导，以及投资收益税收减免或投资额按比例抵扣应纳税所得额等积极的财税政策，引导天使投资、风险投资和股权投资发展，吸引社会资金进入创业投资、基金、融资租赁、信托、担保等行业，将巨额的社会资金转化为有效的产业资本。设立企业上市专项资助资金，支持企业在境内外资本市场融资。二要加大对中小企业的政策性融资支持。借鉴国际经验，建立符合我国中小企业融资特点的政策性融资机构，同时推动现有政策性银行运营机制创新和业务模式创新，增进对科技型中小企业的支持力度，通过政府资金投入解决前期启动资金缺乏和贷款损失问题。三要对创新主体的间接融资活动进行支持。加强商业银行中小企业信贷业务的税收优惠，通过中小企业信贷业务营业税减免、所得税调减、允许中小企业融资的利率浮动上限提高、允许贷款坏账的税收抵免等举措，直接降低银行等金融机构中小企业贷款业务的成本和风险，提高贷款收益。[15]在财政补贴和税收优惠方面给予中小金融机构更加优惠的政策，例如小额贷款公司按一般商业银行应纳所得税减半处理的办法。加大财政投入支持小额担保贷款的力度，对微利及劳动密集型中小企业，创造条件，鼓励其申请小额担保贷款。四要建立多层次中小企业信用担保体系，落实好对符合条件的中小企业信用担保机构免征营业税、担保风险补偿、担保奖励、风险准备金提取和代偿损失在税前扣除的政策，并结合担保户数、担保额度、占资本金额比率、担保资产质量等，制定有差异的税收政策。

参考文献

〔1〕黄国平、孔欣欣：《金融促进科技创新政策和制度分析》，《中国软科学》2009年第2期，第28—37页。

〔2〕辜胜阻、王敏：《国家创新示范区的功能定位和制度安排》，《中国科技论坛》2011年第9期，第92—97页。

〔3〕科技部发展计划司：《2010年我国R&D经费投入特征分析》，《科技统计报告》2012年1月19日。

〔4〕杨锡才、江羽翔、吴平、王芬：《支持自主创新政府采购政策探析——以武汉东湖国家自主创新示范区为例》，《地方财政研究》2011年第3期，第69—72页、第76页。

〔5〕郭雯、程郁、任中保：《国外政府采购激励创新的政策研究及启示》，《中国科技论坛》2011年第9期，第146—151页。

〔6〕艾兵：《欧美国家政府采购促进自主创新的经验与启示》，《宏观经济研究》2012年第1期，第13—20页。

〔7〕高萍：《支持企业技术创新税收优惠政策的实践与思考——基于湖北省的调研》，《税务研究》2011年第5期，第77—80页。

〔8〕胡勇辉：《激励自主创新人才培育的税收政策选择》，《财政研究》2007年第11期，第53—55页。

〔9〕贺也贞：《破解中小企业融资难题的财政思考》，《中国财政》2009年第17期，第45—46页。

〔10〕辜胜阻、洪群联：《创新型国家建设的战略思考》，《经济管理》2008年第19—20期，第1—6页。

〔11〕何伟：《创新型国家税收激励政策的特点及启示》，《经济纵横》2008年第4期，第27—30页。

〔12〕辜胜阻、马军伟：《推进国家自主创新示范区建设的政策安排》，《财政研究》2010年第11期，第2—6页。

〔13〕初立辉：《完善财政政策 推进科技进步和创新》，《中国财政》2011年第5期，第44—45页。

〔14〕成思危：《建设创新型国家应注意的几个问题》，《经济界》2006 年第 6 期，第 4—8 页。

〔15〕辜胜阻、杨威、李洪斌：《后危机时期中小企业的财税扶持政策》，《税务研究》2011 年第 6 期，第 3—9 页。

—4—

国家创新示范区的
功能定位与制度安排*

　　"十二五"时期是加快我国经济发展方式转变的攻坚时期，要把科技进步和创新作为加快经济发展方式转变的重要支撑。转型与创新是我国在新时期的两大主题。长期以来，我国依靠廉价劳动力优势形成"低价工业化"发展模式，创造出经济持续高速增长的奇迹。但这种模式使经济大而不强、快而不优，经济发展不平衡、不协调、不可持续的问题日益突出。转变现有的发展模式，需改变过度依赖劳动力成本优势的局面，把增强自主创新能力作为经济结构调整和经济增长方式转变的中心环节，使经济走上创新驱动、内生增长的发展轨道。为此，要以国家自主创新示范区为战略基点，充分发挥示范区先行先试、探索经验的优势，增强示范区的创新能力和辐射带动效应，以点带面，推进创新型国家的建设，引领经济发展方式转变。

一、国家自主创新示范区的基本特征与现状

　　国家自主创新示范区是经国务院批准，在推进自主创新和高技术产业

　　* 本文发表于《中国科技论坛》2011 年第 9 期，王敏协助研究。

发展方面先行先试、探索经验、做出示范的区域。我国《科技进步法》规定：国务院可以根据需要批准建立国家高新技术产业开发区，并对国家高新技术产业开发区的建设、发展给予引导和扶持，使其形成特色和优势，发挥集聚效应。

相对其他国家高新区，中关村和东湖高新区综合实力较强，具备强劲的知识创造能力、产业创新能力和国际竞争能力。经过20多年的发展，中关村逐步建成"一区十园"的高端产业功能区，形成以电子信息、生物医药、航空航天、新材料、新能源与环保、高技术服务业为主的产业集群。[1]东湖高新区也形成了以光电子信息为主导，生物、新能源、环保、消费电子等产业为支柱的高新技术产业集群。作为国内最大的光纤光缆、光电器件生产基地、光通信技术研发基地和激光产业基地，"武汉·中国光谷"已成为我国在光电子信息领域参与国际竞争的标志性品牌。从产业规模上看，两大创新示范区在企业数量、工业总产值、工业增加值、营业总收入、利润及上缴税额等方面均位于全国高新区前列（如表1所示）。据科技部关于国家高新区综合评价的结果显示，2009年，中关村在全国55个高新区（含苏州工业园）中综合实力排名第一，是我国实力最强、规模最大、结构最完善的区域创新系统。武汉东湖高新区的综合实力排名第六位。其中，知识创造与孕育能力第七位，产业化与规模经济能力第六位，国际化与参与全球竞争能力第五位，可持续发展能力第五位。[2]

表1　两大创新示范区及全国高新区主要经济指标

		中关村科技园区	武汉东湖高新区	全国高新区
企业数	数量（家）	18437	1739	52632
	排名	1	6	
工业总产值	数量（亿）	3805.1	1574.3	52684.7
	排名	1	9	—
工业增加值	数量（亿）	719.3	531	12507.0
	排名	1	2	—
营业总收入	数量（亿）	10222.4	1760.0	65985.7
	排名	1	10	—

续表

		中关村科技园区	武汉东湖高新区	全国高新区
净利润	数量（亿）	604.7	104.1	3304.2
	排名	1	7	—
上缴税额	数量（亿）	504	89.2	3198.7
	排名	1	8	—
出口创汇	数量（亿美元）	207.4	11.0	2015.2
	排名	3	28	—

资料来源：科技部发展计划司：《2008 年国家高新技术产业开发区经济发展情况》，科技统计报告，2009 年 10 月 29 日。

　　作为首批国家级高新区和建设"世界一流高科技园区"的试点园区，两大创新示范区成为我国高新技术产业和战略性新兴产业的"策源地"，科教、人才、技术、资本等创新资源的重要"汇集区"和创新成果的"扩散源"。在科教机构方面，中关村和东湖高新区是我国科技资源最为密集的高新区，科研实力优势明显。据统计，中关村区内拥有 39 所高等院校、140 多个研究所，以及 110 多个实验室和研究中心。武汉东湖高新区内拥有 42 所高等院校、56 家科研院所以及数十个实验室和研发中心。在人力资源方面，中关村拥有在校大学生 40 余万人，每年毕业生超过 10 万，中科院和工程院院士数量之和占全国总数的 1/3。截至目前，中关村已有 42 人入选中央"千人计划"，其中创业类人才 38 名，占全国总数的 19%，居全国第一。[3]东湖高新区各类专业技术人员也达到 20 多万，两院院士 50 余人，在校大学生 70 余万。在创新融资方面，2010 年中关村上市公司总数达到 154 家，其中境内 92 家，境外 62 家，并初步形成了创业板中的"中关村板块"。[4]同时，中关村启动代办股份转让系统试点工作，逐步建立起以新三板市场为主体的场外交易市场体系。东湖高新区有 26 家企业上市融资，约占湖北省上市公司的 1/3，武汉市的一半以上，企业资本市场融资总额累计达 180 亿元。在技术创新方面，两大创新示范区都是我国科研项目和专利申请大户以及行业标准的重要制定者。据统计，中关村和东湖高新区均位居我国科技项目最多的五个高新区之列。2009 年，中关村和东湖高新区申请专利量分别达到 6967 项和 3200 项，其中发明专利分别为 4962

项和 1699 项，实用新型专利为 1465 项和 1003 项，外观设计为 540 项和 498 项。同时，中关村还创制了 20 项重要国际标准和 150 多项国家标准。东湖高新区也在光通信技术等领域主导制定了 5 项国际标准和 80 多项国家标准。在技术成果辐射方面，两大创新示范区是我国重要的创新技术输出基地。据科技部研究报告称，2001—2007 年，武汉高校和研究所技术流向湖北省外的项目比重为 52.08%，占总交易额的 46.75%。[5] 中关村的技术交易额占到全国的 1/4 以上，其中 60% 以上输出到北京以外地区。

二、国家自主创新示范区的功能定位

国务院关于建设国家自主创新示范区的文件指出，中关村和东湖高新区要分别致力于成为"具有全球影响力的科技创新中心、世界一流的科技园区"和"推动两型社会建设，依靠创新驱动发展的典范"。为此，两大示范区要紧紧把握重大创新机遇，充分发挥创新资源优势，加快改革与发展，全面提高区域自主创新能力和辐射带动能力，抢占新一轮科技竞争的战略制高点，为建设创新型国家提供强有力的科技支撑。在功能定位上，创新示范区需站在国家战略的高度，进行高标准定位：

（一）着力研发和扩散国际领先科技成果的国家高技术产业发展极

高新技术，特别是具有国际领先水平的前沿技术和关键技术的研发与应用，在推动传统产业的转型升级和战略性新兴产业发展中具有重要意义。高新技术的扩散能在更大范围产生经济和社会效益，推进技术进步和产业结构优化。目前，高新区是我国发展高新技术产业和战略性新兴产业的重要基地。未来，两大示范区要努力利用区域科教创新优势，树立起科技创新的龙头地位，着力研发和扩散国际国内领先的科技成果，努力在前沿领域和重大关键技术领域实现突破，成为技术创新的集聚地和技术扩散的辐射源，促进传统产业高技术化和高新技术产业化。

（二）实现资本与技术有效对接的科技产业融资中心

实践证明，金融系统不仅是创新融资的重要渠道，而且是规避、化解创新风险的有效工具和制度安排。高技术产业的发展必须同时进行技术创新和金融创新，使二者步入良性循环轨道。有研究表明，高技术企业面临的科技风险覆盖面较为广泛，具体包括技术风险、财务风险、管理风险、人员风险和市场风险等诸多方面。[6]按技术创新阶段划分，科技风险又可分为科技研发风险、成果转化风险和市场风险，[7]并且不同创新阶段面临的风险大小也有所不同。同时，由于我国风险投资业不发达、多层次资本市场体系和银行体系不健全、信息服务体系不完善等多种因素的共同作用，技术、资本和市场难以有效结合。据科技部调查，在高新技术领域科技成果未应用或停用的原因中，资金问题是最主要的制约因素（约为50.2%），其次是技术问题（约为26.3%）。这一现象在新能源与高效节能、环境保护领域更为明显，资金约束占到60%以上。[8]因此，在技术商业化、产业化过程中，两大示范区要加大科技金融改革创新力度，探索支撑不同规模、不同所有制企业开展创业、创新活动的多元化融资渠道，合理引导财政资金、信贷资金、风险资金等资金资源向示范区流动，使示范区成为资本的"洼地"。

（三）培养和聚集优秀创新人才特别是产业领军人才的人才栖息地

高技术产业具有以人为本的特征。积极培育高新区企业的技术创新能力，获取具有国内外先进水平的科技创新成果，关键要培育和聚集大量创新人才特别是产业领军人才。国家"十二五"规划纲要明确提出，要深入实施科教兴国战略和人才强国战略，提高教育现代化水平，壮大创新人才队伍。当前，我国科技人力资源总量规模较大，增长速度也位居世界前列。但与发达国家相比，我国科技人力投入强度相对较低。据统计，我国2008年每万名劳动力中 R&D 人员数量比例仅为芬兰、美国、日本、俄罗斯和韩国 2007 年相应指标比重的 1/8、1/5、1/6、1/3 和 1/4。[9]因此，在创新人才方面，两大示范区要充分利用大学的深厚研究实力、完善的教育培训机构、丰富的资料信息、强大的人力资源等优势，积极探索人才培养、引进、聚集、管理和使用的创新机制，使示范区成为各类创新人才和高级技术人员积聚的沃土，打造高技术人才栖息地。

（四）推动科技教育面向经济建设主战场的产学研一体化的空间载体

作为创新型国家和区域创新系统建设的"探路石"，国家自主创新示范区不仅要成为科技创新的"龙头"，也要成为成果转化的"模范"，实现从科研中心向创新中心转化。自"九五"计划以来，产学研合作逐渐成为我国推进企业自主创新和科技成果转化应用的重要组织形式。有资料显示，2009年我国技术交易中产学研合作的技术开发合同占技术开发合同成交金额的92.2%和全国成交总金额的38.4%。[10]高等院校、科研机构与企业间的技术转移规模和质量都稳步提升，但这并没有改变我国技术与经济"两张皮"的格局，技术转移依旧是我国创新体系中的薄弱环节。未来，两大示范区需逐步在完善以市场为导向、以企业为主体、以高等院校和科研院所为依托的区域自主创新系统建设方面积累经验，成为示范"产学研"一体化的先行区，推动科研、教育面向经济建设主战场。

（五）推进体制机制创新并促进创新能量释放的制度创新先行区

国家自主创新示范区是一个相对完整的区域创新系统，是政府、企业、高等院校和科研机构等创新主体相互联系、相互作用而构成的创新网络和制度安排。制度是对现有事物的约束，而高新技术作为新生事物，它的兴起与发展往往会受到种种传统体制机制的束缚。不断推进制度创新，建立与促进自主创新相适应的新体制，成为推动自主创新能力提升的关键因素。技术创新和制度创新是两个不可分割的范畴，单有技术创新没有制度创新，就会使技术创新出现"闭锁"效应；单有制度创新，没有技术创新，就会使制度创新最终成为"无米之炊"。[11]两大示范区要加强金融、法律、科技、教育、社会文化、组织管理等方面的制度创新，发挥示范区在资源整合、产业升级、成果转化、机制创新、人才聚集等方面的先导示范作用，成为制度创新推进技术创新的典范。

（六）具有全球影响力和国际知名品牌的创新创业的重要基地

产业集聚本身产生的外部经济和规模经济能够为新企业诞生创造更多的市场机会，新企业在集聚区创新和发展的风险也相对较低。目前，中关村拥有超过百万的高素质创新创业人才，全国近1/4的留学归国创业人员，建立起大学科技园17家，留学人员创业园29家，成为我国重要的创业创新基地。武汉东湖高新区也以平均每年2000余家的速度培育新生企业，[12] 并逐渐崛起诸如烽火科技、华工科技、凡谷电子、凯迪电力等一大批本土品牌企业。两大示范区要不断总结以往经验，努力培育"容忍失败，鼓励创业"的创新文化氛围，提供中小企业创业、创新成长的良好制度环境和支撑服务体系，不断探索推动中小企业走出"生不快、长不大、活不长"怪圈的路径与方法，使示范区成为创业企业、创新品牌的集聚地和"孵化器"。

三、国家自主创新示范区建设的制度安排与政策选择

推进国家自主创新示范区建设，实现示范区的功能定位和发展目标，应努力引导各种创新要素向企业集聚，将自主创新的"国家意志"转化为"企业行为"，使企业真正成为技术创新的主体。但由于创新活动本身具有较高的经济外部性和风险性，我国企业往往面临"动力不足，不想创新；风险太大，不敢创新；能力有限，不会创新；融资太难，不能创新"的难题，创新主体缺位和错位现象共存，仅靠市场的"无形之手"难以达到"帕累托最优"，必须发挥政府"有形之手"的宏观调控作用，恰当、适度地干预和调控，降低创新风险，提高创新收益，激发各主体内生的创业创新热情。为此，国家自主创新示范区要充分利用政府作为创新制度供给者的身份，采取有效的制度安排，建立健全鼓励自主创新的风险分担机制和利益补偿机制，形成推动区域创新和高技术产业发展的强大动力。

（一）要不断增强科技资源的配置能力，加大财政科技投入规模，优化投入结构，充分发挥财税政策在扶持和激励区域创新方面的积极作用

政府财政对科技创新的干预旨在克服科技和知识产权的私有独占性与科技活动本身所具有的公共产品性质之间矛盾所造成的"市场失灵"。[13] 长期实践也证明，政府财税政策是推动自主创新最正面、最直接的激励，能降低创新和科技成果产业化、市场化的成本，提高创新的投资回报率。

示范区建设要充分发挥财政科技投入的杠杆功能，增强调动科技资源的配置能力。第一，加大对示范区的财政科技投入规模，提高对示范区重大科研项目和技术创新平台建设的支持力度。充分发挥财政资金的引导作用和杠杆作用，带动企业资金、社会资金向企业、高校、科研机构等创新部门集聚，建立以政府引导、企业主体、社会补充的多元化、多渠道的创新投入机制。把科技创新投入作为财政预算保障的重点，建立政府投入的动态增长机制，提高财政支出中用于 R&D 的比重。综合运用直接投资、税收优惠、贷款贴息、科技保险、融资担保、费用补贴、发明奖励等多种财政投入方式支持创新示范区的创新活动。第二，要调整和优化财政资金投入结构，加大对重点领域前沿技术和关键技术攻关项目、公共服务技术研发平台建设、基础和共性技术研究、产学研合作和重大科技成果的中试及产业化推广等方面的科技投入，增强对创新教育、创新人才培养与引进的财政支持。第三，要贯彻落实政府采购政策，健全自主创新产品和服务认定制度、财政性资金采购自主创新产品和服务制度，在首购、订购首台（套）重大技术装备试验和示范项目、推广应用等方面不断探索金融机构、企业和财政共同参与的财政采购模式。第四，要充分利用税收优惠的普惠性优势，提高创新产品的比较收益，让创新有利可图。落实现有鼓励中小企业创业创新的财税优惠措施，开展高新技术企业认定、科技人员股权激励、研发费用加计扣除、教育经费列支、未分配利润转增投资免征个人所得税、财政补贴和奖励不计入纳税额等税收政策试点，研究出台促进节能减排的税收和非税收政策，不断完善支持示范区创新创业的财税政策体系。第五，要利用价格补贴降低创新产品的市场交易价格，让消费者愿意且能够消费，实现帮助创新企业拓展市场和推广新产品的目的。

（二）要充分发挥资本市场的风险分散功能，引导和支持高新技术产业与资本市场的有效对接，让金融资本分散创新的高风险和分享创新成功的高回报

资本市场和风险投资具有要素集成功能、筛选发现功能、企业培育功能、风险分散功能、资金放大功能等多重功能，能够通过以价格为信号的市场机制，实现创新风险的市场分担和创新高回报的社会共享，进而促进创新。建设国家自主创新示范区，要充分利用资本市场和高新技术产业的联动机制，推动企业积极开展创新活动。第一，不断完善天使投资、风险投资和私募股权投资构成的创业创新投融资链，使金融创新成为高新技术产业化的"催化剂"。加强体制机制创新，通过采取创业投资引导、创业投资风险补贴、税收减免等措施，鼓励投资银行、信托公司、证券公司、保险公司等机构投资者发起建立各种形式的风险投资基金或产权投资基金，促进投资主体多元化，真正实现"政府搭台、企业唱戏"。同时，要大力培育天使投资家，构建天使投资网络和信息交流平台，加强信息的交流与共享，推动巨额的民间储蓄转化为创业投资，加大对创新成果转化和中小企业创业创新的资金支持。第二，不断壮大中小企业板市场和创业板市场，完善代办股份转让系统和产权交易市场，拓宽风险投资退出渠道。当前，要不断总结中关村代办股份转让试点工作的成功经验，尽快启动"新三板"扩容工程，探索建立统一监管下的全国场外交易市场。同时，要逐步建立健全场外交易市场与主板、二板市场的联动机制。第三，激活主板市场的资产存量，通过推进各种形式的资产重组，充分利用上市资源，促进高新技术企业兼并、收购传统企业，实现资金、管理和技术的对接，推动企业技术创新和产业化能力提升。示范区要有计划、有步骤地推进企业上市培育和辅导工作。建立科技型企业上市的"绿色通道"，并通过奖励、补贴、资助等方式鼓励符合条件的企业在境内外资本市场上市融资和再融资。第四，建立市场化的信用增进和信用评级机制，积极探索开发低信用等级高收益债券和私募可转债，推行短期融资券、中期票据、公司债券、企业债券、中小企业集合票据等适合科技型企业的债券产品，发展面向科技型企业的债券市场，改变千军万马靠银行过"独木桥"的格局。

（三）要积极推动银行组织创新和业务创新，扩大信贷机构对科技型中小企业创业创新融资的支持力度和广度，充分发挥金融中介的信贷融资功能

"大量小企业，少量大企业"是我国高新区高新技术产业的组织结构特征。金融市场的"市场失灵"与"政府失灵"使得我国中小企业融资形势严峻。从融资渠道看，由于我国资本市场进入门槛相对较高，以及信息不透明带来的融资高成本，必将其大多数中小企业排除在直接融资市场之外。[14]信贷融资成为科技型中小企业最主要的外部融资方式。面对信贷市场"僧多粥少"的资源分配格局，要解决中小企业在融资过程中所遭遇的"规模歧视"和"所有制歧视"问题，示范区必须加强科技金融创新，建立起与企业规模结构和所有制结构相适应的多层次信贷融资体系。第一，架设政府、银行、企业合作桥梁，创新联动协作机制，推动形成科技部门、银行监管部门、银行金融机构共同支持创新融资的格局。第二，加强银行组织机构创新，打造专业化信贷融资平台。鼓励在示范区建立面向中小型科技企业的科技银行、商业银行科技支行、中小商业银行和小额信贷公司，提供专业化信贷融资服务。第三，加强信贷产品的创新，开发多元化、多层次的信贷产品。针对科技型中小企业成长不同阶段的融资需求，提供中长期、短期和滚动支持贷款服务。优先安排企业、高等院校和科研院所的创新能力建设项目和科技成果转化项目贷款。第四，鼓励信贷模式的创新，积极探索银团信贷、联贷联保、知识产权质押贷款、科技型企业信用贷款、集合融资贷款等贷款新模式。加强信贷业务流程重组，进一步简化贷款程序，提高贷款效率。第五，进一步完善中小企业融资的公共政策服务，增强多层次的融资信用担保，加快建立企业征信体系和发展中介服务机构，推进建设企业融资的综合配套服务体系。[15]

（四）要充分发挥股权和分红权的创新激励功能，促进内部激励市场化，激发科研人员和经营管理人才创业创新的积极性和主动性

创新示范区的建设需要树立以人为本的战略观念，重视人力资源的开发利用，实现人才强区。但是，企业内部使用权威来配置资源的特性决定了科技人员的技术创新活动与市场的间接联系，[16]使得外部市场激励与科技人才内在创新收益之间的联结机制发生扭曲，技术人员创新动力不足。为此，示范区要积极探索建立基于人力资本价值得到充分体现的激励机制，将科技人才、经营管理人才的创新收益与企业业绩和长期发展紧密联系起来，克服传统薪酬制度下的行为短期化倾向和道德风险，实现内部激励市场化。第一，要敢于"试水"和"破冰"，积极开展创新企业股权和分红激励试点。加快落实示范区内企业、高等院校、科研院所开展股权和分红激励试点工作，并逐步放宽实施门槛，扩大试点范围，让更多创新型中小企业参与试点。支持国有投资平台参与示范区重点企业和院所的改制和重组，探索利用国有股权收益部分激励企业团队的试点。[17] 第二，要创新企业分配激励机制，积极探索技术和管理要素按贡献参与分配的实现形式。支持和鼓励示范区内企业、高等院校、科研院所对做出突出贡献的技术人员和经营管理人员实施职务科技成果入股、股权奖励、股份期权、科技成果收益分成等多种形式的股权和分红激励。第三，要深入研究制定示范区企业股权和分红激励实施细则，加强相关法律法规的修订完善，为股权激励的实施创造条件。

参考文献

〔1〕《中关村科技园区建区二十周年发展回顾》，中关村国家自主创新示范区网站 http://www.zgc.gov.cn/fzbg/ndfx/，2010 – 06 – 08。

〔2〕刘传铁主编：《中国光谷产业坐标》，人民出版社 2010 年版，第 55 页。

〔3〕董长青：《中关村入选"千人计划"人数居全国第一》，《北京日报》2010 年 9 月 19 日。

〔4〕佚名：《中关村自主创新示范区概况》，中关村国家自主创新示范区网站 http://www.zgc.gov.cn/sfqgk/56261.htm，2010 – 10 – 31。

〔5〕科技部发展计划司：《武汉市高校和研究所技术流向分析》，科技统计报告，2009 年 10 月 24 日。

〔6〕冯海昱、任立：《我国科技保险市场存在的问题及对策研究》，《世界经济与政治论坛》2010 年第 1 期，第 68—75 页。

〔7〕吕文栋、赵杨、彭彬：《科技保险相关问题探析》，《保险研究》2008 年第 2 期，第 36—40 页。

〔8〕科技部发展计划司：《2009 年全国科技成果统计分析》，科技统计报告，2010 年 9 月 21 日。

〔9〕科技部发展计划司：《2008 年我国科技人力资源发展状况分析》，科技统计报告，2009 年 12 月 30 日。

〔10〕科技部发展计划司：《2009 年全国技术统计分析报告》，科技统计报告，2010 年 9 月 19 日。

〔11〕辜胜阻、李正友等：《创新与高技术产业化》，武汉大学出版社 2001 年版，第 43 页。

〔12〕武汉东湖国家自主创新示范区办公室：《建设东湖国家自主创新示范区资料汇编》，2010 年 2 月。

〔13〕黄国平、孔欣欣：《金融促进科技创新政策和制度分析》，《中国软科学》2009 年第 2 期，第 28—37 页。

〔14〕林毅夫、李永军：《中小金融机构发展与中小企业融资》，《经济研究》2001 年第 1 期，第 10—18 页。

〔15〕辜胜阻等：《完善中小企业信贷融资体系的战略思考》，《商业时代》2010 年第 12 期，第 35—36 页。

〔16〕杨丽：《科技人员技术创新的外部市场激励内部化研究——以海尔的型号经理为例》，《工业技术经济》2008 年第 3 期，第 33—34 页。

〔17〕辜胜阻等：《推进国家自主创新示范区建设的政策安排》，《财政研究》2010 年第 11 期。

—5—

发展循环经济需要"创新驱动"*

胡锦涛总书记在 2012 年 7 月 23 日省部级主要领导干部专题研讨班上的重要讲话中强调指出，要扎扎实实抓好实施创新驱动发展战略。"创新驱动"是区别于廉价"要素驱动"和"投资驱动"的新发展战略观。2012年中国经济面临最大的任务是如何在经济下行压力下实现"稳增长"。区别于以往的保增长，现阶段的"稳增长"更加重视与转方式、调结构的有机结合，培育经济增长的内生动力，推动经济增长进入"创新驱动"的轨道。经过 30 多年的发展，支撑中国经济高速增长的传统优势已有所削弱，资源环境瓶颈约束日益明显，中国经济增长的区域结构也正悄然发生变化。按当代国际工业化标准，东部发达地区的中心城市已基本实现工业化，经济增长速度相对于此前工业化加速期逐渐放慢。相对于东部来说，西部有"后发优势"，在劳动力、土地、能源、资源等生产力要素方面的约束较小，目前正处在工业化和城镇化进程快速推进阶段，将为中国经济"稳增长"提供有力支撑。目前，西部地区既要快速发展，但又不能走东部地区过度依赖廉价生产要素和"先污染，后治理"的老路，探索一条又好又快科学发展的道路就显得极为重要。

---

* 本文为首次公开发表，李洪斌协助研究。

一、循环经济是青海稳增长和调结构的引擎

（一）青海省经济是典型的资源型经济，需要处理好发展经济与保护环境的关系

作为中国西部的后发省份，青海近些年发展速度很快但经济总量依然较小。进入 21 世纪以来，青海 11 年的平均增速是 12.5%，除 2009 年外，有 10 年增速超过 12%。但是青海省 2011 年全省生产总值为 1634.72 亿元，在西部地区仅高于西藏，占全国 GDP 总量的 0.3%，占东部、中部地区 GDP 总量垫底的天津市的 14.6% 和吉林省的 15.5%。① 从经济增长动力来看，1999 年西部大开发以来，青海固定资产投资高速增长，投资对经济增长的贡献不断增强。2011 年青海固定资产投资增长 33%，比全国高 12.6 个百分点。而在青海大幅增长的固定资产投资中，投资结构不合理、投资效益偏低等问题比较突出。2011 年，规模以上工业企业中，国有控股企业工业增加值占青海省规模以上工业增加值的 48.2%，国有经济仍是全社会固定资产投资的最主要力量，民营经济力量较弱。[1] 在城镇化水平方面，2011 年全国城镇化率为 51.3%，青海是 46.22%，比全国平均水平低了约 5.1 个百分点，比东部地区平均水平低了 16.6 个百分点。与此同时，青海城乡居民人均收入水平均大幅低于全国平均水平，城乡居民收入比远高于全国 3.13∶1 的平均水平。

青海是一个典型的资源型省份。据统计，青海矿产资源保有储量潜在价值高达 17.25 万亿元之巨，占全国矿产保有储量潜在价值的 19.2%，人均占有 370 万元，是全国人均水平的 50 倍。[2] 经济发展中过度依赖资源、投资、劳动力等生产要素的结果是产业结构不合理，民营经济不活跃，资源环境面临较大压力等（见表 1）。在产业结构方面，青海省第二产业比重高于全国平均水平 10.7 个百分点，第三产业低于全国平均水平 10.1 个百

① 东、中、西部划分根据国家统计局标准。本处仅取天津市和吉林省比较，因为它们分别是东部地区（除海南省）和中部地区 GDP 最小的省份。海南省 1988 年才正式建省，之前封闭落后，之后虽然成为唯一的省级经济特区，但是基础差，起点低，至今仍与东部地区省份平均水平有较大差距，不具备代表性。

分点，产业结构呈现出过度依赖资源产业、第三产业发展严重不足的问题。从轻重工业对比来看，2011 年，以有色冶金、化工、石油开采和加工、电力、黑色冶金、煤炭等为代表的七大行业创造增加值 662.20 亿元，占全省规模以上工业增加值的 84.8%，工业结构呈现"重型化"特征。[3] 由于青海自主创新能力较弱，高投入、高消耗、低产出、低附加值的问题比较突出。国家统计局、国家发改委、国家能源局公布的《2011 年分省区市万元地区生产总值（GDP）能耗等指标公报》显示，2011 年中国万元 GDP 能耗为 0.793 吨标准煤（按 2010 年价格），其中能耗最高的前三位是：宁夏，2.279 吨标准煤/万元；青海，2.081 吨标准煤/万元；山西，1.762 吨标准煤/万元。同时，青海还存在资源综合回收率过低的问题，铅锌矿的综合回收率比全国平均水平低 5%—13%，钾盐低 2%—11%，煤矿和石油低 14%—16%。[4] 工业的主导地位和"重型化"特征，既增加了资

表 1　2011 年全国与青海部分经济指标比较

指标	分指标	全国	青海
GDP	GDP 总量（亿元）	471564	1634.72
	人均 GDP（元）	35083	28827
	GDP 增速（%）	9.2	13.5
	GDP 中投资贡献率（%）	54.2	72.91
	固定资产投资增速（%）	23.6	34.2
产业	三次产业比	10.1：46.8：43.1	9.5：57.5：33.0
	规以上工业国有控股比重（%）	26.2	48.2
	重工业占工业增加值比重（%）	70.9	>84.8
城镇化	城镇化率（%）	51.3	46.22
	城镇居民居人均可支配收入（元）	21810	15603.31
	农村居民人均纯收入（元）	6977	4608.47
资源环境	资源环境综合绩效指数（2009）	199.9	103.5

　　注：青海省 GDP 中投资贡献率为 2009 年数据，重工业占工业增加值比重为 2010 年数据，全国规模以上工业国有控股比重为 2010 年数据，其余均为 2011 年数据，资源环境综合绩效指数以 2000 年全国资源环境绩效指数 100 为基点。

　　资料来源：由国家统计局网站、青海省统计局网站、国家和青海省 2012 年政府工作报告以及 2011 中国可持续发展战略报告综合整理所得。

源的需求，也不可避免地加重了对环境的污染。《2011 中国可持续发展战略报告》显示，青海资源环境综合绩效指数 103.5，远低于全国 199.9 的平均水平。

（二）发展循环经济是摆脱"资源诅咒"和实现"创新驱动"的必然选择

"资源诅咒"是指丰富的自然资源可能是经济发展的诅咒而不是祝福，大多数自然资源丰富的国家比那些资源稀缺的国家经济发展水平更低的一种现象。世界上最富有的一些国家和地区，如日本、卢森堡、新加坡、瑞士和中国香港并没有富裕的自然资源，而塞拉利昂、中非、赞比亚、委内瑞拉等国家虽然自然资本占国民财富的比重超过 25%，但经济却负增长。丰裕的自然资源在一定程度上有利于经济增长，但是对资源型产业的过度依赖却会对区域经济增长产生诸多负面效应，比如对人力资本、技术创新、对外开放度（外资投入）和私营经济的挤出效应，削弱制造业发展的"荷兰病"效应，以及政府经济干预程度趋于加强所反映的制度弱化效应等。[5] 就国内来说，与"西多东少"的自然资源分配格局相反，现实的经济发展状况是，西部省份经济绩效远远不如东部地区。徐康宁等人（2006）、邵帅等人（2008）通过实证检验证明，"资源诅咒"这一命题在中国内部的地区层面成立，尤其是西部地区，多数省份丰裕的自然资源并未成为经济发展的有利条件，反而制约了经济增长。[6][7] 从上文对青海经济发展数据分析显示，青海经济已经呈现明显的资源产业依赖的特征，工业在三次产业中比重最大，并且资源型工业在工业中占绝对优势地位，工业呈现"重型化"特征。与此同时，"资源诅咒"现象已在青海经济中有所显现，如对民营经济的挤压、非资源型制造业和服务业的薄弱、资源环境绩效排名较低、城乡收入差距较大等问题。如何摆脱"资源诅咒"是青海等资源型省份在经济发展中必须要考虑的问题。

青海既要发展经济，又要避免"资源诅咒"，实现"创新驱动"，发展循环经济是唯一的现实选择。青海发展循环经济不仅有良好的资源基础，而且促进循环经济发展的技术创新、产业集群以及基础设施也已经形成了一定规模。"西部大开发"战略的深入实施以及柴达木和西宁循环经济示范区的设立更是为青海经济转型提供了难得的机遇。在国家政策支持的引导下，东部地区经济较发达省份也积极开展对口支援，有效缓解了青海省经济发展中人才、资金、技术、管理等方面的实际困难。此时，加快发展循环经济，不仅对青海省自身可持续发展意义重大，而且对于资源赋存丰富、生态环境脆弱的地区走出一条通过发展循环经济实现科学发展的可持续发展的路子，也具有重要示范意义。

二、青海发展循环经济需要创新驱动

（一）青海发展循环经济需要以"三环联动"为战略定位

循环经济是一种以减量化（Reduce）、再使用（Reuse）、再循环（Recycle）3R为原则的新的经济发展方式，与传统经济发展方式有极大不同。传统经济是从"摇篮"到"坟墓"的经济，表现为"资源—产品—污染排放"的单向流动，特点是高开采、高消耗、高排放、低利用，对生态环境影响较大。循环经济则是从"摇篮"到"摇篮"的经济，倡导把经济活动组织成一个"资源—产品—再生资源"的反馈式流程，注重实现低开采、低消耗、低排放、高利用，对生态环境的影响较小。认识循环经济不能狭隘地单从企业层面理解，必须立足产业和区域等层面，把循环经济整合起来。概括来看，国内外学者一般将循环经济归结为三个层面的发展，一是企业内"资源—产品—再生资源"流程，即小循环，如美国杜邦公司；二是园区内产品和废弃物的相互利用，即中循环，如丹麦卡伦堡工业园；三是区域内包括生产、消费和回收再利用整个过程的物质循环，即大循环，如德国双轨制回收系统。[8] 区域经济要形成这种循环体系还需要财税政策、产业政策、技术政策、金融政策、土地政策等方面的政策支撑。

当前，中国发展循环经济主要是在综合考虑资源环境现状、环境质量要求、生态功能重要性等因素的基础上，通过选择循环经济试点并给予一定的政策优惠来推动的。青海具有明显的资源型特征和极其脆弱的生态环境。以柴达木盆地为核心的海西区和以省会为核心的西宁地区是青海主要的两个经济板块，是全省重要的工业经济支撑和经济增长点，随着这两个地区先后获批国家循环经济试点单位，循环经济将成为青海经济的一大特色。目前，全国两批循环经济试点单位大部分位于东部和中部地区，并且大都停留在企业层面和工业园区层面，如第一批中，上海化学工业区以化工为主，烟台开发区以机械和电子制造为主，张家港工业园以冶金为主，蒙西工业园以煤化工为主；第二批中上海莘庄工业园以现代制造业为主，福建泉港工业园以石化为主，武汉市青山区以钢铁石化为主，涉及的都是具体的工业领域。而青海是一个资源型省份，其境内主要经济板块柴达木循环经济试验区是一个资源型地区，区内资源具有品种多、组合好的特点，有利于区域性大规模整体开发、多产业集群联动发展。区内企业主要是资源开采和加工企业以及其配套企业，资源的综合利用效率低是区内企业的主要问题，而各企业和各产业之间生态链接不充分则是影响区域投入产出效率的主要因素。如果这些问题得到有效解决，区域整体对资源的消耗将大大降低，对环境的影响也将大大减轻。结合青海资源条件、区域特点和经济发展现状，青海发展循环经济应立足于企业、园区和区域三个层面，以"三环联动"为特色，实现小循环、中循环和大循环联动发展（如图1）。

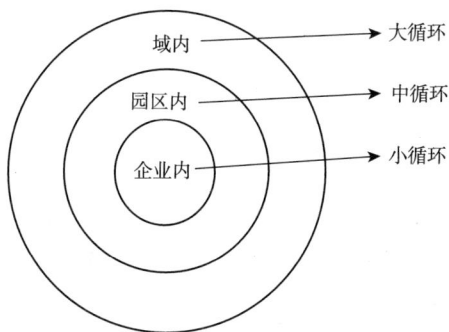

图1　青海省循环经济建设构想

（二）发展循环经济促进青海可持续发展需要"创新驱动"

在当前经济形势下，青海要实现又快又好地发展必须坚持创新驱动原则，正确处理好经济发展与资源、环境的关系，资源型经济与非资源型经济的关系以及工业化与城镇化的关系，进一步用循环经济理念统领资源开发和经济建设，在推动本省经济持续快速健康发展的同时，为资源赋存丰富、生态环境脆弱地区发展循环经济探索出一条可行的道路。青海发展循环经济，实现可持续发展需要采取以下六大战略对策。

1. 要把循环经济发展建立在技术和人才支撑的坚实基础上，推动企业进入"创新驱动"和循环利用的轨道，促进产业升级和经济转型

科学技术是第一生产力，人才资源是第一资源。发展循环经济，必须坚持以科技和人才为支撑。循环经济是建立在技术创新体系之上的新型经济模式，清洁生产、资源综合利用、污染治理、废物再循环、环境无害化等技术是建设循环经济的技术依托。[9]青海要加强对循环生产技术的基础性研究，包括共性技术、关键技术和专门技术等，依托本地盐湖、煤炭和油气等资源基础加快建立有特色的区域创新体系。在技术创新过程中，企业是主体，政府是重要参与者，大学科研院所是技术源头，社会中介组织是重要协调者。青海要加强政府、企业、社会中介和大学科研院所之间的分工协作，广泛地建立企业间及产学研紧密合作的创新机制。[10]政府可加大投入，设立专项基金和适当调整现有科技资金的使用方向，用于支持循环经济的自主创新、引进消化吸收创新和和集成创新。建立大企业和上下游中小企业之间以及国内、国外企业间的创新联动机制。努力形成一批基础好、竞争力强、发展前景好的高科技骨干企业，开发出更多具有自主知识产权的产品。促进国内外先进产业共生技术的对接和转移，实现国内外企业、大学和科研机构在战略层面的深层次结合，鼓励和支持企业同科研院所、高等院校联合建立研发机构、产业技术联盟等技术创新组织，形成支持自主创新的企业、高校、科研院所的合作生态，共同面向循环经济进行科技创新活动。依托两大循环经济试验区，加强各部门之间的统筹协调及支持配合，按照科技创新规律的要求优化配置创新资源，支持和引导创新资源向试验区集聚，引导和调节试验区的技术创新。[11]针对青海省专业技术人员不足以及外流的问题，要围绕资源循环开发利用，制定有利于培养人才、吸引人才、留住人才、鼓励人才创业的政策。要推进省内大学与研究院所合作，建设研究基地，依托本地开发的重点任务、重大建设项目及重要研究课题，积极争取各方面的科技人才培养计划项目（如"西部之光"计划），提供良好的工作和生活条件，吸引国内外专门人才；也可支持企业通过技术入股、短期项目合作等激励机制，吸引科技人才来青海谋求发展或合作攻关。要推进院校与企业实质性对接，开设相关专业，加快培养适用技术人才。

2. 要加大对循环经济的金融支持，推动风险投资和股权投资与青海优质项目对接，积极推进企业上市和并购重组，大力发展中小金融机构和绿色金融新产品，实现金融创新与技术创新的"双轮驱动"

技术创新需要金融创新的支持。青海发展循环经济，需努力完善金融环境，加强金融创新，为企业融资提供适宜的制度环境，形成多元化融资渠道。要通过财政补助、贷款贴息等财税政策，提升项目稳定资金来源，减少融资成本，提高项目的整体回报率，形成效益共享、风险共担的融资体系。要充分利用国家和省级循环经济发展专项资金支持区域资源综合利用的高技术产业链项目。考虑设置循环经济产业基金，通过专业公司的运作，面向社会筹集资金，降低商业银行投资循环经济的经营成本。采取税收优惠和再投资税收减免等优惠措施，鼓励天使投资、风险投资（VC）和私募股权基金（PE）加大对资源节约和环境保护领域的资金投入，并建立完善的风险投资治理机制，保障风险投资融资渠道的畅通。要抓住东部地区 VC/PE 竞争激烈、平均收益较低、在国家政策优惠条件下向西部转移的机遇，积极发展优质项目源头，加强推广，促成东部 VC/PE 与青海优质项目源头的对接。近年来，青海省政府积极推动企业上市和上市公司并购重组，使盐湖集团、金瑞矿业、贤成矿业等公司得以重生，促进了资源的综合开发利用，取得了显著成效。未来要加大调研力度，建立上市资源库，加强上市后备资源培育工作，进一步推动水电、盐湖化工、矿产资源等行业中的优质企业上市融资，鼓励上市公司通过购买、兼并、股权置换等各种形式在青海乃至全国整合资源，鼓励符合条件的企业通过发行公司债、配股、定向增发等方式进行再融资。[12] 要大力发展民间资本市场，鼓励在法律框架内成立村镇银行、小额贷款公司和典当行等中小金融机构，发展民间资本参与的担保机构，发挥其信息和产业关联优势，帮助中小企业跨过实施节能减排、技术改造的"死亡之谷"。要积极研发绿色金融新产品，建立有效的绿色信贷风险补偿机制。

3. 要改变经济增长过度依赖资源初级开发的粗放发展模式，走深加工、集约式开发的道路，依托资源优势延伸产业链，依托循环经济试验区推动产业集群化发展，形成有比较优势的循环经济产业体系

我国中西部资源型地区的矿产资源开发目前基本上是单一性、粗放式的开发，资源综合利用程度低。在资源环境约束和企业竞争加剧的压力下，中国工业面临着实现从依靠耗费资源来支撑竞争力的阶段向依靠资源集约开发和产业集群发展来支持竞争力的阶段转变的关键时期。为此，青海要依托资源优势进行集约式开发，利用循环经济原理优化产业布局和规模，构建以生态链为链接的产业集群，形成专业化、特色化、有比较优势的产业体系。在资源开发环节，要积极引入先进技术，改进生产工艺，尽可能地降低原材料和能源消耗，最大限度提高单位资源利用率，实现投入少、产出高的集约化开发与经营。在生产加工环节，利用资源的特性进行深加工和精加工，努力延长产业链条，提高资源性产品的科技含量和附加值，逐步形成地区性品牌产业和拳头产品。要根据产品工艺和生产工序的内在联系，在多个企业或产业间进行工业生态的链接，增强相关企业或产业之间的关联度，形成多产业横向扩展、多资源纵深加工以及副产物和废弃资源循环利用相结合的资源循环圈，以生态化的产业集群来提升特色优势产业的整体竞争力。尤其柴达木地区，是国内唯一的无机（盐湖资源）、有机（石油、天然气、煤）、有色（铅、锌、铜）以及铁等多类资源集中组合配置的地区，有利于区域性大规模整体开发、多产业集群联动发展。要重点围绕盐湖资源、煤炭资源、有色金属、石油天然气、高原特色生物资源等优势资源进行综合开发，在多个产业或企业间进行工业生态的链接，使各类产业之间形成互动关系，推动多产业集群联动发展。构建循环型产业集群还需要信息网络的支持，要通过中介机构、协会等提供各类培训和咨询平台，有目的地组织企业家集会交流，推动企业之间的协作及企业协作网络的生成，促进企业之间形成知识、信息和经验的共享机制。

4. 要做好承接东部产业转移的工作，有选择性的招商引资，有序引进民间资本，改善基础设施"硬件"和适宜外来企业成长的"软件"，营造"扶商、安商、亲商"的发展环境

产业转移往往伴随着大量的资本、技术以及其他无形要素的进入，能

够为经济发展创造条件。青海承接东部地区产业转移有着明显的自然资源优势和成本优势。当前青海要营造良好的产业承接环境,有选择性地招商引资。首先,充分抓住第二轮西部大开发战略中对城镇基础设施投资力度加大的机遇,通过改善交通、电力等基础设施建设创造良好的硬环境。要加大城镇建设,促进发展新兴城市,为区域人口、经济和产业转移提供空间载体。完善区域内和区际间的物流网、电力网、通讯信息网建设,提升传统服务业,发展新型服务业,增强承接产业转移的支撑能力。以交通等基础设施为依托,进一步完善公路、铁路和航空等交通运输体系以及信息网络体系,尽早将格尔木建成西部又一铁路枢纽。其次,要理顺政商关系,转变政府职能,优化发展的软环境。建立健全政府的公共服务职能,以市场为导向,健全节能减排、综合利用、循环经济发展等方面的法规和政策。政府可以运用清洁生产审计、环境管理体系、绿色 GDP 考核等环境管理工具,对产业集群生态化项目给予投资、土地、信贷等方面的财政补贴或税收优惠,建立产业集群生态化发展的利益驱动机制和政策环境。要营造扶商、安商、亲商的良好氛围,让民间资本和外资企业在区域内形成集聚效应,引导产业集群参与者走上循环经济的轨道。最后,要以本地资源优势为依托,以经济效益为核心,将承接产业转移和优化产业结构、实现可持续发展结合起来,承接符合地方资源禀赋条件和主体功能定位的产业。充分利用"青洽会"、"柴达木循环经济项目推介会"等平台,以入园成功企业为典型,加大对试验区优势资源及优惠政策的宣传力度。要着眼于技术进步和产业升级,在土地、环保、节能、技术等方面设置一定的准入标准,防止被淘汰的、污染严重以及与本地区同质化的企业和项目转移到本地区,防止低水平重复建设和无序竞争。

5. 要把产业发展与城市建设结合起来,把资源型经济和非资源型经济结合起来,实现产城融合,把城镇化建立在多样化产业支撑的基础之上,实现城镇化与工业化的协调可持续发展

随着青海经济建设的发展,城镇化进程快速推进,但是全省城镇化发展不平衡的问题却很突出:全省 8 个州(地、市)中,海西州以 70.03% 的水平高居榜首,西宁市以 63.7% 的水平居其次,分别超过全省平均水平 25.31 个百分点和 18.98 个百分点,其后依次是海北州、玉树州、海南州、

黄南州、果洛州、海东地区，城镇人口占各地常住人口比重分别为32.78%、32.11%、28.47%、25.69%、24.72%、22.83%，比重大幅低于全省平均水平。[13]青海要进一步调整和优化产业结构，搞好产业规划和城镇规划，推动城镇化和工业化协调发展。要进一步提高工业化水平，加快工业园区建设，将工业园区作为城市建设和产业集聚互动的连接点，形成充满活力的产业群。在产业选择上，每年从资源产业受益中拿出一定比例，大力发展新能源产业、服务业和生态农业等接替产业，构建多元化的产业体系。要紧密结合国家产业振兴规划，利用青海拥有水能、太阳能、风能等多元组合的可再生能源资源的独特条件，建设大规模国家级可再生能源基地。要注重发展服务业，既重视信息咨询、物流配送等新兴服务业发展，又要重视零售、餐饮等传统服务业的发展，尤其是要依托三江源、可可西里自然保护区、中国第一"神山"昆仑山、唐古拉山等丰富的旅游资源，在"保护第一、适度开发、合理利用"的原则下，把旅游作为一大支柱产业来培育。要依托独特的生物资源，搞好农畜产品深加工，重点发展制种、肉食品、中藏药、生化制品、皮革、精练油和果蔬加工等特色现代农业，将有机、绿色、高品质、高附加值和适度规模的畜牧业和生物产业与生态保护结合起来。要注重完善产业区的居住和服务功能，进一步促进人口向县城集中、产业向试验区集聚以及土地向农业能手集中，努力形成一批中心突出、分工明确、联系紧密的城镇群。积极研究促进农民工在城镇落户的政策措施，通过鼓励和推进土地草场承包经营权流转、农牧民宅基地置换、增加农牧民创业贷款等举措，促进农牧民人口向城镇转移。

6. 要把经济发展和生态环境的保护结合起来，把政府"有形之手"和市场"无形之手"结合起来，在生态环境可承受范围内，有效利用自然资源，推动全社会形成节约型、生态化、可持续的绿色生产方式和消费模式

青海是一个生态环境脆弱但又十分重要的省份。它地处"江河源"和"气候源"，是中国西北重要的生态功能区，是高寒生物物种的资源库，是全球气候的调节器。长江总水量的25%、黄河总水量的49%、澜沧江总水量的15%，都出自这一地区，三条江河每年向下游供水600亿立方米，成为"中华水塔"甚至"亚洲水塔"。但是目前，在人类经济活动所及范围

之内，青海经济发展的生态系统已相当脆弱，主要表现为水资源大量减少，湖泊萎缩和冰川融化，生物多样性遭到严重威胁，草场退化及水土流失加剧，自然灾害频发等。这样的生态环境条件要求青海一定要在循环经济的减量化、再利用和再循环原则的指导下，在生态环境承受范围之内利用自然资源，将政府"有形之手"和市场"无形之手"结合起来推动节能减排。应加快建立和完善生态补偿机制和资源开发补偿机制。根据"谁破坏，谁补偿"、"谁受益，谁补偿"、"谁污染，谁治理"的原则，做好能源资源开发利用过程中的环境保护。建立和完善资源税费制度，逐步提高资源税和矿产资源补偿费等税费的标准。[14]要通过生态文明建设唤醒全社会的环境责任意识，形成企业绿色生产、政府绿色办公、社会绿色消费的氛围，实现人与自然的和谐发展。要继续加大产业结构调整力度，积极推进战略性新兴产业和高加工度工业发展，广泛推行清洁生产，支持和鼓励传统优势产业通过技术升级等手段提升竞争力，减少产业发展对生态环境的负面影响。要推动节能减排的参与主体由企业为主向企业与社会并重转变，大力提倡和发展符合低碳原则的交通体系和建筑物，推动全社会形成节约型、生态化、可持续的绿色生产方式和消费模式，努力实现自然生态系统和经济社会系统的良性循环。

参考文献

〔1〕青海省统计局：《结构调整优化升级，速度效益齐头并进》，青海统计信息网，2012 年 5 月 15 日。

〔2〕陈颖：《青海省人口、资源、环境与经济、社会的协调发展研究》，《西北人口》2007 年第 5 期。

〔3〕青海省统计局：《调结构，转方式，工业在转型升级中腾飞》，青海统计信息网，2012 年 5 月 15 日。

〔4〕包庆山等：《青海盐湖资源综合开发利用产业链发展与延伸》，《辽宁化工》2011 年第 10 期。

〔5〕邵帅、杨莉莉：《自然资源丰裕、资源产业依赖与中国区域经济增长》，《管理世界》2010 年第 9 期。

〔6〕徐康宁、王剑：《自然资源丰裕度与经济发展水平关系的研究》，《经济研究》

2006 年第 1 期。

〔7〕邵帅、齐中英：《西部地区的能源开发与经济增长》，《经济研究》2008 年第 4 期。

〔8〕谢家平、孔令丞：《基于循环经济的工业园区生态化研究》，《中国工业经济》2005 年第 4 期。

〔9〕张小兰：《对技术创新与循环经济关系的分析》，《科学管理研究》2005 年第 2 期。

〔10〕辜胜阻、李俊杰：《民营企业自主创新的动力机制困境与制度创新》，《科技进步与对策》2008 年第 11 期。

〔11〕辜胜阻、马军伟：《推进国家自主创新示范区建设的政策安排》，《财政研究》2010 年第 11 期。

〔12〕高云龙等：《地方领导金融管理实务》，中国金融出版社 2012 年版，第 338 页。

〔13〕青海省统计局：《青海省城镇化水平发展现状》，青海统计信息网，2012 年 5 月 15 日。

〔14〕李佐军、张佑林：《我国西部地区环境保护的难点与对策》，中国经济新闻网，2012 年 9 月 11 日。

民营企业自主创新的
动力机制困境与制度创新*

一、民营企业自主创新面临的动力机制困境

　　建立"以企业为主体、产学研相结合"的技术创新体系，需要建立一套支持民营企业技术创新的制度安排，而目前在推动民营企业自主创新的制度设计上，还存在一定的机制缺陷，导致民营企业创新乏力。国家知识产权局资料表明：我国国内拥有自主知识产权核心技术的企业仅为 0.3%。99% 的企业没有申请专利，60% 的企业没有自己的商标。[1] 当前，民营企业自主创新主要面临以下五个方面的困境：

（一）技术创新的高投入与创新激励机制不足

　　创新的高投入是制约我国民营企业技术创新的主要原因。技术创新在知识经济条件下具有加速扩散的特点，创新周期日益缩短，企业如不能及时收回创新投入，则会导致经营恶化。由于民营企业缺乏密集的资本投入，在投资倾向上，更愿意投向资金回报率高、回收周期短的传统行业。因此，技术创新激励是促进民营企业自主创新的核心问题。企业技术创新

---

　　* 本文发表于《科技进步与对策》2008 年第 12 期，李俊杰协助研究。

的激励问题主要取决于创新收益、交易制度与关系，政府采取措施促进私人收益率与社会收益率的一致，以及企业对员工的激励机制等。[2]我国民营企业技术创新的激励机制不足，导致民营企业不能突破高投入的门槛。

首先，政府对民营企业技术创新的财政税收政策扶持不到位、不系统，使民营企业缺乏必要的利益补偿。财政对民营企业和中小企业的研发投入扶持政策力度较小；税收制度对民营企业技术创新活动还存在一定阻碍；政府对民营企业技术创新产品的政府采购政策不到位、不系统、不具体。民营企业技术创新得不到有效的利益补偿，技术创新成本—收益不高，挫伤了民营企业的创新积极性。

其次，资源的粗放使用和企业既定的增长模式转变困难，也制约了创新的内在动力。目前，劳动力和资源的低成本仍是大多数民营企业的优势，在廉价资源与劳动力支撑下的传统增长方式仍有较大的利润空间，仍是民营企业创新动力的障碍。

最后，行政力量扭曲资源配置也影响民营企业技术创新的积极性。由于靠机会、靠寻租获得垄断资源而获取较高利润，企业投机心理较强，对自主创新的必要性还认识不够。

（二）创新的高风险与风险分担机制不健全

企业技术创新面临的主要风险有市场需求带来的不确定性风险，技术开发、技术应用和技术转换的风险，以及企业管理体制和组织结构等风险，[3]这导致高技术企业"成三败七，九死一生"。民营企业缺乏创新管理的基本经验，无力应对创新的巨大风险，又缺乏降低技术创新的不确定性的机制，普遍存在"创新恐惧症"。

民营企业的所有权特点决定了民营企业的产权结构过于集中，不利于分散创新风险。合伙制和承担无限责任的民营企业，一旦创新失败不仅会影响企业的发展，有时甚至倾家荡产。在巨大的风险面前，民营企业家的短期行为倾向普遍，创新欲望和冒险精神自然不足。

我国支持企业创新的风险分担机制和政策仍不健全。风险投资业发展缓慢，一个具有企业家才能的高素质风险投资阶层远未形成，民间资本和民营主体介入风险投资的较少，民营企业很难通过风险投资渠道获得创新融资。民企不敢创新的另外一个原因还在于知识产权保护环境不佳，与自主创新相比，模仿的成本低、效益好。模仿创新具有很强的市场针对性，较高的商业前景，和有效降低技术的不确定性等特点。在我国企业普遍研发能力不足、创新实力有限的情况下，模仿是中小企业的首要选择。由于知识产权保护不够，大多数企业开发新产品以仿造为主，创新企业开发的新产品很快就被其他企业模仿，享受高额利润的时间极短，创新成果难以得到合法保护。正由于创新具有高风险，民企对开发新技术望而生畏。有人甚至认为："不创新慢慢死，一创新就快速死。"

此外，创业创新的制度环境不佳使我国民企自主创新风险加大，举步维艰。一个典型的案例是到中关村创业的留学人员胡晖，艰苦开发的远程医疗会诊系统在国内定价5万元无人问津，可被纳斯达克上市公司以1800万美元收购，两年增值120倍，国内医疗机构却愿意以高价采购。[4]这表明扶持科技型中小企业成长的环境还很不完备，来自这些企业的自主创新技术和产品很难得到市场的认同和接受，加大了企业自主创新的市场风险。

（三）民营企业创新的人才瓶颈与合作创新机制缺乏

由于民营企业间及产学研的经常性创新合作机制尚未建立或不健全，民营企业创新能力不能通过"干中学"的学习机制和产学研合作机制得到提升，普遍创新能力不高。据《中国知识产权报》报道，在民营企业发达的浙江，80%的民营企业缺乏新产品开发能力，产品更新周期两年以上的占55%左右。[5]

民营企业缺乏技术创新必须的研发力量。由于我国90%以上的民营企业是家族企业，企业治理结构对外来人才有排他性，影响外部人力资本充分发挥作用，[6]致使缺乏吸引创新人才的平台。社会对民企还存在偏见，民企偏小的企业规模、较差的工作环境、不健全的社会保障和较少的教育培训计划等障碍，导致民营企业创新人才的流失问题很突出，严重影响企业创新的连续性。来自上海的调查数据表明，74.8%的企业都认为创新中面临困难最大、障碍最多的环节在于技术研发阶段和技术成果产品化阶段，[7]人才是制约民营企业自主创新的首要因素。

家族信任的排外性和职业经理的道德风险制约了民营企业引入企业家和创新领袖。家族企业内的高度信任和对家族外成员的低信任，形成了我国家族企业不连续的信任格局，家族外的成员很难通过获取家族内信任的途径进入民营企业，即使引进了职业经理人，也会遭到家族元老的排斥。由于信任拓展的艰巨性，使大部分以家族经营为特征的民营企业陷入了"家庭主义困境"。[8]同时，企业家异质人才的特征导致其存在较高的道德风险，也阻碍了民营企业引入企业家和创新领袖。

民营企业技术知识存量缺乏，不擅长借助"外力"和"外脑"，企业间及企业与科研机构间的创新合作缺乏，加大了自主创新的难度。民营企业技术力量比较薄弱，缺乏技术创新和管理的基本经验，以及持续进行技术创新的知识存量。而且，民营企业间缺乏创新联动和协调机制，企业间基于产业链的联合研发和技术协作项目缺乏，往往是单打独斗。相互竞争过度、合作不足，限制了自主创新的步伐。民营企业与外部研发机构也缺乏经常沟通，不能通过协作建立产学研一体的研发联盟。来自上海的调查显示，有一半的企业从未与高校和科研院所进行过合作研发，而研发合作又往往采取特定签约项目的形式，全面紧密的产学研合作项目较少。[7]这样，民企创新能力不能通过合作机制得到提升。

（四）创新的资本密集特征与民营企业融资体制

技术创新的两个最重要环节就是技术研发和科研成果的产业化，而这两个环节都需要密集的资金投入，大多数民营企业在创新中都遭遇融资瓶颈。对于创新型民营企业，尤其是处于孕育和发展阶段的，由于风险高、对资金需求量大、未建立良好的信用，很难从融资机构获得贷款。为此，发达国家一般通过政府投资或资助、风险公司投资、国家设立信用担保基金等方式满足创新型企业的特殊融资需求。[9]而我国民营企业间接、直接融资渠道都不畅通，致使很多民营企业自主创新成为"无米之炊"。

首先，因为民营企业资信差、寻保难、抵押难，从银行获取间接融资相当困难。银行对贷款风险的回避，使银行基本上把大中型企业作为重点服务对象，缺少适应民营中小企业需求的灵活融资服务。民营企业在创新融资中和银行信息不对称，逆向选择和道德风险在创新融资市场上大量存在。[10]据"中关村发展"课题组对中关村964家民营科技企业的调查，从企业的成长阶段到成熟阶段，70%—77%的企业靠"内部积累"作为其主要资金来源（表1）。因此，民营企业创新机制的激活，必须进行融资体制的配套改革。

其次，我国高技术企业尤其是民营中小企业，通过资本市场直接融资比例很低，2004年仅为3%，2005年直接融资尚不到500亿元，仅占融资总额的1.5%左右，而发达国家直接融资比重在60%左右。这样，国内大量优质企业纷纷奔赴海外上市。截至2004年底，境外上市公司中仅前10家公司净资产总额就达到11433亿元，净利润总额达到2354亿元，比深沪两市公司利润总和高出3%。[11]中国香港、美国、新加坡3个主要海外上市地共有256家中国企业上市。

表1　中关村民营科技企业不同发展阶段的融资渠道[12]

单位:%

资金来源	成长阶段	扩展阶段	成熟阶段
内部积累	76.8	74.0	70.7
银行或信用社贷款	44.1	52.0	65.9
国家政策性贷款	16.9	13.3	31.7
民间借贷	17.8	20.7	4.9
资本市场	16.3	30.7	14.6
私募股权融资	13.1	12.0	9.8
其他	4.7	1.3	/

注：表中数据表示各成长阶段使用该种融资渠道的企业占企业总数的比例。

民营企业创新融资缺乏，还在于科技投入体制的缺陷，民营企业创新活动很少能从政府部门得到研究开发支持。当前，政府科技投入体制还倾向于将大部分资金投入到高等院校和政府所属的科研院所，投入到企业的很少，而投入到民营企业的则更少。

（五）创新的开创性与创新文化价值缺乏

企业技术创新是在特定社会经济环境下的一项毁灭性破坏活动，它的开创性决定了企业要想顺利开展技术创新，要求建立一个鼓励创新、敢于冒尖和打破常规的创新文化价值体系。创新文化价值体系包括两个层面：一是个体创新创业价值观，二是社会创新创业价值观。个体创新创业价值观包括以下几个方面：致富欲望、创业冲动、吃苦精神、流动偏好、冒险精神和合作意识；社会创新创业价值观包括：崇商敬业、鼓励冒险、宽容失败、信用意识和开放思维。[13]

我国经济文化中存在某些阻碍创新的因素，制约我国民营企业技术创新，不能有效发挥文化对技术创新的激励功能。在个体创新创业精神方面，在我国占主导地位的不是创业文化，而是守业文化；不是甘冒风险的创新文化，而是"小富即安"的保守文化。在思想观念上具有十分典型的因循守旧、墨守成规的保守性。人们求稳怕变，甘于清贫，怕担风险，少有开创精神，不敢创业，缺乏流动偏好，是典型的风险回避型社会。

在社会创新创业的价值观方面，存在以下三个方面的不足：一是强政府和寻租文化导致不良的政商关系，增加了企业技术创新的交易成本，加剧了技术创新资源缺乏的困难程度，扰乱了正常的市场交易规则，增加了民营企业技术创新的不确定性。二是竞争独赢而非合作共赢的文化导致企业间缺乏信任和合作创新的基础。很多技术知识和技术诀窍是在正式和非正式的交流中不断传播和创造出来的，企业间的独赢思维导致企业学习能力差，知识获取渠道有限，技术创新能力得不到提升。三是缺乏宽容失败的文化强化了创新的风险。"成王败寇"的思维强化了企业技术创新的风险，挫伤了企业技术创新的积极性。

二、推进我国民营企业自主创新的制度设计

实施民营企业的自主创新战略，必须依靠制度创新。要通过利益补偿机制，解决民营企业的创新激励问题；通过风险分担机制，分担民营企业的技术创新风险，降低创新成本；通过建立合作机制，提升民营企业的创新能力；通过重构金融体制，解决民营企业创新融资难问题；重构创新文化价值体系，充分发挥创新文化的激励作用。从多方面激发企业的创新意愿，使自主创新真正成为民营企业的内在需求（图1）。

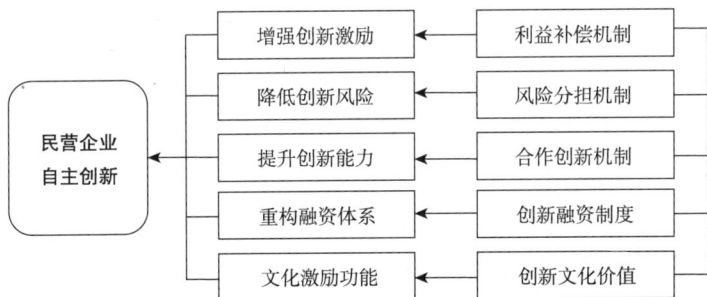

图1 民营企业自主创新的制度安排

（一）加大财税政策扶持，建立利益补偿机制，激励企业创新

针对创新动力不足问题，需要政府完善促进自主创新的财政、税收、产业、科技开发及政府采购政策，注重其可操作性和有效实施，对企业自主创新进行利益补偿，让其有利可图。

1. 加大各级财政对企业的研发投入，提高中小企业创新基金的支持强度

我国政府财政研究开发投入占全社会研究开发投入比重，从1995年的50%下降到2003年的29.92%，远低于多数国家相应发展阶段50%左右的水平，更低于印度、巴西60%—70%的水平。[14]中小企业创新基金对提高民营企业生存、发展和创新能力具有重要意义。至2005年底，共完成创新基金项目验收3295项，项目实现产品累计销售收入1188.6亿元，上缴税金137.7亿元，出口创汇16.6亿美元，分别比立项时增长了8.6倍、9.6倍、5.4倍。[15]但中小企业创新基金规模较小，建议提高创新基金的资助强度，扩大资助范围，加强地方财政对创新基金的投入，使其成为科技型中小企业创新融资的重要力量。

2. 加大民营企业创新的扶持力度，为企业研发提供更有效的财税激励

目前民营研发型企业中，增值税负担占70%以上，有的甚至超过80%，[16]挫伤了企业技术创新投入的积极性。要研究现行税收体制中阻碍民营企业技术创新的因素，改革不利于技术创新的税收制度，更有效地激励企业进行技术开发投入。可考虑建立科技开发准备金制度，对中小企业创新予以扶持，允许企业特别是有科技发展前景的中小企业，按其销售收入一定比例提取科技开发基金，以弥补科技开发可能造成的损失。[17]同时，加强对这一基金使用的规范和管理。

3. 完善政府采购措施，引导政府采购向高技术产品倾斜，强化相关配套政策体系的执行力

应完善政府采购政策的实施细则，并在政策出台后强化执行力和配套措施，使政府采购的战略意图真正惠及自主创新产品的生产企业。另外，要研究国务院《国家中长期科学和技术发展规划纲要（2006—2020）》对企业创新规定的配套政策体系的执行效果，强化政策的执行力，充分调动企业对研发投入的积极性。

（二）发展风险投资，加大对知识产权的保护，完善风险分担机制

完善的资本市场、政府对创新创业的扶持、健全的知识产权制度和鼓励创新的文化，对化解创新风险和激励企业创新冒险是非常必要的。尤其是风险投资，其最重要的制度功能在于通过其特殊的运作机制，降低和分散高新技术产业面临的技术创新风险，调动创业者的创业积极性和投资者的投资积极性。

1. 建立风险投资的母基金，为民营企业技术创新提供风险投资

要积极探索建立国家级风险投资母基金（Fund of Funds），可以设想新增一部分财政资金建立母基金，或者将现存科技投入中的一部分转化为母基金。并对主要投资于中小高新技术企业的创业风险投资企业，实行投资收益税减免或投资额按比例抵扣应纳税所得额等优惠政策，对风险投资的发展实施有效支持。

2. 加大对中小民营企业的创业扶持，营造良好的创新创业环境

在美国，小企业创新研究计划（SBIR），要求国防部、国家科学基金会等10个部门，每年在R&D预算中安排2.5%经费，对中小企业创业实施无偿资助。1983—2003年的21年里，政府通过此计划给予小企业的资金约达154亿美元，共资助了76000多个项目。[14]为了推进中小企业创业

与创新，一方面，要鼓励科技人员"下海"，推进科研机构的企业化转制和科技人员创新创业；另一方面，要推进民营企业家"上山"，实现民营经济同高科技的对接。另外，还要培育创业孵化机制和创新机制，吸引创新要素集聚，形成创新与创业的良好互动。

3. 切实保护自主知识产权，使民营企业创新利益不受侵害

创新的风险还来自于创新者的知识产权得不到保护，大量模仿行为的出现，打击了民营企业的创新积极性。因此，自主知识产权保护是自主创新的重要环节，要形成尊重他人知识产权、保护创新的良好社会风气。可以借鉴国外经验，鼓励拥有知识产权的企业组建行业协会或联合组织，以及形成知识产权纠纷的仲裁、协调机制，严厉打击知识产权侵权案件，保护创新的利益不受侵害。

（三）鼓励企业技术联盟，推进产学研合作，健全创新合作机制

合作创新是企业基于降低风险和缩减成本的重要战略，也是企业获取外部知识和能力的重要途径，[18]能有效提高企业创新的回报率。我们要通过合作创新，广泛地建立企业间及产学研紧密的合作创新机制。在企业间建立大企业和上下游中小企业之间的合作机制，国内、国外企业间的创新联动机制；在产学研合作上，形成支撑民营企业自主创新的企业、高校、科研院所的合作生态，使民营企业的创新能力在合作与开放中得到提高（图2）。

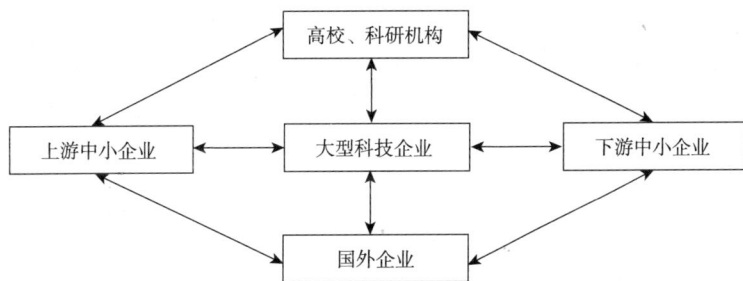

图2 民营企业合作创新的模式

1. 推进中小企业与大企业之间的战略技术联盟，让大企业与中小企业在创新合作中优势互补

国外研究表明：中小企业由于体制的灵活以及竞争的压力，往往创新意识强，但其缺乏技术创新的规模优势。相反，大企业具有技术创新的"资源优势"，但市场垄断地位和企业组织刚性致使其创新活力不足。[19] 推动大企业和中小企业建立战略技术联盟，促进企业间以分工合作的方式进行重大的技术创新的联合研发，可以实现资源共享和优势互补。

2. 推进企业与科研院所之间的产学研合作，使企业获得持续的创新能力

产学研合作可以克服企业资源约束，突破自身界限，减少风险承担。注重产学研的合作，既可以克服企业在技术研发方面的劣势，也可以解决学校和科研机构在成果转化上的弱点。民营企业要尝试建立合理的产权机制和创新收益分享机制，与科研院所开展经常性的技术合作，使其成为民营企业的外部研发机构。同时，完善为合作创新服务的专业化服务体系，为产学研合作和企业间的技术合作提供技术成果交易、成果转化、科技评估、创新资源配置、创新决策和管理咨询等专业化服务。

3. 以产业集群和国家高新技术开发区为载体，培育和优化民营企业创新的"小环境"

高技术产业集群能为民营企业技术创新提供互惠共生、功能互补的创新环境。集群的协同竞争，使企业始终保持足够的动力以及高度创新的活力。我国国家级高新技术开发区有利于产生集群式创新，为民企自主创新提供了良好的发展环境，应成为自主创新的先行区。建议选择一批重点高新区，使其成为我国民营企业自主创新的重要载体。由中央和地方共建，力争在战略性高技术产业方面有所突破，把它们建设成为对自主创新有重大影响的技术极和创新集群。

（四）构建多层次资本市场，成立专业银行，重构创新的融资体制

创新融资多偏好直接融资。国际研究表明，资本市场发达的技术领先国多倾向于直接融资为主的金融支持模式，而资本市场不够发达的技术追

赶国则多以间接融资为主。[20]在我国应当完善多层次的资本市场体系,作为解决民营企业自主创新融资的主渠道。

1. 继续推行技术产权交易市场和完善代办股份转让系统,构建支持自主创新的多层次资本市场

通过技术产权交易市场的作用机制和代办股份转让系统,既能够解决技术拥有者和资本所有者在对接中的信息不对称,也能为创新成果转化和大量暂时达不到上市门槛的高新技术企业提供融资安排。建议进一步将代办系统建设成为全国性的、统一监管下的股份转让平台,加快三板市场建设,形成支持民营企业自主创新的多层次资本市场。

2. 设立为民营企业技术创新融资服务的专业银行,完善创新企业融资信用担保制度,解决间接融资难问题

民营企业技术创新的间接融资面临的矛盾,首先是技术创新的高风险性与银行资本追求安全稳定的矛盾。因此,许多发达国家都有专门面向中小企业创新创业服务的金融机构和政策性银行,它们在运营机制、业务的开展等方面都值得我们借鉴。例如,韩国中小企业银行是以中小企业金融支援为目的、由政府设立的政策性银行,并规定其中小企业贷款业务比率不能低于80%,70%以上的中小企业都与该行有融资业务。[21]台湾中小企业银行对中小企业的贷款业务比率在75%以上,占中小企业融资总额的25%。[22]日本有5家专门面向中小企业的金融机构,它们以优惠的条件向中小企业提供直接贷款和贷款信用保证,或者认购中小企业的股票和公司债券等。[23]可以借鉴国际经验,设立中小企业和民营企业专业银行,在中央和地方财政支持下,通过政策性金融对口支援中小企业的技术创新和创业活动。

3. 要完善中小企业融资信用担保制度,让无形资产也能作为财产抵押,为民营企业的间接融资提供便利

美国小企业创新投资计划、英国小企业信贷担保计划、德国新技术企业资本运作计划、新加坡天使基金等都是政府对中小企业的专项融资支持,为中小企业创新提供了完备的支持系统。当前,应合理扩大信用担保的覆盖面,特别是扩大对创新型中小企业的融资担保服务。针对创新型企

业，可以允许其按有关规定用知识产权和有效动产作为抵押向银行贷款，建立高效的贷款抵押管理体制，解决民营企业创新中的抵押不足的问题。

（五）培育创新文化价值，鼓励创业冒险，发挥文化的激励功能

硅谷是世界高技术企业创业和创新的成功典型，其在制度、文化和环境方面的原因是很复杂的，其开放学习、联合共享的企业模式，企业家创业和创新的发展模式，开放式的创新网络，紧密结合市场的产业化路径，风险投资作为其金融支持，崇尚自由、市场主导的政企关系，合作的产学传统，有利于创业的移民文化和冒险精神等特点，造就了它的成功。[21] 提升我国民营企业技术创新的动力，必须培育创新文化价值观，充分发挥创新文化的激励功能。

要鼓励个体敢于创新冒险，鼓励个体创新创业精神，鼓励民众改变"小富即安"和"固步自封"的传统封闭价值观，形成以追求卓越、鼓励冒险、宽容失败、重视创新为代表的开放价值观。倡导流动意识，鼓励人员的流动，特别是技术人才和创新人才的流动，鼓励创业者创办民营企业和进行创新活动。

弘扬创业文化，实现从官本位向商本位思维的转变。提倡重商亲商的文化，培育企业家精神和发挥市场配置资源的基础性作用。倡导合作文化和共赢文化，推进企业间技术知识的交流与合作，促进企业创新集群和集群文化的构建。另外，要在社会上营造崇尚自主创新、宽容创新失败的风气，使创新成为社会习惯，为民营企业自主创新提供文化支撑。同时，要在民营企业内部营造尊重知识、尊重人才的氛围，形成一套比较完善的创新人才选拔、吸引、培养、支持与组织管理的制度文化，从外部环境和内部文化两个方面形成对企业创新的文化推动力。

总之，企业创新得以顺利开展的重要原因在建立了健全的创新动力机制。资本主义创新成功的重要原因在于消除了创新的不确定性，技术存量和意会知识的积累达到了相当的程度，外部知识来源发挥重要作用，存在与技术创新相匹配的制度基础，[24] 增强了企业创新的动力机制。针对我国民营企业创新激励不足、风险分担机制缺失、合作创新机制缺乏、融资渠道单一、文化激励不足等问题，必须加强扶持和引导，通过利益补偿、风

险分担、研发联盟、融资担保，增强企业创新动力，全方位提升民营企业自主创新能力，一步一个脚印地把自主创新的"国家意志"变为民营企业的"企业行为"。

参考文献

〔1〕原国锋、李薇：《99%的企业没有申请专利》，《人民日报》2006 年 1 月 4 日。

〔2〕柳卸林：《技术创新经济学》，中国经济出版社 1993 年版，第 151 页。

〔3〕傅家骥：《技术创新学》，清华大学出版社 1998 年版，第 255—256 页。

〔4〕科学技术部专题研究组：《我国产业自主创新能力调研报告》，中国科技部，2006 年。

〔5〕吴辉：《自主知识产权撑起"浙江创造"》，《中国知识产权报》2005 年 8 月 24 日。

〔6〕辜胜阻：《民营经济与高技术产业发展战略研究》，科学出版社 2005 年版，第 25—26 页。

〔7〕上海市工商业联合会：《上海民营企业自主创新报告》，长三角民营企业自主创新论坛，2006 年。

〔8〕李新春：《信任、忠诚与家族主义困境》，《管理世界》2002 年第 6 期，第 88—90 页。

〔9〕傅家骥：《技术创新——中国企业发展之路》，企业管理出版社 1992 年版，第 475—483 页。

〔10〕苗启虎、陈洁、王方华：《技术创新融资中的信息不对称及治理》，《科学学研究》2006 年第 1 期，第 130—134 页。

〔11〕徐冠华：《关于自主创新的几个重大问题》，《新华文摘》2006 年第 11 期，第 136—140 页。

〔12〕王小兰、赵宏：《突破融资瓶颈——民营科技企业发展与金融创新》，社会科学文献出版社 2006 年版，第 34—49 页。

〔13〕辜胜阻、李俊杰：《区域创业文化与发展模式比较研究》，《武汉大学学报》2007 年第 1 期，第 5—11 页。

〔14〕徐冠华：《关于建设创新型国家的几个重要问题》，《中国软科学》2006 年第 10 期，第 1—14 页。

〔15〕中国政府网站：《创新基金有效推动科技型中小企业创新创业活动》，http://

www. gov. cn/jrzg/2006 – 04/05/content_245534. htm,2006。

〔16〕于维栋:《民营高新企业赋税重,影响自主创新》,《中国民营科技与经济》2006 年第 4 期,第 24—25 页。

〔17〕韩凤芹:《积极运用税收政策促进高技术产业发展》,张晓强编:《中国高技术产业发展年鉴 (2005)》,北京理工大学出版社 2005 年版,第 22—29 页。

〔18〕Badaracco J. L. , *The Knowledge Link:How Firms Compete Through Strategic Alliances*,Boston:Harvard Business School Press,1991,pp. 3 – 5.

〔19〕罗艾·劳斯韦尔、马克·道格森:《创新和公司规模·创新聚集——产业创新手册》,清华大学出版社 2000 年版,第 362—378 页。

〔20〕吕光明、吕珊珊:《我国技术创新金融支持的模式分析与政策选择》,《投资研究》2005 年第 12 期,第 8—10 页。

〔21〕陈霞:《韩国模式不可拷贝 中小企业融资路在何方》,《证券时报》2004 年8 月 15 日。

〔22〕郎晟:《中小企业银行的台湾模本》,《中国金融家》2004 年第 1 期,第 60—61 页。

〔23〕佚名:《中小企业融资问题质疑》,http://www. itbank. cn/DealIn/Finance/200461424633. asp,2004 – 06 – 14。

〔24〕陈霞:《韩国模式不可拷贝 中小企业融资路在何方》,《证券时报》2004 年8 月 15 日。

〔25〕秦宇:《中国工业技术创新经济分析》,科学出版社 2006 年版,第 71 页。

7

中小企业转型升级的新战略思考[*]

改革开放以来，我国的中小企业不断发展壮大，对国民经济的贡献份额逐年提高，已成为国家财税收入的重要支柱和创造社会就业岗位的主要渠道，在繁荣经济、促进增长、扩大出口、推动创新等方面发挥着越来越重要的作用。当前，我国中小企业发展面临复杂的外部环境。"十二五"时期，积极实施转型升级成为我国中小企业迎接机遇、应对挑战、顺应经济发展趋势的必然选择。

一、当前中小企业发展面临的困境与挑战

2008 年金融危机爆发以来，国务院采取了促进中小企业发展的多项政策措施，成效显著。国家工业和信息化部统计数据显示，2010 年上半年，全国规模以上中小工业企业实现工业总产值同比增长 33.48％，31 个省市中小工业企业总产值增速超过两位数。但是我们也应看到，当前复杂的时代特征使我国中小企业面临用工融资难、准入门槛高、税费负担重、企业利润薄、转型压力大和发展环境差六大困境：

* 本文发表于《江海学刊》2011 年第 5 期，杨威协助研究。

(一) 用工融资难

当前，我国劳动力供求状况发生了巨大变化，给中小企业带来了用工难的问题。阿里巴巴《2010 年中小企业生存报告》调查显示，全国超过两成中小企业用工短缺，平均每家企业用工缺口达 14 人。同时，中小企业融资困难，尤其是微小型企业。有数据显示，我国小企业占中小企业总数的 90% 以上，却只获得中小企业贷款总额的 8%。

(二) 准入门槛高

长期以来，我国中小企业难以进入垄断行业。虽然 2010 年国务院出台了"新 36 条"希望破除垄断行业进入壁垒，但是由于存在政策细则缺乏、退出机制缺失、投资服务缺陷和执行监督缺位等问题，破除行业准入的"玻璃门"和"弹簧门"障碍仍然任重道远。有数据显示，我国私营控股投资在金融业仅占 9.6%，交通运输、仓储和邮政业仅占 7.5%，水利、环境和公共设施管理业仅占 6.6%，许多领域仍然是国有资本一股独大。

(三) 税费负担重

中国企业家调查系统调查显示，有 69.4% 的民营企业家认为目前民营企业的税负较重。另据初步统计，目前向中小企业征收行政事业性收费的部门有 18 个，按收费项目分有 69 个大类，子项目上千。全国工商联调查也显示，2007 年摊派涉及的中小企业面达到 54.6%，捐赠企业比例达到 78.4%。

(四) 企业利润薄

我国中小企业多集中在劳动密集型产业和竞争激烈的行业。长期以来，我国中小企业以低成本竞争战略赢取市场竞争，部分企业利润"比刀片还薄"。有数据显示，当前我国将近 57% 的中小型出口企业税后利润率集中在 5% 以内，利润率高于 15% 的只有 5.45%。国家工业和信息化部的调研显示，2011 年 1—2 月，规模以上中小企业的亏损面为 15.8%，同比扩大 0.3%，亏损企业亏损额同比上升 22.3%。

（五）转型压力大

由于生产成本提高、节能减排考核加强、国内消费升级加快，企业技术、管理和产品难以及时调整，生存压力极大，甚至出现"不转型慢慢死，转不好快速死"的情况，使得中小企业转型升级压力大大增加。中国企业家信息调查系统数据显示，2009 年 89.5% 的企业家认为自己"压力很大"或"压力较大"，当前近七成企业家认为"做企业越来越难"。

（六）发展环境差

当前，有针对企业家的调查显示，目前我国民营中小企业发展的经济、政策和法律等外部环境不容乐观，部分企业主认为国家政策不够公平且政策变动对企业经营造成较大影响，部分法律对企业保护不够到位，社会舆论对企业家存在认知误区等（如表 1 所示）。在外部发展环境不优的背景下，企业生产成本上升压缩了企业利润空间，大量富裕的民间资金流向了股市、楼市，以及农副产品市场，甚至部分企业家基于生活状态及人身财产安全考虑，选择移民。为此，迫切需要政府加大对中小企业的政策扶持和公共服务，营造实体经济发展的良好环境。

表 1　当前民营中小企业外部发展环境状况调查

	指　标	受访企业家认同比率
经济环境	当前宏观经济形势对企业发展是否有利	35.3%（"不太有利"＋"非常不利"）
	当地的配套企业能否满足企业的发展要求	35.7%（"不太能满足"＋"一点不能满足"）
政策环境	当前政府对国企与民企的政策是否公平	52.3%（"不太公平"＋"非常不公平"）
	当前国家政策变动对企业影响程度如何	77.8%（"比较大"＋"非常大"）
	当地政府行为对企业的影响如何	36.7%（"负面影响比较大"＋"负面影响非常大"）
法律环境	目前《企业法》能否保障企业利益	46%（"不太能保障"＋"完全没有"）
	所在行业的专利和知识产权保护是否到位	54.5%（"不太到位"＋"一点不到位"）

续表

	指 标	受访企业家认同比率
舆论环境	当前媒体对企业家群体的报道是否客观	44.3%（"不太客观"＋"完全扭曲"）
	公众关于企业家"原罪"和"为富不仁"等道德讨伐对企业有何影响	37.6%（"有一定道德压力"＋"有损个人及企业家群体形象"＋"对日常工作和生活造成影响"）
生活环境	对目前的生活状态是否满意	26.1%（"不太满意"＋"完全不满意"）
	对个人及家人的人身安全是否担心	38.1%（"比较担心"＋"非常担心"）
	目前的移民状况如何	26.3%（"已经移民"＋"正在申请"＋"打算移民"）

注：第3列企业家的认同比率是括号内各认同状况比率的加总和。

资料来源：亚布力企业家论坛发展研究基金会、泰康人寿、零点咨询：《2010中国企业家生存环境调查》，2011年2月17日。

二、中小企业转型升级的战略机遇

危机往往意味着契机，复杂的时代给我国中小企业带来多重发展困境的同时，也提供了人口城镇化、发展低碳化、产业高端化、企业信息化、经济服务化和经营国际化六大机遇。具体来说：

（一）人口城镇化创造巨大内需，拉动经济可持续增长

工业化创造供给，城镇化主要创造需求，未来我国城镇化的高速发展将会引爆中国巨大的内需，为中小企业创造巨大消费市场和投资空间。推进城镇化发展有利于加快城镇的交通、供水、供电、通信、文化娱乐等公用基础设施建设，带动多个相关产业的发展；有利于大批农民进入城市，变农民消费为市民消费；有利于提高农民收入水平，改善农村消费环境，使农村潜在的消费需求变为现实的有效需求。据有关专家估算，城市化率每提高1个百分点，新增投资需求6.6万亿元。

（二）发展低碳化创造绿色经济、产业革命新机遇

绿色经济及新能源产业将引发全球第四次产业革命。中小企业发展绿

色经济、推进产品低碳化，不仅能够抓住绿色经济机遇，提升企业盈利能力，也有利于规避绿色贸易壁垒、树立良好企业公民形象。一方面，七大战略性新兴产业，特别是以新能源为代表的绿色经济，为中小企业创造巨大投资空间。另一方面，绿色消费将为企业发展低碳化创造广阔市场空间和盈利空间。数据显示，发达国家绿色商品售价比普通商品价格高出30%—200%，世界"绿色消费"总量已达6000亿美元以上。但截至2009年，我国达到世界环境标志产品标准的产品不足1万亿元人民币，不到商品销售总额的1/7，市场空间巨大。

（三）产业高端化会促进中小企业价值链升级

危机往往是企业转型升级的难得机遇，如日本和韩国制造业依靠精益生产、技术创新和品牌塑造，实现了"低质量"向"高品质"的成功转变；我国台湾地区制造业企业通过创新和设计，实现了从OEM向ODM的产业升级，从而占据了国际产业价值链的高端。国际及国内市场面临着重新洗牌的过程，技术和人才等创新要素将会重新组合，危机形成的"倒逼"机制、政府推动发展模式转型的政策将为我国中小企业实现价值链高端化创造难得机遇。

（四）企业信息化会大大提升中小企业经营效益

目前，我国中小企业对信息化的重视和应用不够。国家发展改革委中小企业司调查显示，只有14%的企业建立了企业门户网站，9%的企业实施了电子商务，4.8%的企业应用了ERP。实践表明，中小企业在运用电子商务后，此次危机下的存活率要高出传统线下企业5倍，经营效益显著改善（如表2所示）。同时，我国电子商务平台的不断完善、支付环境的不断优化及消费习惯的改变使网络购物的快速发展放大了中小企业信息化的市场机遇。《2009—2010年中国电子商务行业发展报告》预测，未来10年，中国将有70%的贸易额通过电子交易完成。

表 2　运用电子商务对中小企业经营效益的改善

电子商务作用	应用电子商务后的中小企业
增加客户	58%的企业客户增多
拓宽渠道	67%的企业认为合作伙伴增多
提升竞争力	83%的企业认为竞争优势得到提升
节约成本	降低47%的渠道成本、约55%的综合营销成本、60%的运输成本

资料来源：IDC：《电子商务服务业及阿里巴巴商业生态的社会经济影响》，2009 年 1 月 5 日。

（五）经济服务化将拓展中小企业发展新空间

目前，我国正处于第三次消费结构升级阶段。未来生存型消费向发展型消费和享受型消费转型，将会为中小企业创造广泛的服务业需求。中小企业既可以在传统的消费性服务业领域创造新的服务模式，也可以进入金融、保险、物流等生产性服务业和教育、医疗、社保等公共服务业领域，拓展发展空间。

（六）经营国际化为中小企业带来"走出去"和"引进来"的双重机遇

金融危机使国外相当一部分知名企业陷入经营困境，甚至破产倒闭，这为我国中小企业在金融危机后"走出去"提供了难得机遇。同时，危机加速了国际产业分工，使我国中小企业在金融危机后面临着以服务外包为代表的国际产业转移良机，为中小企业带来了"引进来"机遇。

三、中小企业转型升级的方向与战略思考

企业与生物一样，总是在一定的经济、社会和政治环境中生存发展，需要根据外部环境的变化作出相应调整。从本质上看，企业的发展就是变革，企业的生存与发展依赖于快速识别环境和市场变化以及对其做出迅速的反应。[1]有人甚至认为，世界上只有两类企业，一种在不断变化，另一种被淘汰出局。从发达国家或地区的经验来看，企业转型是企业成功应对外部环境的变化、顺应经济发展趋势的必然选择。如第一次石油危机中的

日本、新加坡企业，亚洲金融危机中的韩国企业，都通过转型升级摆脱了发展困境。当前，中小企业发展的机遇与挑战并存，面对的环境较为复杂，需要推进企业转型。同时，"十二五"时期是我国经济转型的关键时期，从国内外历史经验来看，善于把握经济转型趋势的企业也往往能够取得意想不到的业绩，成长为伟大企业。2009 年《中国百位企业 CEO（行政总裁）调查报告》显示，93% 的 CEO 认为企业必须转型升级，49% 的 CEO 已经开始着手带领企业从六个方面展开转型（如表 3 所示）。这表明，转型升级已经成为我国企业发展的重大趋势。

表 3　中国百位企业 CEO 转型升级的途径调查

途径	内容	CEO 认同比例
从外销到内销	企业向内销转型，实行内销外销并举的策略	32%
从代工到自主品牌	建立自主品牌，掌握市场主动权，提高盈利能力	超过 75%
从低端到高端	从附加值低的产业链低端向附加值高的产业链高端升级	75%
从制造到服务	为客户提供制造加服务的整合解决方案	52%
整合产业链资源	产业链上下游相关资源整合，增强抗风险能力	81%
从粗放经营到精细管理	利用现代信息技术实现精细管理，降低成本、提高效率	相当多

资料来源：清华大学经济管理学院、计世资讯、用友软件：《中国企业转型升级的途径——百位企业 CEO 调查报告》，2009 年 3 月 31 日。

"十二五"规划的重要使命是谋划中国转型升级。企业转型升级始于战略转型，因为当前世界经济已进入"战略制胜"的时代，企业战略成为影响企业绩效的重要因素。美国的一项研究结果表明，采用战略管理观念的企业比不采用战略管理观念的企业成功率更高，有高达 80% 的企业依靠改变战略方向来提高盈利能力。具体来说，当前我国中小企业要实施以下几个方面的战略转型：

（一）要从低成本战略走向差异化战略，实现拼劳力、拼资源、拼低价格向追求高附加价值的模式转变

从短期来看，低价策略可以为企业赢得市场空间和稳定现金流，维持企业正常运营。但是，低成本竞争战略获利空间小、容易被模仿，在缺乏创新的条件下，低成本、低价格竞争战略难以持久。而差异化战略所创造的产品、服务等"差异性"在短期内不易模仿，能够创造并培育自己独特的细分市场，提升顾客忠诚度、提高产品附加值，进而获取持久竞争优势。中国企业家调查系统调查显示，对中小型企业而言，低价格竞争与企业的赢利性、成长性和总体质量并无正相关关系，低价格竞争并不一定提升企业绩效。实证研究也发现，低成本战略和差异化战略均能给公司带来短期竞争优势，但采用差异化战略的企业其短期获利能力显著高于采用低成本战略的企业，其长期创造竞争优势方面也优于低成本战略。[2] 同时，随着经济发展和消费水平提升，消费者对企业的要求和期望也越来越高，提供差异化的产品和服务等成为消费者对企业的基本要求之一。如 IBM 通过对全球 60 多个国家和地区 1541 名 CEO 的调查发现，消费者在以下方面对企业变革提出了新的要求（表 4 所示）。

表 4　全球 1541 名 CEO（含中国 CEO）
对客户未来期望企业做出变化的预测

客户期望	CEO 认同比率
更好的了解需求	82%
新服务或差异化服务	70%
新产品或差异化产品	61%
使用新渠道或差异化渠道	51%
更加注重性价比	45%
更加注重社会责任	46%

资料来源：IBM 全球企业咨询服务部：《驾驭复杂环境：2010 IBM 全球 CEO 调研　中国洞察》，2010 年 7 月 10 日。

　　因此，中小企业要积极实施差异化战略，主动研究消费者需求特征，积极向"专、精、特、新"方向发展，推出满足消费者需求的特色产品或服务，通过改善产品质量和性能实现产品差异化，通过创新销售方式及分销渠道制造市场差异化，通过推进品牌战略培育企业形象差异化，通过完善售前—售中—售后服务链来强化服务差异化。制造业中小企业尤其应该重视服务差异化。理论与实证研究发现，服务是企业价值链上最靠近消费者的一环，在制造业产品同质化日趋严重的背景下，服务质量差异化对企业绩效具有显著正向影响，服务差异化能有效增强制造企业的竞争力，[3] 有利于企业产业链完善和价值链提升。企业需要通过创新服务理念、完善服务网络、提升专业服务水平、提高服务响应速度、提供个性与多元化服务等途径向产业链下游的服务环节延伸，提高企业对客户的差异化服务能力，获取产品溢价。此外，中小企业不仅要在当前已有行业空间内积极竞争，也要实施"蓝海战略"，根据自身业务特点和能力，积极开拓新的业务。比如，企业可以从替代性行业、互补性产品或服务、目标客户群、客户的功能性和情感性诉求中开展价值创新，从而创造出新的市场需求和新的消费者。[4] 总之，我国中小企业要从低成本战略走向差异化战略，从竞争激烈的"红海领域"走向尚未开发的"蓝海领域"，实现"人无我有，人有我优"，从而拓展利润空间。

（二）要改变盲目多元化战略倾向，做好做强核心主业，实施归核化战略，提高核心竞争力

多元化是一把双刃剑，一方面可以分散市场风险、创造范围经济效应、抢占新兴领域机遇，但另一方面，过度多元化则会分散企业资源，丧失规模经济效应、缺乏核心技术、带来负协同效应，难以形成企业核心竞争优势。管理大师德鲁克认为，一个企业多元化经营的程度越高，协调活动的成本和可能造成的决策延误也就越多。而归核化战略强调将企业业务向其核心能力靠拢，资源向核心业务集中，着力推动主营业务的专业化和精细化，培育核心竞争力，提高企业抗风险能力。Berger 等实证研究发现，行业多元化会减少公司价值的 13%—15%。[5] 而基于归核化的战略性剥离则对企业财务绩效有明显正相关影响。中国企业家调查系统 2010 年针对我国企业发展战略的调查也显示，主导业务型企业和相关多元化企业在成长性、赢利性、总体质量方面相对较好，无关多元化企业在成长性、企业总体质量和社会表现方面相对较差。在实践中，由多元化走向归核化是企业通过调整战略应对外部挑战的重要手段。数据显示，20 世纪 80 年代后，美国最大 250 家企业中，仍然进行多元化扩张的仅占 8.5%，采取归核化的已达到 20.4%。[6]亚洲金融危机爆发后，韩国企业也将发展战略由多元化转向了归核化。

在当前的市场环境下，过度多元化的企业需要平衡专注与多元的关系，舍弃多元化的诱惑，实施"归核"战略，降低多元化经营程度，将有限的资源集中于最具竞争优势的行业上或者将经营重点收缩于价值链上，培育企业核心竞争优势。一方面，要通过剥离非核心业务、处置亏损资产、服务外包等途径，将非核心业务的资产、产品线、子公司或部门等出售、切割或关停，收缩企业业务范围和产品种类。从战略意义上来讲，"归核化"是对多元化片面追求业务范围的修正，是从长远战略出发在"量的增长"和"质的提高"之间的平衡。[7]在确立企业核心业务时，要根据产品生命周期、市场需求变化、科技发展方向、企业比较优势、行业竞争状况等进行相机抉择，规避风险，抢抓机遇。另一方面，要通过重新确立市场定位、推进内部组织优化、加强外部合作、强化竞争优势等措施，把主导产业做强、做优、形成特色，实现"回归"主业和主业重构，使企业在最有优势的环节上赢得竞争，获取发展。

（三）要从偏重规模扩张走向注重质量提升，实现粗放式的发展方式向创新驱动的集约式的发展方式转变

我国中小企业在创业时期，主要是基于"高物质消耗、低技术含量、低经济效益"的粗放型增长方式，许多企业过于偏重规模扩张。研究表明，规模经济有助于提升企业竞争力，但盲目规模扩张不一定带来规模经济。因为企业规模越大，内部管理层次越多，企业内部组织成本也更高，甚至给企业发展带来陷阱：伴随企业规模迅速扩张，将会出现品牌、声誉和管理稀释的现象，导致管理失控、企业经营效益下降。[8]《中国民营企业竞争力调查》显示，目前我国民营企业规模与竞争力不成正比，企业竞争力并未随着规模扩大而得到相应提升。企业经营的目的是创造价值，获取利润，粗放的规模最大化并不意味着利润最大化。我国中小企业要将"做强"放在"做大"前面，将盈利目标优先于规模扩张，以提高核心竞争力为导向，注重质量提升，走集约化发展道路。事实上，金融危机冲击了我国中小企业"以规模扩张取胜"的早期战略思想，开始形成以创新推动集约式发展的理念（如表 5 所示）。

表5　中小企业推进集约化发展的意向调查

推进集约化发展的手段	企业家意向比重	
	中型企业	小型企业
产品创新	56.8%	64.7%
管理理念创新	57.6%	54.0%
市场创新	49.3%	46.5%
核心价值观和文化创新	29.7%	22.3%
商业模式创新	20.5%	24.7%
工艺创新	18.8%	27.9%
其他	0.9%	1.4%

资料来源：中国企业家调查系统：《中国企业战略：现状、问题及建议——2010·中国企业经营者成长与发展专题调查报告》，2010 年 4 月 24 日。

未来，我国中小企业要改变发展过多地依靠扩大投资规模和增加投入的外延式增长方式，致力于通过企业的技术创新和管理创新来挖掘企业潜力的内涵式发展方式，提升企业效益。要从重规模变为重质量，改变核心技术受制于人、全球价值链受控于人的局面。具体来讲，中小企业要通过培养自主创新习惯、创新人才激励机制、优化合作创新机制、处理好技术引进与消化吸收的关系来加强核心技术开发。要重视关键技术尤其是信息技术的应用，形成企业的成本优势、技术优势、管理优势和市场优势。除了技术创新，中小企业还要通过管理创新来提升核心竞争力。管理创新是打造企业核心竞争力不可或缺的因素。实践证明，"企业一年成功靠促销，十年成功靠产品，百年成功靠管理"。中小企业要通过商业模式创新、组织管理创新、企业文化创新和采用新型管理手段来培育企业管理优势型核心竞争力。在当前高成本时代的背景下，我国中小企业尤其要引进精益生产管理手段，要加强生产流程改造，缩短生产周期；要突出成本控制和效率提升，消除无效生产和浪费；要加强质量检测，对生产流程的每一道工序进行全面质量控制；要推进学习型组织建设，实施专业化协作生产；要建立业绩评估体系，鼓励员工参与生产和管理的改进，从而用最小的投入，得到最大的产出，实现企业集约式发展。

（四）要从追求"做快"的跨越式发展逐步向寻求"做久"的可持续发展转变，注重企业社会责任、改善企业治理结构

国内外有许多企业实现了超高速增长，迅速提高了市场占有率，甚至成为行业领军企业。但企业的超高速成长必须尊重企业发展的客观规律、尊重市场规律，缺乏扎实基础的跨越式发展往往难以持续。如有调查发现，全球成长最快的 200 家企业中，只有 6% 的公司能够保持 10 年以上的高速成长。中小企业过分追求增长的高速度、跨越性，往往给企业带来资金链紧张、管理资源不足等问题，最终可能将企业带入危险的境地。我国有许多曾经风光的明星企业"走得快"，但"未走远"。据调查，我国中小企业的平均寿命只有 3.7 年，而欧洲和日本企业平均为 12.5 年，美国企业平均为 8.2 年，德国 500 家优秀中小企业有 1/4 都存活了 100 年以上。同时，企业可持续发展要高度重视社会责任，处理好眼前利益和长远效益、企业"私益"和社会"公益"的关系。通过改善劳资关系、保障消费者权益、重视商业道德、节约资源、保护环境等措施加强企业社会责任建设，让"企业家身上要流淌着道德的血"。当前部分企业丧失道德底线，以致出现了毒奶粉、瘦肉精、染色馒头、地沟油等食品安全事件，不仅伤害了消费者，也给企业带来灭顶之灾。企业观念需要从"挣快钱"转变为"稳挣钱"，注重企业社会责任、追求基业常青。

当前，我国 80% 以上的中小企业是家族企业。麦肯锡在中国的调查指出，只有不到 15% 的中国家族制企业在第三代之后还能生存下去。在家族企业可持续发展过程中，企业家是企业成长的关键动力，但企业家资源是稀缺的，实施新的治理结构是解决企业家资源稀缺问题的有效方法。[9]事实上，高效率管理协调是家族企业生命力之源，家族式公司向经理式公司转变是企业管理制度演变的趋势，[10]能够打破"家族化治理"存在的治理结构封闭性、管理决策随意性、代际传承排他性等诸多局限。由此可见，家族企业能否基业常青，取决于能否形成完善的治理结构。为此，广大中小企业应改变盲目求快的发展思路，重视可持续发展，变革过分依靠"人治"的家族化管理模式，坚持"互信、分享、共治、多赢"为基本原则，

建立"家人"与"外人"（职业经理人）共同参与的"互信"的治理模式。在当前家族企业代际传承的关键时期，要营造一种公平的接班人选择标准及机制，用"赛马"代替"相马"，选择合适的企业接班人。要建立规范的公司治理机制，通过积极引入独立董事、完善董事会等，建立公司权力的制衡机制。要明晰产权，尤其是家族成员间的产权，降低"内耗"，提高经营绩效。要改良企业文化，逐步改变非理性的血缘、亲缘观念，建立适应现代企业管理的业缘、事缘观念。

（五）要从"单打独斗"的无序竞争逐步向"合作共赢"的联盟竞合转变，推动战略联盟和集群发展

市场经济的本质是竞争经济，但竞争不是企业的目的。由于经济全球化、网络经济、技术创新加快、消费升级等因素，现代商业竞争进入了竞合时代，强调企业间合作双赢胜于竞争单赢。这是因为，一方面企业认识到自身所拥有的资源和能力很难完全独立地应对市场竞争，需要与其他企业进行合作；另一方面，在市场边界及利润总额不再固定的背景下，企业间竞争不再是胜负非此即彼的零和博弈，而成为一个可以实现双赢的正和博弈。竞合战略相对于传统的对抗型竞争战略，可以分摊高昂的研发成本，缩短领军企业的研发时间，集成各种核心能力并产生更大的协同效应。[11]战略联盟和企业集群都是企业间实现竞合的重要组织形式，能够显著提高企业的竞争力和盈利能力。有统计显示，在1994—2004年间，世界领先的2000家公司在战略联盟中的投资回报率接近17%，比所有公司的平均数高出50%。

未来，我国中小企业可以通过组建战略联盟，实现优势互补、风险和成本分担、资源共享，降低市场进入成本，扩大业务范围。中小企业要明确企业定位和发展目标，选择合适的战略伙伴，根据企业的资源、能力和需求，选择供应链联盟、生产联盟、技术研发联盟等形式，加强对联盟关系的管理，完善双方契约关系，通过建立联盟交流和学习机制、信任机制、利益分享机制和纠纷处理机制等，推进战略双方的互信、共赢。当前中小企业可以充分借鉴浙江企业"联盟转型"的成功经验：如温州8家企业联合投资创立优衣派，向服装业高端迈进；台州7家钢材经营小企业联合重组建立环洲钢业，增强转型实力；瑞安 32 家摩配、锻压中小企业接受正昌道森集团收编，进入转型快车道。中小企业也可以通过加入产业集群，充分利用其劳动力储备，专业供应商和知识溢出的范围经济，增强企业市场竞争能力。要根据自身条件对企业进行价值链定位，通过调整产品结构、产销结构等实现与集群内大中企业的多层次分工协作。要利用集群条件重构企业管理和技术创新机制，并大力推进企业文化建设以适应集群文化环境。

（六）要从低层次参与国际分工的战略走向高层次国际运营战略，由世界工厂的"打工者"向全球资源的"整合者"转变

中国企业家调查系统数据显示，目前我国超过四成的企业、近半数的制造业企业已进入国际市场。但是，我国中小企业参与国际化的形式比较单一，多以 OEM（代工生产）的低层次模式来参与国际产业分工，在国际产业价值链分配中处于不利地位。有调查数据显示，当前我国 91.6% 的企业的国际化方式为出口，并且我国出口商品中 90% 是贴牌产品，企业平均出口利润率仅为 1.47%。当前，我国中小企业低层次参与国际分工战略不可持续。一方面，OEM 产品大量廉价外销，加剧了贸易争端。据世贸组织的数据显示，2009 年，中国以占全球出口 8% 的贸易地位遭遇了全球 35% 的反倾销和 71% 的反补贴措施，已连续 15 年成为遭受反补贴调查最多的成员。另一方面，波士顿咨询公司（BCG）2010 年的调查显示，全球采购的侧重点已经从单纯的劳动力成本节约逐渐转向采购总成本或"最优成本"国家的采购，全球采购模式的变化给我国 OEM 模式带来了挑战。因此，未来我国中小企业要利用国际产业链调整、国际分工重组的机遇，既要通过融入国际高端供应链，借国际知名公司之力提升自身技术和管理水平，进而增强企业谈判地位，提高"议价权"；又要积极整合全球资源，加强企业对外投资，通过嵌入全球价值链实现工艺流程升级、产品升级、功能升级和链条升级，实现价值链由低端向高端的攀升。[12]

企业在推进国际化过程中，要知己知彼，循序渐进。我国企业可以借鉴海尔公司的渐进模式，分阶段分步骤将企业的生产经营环节向目标市场拓展，也可以学习华为公司的集群模式，以产业链为单位，上下游企业集

群"走出去"，通过抱团合作方式，对国外品牌、渠道、专利、研发力量和原材料等进行参股或者收购，与国外企业开展多种形式的合作。海外投资有并购和新建企业两种，各有利弊。中小企业要根据目标市场、产业及产品特性、企业核心竞争力等因素，进行灵活选择。同时，中小企业要高度重视企业跨文化管理，通过借鉴国际通用的管理模式、引进世界先进的管理方法、加强企业内跨文化交流等途径，实现管理国际化。要积极推进品牌国际化，在市场定位、产品设计、渠道布置、广告策略和售后服务等方面积极创新，塑造自有品牌。中小企业国际化过程中要积极推进人才多元化，一方面引进海外高端人才、聘请具有跨国公司工作经验的优秀人士加盟，另一方面选派企业内部高层管理、技术人员去海外深造、定期组织员工参加相关培训。同时，企业要主动融入华商网络，借助海外华商的力量，克服资金、人才、管理和品牌等国际化障碍。中小企业国际化还需要灵活运用电子商务，通过电子商务网络搜集世界范围内的商务信息，寻找消费者和合作伙伴，进行分工协作，积极整合全球资源。在国际化过程中，要重视企业对外投资风险管理，通过完善风险管理组织建设，健全企业风险的识别、预警和处理机制，提高企业抗风险能力。

参考文献

〔1〕L. 克拉克（Liz Charke）：《改革》，张建译，中信出版社 1999 年版，第 36 页。

〔2〕刘睿智、胥朝阳：《竞争战略、企业绩效与持续竞争优势——来自中国上市公司的经验证据》，《科研管理》2008 年第 6 期。

〔3〕蔺雷、吴贵生：《我国制造企业服务增强差异化机制的实证研究》，《管理世界》2007 年第 6 期。

〔4〕彭晓燕、钟学旗：《中小企业发展的蓝海战略理论研究》，《经济经纬》2009 年第 2 期。

〔5〕Berger, Philip. G and Eli Ofek, "Diversification's Effect on Firm Value", *Journal of Financial Economics*, 1995, Vol. 37, pp. 39-65.

〔6〕Markides, "Consequences of Corporate Refocusing：Exante Evidence", *Academy of Management Journal*, 1992, Vol. 35, pp. 398-412.

〔7〕辜胜阻：《发展方式转变与企业战略转型》，人民出版社 2011 年版，第

298 页。

〔8〕项保华:《中国企业十年战略成长与困惑》,《管理学家》2011 年第 1 期。

〔9〕程丽霞、孟繁颖:《企业成长理论的渊源与发展》,《江汉论坛》2006 年第 2 期。

〔10〕小艾尔弗雷德·钱德勒(Chandle):《看得见的手——美国企业的管理革命》,重武译,商务印书馆 1997 年版,第 571—578 页。

〔11〕Bengtsson, Kock, "Coopetition in Business Networks: To Cooperate and Compete Simultaneously", *Industrial Marketing Management*, 2000, Vol. 29, pp. 411-426.

〔12〕李建中:《关于浙江产业转型升级的几个问题》,《浙江经济》2009 年第 4 期。

—*8*—

在应对"用工荒"中
推动企业转型升级

用工短缺和成本上升是各国工业化过程中必然要经历的一个"拐点"。当前我国"用工荒"现象反映了劳动力市场供求关系的深刻变化。"用工荒"现象的出现是对传统发展方式的挑战，同时也是重要的发展契机，它将提高农民工在劳动力市场上的"议价权"，推动用工成本的上升，成为倒逼企业发展方式转变、推动中国经济转型的重要动力。应对"用工荒"不仅要充分认识到廉价劳动力时代逐步消失的背景下推进企业转型升级的客观必要性，同时要把构建和谐的劳动关系与推进企业持续健康发展结合起来，实现广大农民工体面劳动和有尊严地生活，提升农民工用工企业凝聚力和员工的归属感，改变农民城市"过客心态"。

一、当前"用工荒"的特征与影响

（一）"用工荒"趋于普遍化和常态化

早年"用工荒"局限于一定范围和特定时间段，近年来"用工荒"变

---

* 本文发表于《人口研究》2011 年第 6 期，潘啸松、杨威协助研究。

得更加严峻：从季节性向常态化发展。往年的"用工荒"都出现在春节前后，而近年逐渐提前，并且持续时间不断延长，局部地区上半年用工始终处于紧张状况。从劳务输入省份向劳务输出省份扩散。过去的"用工荒"通常只出现于沿海劳动密集型产业聚集的省份，而近年四川、湖北、安徽等中西部地区传统的劳务输出大省也出现了用工短缺的现象。"技工荒"和"普工荒"同时出现。2011年第二季度，中国人力资源市场监测的102个城市中，普工和技工都出现了"用工荒"（见表1）。

表1　各类别分组的求人倍率对比

类　别	求人倍率	类　别	求人倍率
工种类型	比　率	文化程度	比　率
普工	1.07	初中以下	1.21
工程师	1.68	高中	1.14
技师	1.77	职高技校	1.35
高级技师	1.71	大专	0.93
高级工程师	2.37	本科	0.84
		硕士以上	0.98
职业类别	比　率	年　龄	比　率
农业人员	1.14	45岁以上	0.74
服务员	1.18	35~44岁	1.04
办事员	0.68	25~34岁	1.20
技术员	0.98	16~24岁	1.05
负责人	0.86		

注：求人倍率指岗位空缺与求职人数的比率。

资料来源：中国人力资源市场信息监测中心：《2011年第一季度部分城市公共就业服务机构市场供求状况分析》，人力资源与社会保障部网站，2011年7月23日。

（二）"用工荒"呈现结构性不对称状况

目前"用工荒"呈现结构性差异（见表1）：一是农民工"用工荒"与大学生就业难并存，低学历劳动力相对更荒。从文化程度上看，初中及以下文化程度的劳动力供不应求，高学历人才供过于求。二是年轻劳动力"用工荒"伴随"4050"人员就业难，年轻劳动力相对更荒。从年龄上看，企业更偏向于招聘年轻工人，而"4050"人员就业依旧相对困难。三是生产一线蓝领"用工荒"与白领就业难并存，一线的操作工相对更荒。从工作性质上来看，主要是生产一线的操作工短缺，而办事人员等岗位工源并不缺乏。

（三）"用工荒"集中于劳动密集型产业、中小企业

我国企业尤其是中小企业竞争过度依赖廉价劳动力，使得"用工荒"在劳动密集型产业、中小企业中更为突出（如表2所示）。一是"用工荒"在劳动密集型产业中更明显。如安徽调查显示，缺工主要集中在服装、玩具、加工、机械加工、电子加工等劳动密集型行业，缺工人数占比达72%。二是"用工荒"在中小企业中更突出。由于大企业实力强、待遇相对较好，招工并不困难，劳动密集型中小企业用工相对更加紧张，如中小企业生产经营运行监测平台数据显示，2011年8月份，全国有51.8%的企业存在用工短缺，环比上升1.7个百分点。

表2 部分缺工省份缺工的行业集中性

省份	缺工城市	缺工行业	缺工工种
广东 （100万左右）	东莞（12万） 深圳（80万）	家具、餐饮、食品制造、物流业、会展商贸、电子电器、玩具、制鞋、五金	普工、设计工、快递员、园艺技术工人，电子工程技术人员、运输车辆装配工、机械设备维修工
浙江 （105万左右）	温州（28万） 宁波（27万） 金华（20万）	纺织服装、鞋帽制造、机械电子产品制造业	挡车工、车位工、缝纫工、印染工、抛光工、钳工、装配工、电工

资料来源：蒋雪林：《黔桂开通民工专列运10万民工缓解广东民工荒》，中国新闻网，2011年2月9日；李波平、田艳平：《两轮"民工荒"的比较分析与启示》，《农业经济问题》2011年第1期；叶毅贤：《缺工12万有工厂唱"空城计"》，《新快报》2011年2月18日；岳德亮：《浙江省就业局当前企业缺工工种集中在三大类》，新华网，2010年12月24日；刘茜：《珠三角转型"用工荒"升级》，《南方日报》2011年2月22日。

（四）"用工荒"对企业经营产生多重负面影响

"用工荒"加剧了企业尤其是中小企业经营困境：一是导致"招工难"，许多企业由于缺工而出现开工不足。据温州市经济和信息化工作委员会监测显示，当前温州有 68.9% 的企业有用工缺口，在导致企业接单难的因素中，用工占 34.6%。二是产生"用工贵"，大大提升企业经营成本。据有关统计，为应对"用工荒"，2010 年全国共有 30 个省份调整了最低工资标准，平均涨幅 22.8%，2011 年全国 21 个省份又平均上调最低工资 20% 以上。三是加剧"留人难"，员工频繁跳槽极大影响生产稳定性。由于"用工荒"的普遍存在，员工离职后，可以轻易再找到另一份工作，大大提高了员工在劳动力市场上的"议价权"，使得企业对员工的管理难度提高，并极大影响了生产稳定性。

二、应对"用工荒"进程中的企业行动

"用工荒"是对现有发展模式的挑战，预示着廉价劳动力无限供给时代的终结将逐渐成为现实，也意味着转型的"拐点"到来。只要积极疏导、应对得当，必将成为倒逼发展方式转变、推动中国经济转型的一种契机（辜胜阻、李华，2011）。企业要变"压力"为"动力"，积极采取多种措施缓解"用工荒"困境，在应对困境的过程中实现企业自身转型升级。

（一）加快自主创新进程，实施自动化、机械化战略，通过机器"替代"降低用工依赖

从国际经验来看，发达国家企业面对"招工难"时，往往通过大规模采用机器人和自动化设备，来替代昂贵的人工。如日本 20 世纪 60 年代，劳动力短缺导致的工资上升使得日本企业的机器人使用率达到世界最高。据西方企业计算，利用电子计算机和机器人可降低生产成本 1/4，而义乌纺织业的实践表明，相关自动化设备能使企业人力成本减少 1/3 左右。可见，相比人工，使用机器人能够有效提高效率、降低成本，生产稳定性也

更强。因此，企业未来，一方面可通过更新设备，积极使用机器人等自动化设备来替代人。实施信息化、自动化、机械化战略，注重物质资本投资，积极使用机器等自动化设备代替部分简单重复劳动，提高资本有机构成，降低单位作业时间的人工成本。另一方面，企业也可以加强管理创新，通过优化作业流程和标准来提高劳动生产率，减少用工依赖。淘汰落后管理方法，引进更科学高效的管理模式，如精益管理、成本控制等，提高劳动者效率。梳理作业流程，制定操作标准，推进作业规范化。提高物流管理、财务核算、质量监控、产品设计等方面信息化水平，减少对人力依赖。如有的企业原来雇佣五个工人可以完成的事，现在雇三个熟练度较高的工人来做，支付他们四个人的工资；或者只保留一个工人，并买一台机器供他操作。

（二）提升企业价值链，推进商业模式创新，加快企业转型升级，提升产品附加值，通过企业"增效"应对用工高成本

目前大部分中小企业利润率不足 5%，这就使得许多依靠廉价劳动力成本优势来赢得竞争的企业在面对劳动力成本上涨时陷入"两难困境"：不涨工资，招不到工人；涨工资，企业利润减少甚至亏损。由此可见，不摆脱传统低成本竞争战略、实现企业转型升级就无法跳出"两难困境"。从长期来看，用工短缺是危机也是契机，高成本带来的倒逼机制将淘汰落后产能，加速企业的转型升级（辜胜阻，2010）。企业只有实施转型升级，形成新的核心竞争力，才能提高企业利润率，进而提升员工工资和对劳动者吸引力，从根本上摆脱"用工荒"困境。企业要从低成本战略走向差异化战略，实现拼劳力、拼资源、拼低价格向追求高附加价值的模式转变。转变专攻制造环节的观念，加强产品的"研发、销售和品牌"等环节的投入力度，将企业重心逐步向价值链高端转移，提高企业应对工资成本上涨的能力。利用我国消费升级、发展方式转型的契机，积极向现代服务业、战略性新兴产业靠拢，发现并挖掘潜在的商机。企业要从偏重规模扩张走向注重质量提升，实现粗放式的发展方式向创新驱动的集约式的发展方式转变，重视技术进步，养成自主创新习惯，加强创新人才储备和选择合适创新模式，通过流程改造和技术革新来降低"高成本"。要从"单打独斗"

的无序竞争逐步向"合作共赢"的联盟竞合转变，推动战略联盟和集群发展，通过积极向产业链上下游延伸、加强关联企业间沟通协作，通过产业链整合来有效降低企业采购、生产、销售等成本。

（三）加快企业或部分生产环节向劳动力廉价地区转移，通过产业"转移"到成本低的中西部或境外，规避"用工荒"

当前，区域间务工"推""拉"力量发生变化是导致"用工荒"的重要原因。随着西部大开发及中部崛起战略的持续深入推进，中西部地区就业机会增多、工资提高，农民工在东部和中西部地区就业的比较收益差距正在逐步缩小；而中西部地区间生活成本差距和幸福感差距却越来越大，大量的农民工选择就地就业创业。如国家统计局农村司调查显示，2009年度，东部地区务工的外出农民工人数下降8.9%，中部地区上升33.2%，西部地区上升35.8%。为此，劳动密集型企业，必须顺应劳动力就近就业的趋势，积极向劳动力廉价地区转移。可以契合国家产业规划，综合考察承接地投资环境，通过企业直接转移，或生产外包、收购重组等形式将部分劳动密集型的生产环节转移到中西部地区。也可以抱团向国外廉价劳动力地区转移，通过建立工业园、联合建厂等形式合力规避"用工荒"。一方面，企业要做好规划，审慎选择转移地点和转移方式。要评估企业转移前后原材料、人力、交通等成本可能的变化，比较各地税收、金融、土地以及政府管理等方面的政策差异，合理选择目的地。要结合企业自身战略，理性选择新建企业、收购旧企业，或合资等转移方式。另一方面，企业可以根据所在地劳动力资源状况及自身需要，创新用工模式，由劳务工为主的单一模式向多种组合模式发展。例如，有企业建立了"妈妈流水线"，所在流水线上的员工都是年轻妈妈，她们的上下班时间随孩子的作息时间定，不用加班，有双休日，但工资相对较低，可以满足企业低成本的用工需要。

（四）推进管理模式创新，提倡人性化管理模式，拓宽员工职业发展前途，构建和谐稳定劳动关系，减少员工流失

当前，一方面劳动力代际交替导致多元选择、多元追求，新生代农民工需求层次呈新态势，但另一方面企业薪酬待遇低、发展前途迷茫、人性化管理缺失、合法权益保护不够，二者导致的员工高流失率是企业"用工荒"的重要原因。调查发现，1亿左右的新生代农民工，受教育程度、权益和法治意识都明显提高，对工作环境、福利待遇、发展机会及文化生活等有了更高的要求，但普遍技能较低、缺乏吃苦耐劳精神，在面对企业不优的用工待遇和就业环境下，流失率较高。调查显示，新生代农民工平均每人每年换工作0.45次，其跳槽频率是其父兄辈的近6倍，大大加剧企业"用工荒"困境，如现有福建省企业用工需求中有70%属于企业员工流失后的岗位空缺。从某种程度看，企业"用工荒"的背后反映了员工的"权益荒"、"前途荒"和"尊严荒"，解决"用工荒"也必须从满足员工需求入手。如英国工业化初期企业也遇到过严重"招工难"，但通过改善工人生活福利、加强技术培训等多种措施有效缓解了"用工荒"（尹建龙，2010）。因此，企业通过重视新生代农民工需求、构建和谐劳动关系来减少员工流失率是应对"用工荒"的重要方面，既能减少招工成本，又可以保持生产经营稳定性。首先，要改善员工薪酬福利。要参考同地区、同行业工资状况，制定工资薪酬，并建立工资与通胀挂钩、员工收入与企业绩效联动的正常增长机制，积极为员工提供"五险一金"等社会保障。要制定物质激励与精神激励相结合的激励体系。其次，要改善工作环境、丰富业余文化生活、满足员工精神需求，用心留人。要加强安全生产和劳动保护，探索施行工种轮换机制，减少员工工作枯燥感。要关注农民工的精神追求，积极向农民工提供健身娱乐场所，组织文化娱乐、旅游活动等。要根据企业经营状况，酌情提供子女教育、夫妻房、带薪产假等福利，提高员工幸福感。再次，要重视员工培训，规划员工"多通道"职业发展路径，用"钱途"更用"前途"留人。要制定员工个性化职业发展规划或培训规划，在一线员工常规培训的基础上，推行以培养技能为导向的培训模式。要提供优秀的一线员工更多的晋升机会，鼓励员工参与企业的生产管理和决策，奖励员工提出的有效建议和意见。最后，要施行人性化管理，增强归属感和共同体意识，改变员工"过客"心态。要优化劳动合同关系管理、畅通员工申诉机制、重视员工满意度调查与反馈，积极营造开放、平等、相互尊重、相互关爱的"大家庭"氛围，提升企业凝聚力和员工的归属感，形成利益共同体、事业共同体、命运共同体。

三、应对"用工荒"进程中的政府角色

应对"用工荒"不仅需要企业采取积极行动，而且需要政府采取重大举措，形成政企合力。政府一方面要充分认识到"用工荒"影响下中国经济转型的"远虑"，利用"用工荒"市场倒逼力量"促转型"；另一方面要重视"用工荒"现象给企业生存带来困境的"近忧"，防范多种因素叠加造成的困境引发中小企业大量停产半停产和大量民间资本游离实体经济的潜在风险，保障经济的稳定可持续发展。根据王呈斌、毛晓燕（2010）的调查（如表3所示），政府要为企业应对"用工荒"创造良好的制度环境。

表3 企业管理者和员工对应对"用工荒"的措施期望

	民营企业方面措施	得分	政府方面措施	得分
1	提高待遇	0.955	优化社会环境	0.898
2	改善工作环境	0.915	提供子女教育	0.890
3	规范用工	0.893	加大劳动监察	0.873
4	员工培训	0.883	完善社保制度	0.870
5	招聘宣传	0.860	增加培训经费	0.858
6	人文关怀	0.840	增强就业服务	0.855
7	/	/	产业转型升级	0.828
8	/	/	强化工会职能	0.820

注：①表中数据根据王呈斌、毛晓燕（2010）的部分调查结果整理；
②得分一栏满分为1，表示被调查人群对该项措施的平均认同程度。

（一）协调劳动力供需，加快区域产业布局调整，推动东部产业升级与向中西部转移并重

当前，产业发展与布局调整使区域用工需求格局变化，是加重企业"用工荒"的重要原因。按照产业梯度转移理论，劳动密集型产业从某一

国家或地区转移到另一国家或地区是要素供给状况或产品需求变化下的必然趋势。国际范围内,劳动密集型制造业先后从欧美转移到日本、亚洲"四小龙",再到中国大陆沿海地区。从国内看,随着东部地区要素价格上涨,东部劳动密集型产业和农民工就业向中西部地区转移的"双转移"是我国经济发展的客观趋势,但由于中西部地区承接劳动密集型产业转移加速,而东部地区产业升级过慢,东中西部地区对低端劳动力产生了用工"争夺战":一方面,随着东部地区要素价格不断提高、中西部各类优惠政策出台,劳动密集型产业开始向中西部地区转移;另一方面,东部地区未能及时完成产业升级,仍然存在较多劳动密集企业,对低端劳动力需求很大。在这种情况下,东部同中西部的企业展开了跨地区用工争夺,加剧了区域间劳动力供需失衡。为此,政府需要通过推进区域产业布局调整,让劳动力供需在地域间平衡,既缓解企业"用工荒"困境,又减少长期以来形成的大规模的"钟摆式""候鸟型"人口流动的社会代价。一方面,东部地区要通过产业转移、产业升级减少低端劳动力需求。要加快东部地区产业升级,围绕国家"十二五"战略性新兴产业发展规划,结合地区人才、资本和产业基础现状,努力发展新兴产业,并继续为西部地区提供技术支撑和智力支持。要借鉴广东省"腾笼还鸟"经验,主动促进低端劳动力密集型产业转移。另一方面,中西部地区要通过承接产业转移解决劳动密集型企业的用工需求,让更多的农民工就地、就近就业。要加快承接地基础设施建设,优化投资环境和财政、金融、产业政策。积极加大招商引资,尤其是承接产业链相关企业转移,推进产业集群建设,并"严把产业进入门槛",坚持"引资不引污"。

(二)加快农业现代化建设,通过适度规模经营推动更多农业劳动力转移,进一步释放农村剩余劳动力

目前,我国劳动力总量"无限供给"格局在改变,"用工荒"问题的实质是农民工供求关系的深刻变化。从数量上看,我国农村劳动力总体上过剩,但我国农村劳动力的供给格局正在由"无限供给"向"有限剩余"转变,中国可向外转移的剩余农村劳动力已明显减少。由于当前农民工已经成为产业工人主力军,如广东、浙江、江苏、上海等地建筑、加工制造、食宿餐饮、物流等行业中，农民工占从业人员的比重都超过90％，而目前外出打工的农民工总数比2008年的高峰期已减少了38％，农民工供需矛盾直接产生了"用工荒"。但2010年《中国的人力资源状况》白皮书显示，未来我国仍有1亿多农村剩余劳动力需要转移，而通过农业集约化建设，当前农村劳动力非农化转移的潜力可达3.1亿—3.4亿人（童玉芬、朱延红、郑冬冬，2011）。由此可见，推进农业现代化建设，提高农业集约化、规模化水平可以增加劳动力的供给，客观缓解"用工荒"。为此，政府要完善土地流转制度，推进土地向农业产业化龙头企业、经营大户、种田能手集中。要加强财政、金融支持，加强对农业的财政资金、融资信贷支持，加快建设农业机械化公共服务体系。要强化农业技术服务，提高农业科技成果的转化能力，调动农业科技人员创新积极性。要推进农业经营体制机制创新，畅通流通渠道，促进农业产业化、农产品生产销售一体化，努力培育大型农产品企业。要加强农村信息基础设施建设，建立信息、保险等社会化服务体系。要提高农民现代素质，增强其农业经营能力和创业能力，提高农业生产效率。

（三）加大农民工职业技能培训，提升农民工职业技能，解决企业技工短缺问题

现实中，企业"用工荒"中很大一部分是"技工荒"，农民工技能结构与用工企业需求之间的错位是导致"用工荒"的重要原因。如国家统计局2009年调查表明，高达76.5％的外出农民工仅有初中及以下文化程度，没有接受过任何形式技能培训的超过一半。而中国人力资源市场信息监测中心2011年第二季度统计信息显示，当前企业用工需求中要求高中文化程度的用人需求占79％，要求技术资格的用人需求占51.1％。由于农民工普遍技能素质不高，缺乏员工技能教育培训，使得企业因转型升级而增加的技工需求无法得到满足，据有关统计，中国制造业高级技工缺口达400万人。为此，政府提升农民工素质、培育更多"动手"劳动者，有利于增强技工供给数量。首先，要加强农民工职业教育的投入。要加快落实《国家中长期教育改革和发展规划纲要（2010—2020年）》，加强对农民工职业技能教育的资金、人力支持。要吸引社会力量参与，放宽职业教育的准入限制和审批条件，通过财税政策鼓励民间资本进军职业教育领域。其次，要改革农民工职业技能教学内容。制定地方产业人才开发计划，编制职业教育发展目录。以企业需求为导向，增强技能培训针对性，对有一定文化素质基础、进城务工经商的"新一代"在岗农民工重点加强技能培训，对有着浓厚"乡土情结"的"老一代"回乡人员要加强县域农产品加工、手工业培训等就业技能的培训，对未升学并准备进入非农产业的应届毕业生应提供储备性专业技能培训。再次，要创新农民工教学培训模式。完善职业教育链，以培训和就业相衔接为导向，学习和实践相结合为原则，组织学员亲临生产一线感受和实习，培养其实地操作和动手能力。

（四）推动农民工与市民在住房保障等方面平权，解决同工不同权和权利缺失问题，加快农民工市民化进程

现实中，由于住房医疗等基本公共服务很难惠及外来农民工，受制于孩子教育、养老、住房、年龄等多种因素，农民工融不进城市。《中国经济调查报告》显示农民工在外打工的实际工作时间每年平均只有 9.86 个月，在当前城市就业的时间平均仅为 5.3 年，很多时间耗费在农村、迁徙中，或只能返乡，使得企业用工供给极不稳定。可见，"用工荒"是农民工权力缺失的外部表现，只有深化改革和创新制度，扫清制约农村劳动力转移的各种障碍，才能根本消除"民工荒"现象（简新华、张建伟，2005）。国家"十二五"规划纲要也提出，要稳步推进农业转移人口转为城镇居民，把符合落户条件的农业转移人口逐步转为城镇居民。因此，政府采取措施保障农民工权益有利于优化用工环境，增强就业稳定性和对外来农民工的吸引力。首先，不同城市要因地制宜地推行渐进式的户籍制度改革。对于长期留在城市中的一部分农民工，尤其是那些私营企业主和技能型农民工，他们收入已经相当稳定，完全适应城市生活，可以让其率先在所在城市市民化，获得城市归属感（辜胜阻、李华、易善策，2010）。其次，要推进基本公共服务均等化，提高农民工医疗、养老、教育和住房保障等社保待遇。构建符合农民工特点的社会保障网络体系，落实工伤、医疗、养老等保险福利，将教育、医疗、计划生育等公共服务的覆盖面从针对城市人口扩大到城市流动人口。解决好随迁子女在流入地接受义务教育的问题，逐步将农民工纳入城镇保障性住房的覆盖范围。要借鉴浙江省制定"劳动关系和谐指数"评价体系经验，将员工的幸福感纳入政绩考核体系①，激励各地政府改善劳资关系。再次，要深入贯彻实施《劳动合同法》，保障农民工合法权益，加大对农民工生活工作环境、劳动合同签约等的执法检查和违法治理。

（五）优化农民工就业服务和劳动力市场建设，化解企业由于信息不对称所致的招工难问题

随着劳动力无限供给特征的逐步消失，未来中国劳动力市场面临的问题除了宏观经济波动影响下不时出现的周期性失业外，更主要的将是受劳动力市场和政府服务信息影响的摩擦性失业以及受劳动力技能和岗位匹配程度影响的结构性失业（蔡昉，2007）。当前，农民工就业服务和劳动力市场建设对缓解企业"用工荒"意义重大。如有估算显示，当前我国外出打工农民工处于跳槽与重新求职间的滑动周期每增加半个月，就业状态农民工就流失 888 万（李久鑫，2011）。为此，政府需要：一方面，培育和完善统一开放的人才市场，建立健全人力资源市场信息服务体系，完善农民工就业服务。政府需要积极落实《就业促进法》，培育和完善统一开放、竞争有序的人才市场。建立健全人力资源市场信息服务体系，向农民工提供信息咨询，以及职业培训、指导、介绍等公共服务。通过财税政策鼓励专业、规范的职业中介服务体系发展。另一方面，通过专场招聘会、区域劳务对接、校企合作等途径，为企业招聘牵线搭桥。要在劳务输出地和其他农民工聚居场所定期举办专场招聘会，并做好招聘会的宣传和推广工作。要加强区域劳务对接合作，增强就业服务机构与劳务输出地和用人单位的双向联系，减少农民工盲目流动。

---

① 例如浙江省率先推出"劳动关系和谐指数"评价体系，该评价体系中，"劳动关系"被细化成23项具体指标，包括工资支付保障机制、社会保险、收入分配、劳动纠纷、职工培训、休息休假、就业环境、生活环境、成就感等，将"很满意、比较满意、一般、不太满意、很不满意"5种主观评价转化为百分制。

（六）减税让利、少取多予，帮用工企业加薪和转型升级，降低企业"用工荒"压力，推动企业可持续发展

"用工荒"导致企业劳动成本快速上涨，给企业生存带来巨大压力。政府推动企业升级，既要借用市场"无形之手"倒逼企业转型，又要运用"有形之手"扶持中小企业生存，为企业转型升级创造条件。一方面，政府需加大对中小企业的减税力度，"让税提薪"，使企业有能力为员工加薪。借鉴惠农政策，对小企业减税让利、少取多予，对于微型企业，应当将其税收像"农业税"一样免除。切实减轻中小企业负担，让企业具备一定的利润空间，才有能力为员工涨薪。另一方面，要加大对企业在员工培训、技术创新和节能减排等方面的税收支持力度，帮助企业转型。政府要创新财税制度，建立科技开发准备金制度，为中小企业科技创新提供持续的资金支持。要通过税费减免、设备投资抵免、允许设立技术开发风险准备金等税收优惠政策，建立健全利益补偿机制，解决企业"不想创新"的问题。

四、研究结论

我国经济已经进入一个新的转型拐点，劳动力市场供求关系正在发生深刻的变化，企业特别是中小企业面临的"用工荒"趋于普遍化和常态化。当前的"用工荒"表现为招工难、用工贵和留人难，中小企业员工流失率不断升高，严重影响企业发展稳定。"用工荒"成因复杂：一方面，劳动力总量"无限供给"格局在改变，人口普查表明，在我国人口结构中老龄人口越来越多，劳动年龄人口越来越少；另一方面，劳动力代际交替导致多元选择、多元追求，新生代农民工需求层次呈新态势。从区域经济和劳动力区域流动态势来看，在产业发展与布局调整过程中，东部产业既需要升级也需要向中西部转移。中西部由于国家"西部大开发"和"中部崛起"战略实施，由于承接东部产业转移，就业机会大大增加，区域间务工"推力"和"拉力"形成的作用力量发生变化。

"用工荒"问题的实质是农民工供求关系的深刻变化。"用工荒"反应了中国目前单纯依靠廉价劳动力的粗放型增长方式不可持续，靠拼劳力、拼资源的低成本发展方式已经走到了尽头，企业转型迫在眉睫。"用工荒"对于企业既是危机也是契机，用工短缺和成本压力会逼迫企业推进产业升级和技术进步，提高产品附加值和企业经营效益。企业转型升级必然对劳动力提出更高的技能要求，劳动力的质量和素质对高质量的增长更为重要，这就需要政企联手加大对劳动者的培训，加强员工职业技能教育，改变对农民工长期以来的"用而不养"的局面。缓解"用工荒"不仅要稳步提高劳动者工资，改善福利，而且要高度重视企业文化建设和和谐劳动关系建设，企业要用"待遇留人、情感留人、事业留人"。要不断增进生产者、经营者与劳动者的理解与合作，使企业和员工真正成为利益共同体、事业共同体、命运共同体，共谋发展、共创美好生活。政府一方面要完善劳动力市场，加大公共服务，改变劳动力市场信息"不对称"问题；另一方面，要保障农民工在住房、医疗、养老、就业及子女教育方面的权益，通过廉租房建设，让农民工能够在工作所在地真正安家落户，感到家的温暖，改变"过客"心态。

参考文献

〔1〕蔡昉：《发展阶段转折点与劳动力市场演变》，《经济学动态》2007 年第 12 期，第 25—29 页。

〔2〕蔡昉：《人口转变、人口红利与刘易斯转折点》，《经济研究》2010 年第 4 期，第 4—13 页。

〔3〕侯东民：《从"民工荒"到"返乡潮"：中国的刘易斯拐点到来了吗》，《人口研究》2009 年第 2 期，第 32—47 页。

〔4〕刘怀宇、马中：《"刘易斯转折点"假象及其对"人口红利"释放的冲击》，《人口研究》2011 年第 4 期，第 65—72 页。

〔5〕简新华、张建伟：《从"民工潮"到"民工荒"——农村剩余劳动力有效转移的制度分析》，《人口研究》2005 年第 2 期，第 49—55 页。

〔6〕章铮、谭琴：《论劳动力密集型制造业的就业效应——兼论"民工荒"》，《中国工业经济》2005 年第 7 期，第 5—11 页。

〔7〕刘传江、程建林：《第二代农民工市民化：现状分析与进程测度》，《人口研

究》2008 年第 5 期，第 48—57 页。

〔8〕刘林平、万向东、张永宏：《制度短缺与劳工短缺》，《中国工业经济》2006 年第 8 期，第 45—53 页。

〔9〕刘福成、杨忠于：《"民工荒"折射企业管理缺陷》，《宏观经济管理》2005 年第 4 期，第 50—51 页。

〔10〕罗光强：《"民工潮"、"民工荒"及其转变的行为效用研究》，《经济学动态》2010 年第 10 期，第 68—75 页。

〔11〕都阳：《农村劳动力流动：转折时期的政策选择》，《经济社会体制比较》2010 年第 5 期，第 90—97 页。

〔12〕郑秉文：《如何从经济学角度看待用工荒》，《经济学动态》2010 年第 3 期，第 73—78 页。

〔13〕辜胜阻：《转型与创新是后危机时代的重大主题》，《财贸经济》2010 年第 8 期，第 91—95 页。

〔14〕辜胜阻、李华、易善策：《城镇化是扩大内需实现经济可持续发展的引擎》，《中国人口科学》2010 年第 3 期，第 2—10 页。

〔15〕辜胜阻、李华：《以"用工荒"为契机推动经济转型升级》，《中国人口科学》2011 年第 4 期，第 2—10 页。

〔16〕尹建龙：《英国工业化初期的企业用工荒和解决之道》，《贵州社会科学》2010 年第 9 期，第 122—126 页。

〔17〕李久鑫：《"工众"滑动就业导致用工荒》，《科技日报》2011 年 7 月 31 日。

〔18〕童玉芬、朱延红、郑冬冬：《未来 20 年中国农村劳动力非农化转移的潜力和趋势分析》，《人口研究》2011 年第 4 期，第 55—64 页。

〔19〕王呈斌、毛晓燕：《后危机时代民营企业"用工荒"现象探析》，《经济理论与经济管理》2010 年第 4 期，第 74—79 页。

〔20〕Yao Yang and Zhang Ke，"Has China Passed the Lewis Turning Point? A Structural Estimation Based on Provincial Date"，*China Economic Journal*，2010，Vol. 2，pp. 155-162.

经济转型篇

—*9*—

经济转型的必然性和动力机制[*]

"十二五"时期是全面建设小康社会的关键时期，是深化改革开放、加快转变经济发展方式的攻坚时期。深化改革开放、转变发展方式有利于推动中国经济实现二次转型。当前，中国已跃居世界第二大经济体，人均GDP 突破了 4000 美元，迈入了典型的中等收入国家行列。从世界各国的发展历程来看，进入中等收入阶段之后的国家发展呈现出两种截然不同的路径，以日本和亚洲四小龙为代表的部分国家和地区通过迅速调整结构、提高劳动生产率，成功实现了转型，从而推动了经济进一步飞速发展，很快步入高收入国家行列；而以巴西、阿根廷、马来西亚等为代表的部分国家和地区经济则由于没有能够顺利实现经济发展方式的转变，导致新的增长动力不足，经济增长回落甚至长期停滞，陷入了"中等收入陷阱"。中国处在转型发展的十字路口，未来中国面临的最大问题是如何避免"中等收入陷阱"，实现中等收入国向高收入国转变的第二次转型。

一、中国经济二次转型面临失衡性挑战

应该注意到，在成功实现第一次转型的同时，中国经济发展中不平

* 本文发表于《社会科学家》2011 年第 4 期，李洪斌、李华协助研究。

衡、不协调、不可持续的失衡性问题也十分突出，成为中国经济二次转型过程中亟待解决的重要问题。

（一）高投资和低消费的失衡

消费是最终需求，是经济增长最根本的内生动力。长期以来，中国经济增长主要依赖投资和出口，而消费尤其是居民消费成为经济发展中的最大"短板"。国家统计局数据显示，2009 年中国最终消费支出对 GDP 的贡献率为 52.5%，远低于 70%—80% 的世界平均水平。不仅如此，2000 年来的统计数据表明，中国最终消费支出的贡献率一直震荡不定且总体上呈下降趋势。与此同时，资本形成总额对 GDP 的平均贡献率却超过 40% 且总体上呈快速上升的势头。先发国家的发展经验表明，大多数国家在步入中等收入水平国家行列后会伴随着消费结构的升级并带动消费率的上升，之后消费率将维持在一个稳定的高水平并成为支撑经济增长的主要动力之一。可见，当前中国经济面临的高投资、低消费的失衡局面将极大地影响到扩大内需战略的实施，并危及国民经济未来的持续发展。

（二）高工业化率和低城镇化率的失衡

工业化和城镇化是推动现代化发展进程中最重要的结构变迁，是实现经济健康快速发展的重要支撑。建国初期，中国实行了优先发展重工业的"赶超"战略，走出了一条"以农促工，以乡促城"、排斥城镇化发展的工业化道路，客观上造成城镇化严重滞后于工业化的局面。改革开放以来，城镇化虽然取得了快速发展，但相对滞后于工业化发展的局面并没有得到根本性改变。当前，中国已经进入工业化中后期发展阶段，[1] 城镇化水平也达到了 47.5%，但相比于先发国家工业化发展历史同期水平 60% 以上的城镇化率，显然还有不小的差距。不仅如此，中国城镇化进程还面临"半城镇化"的发展尴尬，大量的农村剩余劳动力虽然进入城市，实现了地域转移和职业转换，但并没有实现身份转变，严重影响了中国城镇化的质量。事实上，如果将"半城镇化"的因素考虑在内，中国的城镇化率只有 40% 左右。作为支撑经济发展的两轮驱动力量，城镇化与工业化的失衡所带来的经济增长动力源泉的挑战是未来中国面临的重要问题。

（三）高价城市生活方式和低价工业化的失衡

农民工已经成为中国产业工人的重要组成部分，是中国工业化和城镇化的重要主体。城镇化可以分为有形的或物化的城镇化（Urbanization）和无形的或生活方式的城市化（Urbanism），后者可以称为"城式化"。长期以来，大规模的农村流动人口形成了丰富廉价的劳动力资源优势，为实现中国经济高速增长、确立在全球化分工体系中的"世界工厂"地位发挥了重要作用，使得中国的工业化表现为廉价要素支撑的低价工业化模式。但与此同时，城市对其"取而不予"，企业对其"用而不养"，在两栖生存状态下的农民工面临高额的房价、医疗费和子女教育费用等，城市生活方式或"城式化"的成本非常高。可见，大量的农村流动人口在为国家和城市建设做出巨大贡献的同时并没有能够充分享受到发展带来的成果，这不仅影响到社会公平和稳定，更是未来实现均衡共享式发展的一大挑战。

（四）高碳耗和低减排的失衡

中国在工业化进程中，碳排放量不断上升，目前已经成为世界主要的碳排放大国。一方面，中国煤多、油少、气不足的能源结构决定了在相当长一段时间内煤炭是中国的主要一次能源。煤炭属于"高碳"能源，资源和能源密集型产品大量出口增加了中国单位 GDP 的碳强度。据计算，每燃烧 1 吨煤炭会产生 4.12 吨的二氧化碳气体，比石油和天然气每吨多 30% 和 70%。[2] 另一方面，中国能源消费的主要部门是工业，而工业生产技术水平落后，又加重了中国经济的高碳特征。与高碳耗特征相比，中国节能减排力度太小，碳交易规模小，碳减排任务艰巨。2009 年全球碳市场交易总额是 1440 亿美元，其中欧盟 1180 亿美元，占 82%，而中国在全球碳交易市场的份额不到 1%。[3] 如果考虑资源、环境等因素，中国经济增长的资源环境的瓶颈约束十分明显。

（五）公共产品短缺和居民幸福感有待提升

随着社会经济的发展，人们对教育、医疗等公共产品的需求也随之增长。即便是社会生产力获得极大发展，产品极大丰富，人类梦想和现实资源约束之间的矛盾，仍然需要公共产品来协调。[4] 当前，中国经济面临着私人产品供给充足甚至过剩与公共产品短缺的失衡局面。一方面，中国城乡居民基本生活用品已基本得到满足，有些行业甚至出现了产能过剩。有研究表明，中国汽车过剩 20%，家电过剩 30%，电视机过剩 90%，纺织、服装产能过剩超过 100%。[5] 另一方面，中国的公共产品供给严重不足。《半月谈》社情民意调查中心 2010 年调查显示，66% 的受访者认为，城镇化进程中的公共服务供给不能满足民众需求，其中表示公共服务"与需求差距很大"的占 25%，表示"与需求相比有差距"的占 41%。[6] 公共产品供给不足固然与其本身效用的不可分割性、消费的非竞争性和受益的非排他性等特征有关，但更重要的原因是政府职能的缺位和错位。基本公共产品短缺，导致居民对医疗、教育、养老等支出相对增加，影响居民的消费预期，同时也影响了居民幸福感的提升。

二、中国经济二次转型的方向

（一）通过分配制度改革向民富优先转变，构建均衡共享发展模式，实现中国制造向中国市场、从制造业大国向消费大国转变，使消费成为经济增长的主动力

"十二五"规划中关于扩大内需、深化收入分配制度改革、加快推进基本公共服务均等化等一系列政策举措表明"十二五"将是"民富五年"。从国富向民富优先转变是中国经济二次转型必须优先考虑的方向。一方面，民富是扩大消费需求，增强经济内生动力的前提。消费是收入的函数，收入的增加或减少直接关系到消费行为的变化。"民富优先"的发展战略会提高居民收入水平，将在中国向消费大国的转变中起关键作用。20世纪 60 年代，日本通过"国民收入倍增计划"使得居民收入有了大幅提升，不仅有力促进了产业结构升级，而且引发了"消费者革命"，有效扩大了内需，实现了经济腾飞。另一方面，民富是提升居民幸福感，促进社会和谐与稳定的重要途径。经济增长只有转化为国民福祉和幸福感的提升才有意义。2009 年盖洛普世界民意调查显示中国的国民幸福指数排在第

125 位，[7]这种经济增长与国民幸福增进之间的不对称是我国经济社会发展的巨大隐患。民富战略有利于缓解并缩小收入分配差距，让全体社会成员共享发展成果，推动居民幸福感的提升和社会的安定，实现均衡共享发展。

（二）从要素驱动的高增长大国向创新驱动的可持续发展强国转变，从低端产业链向中高端产业链转变，改变经济规模"大而不强"、经济增长"快而不优"的局面

熊彼特认为，经济本身一定存在着某种破坏均衡而又恢复均衡的力量，这种力量就是"创新"，正是这种创新的活动推动了经济的发展。改革开放以来，我国过度依赖劳动力等廉价要素的发展方式扼杀了创新的动力，使中国企业陷入低端产业的"比较优势陷阱"，在全球产业链和价值链上处于弱势地位，抑制了产业转型升级，导致核心技术受制于人，全球价值链受控于人。吴敬琏先生指出，中国经济发展方式转变的实质是提高经济效益和增加产品的附加值，在这两个方面，创新都是成功的关键。[8]未来中国经济二次转型的重要任务就是要准确把握创新和产业转型的发展趋势和特点，加快推进科技创新和产业结构调整，更加注重以创新驱动经济发展，努力抢占未来科技和产业发展的战略制高点。

（三）从商品输出大国向资本输出强国转变，坚持"引进来"和"走出去"并重，进一步完善开放型经济体系

投资发展路径理论表明，一国的净对外直接投资是经济发展阶段的函数。当经济发展到达一定阶段（一般在人均 2000—4750 美元）时，商品输出到资本输出的转变就成为必然。[9]2010 年中国人均 GDP 达到 4000 美元，理论上已进入加快对外投资的阶段。而且，通过对外输出资本，可以将外汇储备转化为能源储备，有助于外汇储备保值增值和保障能源安全；可以为过剩的民间资本找到出路，同时能够规避金融危机后日益严重的贸易壁垒。但是，当前中国海外投资的相对水平依然较低。《2010 年世界投资报告》显示，2009 年世界吸收外资与对外投资比重的平均水平为 1∶0.998，发达国家为 1∶1.4，中国仅为 1∶0.505，中国对外直接投资存量仅占全球存量的 1.21%。[10]因此，未来中国要调整国际化战略，从低层次国际分工战略走向高层次国际运营战略，推动企业从世界工厂"打工者"走向全球资源"整合者"，实现商品输出大国向资本输出强国的根本转变。

三、推动中国经济二次转型的对策思考

中国成功实现第二次转型需要找准经济增长的新动力源泉，需要创富阶层的强大和中产阶层的壮大，需要推动经济进入内生增长、创新驱动的轨道，从而最终跨越"中等收入陷阱"。

（一）加快分配制度改革，扩大居民消费，增强经济增长的内生动力

破除经济增长中的消费"短板"是转变发展模式的长远之计。为此，首先要深化收入分配体制改革，提高居民收入，尤其要壮大中产阶层，形成高消费群体。要逐步提高居民收入在国民收入分配中的比重，提高劳动者报酬在初次分配中的比重。要调节居民收入差距，规范收入分配秩序，促进居民分配合理化。要调整政府支出结构，加大对医疗、教育等公共产品的投入，解决居民消费的后顾之忧。同时，要优化创业致富的环境，加快创业服务网络系统和创业基地、科技孵化器等创业集群建设，弘扬创业文化，大力扶持中小企业发展，培养更多的创业者和就业者，实现创富阶层强大和中产阶层壮大。其次要培育新型消费文化，完善消费引导机制，放大消费需求。要转变消费模式，努力改善消费环境，倡导适度超前消费的消费文化。要稳步扩大消费信贷范围，创新消费信贷的金融工具，提供多样化的消费产品体系。要健全消费信贷的法律法规，完善个人信用担保机制，大力培育教育、旅游等新的消费增长点，并通过税收、利率优惠积极鼓励个人消费信贷发展。

（二）在用高技术改造传统产业的基础上，大力发展战略性新兴产业和现代服务业，培育新的经济增长点

战略性新兴产业和现代服务业知识密集度高、资源消耗少、环境污染

小，具有较强的增长潜力。为此，一方面要积极培育和发展战略性新兴产业：既要注重新兴产业的技术创新，又要大力发展天使投资、风险投资、私募股权基金等股权投资，完善多层次资本市场，通过金融创新构建新兴产业的特别融资机制；既要充分利用利益诱导、市场约束和资源约束的"倒逼"机制引导新兴产业的发展，又要发挥政府在统筹新兴产业发展规划、引导公共资源配置等方面的重要作用；既要注重新兴技术的产业化，又要推进传统产业的高技术化，发挥高技术在推进传统产业升级换代中的作用，形成新兴产业与传统产业协同共进的发展格局。[11]另一方面，要大力发展服务业特别是现代服务业。数据显示，经济发达国家服务业占GDP的比重平均为72%，世界平均为68%，而我国目前仅为43.4%，滞后20多个百分点。[12]当前要进一步优化服务业发展的环境，完善促进服务业发展的财税政策和市场准入政策。要破除人才流动的国籍、户籍、档案等限制，促进人才的合理流动和配置，以及通过改革教育和培训政策以满足现代服务业的人才需求。要通过政策指导、融资支持、基础设施建设、技术标准完善、行业协会建设等措施，推动金融、物流、设计、信息等生产性服务业以及休闲娱乐、文化创意等现代消费性服务业发展。

（三）实施积极的城镇化战略，推进农民工市民化，使城镇化成为经济可持续发展的强大引擎

将扩大内需与推进我国城镇化进程紧密结合起来，可以实现经济发展与内需持续扩大的良性互动，是促增长的有效途径。当前，要实施均衡城镇化战略，实现大都市与中小城市协调共进。首先，要发挥大都市圈的集聚效应和规模效应，构建支撑经济发展的增长极。要在推动核心城市转型升级的同时，通过强化城市之间的合理分工和内在联系，扩大都市圈的辐射力，提升就业容纳能力和综合支撑能力。其次，要发挥县城和中小城市的集聚效应，通过农村城镇化引导人口适当集中。要着力推进民营经济发展，形成推动县域经济发展的内在驱动力。要加强基础设施建设，以道路、交通、供排水、供热、垃圾处理、污水处理等城市基础设施建设为重点，努力改善人居环境，提升城镇发展的内涵。同时，要推动农民工市民化。要通过渐进式的户籍制度改革实现进城农民身份变换，推动城镇化进程中进城农民的地域转移、职业转换和身份变换同步进行。要实现进城农民工与市民的平等权，加快教育、医疗、住房、社会保障体系的改革，逐步实现新老居民在劳动报酬、子女就学、公共卫生、住房租购以及社会保障方面的城镇公共服务均等化。[13]

（四）通过技术创新、管理创新和制度创新，加快企业自主创新进程，使创新成为经济增长的新动力

要始终坚持把科技进步和创新作为加快转变经济发展方式的重要支撑，加快建设创新型国家。一要发挥政府制度创新主体的作用。要加大科技投入，建立激励创新的财税体系；要完善创新的金融支持；要强化知识产权保护制度，保护创新者利益。二要推动企业成为技术创新主体。企业要积极实施战略转型，加强企业之间、企业与科研院所之间的合作，处理好技术引进与自主创新之间的关系，提升自主创新能力；要培育创新文化，激励员工的创新精神。三要把大学和科研院所建设成为知识创新和人才培养主体。加强大学和科研院所在基础性研究和前沿高技术研究方面的原始创新，发挥其人才培育功能，培养一批既懂科技又懂市场的新型的创新创业人才，为创新提供人才和智力支持。四要把中介机构建设成为服务支持主体。完善包括技术市场、人才市场、信息市场、产权交易市场等在内的生产要素市场体系，强化各类孵化器、生产力促进中心、人才中介和职业培训机构、行业协会等中介组织的联动集成作用，形成有利于创新的市场体系结构，为技术创新提供集中高效服务。[14]五要把产业集群建设成为创新的空间载体。要建好高新技术开发区，引导和支持技术、资本、人才等创新要素的集聚与集成，优化创新载体。

（五）形成资本输出与商品和劳务输出的互动，创新"走出去"方式，开辟中国参与全球化发展的新局面，构建资本输出强国

要加快培育竞争力的新优势，从依赖廉价劳动力和土地等要素竞争取胜的国际化走向依靠技术、管理、创意等非物质要素竞争取胜的国际化。要在保持现有出口竞争优势的基础上，促进加工贸易从组装加工向研发、设计、核心元器件制造、物流等环节拓展，提高劳动密集型出口产品的质

量和档次。要通过资本输出带动劳务输出，在稳定和拓展旅游、运输、劳务等传统服务出口同时，努力扩大中医药、软件、文化和信息服务、商贸流通、金融保险等新兴服务出口，同时注意将单一工程承包模式转变成为集咨询、投融资、工程承包、运营为一体的大型综合服务模式，在对外投资过程中将中国的技术、服务和标准带出国门。此外，要完善服务于"走出去"战略的机制体制。建立支持企业"走出去"的外汇使用体系，探索利用外汇储备鼓励企业"走出去"的方案，构建大中小企业和政府援助贷款紧密配合、共同实施"走出去"的战略。要通过国际并购获得经济发展所需要的科技资源以及海外资源的勘探权和开发权。

参考文献

〔1〕中国社会科学院：《中国社会结构滞后经济结构大约 15 年》，http://npc. people. com. cn/GB/10732833. html。

〔2〕周亮亮：《"十二五"：低碳发展须直面五大挑战》，《中国经济导报》2011 年 3 月 21 日。

〔3〕梅德文：《碳市场是中国转变发展方式的新力量》，http://www. lowcarbonism. com/xinwen/redian/20100827/5764. html，2010 - 8 - 27。

〔4〕田小林：《有效提供公共产品是社会主义的一个重要特征》，《中国经济时报》2006 年 6 月 5 日。

〔5〕宗寒：《关于中国产能过剩问题的探讨》，《南京理工大学学报（社会科学版）》2010 年第 1 期，第 36—37 页。

〔6〕半月谈编辑部：《城镇化：理想与现实》，《半月谈》2010 年第 24 期，第 9—10 页。

〔7〕高帆：《经济增长如何更好地提升国民幸福感》，《文汇报》2011 年 1 月 10 日。

〔8〕钱大群：《以协作创新推动中国经济的成功转型》，《学习时报》2011 年 1 月 26 日。

〔9〕薛求知、朱吉庆：《中国对外直接投资发展阶段的实证研究》，《世界经济研究》2007 年第 2 期，第 36—40 页。

〔10〕United Nations，"World Investment Report 2010：Investment in a Low-carbon Economy"，www. unctad. org/en/docs/wir2010_en. pdf.

〔11〕辜胜阻、李华：《战略性新兴产业需要技术和金融创新两轮驱动》，《中国经济时报》2010 年 7 月 20 日。

〔12〕许珂：《让高端服务业促进制造业的转型升级》，《衡阳日报》2010 年 12 月 8 日。

〔13〕辜胜阻、李华、易善策：《均衡城镇化：大都市与中小城市协调共进》，《人口研究》2010 年第 5 期，第 6—9 页。

〔14〕辜胜阻、洪群联：《创新型国家建设的战略思考》，《经济管理》2008 年第 19—20 期，第 2—5 页。

—*10*—

推动经济转型的战略思路[*]

在后金融危机时代，世界经济格局正在发生重大变化，"欧美消费—中国制造"的全球经济增长模式正逐步改变，世界金融体系、国际产业链结构也将面临新的调整。同时，国内资源环境约束不断强化，动力结构、产业结构、消费结构、分配结构等结构性矛盾日益凸显，经济发展不平衡、不协调、不可持续问题日益尖锐，传统的"低价工业化"发展模式受到严峻挑战。调结构、促转型已成为政府的重大使命。"十二五"时期，要改变经济发展过程中存在的"五个过度依赖"，实现五个"再平衡"，建立"内需主导、消费支撑、创新驱动、均衡共享"的发展模式。

一、我国经济发展过程中存在"五个过度依赖"

我国经济发展过程中存在过度依赖投资和出口、房地产业单一支撑、廉价劳动力的要素驱动、资源消耗和环境代价以及非均衡共享的增长方式等问题。

（一）经济增长过度依赖投资和出口拉动

长期以来，我国存在内需与外需失衡、投资与消费失衡的问题，经济

* 本文发表于《经济纵横》2011 年第 4 期，马军伟、王敏协助研究。

增长主要依靠投资和出口拉动。据测算，2000—2008 年，我国投资增长17.9%，净出口增长34.7%，分别比消费增速快7.2 个百分点和24 个百分点。直到2010 年，消费对 GDP 增长的贡献才有所攀升，全年消费对于GDP 拉动达到5.6 个百分点，贡献率达55.4%，21 世纪以来首次超过投资的贡献率。但这种增长和我国政府出台的刺激消费政策，特别是家电、汽车、摩托车、农机下乡和家电、汽车以旧换新等政策的刺激紧密相关。我国居民消费率从1985 年的53%降至2008 年的35.3%，不仅低于发达国家，也低于一些发展中国家。居民消费率和居民平均消费倾向（居民消费支出与收入之比）呈现双下降的趋势。投资与消费比例失衡，一方面导致国内市场规模受限，生产能力相对过剩；另一方面严重制约内需的扩大，使经济增长对外需的依赖程度不断提高。特别明显的是，我国在加入 WTO后，外贸依存度也进入加速上升通道。据测算，20 世纪90 年代，我国对外贸易依存度徘徊在30%—40% 左右，2000 年达到43.9%，2007 年达到66.2%，2008 年和2009 年受金融危机的影响有所下降，分别为59.2% 和44.8%。[1] 随着世界经济的复苏，我国外贸依存度将重新进入上升状态。过度依赖出口拉动经济增长的模式导致我国面临外汇储备过多、对外技术依赖性过大、对外资源依赖性过强、环境污染过重等问题。

（二）经济增长过度依赖房地产业支撑

近年来，房地产业在经济增长中扮演了重要角色，甚至是一些地方经济的重要支柱，房地产的发展直接关系到我国经济增长的增速和地方财政收入。中国指数研究院的一项报告显示，2005—2009 年我国城镇房地产开发投资总额占同期 GDP 的比重分别达到 8.65%、9.17%、9.83%、9.74%、10.80%，总体呈上升趋势。根据房地产业中长期发展动态模型测算，2009 年房地产开发投资直接拉动 GDP 增长 1.12%，与上下游产业间接拉动 GDP 增长3%。[2] 另据相关研究测算，如果房地产价格下降30%，将导致全社会投资增速放缓约6 个百分点，GDP 增幅下降约2.5 个百分点，地方财政增速下降约15 个百分点。[3] 从经济长期发展来看，房地产业投资回报率的持续走高和房地产投资的过快增长将吸引大量资金涌入。一方面，会加剧市场过热，加大房地产泡沫产生的可能性；另一方面，将对实体经济的投资产生分流作用，挤占实体经济的资金投入，抑制实体经济的效率提升，并且造成实体经济对房地产形成更大依赖，甚至出现消费、投资、出口被房地产"钳制"的状况，影响整个宏观经济的协调发展。美国次贷危机和日本房地产泡沫的经验教训表明，如果经济过度依赖房地产，经济的可持续发展将面临巨大风险。

（三）经济增长过度依赖廉价劳动力形成的市场竞争优势

一项研究结果显示，劳动力数量增长对经济增长率的贡献率为24%，劳动力素质提高的贡献率为24%，劳动力转移的贡献率为21%，合计占到全部因素的近70%。[4]改革开放初期，由于资本短缺、技术落后，经济增长高度依赖充裕、廉价的劳动力资源。经过几十年的发展，我国依靠低成本竞争战略确立起制造业大国的地位，国民经济取得年均近10%的高速增长。有关测算表明，流动人口对广东经济增长的贡献率平均达到13.08%，最高达22.55%。[5]人口红利为我国东部地区经济快速发展提供了充足的人力资源，为地方国民经济发展做出重大贡献。但过度依赖廉价劳动力会使经济增长的内在动力和发展潜力受到挑战。一方面，廉价的劳动力强化了企业对劳动力要素的过度依赖，使得企业缺乏革新技术的动力，安于低价劳动力成本投入，陷入"比较优势陷阱"和低端产业的恶性循环，在全球产业链和价值链上处于弱势地位，抑制产业转型升级，导致核心技术受制于人，全球价值链受控于人，面临"低端设计、虚弱品牌、微薄利润"的两难困境。据美国权威市场调查机构的数据显示，苹果公司付给中国的组装费仅为每台11.2美元，和最低售价499美元的iPad平板电脑相比，中国劳动力成本相当低廉。[6]另一方面，过度依赖廉价劳动力使劳动者的报酬和收入增长缓慢，不利于通过国内消费来驱动经济发展，从而制约内需的扩大。同时，我国劳动力成本优势有其脆弱性，会被周边国家和一些拉美国家所模仿，有可能在发展中国家和发达国家的双重夹击中陷入既丧失劳动密集型产业的比较优势，又不能在技术密集型产业上确立优势的境地，影响我国企业和经济未来的发展。

（四）经济增长过度依赖资源消耗和环境代价

我国经济增长越来越面临"资源瓶颈"和"环境瓶颈"。长期以来，我国能源资源储量有限，一些重要能源资源的人均占有量大大低于世界平均水平。如，我国已探明的常规商品能源总量仅占世界总量的10.7%，人均能源资源探明量仅为世界人均量的51%，[7]煤炭、石油和天然气等资源的储采比年限均低于世界总体水平。我国能源资源利用率和配置效率不高，单位产出的能源资源消耗量明显高于世界平均水平。据有关数据显示，我国单位GDP能耗相当于日本的8倍，美国的4倍，以占世界8%的经济总量消耗了世界能源的17.7%，成为仅次于美国的第二大能源消费国。当前，随着工业化和城镇化进程的加快，我国经济发展总体正处于"环境库兹涅茨曲线"左侧的"爬坡"阶段，距离能源消耗拐点临界值还有较远距离，能源消耗总量还将继续上升。过度依赖资源消耗和环境代价的粗放型增长方式使我国付出了高昂的经济和社会成本，对我国能源安全供给、生态环境保护造成巨大压力。有研究表明，由于环境污染和生态破坏，每年造成的经济损失相当于GDP的7%—20%，可持续发展面临的压力大。在约束机制不健全的环境下，企业依旧能从高污染、高能耗生产方式中获取高额利润，使其节能减排和技术革新动力不足，影响经济发展的集约化。

（五）经济增长过度依赖非均衡共享的发展方式

改革开放以来，我国的经济发展取得了巨大成就，但经济发展的成果并未惠及所有人群。我国的GDP总量世界排名第二，但人均GDP在全球排名却在百名左右，甚至落后于一些非洲国家。其深层次的原因在于我国收入分配制度的不合理，经济增长过度依赖非均衡共享的发展方式。我国收入分配格局不合理的主要表现：一是我国居民收入和劳动报酬比重低，并呈现下降的趋势。有数据显示，2007年我国居民收入占国民收入比重下降至57.9%，劳动者报酬占GDP的比重下降至39.74%。而政府的收入增速很快，出现政府在分配中得"大头"，居民收入占"小头"的失衡格局。最新统计数据显示，2010年我国财政收入增长速度高达21.3%，远高于GDP和居民收入增速。从构成上看，财政收入占GDP的比重超过30%，而发展中国家的平均水平是18%—21%。[8]同时，资本所得也高于劳动所得。二是我国城乡间、行业间、阶层间、地区间的收入差距不断扩大。据统计，我国城乡间收入比达 3.3 倍，收入最高行业与最低行业的差距扩大到 15 倍，全国收入最高与最低的 10% 的居民收入差距达 23 倍之多，人均 GDP 最高与最低的地区居民收入比达 13 倍。[9] 三是薪外附加重。有报道显示，目前搭载在工资上计提的"五险一金"等缴费项目有 20 多项，企业负担过重，客观上挤占了企业为员工加薪的空间。同样，工资被扣除一部分缴纳到各项基金中，员工实际到手的现金减少。分配结构失衡使居民难以均衡分享经济发展成果，再加上上学难、看病贵、住房难、养老负担重等问题成为阻碍居民消费的障碍，影响居民的消费预期，导致我国居民消费低迷和内需不足。

二、明确经济发展方式转变的战略思路，实现经济发展的再平衡

"十二五"时期，要始终坚持以科学发展为主题，以转变经济发展方式为主线，不断创新发展思路，调结构、促转型，改变经济发展过程中存在的结构性失衡问题，推动国内市场需求扩大与国际市场竞争力提升紧密结合，经济、社会与资源环境的可持续发展，财富增长与民生需求的均衡协调，实现经济持续、健康、协调发展。

（一）在发展动力方面，着力扩大居民消费需求，激活民间投资需求，转变外贸增长方式，促进经济增长向依靠消费、投资、出口协调拉动转变，使消费成为经济增长的主导力量

消费、投资、出口是拉动经济增长的"三驾马车"。"十二五"时期，要改变经济增长过度依赖投资和出口拉动的态势，构建扩大内需长效机制，挖掘内需潜力，促进消费、投资、出口协调拉动经济增长。

1. 着力扩大居民消费需求，破除经济发展中最大的"短板"

消费需求是最终需求，能引导投资方向，是经济持续增长的根本力量。为此，迫切需要采取一系列政策措施，增强消费对经济增长的拉动作用，形成以消费为主力拉动的经济发展模式。一要落实城镇化新政，积极实施均衡城镇化发展战略，将城镇化作为扩大内需的战略重点。二要尽快

制定并实施调整国民收入分配格局的政策措施，努力提高中低收入群体的收入，让广大居民有能力消费。三要优化创业致富的环境，大力扶持中小企业发展，让更多就业者变成创业者。同时，大力发展现代服务业及居民需求潜力大的产业，培育更多的具有高消费能力的中产阶层群体。四要加大对养老、医疗、教育等民生部门的投入，建设惠及全民的基本公共服务体系，解除居民消费的后顾之忧，增强居民消费的信心，让其敢于消费。五要适时调整结构性减税政策的方向和重点，增加涉及居民的减税项目和减税幅度及重点消费领域的税收支持力度，完善刺激居民消费的税收政策。六要实行宽松的消费信贷政策，继续对汽车、电器、旅游等领域的消费信贷给予优惠，并积极培育农村和中西部贫困地区群众的良性消费心理和消费行为，通过结构性信贷政策鼓励消费增长。同时，要努力优化消费环境，完善消费引导机制，培育新型消费文化，提供多样化产品和服务，适应消费结构升级的需求，满足居民多样化的消费需求。

2. 激活民间投资需求，实现民间投资与公共投资的互动协调

相对公共投资而言，民间投资具有机制活、效率高、潜力大、可持续性强、有利于创业创新、就业效应强的特点，是增强经济增长内生动力与活力、实现可持续发展的关键。[10] 在后金融危机时期，要激活民间投资需求，让民间投资接力公共投资，实现经济的可持续增长。为此，要落实民间投资"新36条"，将鼓励民间投资的政策措施进一步明确和细化，切实解决退出机制缺失、投资服务缺陷和执行监督缺位等关键问题。进一步拓宽民间投资领域，坚持"非禁即入"的原则，消除民间资本进入的"玻璃门"和"弹簧门"障碍，建立公平、透明、规范的市场准入制度，促进各市场主体的有序竞争。鼓励和支持民间资本兴办金融机构以及进入风险投资、基金、融资租赁、信托、担保等行业，将巨额民间资金转化为有效资本，支持实体经济的发展。采取多种方式构建公共部门与私人企业合作模式，建立和完善公共投资带动民间投资的新机制。鼓励和引导民间资本通过参股、控股、资产收购等多种方式，参与国有企业改制重组，实现合作共赢。健全民间投资服务体系，优化投资服务，强化投资权益保护，让民间资本敢投资、愿意投资。

3. 转变外贸增长方式，提高外贸增长质量和效益

在扩大内需的同时，坚持对外开放，充分利用国际市场和国际资源，积极转变外贸增长方式，从对外贸易大国向对外贸易强国转变，并确定对外投资大国的定位，实现内外需协调拉动经济增长。推动加工贸易企业转型升级和产业升级，进一步优化出口产品结构，提高外贸增长质量和效益。提高我国服务业的国际竞争力，大力发展服务贸易，实现货物贸易和服务贸易的协调发展。积极发展新的贸易伙伴和新兴市场，减少对欧美市场的过度依赖，实施贸易再平衡战略。通过加强海外投资立法、财税扶持、金融支持等举措积极鼓励中国企业"走出去"，探索如何利用高额的外汇储备支持企业海外拓展，实现"藏汇于国"到"藏汇于民"、"藏汇于企"的转变。

（二）在产业结构方面，要通过"增量创造"来推动"存量调整"，大力发展战略性新兴产业和现代服务业，培育新的经济增长点，实现经济增长的多元支撑

战略性新兴产业和现代服务业的发展是后金融危机时期创造经济增长存量的最大潜力所在，是经济增长的新动力、新源泉，有利于改变经济增长过度依赖房地产的格局，形成经济增长的多元支撑。

1. 要大力发展战略性新兴产业

新兴产业在国际金融危机后以其特有的生命力成为新的经济增长点，成为摆脱经济危机的根本力量，能推动新一轮的经济繁荣。我国必须加快发展战略性新兴产业，抢占未来发展的制高点，把握新一轮发展的先机，创造新的经济增长点。一要通过技术创新和金融创新驱动战略性新兴产业的发展。一方面，加大研发经费的投入，将科技研发和推广作为最重要的战略决策，促进战略性新兴产业创新能力的不断增强和快速崛起；另一方面，进一步健全多层次资本市场，完善有利于创新的激励机制和风险分摊机制，加快推进金融产品和服务方式的创新，解决战略性新兴产业发展的资金难题。二要充分发挥市场和政府"两只手"的作用。一方面，利用市场供求和竞争规律，用利益诱导、市场约束和资源约束的"倒逼"机制引

导技术创新活动；另一方面，统筹战略性新兴产业发展规划，加强区域间协调，充分利用财税、金融等政策工具引导社会资源合理流动，营造有利于战略性新兴产业发展的良好环境。三要将战略性新兴产业发展与传统产业改造结合起来，获取协同效益。培育战略性新兴产业不能忽视传统产业的发展，要"两条腿"走路，不仅要注重新兴技术的产业化，推动新技术的应用和扩散，同时也要推进传统产业的高技术化，发挥高技术在推进传统产业升级换代中的作用。

2. 要大力发展现代服务业

服务业的繁荣发展有助于构筑现代产业结构体系，实现产业结构"231"到"321"的转变。为此，要大力发展面向生产和民生的服务业，积极拓展新型服务领域，不断创新商业模式、服务方式和经营业态，开拓新的市场空间，促使新兴服务业态成为经济发展的新增长点。深化服务领域的改革和开放，以改革和开放促发展，着力推进体制与机制改革，进一步放宽服务业市场准入，逐渐消除制约服务业发展的制度障碍，增强服务业发展的活力与动力。改革和完善促进服务业发展的税收制度，规范服务业行业秩序，建立健全服务业标准体系，鼓励服务业中介机构的建设，进一步优化服务业发展的环境。支持服务业企业上市融资、发行债券，并与天使投资、风险投资、股权投资对接，鼓励银行、小额贷款机构、中小企业贷款担保机构加大对服务业企业的融资支持，积极探索股权、债权、仓单、保单、应收账款、知识产权等无形资产质押担保融资方式。依托大城市发展高端服务业，加强城市服务业集聚区建设，提高政策的支持力度，改善产业配套条件，增强服务业的区域集聚与辐射效应。大力培养和积极引进高层次服务业人才，满足高端服务业和新兴服务业的人才需求。

（三）在经济增长源泉方面，着力推动经济发展向主要依靠科技进步、劳动者素质提高、管理创新转变，使我国经济发展更多依靠技术创新驱动

创新是经济活力的源泉，是实现经济发展的持久动力。按照迈克尔·波特的阐述，当国家进入创新驱动阶段时，许多产业已出现完整的钻石体系。在这个阶段中，钻石体系的所有关键要素不断发挥各自功能，交互作

用的效应也最强。[11]当前，要加快推进创新型国家建设，推动经济发展更多依靠技术创新驱动。

1. 大力推进技术创新，充分发挥科技作为第一生产力的作用

科学技术是支撑经济发展方式转变和建设创新型国家的最活跃、最具革命性的因素。因此，要全面整合创新资源，推进技术创新工程，建立起以企业为主体、市场为导向、产学研相结合的技术创新体系。一要完善创新环境、机制和政策，激发全社会创新主体的创新能量。加大企业技术创新投入力度，积极培育创新示范企业，扶持创新型中小企业发展，确立企业技术创新的主体地位。充分发挥高等院校、科研院所在知识创新和技术创新中的重要作用，壮大创新源头。完善鼓励全社会创业的政策，以创业带动创新。二要完善利益共享基础上的合作环境，推进产学研紧密结合。制定《合作研究法》，设立产学研合作专项基金和风险基金。鼓励各创新主体之间组建专利联盟、标准联盟、技术联盟和产业联盟，或以项目和课题为纽带开展合同创新、项目合伙创新、研究基地合作创新、基金合作创新以及研究合作创新，构建以企业为主体的协同创新机制。三要以市场需求为导向，推动科技成果的推广和应用。不断完善技术交易市场建设，健全科技成果向企业转移的体制机制，引导更多的高新技术和先进适用技术流向企业。国家、行业和地方的技术创新计划项目要主动与市场的需求进行对接，在调动项目承担单位积极性的同时，明确项目承担单位成果转移、转化和技术扩散的责任。

2. 要提高劳动者素质，充分发挥人才作为第一资源的作用

劳动者素质是决定企业生产和创新能力及国家能否实现创新发展的关键因素。因此，要深入实施人才强国战略，营造贯彻落实《国家中长期人才发展规划纲要（2010—2020 年）》的良好社会环境，坚持"服务发展、人才优先、以用为本、创新机制、高端引领、整体开发"的指导方针，为我国经济社会发展提供坚强的人才保证和广泛的智力支持。建立国家创新人才培养示范基地、国家海外高层次人才创新创业基地、各类人才培训基地、人才储备中心等人才集聚平台。把培养创新型人才作为教育发展的重要目标，依托各类人才培养计划，培养一批具有较强创新意识和创新能力

的人才，推动企业与高等院校、科研院所合作培养创新人才队伍。以项目和平台为依托，打破人才流动的国籍、户籍、行业、部门、身份、档案、人事关系和所有制性质等限制，引进和重点支持一批海外高层次人才回国（来华）创新创业，做到人才"引得进、用得上、留得住"。进一步制定一系列优惠政策，优化人才创新创业环境，引导更多的优秀人才领办、创办企业。大力推进企业、高等院校、科研院所开展股权和分红激励，敢于"试水"和"破冰"，探索技术和管理要素按贡献参与分配的实现形式，激励职务发明人和经营管理人员的积极性，保护创新、创业人才的合法权益。

3. 要大力推进管理创新，强化创新资源配置能力

政府是创新配套环境的主导力量，能合理引导社会资源进入创新领域，激发民间创新动力和活力。为此，政府要充分发挥在创新激励、融资、人才开发、文化培育、服务体系建设等方面的积极作用，加快转变管理方式，推进管理领域的创新，实现行政管理范围从全能到有限、管理重心从管制到服务的转变，适应创新型国家的建设和转变经济发展方式的要求。同时，企业可以通过管理创新形成独特的管理优势，进而营造市场竞争壁垒和独特优势来打造核心竞争力。实践证明，"企业一年成功靠促销，十年成功靠产品，百年成功则靠管理"。管理创新经过时间的积累必然会产生管理效益，如战略管理创新能使企业获得长期效益，成本管理创新能使企业获得直接效益，形象管理创新能使企业获得间接效益。一个拥有管理优势的企业，能够根据企业发展要求和市场竞争的需要，创造性地发挥企业所具备的其他各种优势，逐渐培育出企业核心竞争力，确保企业长盛不衰。

（四）在资源环境方面，构建资源节约、环境友好的生产方式和消费模式，推动经济向低碳、绿色、集约的发展方式转变

加快推动经济向低碳、绿色、集约的发展方式转变，突破经济增长的资源环境制约，是我国"十二五"时期需要解决的首要问题。

1. 大力推进节能减排工作

节能减排是构建资源节约、环境友好的生产方式和消费模式并增强经

济可持续发展能力的战略重点。为此，一要完善政府节能减排目标责任考核评价体系，增加节能减排专项经费，落实政府优先和强制采购节能产品制度，健全激励和约束机制。二要深化资源型产品价格和要素市场改革，运用排污权及碳排放交易等市场手段，让全社会自发节能。三要建立技术引领机制。当前，要加强已有节能技术成果的转化、示范、推广和产业化。有针对性地积极引进国外先进节能技术，并消化吸收再创新。加大科技投入，加强技术攻关，突破关键技术，建立以企业为主体的节能技术创新体系。四要完善结构调整机制。推广循环经济，实施清洁生产改造，降低工业能耗，大力推进建筑节能和交通节能。五要发挥行业协会、信息公开和社会监督的作用，完善社会参与机制。

2. 大力发展绿色经济

绿色经济倡导绿色生产、绿色消费，并不断催生新的绿色产业和绿色技术，对应对气候变化、转变经济发展方式、增强国家竞争力和实现可持续发展具有重要的战略意义。为此，一要突出绿色经济在国家规划中的重要地位，制定全面、系统、前瞻、可操作及符合中国特色的国家绿色经济发展规划。二要制定扶持绿色经济发展的产业政策，通过投资审批、土地供应、金融支持、财税优惠等政策工具，形成绿色经济的利益引导机制。三要不断创新开发绿色技术，加强前沿技术攻关协作，优化产学研合作体系，强化政府研发投入，构建利益补偿机制和风险分担机制，克服发展绿色经济的技术瓶颈。四要发展绿色经济集聚区，依托现有高新区、经济开发区，推广循环经济模式，推动绿色经济产业集群化，加强绿色经济集聚区建设，营造良好的软环境。五要倡导绿色消费，培育绿色消费观和绿色消费行为，推进绿色建筑、绿色家庭和绿色交通建设，形成绿色消费与绿色生产的互动机制。

（五）在分配关系方面，加快推进收入分配改革进程，使经济发展成果惠及全体人民，推动经济发展向均衡共享、包容性增长方式转变

2010 年，胡锦涛主席在第五届亚太经合组织人力资源开发部长级会议上指出："实现包容性增长，根本目的是让经济全球化和经济发展成果惠及所有国家和地区、惠及所有人群，在可持续发展中实现经济社会协调发展。"当前，我国已步入全面建设小康社会的重要时期，正处于由下中等收入国家向上中等收入国家提升的关键阶段。如何趋利避害迈过"中等收入陷阱"、实现新跨越和新发展，关键就在于推动经济向均衡共享、包容性增长发展方式转变。

1. 调整政府、企业、居民三者的分配关系，逐步提高居民收入与劳动报酬比重

努力实现居民收入增长和经济发展同步、劳动报酬增长和劳动生产率提高同步，进一步完善工资协商机制、工资支付保障机制和最低工资制度。设置科学、合理、量化的收入分配改革目标，努力提高居民收入在国民收入中的比重和劳动报酬在初次分配中的比重，改变财政收入和企业利润增速远快于城乡居民收入增速的现状。

2. 调节收入差距，消除收入分配不公平

平衡垄断国企与一般国企、民企的收入分配差距，完善国有资本预算，规范国有企业分红。调整不合理的高收入，坚决打击和取缔非法收入，扭转居民收入差距扩大的趋势。扩大中等收入阶层的比例，构建"橄榄型"分配格局，实现从"一部分人先富起来"到"大部分人先中产起来"的转变。扶持低收入和困难人群，探索建立城乡低保标准正常调整机制和与物价变动相适应的动态补贴机制。

3. 政府和企业联手推进收入倍增计划

积极实施"化税为薪"或"提薪让税"，清理对企业的各种不合理收费，与企业联手推进收入倍增计划。实行综合与分类相结合的个人所得税制度，充分考虑家庭综合税负能力，以家庭为单位进行计征和抵扣。通过深化土地制度改革，推进农村宅基地、住房、土地使用权的抵押贷款，变资产为资本，拓宽居民金融投资渠道，创造条件让更多群众拥有财产性收入。引导地方政府重视居民就业和收入提高，改变传统以 GDP 指标为主的考核办法，增加人均收入、就业率等民生指标。

参考文献

〔1〕张莉：《当前我国对外贸易关系的格局及趋势》，《国际贸易》2010 年第 5 期。

〔2〕中国房地产动态政策设计研究组：《国务院遏制部分城市房价过快上涨措施解析》，2010 年，第 1—5 页。

〔3〕中国人民大学经济研究所：《2010—2011 年中国宏观经济报告》，2010 年，第 37—38 页。

〔4〕蔡昉：《通过扩大就业保持经济增长可持续性》，《中国经济信息网》2007 年 7 月 26 日。

〔5〕李长安：《人口回流使中西部地区成为价值洼地》，《上海证券报》2010 年 7 月 29 日。

〔6〕佚名：《499 美元 iPad 中国组装费仅为 11.2 美元》，新华网，2010 年 5 月 21 日。

〔7〕张坤民：《低碳世界中的中国：地位、挑战与战略》，《中国人口资源与环境》2008 年第 3 期。

〔8〕王莹：《不妨以减税增强经济活力》，《新京报》2011 年 1 月 11 日。

〔9〕杨正位：《缩小收入差距，走向共同富裕》，《中国经济时报》2010 年 8 月 31 日。

〔10〕辜胜阻：《转型与创新是后危机时代的重大主题》，《财贸经济》2010 年第 8 期。

〔11〕迈克尔·波特：《国家竞争优势》，李明轩等译，华夏出版社 2002 年版，第 540—543 页。

—11—
以"用工荒"为契机
推动经济转型升级[*]

"用工荒"现象最早在 21 世纪初开始受到媒体和全社会的广泛关注，当时主要反映的是春节期间东部沿海地区出现的劳动力短缺问题，是局限于一定范围和特定时间段的现象。近年来，"用工荒"问题越来越严重，特别是 2011 年的形势变得更加严峻。一是从时间上看，以往的"用工荒"主要是元旦前后伴随着农民工陆续返乡而出现，春节后比较明显，而近年的"用工荒"来的更早。来自珠三角的调查显示，2010 年全年企业普遍招工比较困难，2011 年春节前数月就出现了比较明显的"用工荒"现象（辛灵，2010）。二是从范围上看，不仅东部沿海面临"用工荒"问题，四川、湖北、安徽等传统的劳务输出大省也出现了用工短缺的现象。三是从工种上看，涉及类别更多。当前不仅技工荒，普工也荒。传统的技术含量相对较低、需要大量劳动力投入的劳动密集型行业缺工现象比较突出。调查显示，广东企业的普工缺口相对较大，约占总量的 68%，同时技工缺口仍处高位，约占缺工总量的 32%（李波平、田艳平，2011）。愈演愈烈的"用工荒"现象意味着中国劳动力市场的供求格局正在从劳动力的无限供给向局部短缺甚至全面短缺演变，同时也预示着中国经济社会发展新阶段

---

* 本文发表于《中国人口科学》2011 年第 4 期，李华协助研究。

的到来。

一、劳动力供求关系新变化与"用工荒"现状

出现"用工荒"的原因是复杂的，主要反映出中国劳动力转移和劳动力市场供求关系的深刻变化。

（一）中国农村劳动力供给总体上过剩，转移就业的压力依然较大，但供求关系上的结构性矛盾突出

从总量上看，现阶段中国农村还存在大量的剩余劳动力，需要转移的总数估计在0.6亿到1亿之间（"我国农民工工作'十二五'发展规划纲要研究"课题组，2010）。"十二五"期间，预计每年有800万左右的农村剩余劳动力需要转移就业，加上城镇需要安排的就业量，劳动力年供给总数超过3000万，而实际上城镇能够安排的劳动力大约只在1200万左右（姜赟，2011），供求缺口十分明显。可见，中国劳动力供给总体上是过剩的，理论上讲未来一段时间内就业形势比较严峻的总体形势不会改变。然而，同时应该注意到的是日益突出的农村劳动力供给的结构性矛盾，这将深刻的影响到农村劳动力市场供求关系的发展走势。

首先，中国处于剩余状态的农村劳动力已明显减少。随着农村劳动力以"民工潮"形式大规模的从农村向城镇转移，中国农村剩余劳动力数量已明显减少，特别是近几年来下降的趋势更加明显（见图1）。据统计，2008年以来农民工后备力量共计减少了2000万人左右（萧琛等，2010）。

其次，农村剩余劳动力中青壮年劳动力占比已经不高。从农村分年龄段人口比重的变化趋势来看，15—39岁年龄段的青壮年劳动力的比重是逐渐下降的，而40—64岁年龄段的中老年劳动力的比重则表现出明显的上升态势（见图1）。2005—2010年，这两个指标分别从36.54%和31.95%演变为35.02%和36.32%（国家统计局人口和就业统计司，2010）。青壮年农民工的短缺化趋势意味着农村剩余劳动力的释放空间已经比较有限。农村劳动力供给的结构性变化趋势是中国的人口转变及劳动力市场现状和未来发展趋势的缩影。

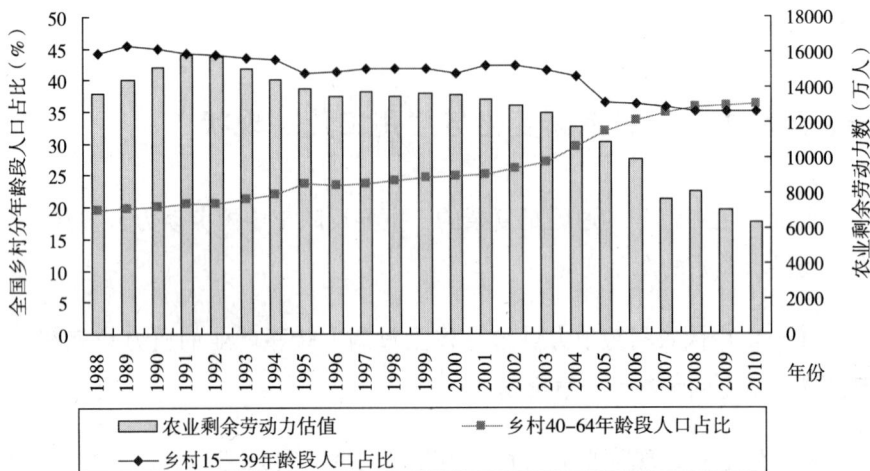

图1 农业剩余劳动力数量及乡村人口年龄结构变化趋势

注：1988—2005年农业剩余劳动力估值转引自陈星（2009），2006—2010年农业剩余劳动力估值根据相同的估算方法推算得到。

资料来源：《人口与就业统计年鉴》；《中国统计年鉴》；陈星：《农业剩余劳动力与农民收入关系研究》，《经济学动态》2009年第5期。

（二）农民工阶层内部出现分化，新生代农民工就业观的转变是当前中国劳动力市场面临的突出问题

20世纪八九十年代外出打工的老一代农民工在发展过程中面临着素质的退化问题。老一代农民工受教育程度较低，在就业过程中，企业往往尽量压低雇佣成本，极少对农民工进行在职培训，人力资本的积累极其缓慢。因此，除了体力之外，他们没有任何其他资本可以交换。随着年龄的增长，老一代农民工"青春红利"逐渐折耗，素质不断退化，正在逐步退出劳动力市场。

农民工阶层分化的最突出表现是新生代农民工或称第二代农民工的产生。这一部分人占全部外出农民工总数的58.4%（国家统计局住户调查办公室，2011），已经成为中国外出农民工的主体，是影响劳动力市场的主要力量。新生代农民工在诸多方面表现出与第一代农民工不同的特点，他们受教育程度相对较高，从小生活环境相对较好，外出打工的目的不再只是"挣钱"，而是对尊重、平等和社会承认有更多的期盼，对工作环境、

福利待遇、发展机会和文化生活等有了更高的要求。

（三）农民工在东部和中西部就业的收益差距逐步缩小，但生活成本差距越来越大，选择就地就业、创业成为新的趋势

随着中西部地区就业岗位的增加、工资待遇的提高、农村福利的改善和社会代价的降低，大量的农民工选择就地就近就业、创业，内陆城市群和中心城市成为新的人口聚集区。一是在就业、创业方面，由于中央和地方政府不断加大对中西部地区基础设施和重大项目的投资力度，同时东部地区向中西部地区产业转移的力度也逐年加大，为中西部地区提供了大量的就业岗位和创业机会。二是在工资待遇方面，东、中、西部的农民工工资待遇差距已经逐步缩小。据统计，2009 年在东部地区务工的农民工月均收入为 1422 元，而在中部和西部地区务工的农民工月均收入则分别已达1350 元和 1378 元，东部和中、西部农民工月均收入相差仅为 72 元和 44元（国家统计局农村司，2010）。如果把异地转移的交通成本及区域之间生活成本的差距计算在内，实际上东、中、西部之间的农民工净收入差距已经不大。三是在福利改善方面，随着国家各项支农惠农政策的出台和贯彻落实，农村的福利水平得到了较大的提升。除了上面提到的农民工资性收入的增加以外，粮食、农资、良种及农机"四项补贴"的落实带来了农民转移性收入提高，"新农合"及"新农保"政策的出台和逐步完善则大大提升了农民的幸福感。四是在社会代价方面，进城农民工长期以来义务和权利不对等，地位和身份不一致，社会地位"边缘化"，"过客"心态重。上述一系列变化实际上提高了农民工流向东部就业的机会成本，使农民工对其现行市场价格低估，其货币价值打了折扣，没有达到农民工供方的预期价格（郑秉文，2010），于是出现了减少其劳动供给的客观结果。

可见，正是由于中国农村剩余劳动力的总体规模和年龄分布的变化、农民工群体结构的改变及区域之间就业比较利益的调整，带来了中国劳动力市场供求关系的变化，导致了"用工荒"现象的出现。"用工荒"是劳动力市场不断变化的一种过程，随着劳动力总量、劳动力结构和比较利益及产业结构的进一步变化，中国的"用工荒"问题还会加剧，形成经济发展的"拐点"。

二、"用工荒"倒逼中国发展方式转型

"用工荒"现象的出现并呈常态化、深化发展的趋势标志着中国经济社会发展重要转折时期的到来。"用工荒"是对现有发展模式的挑战，预示着廉价劳动力无限供给时代的终结将逐渐成为现实，也进一步暴露出了长期以来中国劳动力转移及劳动力市场发育中的诸多问题。"用工荒"更意味着转型的"拐点"，只要积极疏导、应对得当，必将成为倒逼发展方式转变、推动中国经济转型的一种契机。

以农民工为主要代表的廉价而丰富的劳动力资源是支撑中国传统发展方式的基础。改革开放以来，大量的农民工已经成为产业工人的重要组成部分，为实现中国经济高速增长发挥了重要作用。从中国经济高速增长与劳动力的关系看，劳动力转移的持续时间和转移后劳动力边际产出的变化，决定了中国经济可持续发展的时间和空间。只要劳动力转移过程得以持续，高储蓄率和高投资率现象就将长期持续，而由劳动力转移、高储蓄、高投资共同推动的内生式经济增长就不会停止（李杨、殷剑锋，2005）。分析表明，1978—2009 年间中国经济 9.9% 的复合增长率中，劳动力的数量、人力资本、劳动力部门转移、物质资本以及体制改革或技术进步等未解释部分的贡献率分别为 24%、24%、21%、28% 及 3% 左右（中信建投证券研究发展部，2010）。可见，改革开放以来劳动力的数量、质量及转移在中国经济增长奇迹中发挥了极其重要的作用。但效率提高扮演的角色并不明显。相比于日本 20 世纪 50 年代到 70 年代经济高速增长中 21% 左右的劳动力贡献率、24% 左右的资本贡献率及 55% 左右的全要素生产率贡献率（Hugh Patrick 等，1976），中国经济增长明显的过度依赖劳动力。从中国参与全球化与劳动力的关系看，丰富廉价的劳动力是中国赢得全球化产业分工的基础。中国出口产品中的纺织服装，家具、灯具、玩具等杂项制品，鞋帽、伞杖，羽毛皮革制品，编织品等典型的劳动密集型产品的比重大概占 20% 左右，出口贸易中加工贸易的比重大概占 50% 左右（宋泓，2010），反映出中国的对外贸易在相当程度上依靠廉价劳动力的比较优势。

"用工荒"现象是对中国现存经济发展方式的挑战。上面的分析表明，近似于无限供给的廉价劳动力资源是改革开放30多年来中国经济巨大的发展优势。然而"用工荒"的出现和持续发展意味着这一优势正在弱化，主要的标志就是"用工荒"已经带来了劳动力成本的上升。国务院发展研究中心的调查表明，2004年之前的12年中，珠江三角洲外来农民工月平均工资仅增长了68元（程刚等，2004）。如果折合物价上涨因素，农民工工资甚至是下降的。然而，这种情况在2004年之后有了根本性的改变。从21世纪初"用工荒"爆发开始，农民工工资结束了长期的停滞状态，并呈现出快速上升的发展势头。截至2010年，农民工月平均工资水平已经延续了7年的上涨态势，总体涨幅超过1倍。这表明中国廉价劳动力时代正在逐步消失，长期以来过度依靠廉价劳动力的经济发展模式终将无法维系。因此，未来中国经济发展面临的一个重要任务就是充分利用"用工荒"带来的倒逼转型的市场力量，改变长期以来依靠廉价劳动力的经济发展模式，找准经济增长的新动力源泉，实现经济的内生增长和创新驱动，培植新的经济增长点。

当前，不仅要充分认识到"用工荒"影响下中国经济转型的"远虑"，同时要重视"用工荒"现象凸显出来的中国劳动力市场发展的"近忧"，以及由此给未来中国经济社会发展提出的新要求。一是对农民工的劳动权益保障提出了更高要求。大量进城农民工只是实现了地域转移和职业转换，并没有实现身份转变，处于"半城镇化"的尴尬境地，很少有机会能够充分享受到发展带来的成果。从某种意义上说，"用工荒"是农民工在权益保障方面的无声反抗。二是对企业用工问题上的不当偏向敲响了警钟。相当一部分用工企业在用工年龄、性别甚至地域上设有各种限制。比如许多招工企业都只把眼光盯着1亿多30岁以下的新生代农民工，而忽视了35—55岁的农村劳动力这一更为庞大的用工群体（郑风田，2011），客观上限制了劳动力的供给。三是对劳动者素质提高提出了新要求。调查表明，49%的招工企业要求初中文化程度，25%的招工企业要求高中及以上文化程度（任社宣，2010）。而实际上高达76.5%的外出农民工仅有初中及以下文化程度，没有接受过任何形式技能培训的超过一半（国家统计局农村司，2010）。劳动者的技能结构与用工企业需求之间存在明显的错位。

四是对构建统一的劳动力市场提出了新要求。农民工经常性、季节性的乡城流动，形成了一种地理意义上割裂的劳动力市场，妨碍了劳动力市场发挥自发调节供求和重新配置资源的功能（蔡昉，2010）。显然，这些要求也是应对"用工荒"问题、推动经济转型进程中必须关注的重点问题。

三、以"用工荒"为契机推动经济转型升级的对策思考

2011 年中国城镇人口比重超过 50%，"十二五"期间中国将进入城市时代。未来城镇化发展的关键是提高城镇化的质量，解决好城镇化发展中的失衡问题，实现城镇化发展从偏重东部向东、中、西部协调发展转变、从"半城镇化"向完全意义上的城镇化发展推进。

（一）把推进区域产业布局调整与减缓过多的农民工异地流动结合起来，东部地区要通过产业转移推进产业升级，中西部地区要通过承接产业转移吸纳当地农村转移劳动力，让更多的农民工就地就近创业、就业，减缓长期以来形成的大规模的"钟摆式"、"候鸟型"人口流动的社会代价

东部地区应该通过实施主动的产业转移及产业结构升级战略成为引领中国发展方式转变、实现经济转型的重点区域。要通过产业转移战略推进区域产业结构优化。一方面引导产业关联度不高、资源消耗较大的劳动密集型企业向外转移，通过转移获得资源整合、市场拓展及成本节约等新的发展空间；另一方面帮助有潜力的劳动密集型企业实现转型，通过机器设备代替手工劳动的流程升级、质量提高和新产品持续开发的产品升级、品牌建设及关注研发、设计、销售等产业链中高附加值环节发展的功能升级等形式推进产业升级（王保林，2009），培育新的市场竞争优势。要推动资本和技术密集型产业替代劳动密集型产业的结构升级，避免在产业转移中出现"青黄不接"的产业空心化现象。一方面大力发展战略性新兴产业、现代服务业和先进制造业，培植新的内生经济增长源；另一方面把握新一轮国际产业转移的重心向现代信息技术、生物技术、新材料技术等新兴产业转变以及重点领域向现代服务业转变的良好机遇（全国政协经济委员会，2007），主动承接并利用国际产业转移的外力推动区域产业结构

调整。

中西部地区应该通过承接东部地区劳动密集型产业转移成为中国继续维系劳动密集型产业比较优势和竞争力、吸纳农村转移劳动力的重点区域。要营造良好的产业承接环境。通过改善交通、能源等基础设施建设创造良好的硬环境，通过理顺政商关系、转变政府职能等优化发展的软环境。要以本地资源优势为依托，以经济效益为核心，承接符合地方资源禀赋条件和主体功能定位的产业。将承接产业转移和优化产业结构、实现可持续发展结合起来，有选择、有重点地承接产业转移，更加注重项目质量，着眼于技术进步和产业升级，防止被淘汰的、污染严重的企业和项目转移到中西部。

（二）把实施大中小城市协调发展的均衡城镇化战略与推进农民工市民化结合起来，引导乡城流动人口有序流动，避免"大城市病"，通过合理分流分类推进户籍制度改革，帮助进城农民工顺利融入城市社会

实施大中小城市协调发展的均衡城镇化战略是合理引导农民工流向的重要途径，其实质就是要实行"两条腿"走路的城镇化战略：一方面以都市圈为中心推行城市化，使一部分流动人口继续流向大都市圈，并在都市圈内部不同层级的城市间实现合理分布；另一方面在非都市圈地区积极发展中小城市，充分考虑人口合理流动的现实选择，引导流动人口向中小城市分流。

推进农民工市民化进程是实现农民工从候鸟式流动向迁徙式流动转变、真正融入城市社会的关键。要因地制宜地推行渐进式的户籍制度改革。北京、上海等大城市不可能完全放开，但可以考虑设立一种经济导向、人口素质导向和社会规范导向三位一体的"门槛"条件（辜胜阻，1991），逐步推进农民工市民化；中等城市则应该积极地放开；小城市、县城等更是完全可以放开。要推行基本公共服务均等化。建立保障农民工子女受教育权利的政策扶持体系，特别是要解决好随迁子女在流入地接受义务教育的问题；建立惠及农民工的城镇住房保障体系，逐步将农民工纳入城镇保障性住房的覆盖范围；构建符合农民工特点的社会保障网络体系，落实工伤、医疗、养老等保险福利。

（三）把完善公共就业服务体系与提升农民工素质结合起来，破除劳动力转移就业进程中的制度性障碍

完善公共就业服务体系是解决摩擦性失业的主要途径之一，其重点是搭建就业平台、畅通信息传递以及搞好职业指导。应建设一批布局合理、辐射力强的人力资源市场，并通过加强交流和资源共享形成互联互通的人力资源市场体系。同时，加强监督管理，严厉整治欺诈等市场不当行为，形成劳动力市场良好的运行秩序。依托人力资源市场的平台优势，借助网络、电视、广播等各种传播媒介，形成劳动力市场的信息搜集和传递机制，建立农村劳动力转移就业的信息服务体系。制定符合农民工群体特点的就业指导计划，为农民工提供免费的职业指导、求职技巧、能力测评、政策咨询等服务，形成就业指导的长效机制。

提升农民工素质是缓解结构性失业的主要途径之一，其重点是加强农民工的教育培训供给，尤其是重视职业技能教育。纠正对职业教育的误解，逐步将农村义务教育扩大到中等职业学校，落实好中等职业教育国家助学金和免学费政策，积极发展高等职业教育。在资源分配上加大对农村地区职业教育的扶持力度，努力建设一批规模大、条件好、质量高的农村职业技术学校。在培训对象上重点照顾需要转移的农村剩余劳动力、农村初中或高中毕业后未能继续升学的"两后生"以及已进城就业的农民工。在办学机制上采取民间社会资本参与发展民办职业教育的形式，形成多种形式的办学模式。在教学内容上以就业为导向，实现职业教育的人才培养与市场需求结合，教学内容与岗位能力对接。

（四）把构建和谐的劳动关系与推进企业持续健康发展结合起来，实现广大农民工体面的劳动和有尊严的生活，提升农民工用工企业凝聚力和员工的归属感，实现共建、共享式发展

企业特别是中小企业是解决农民工就业的主要渠道，也是支撑经济发展重要的微观主体。企业发展不仅肩负着创造社会财富、推动经济增长的重任，也承担着改善职工生活、促进职工全面发展的义务。因此，要实现职工和企业利益的双维护，既要保障职工的各项合法权利，也要促进企业的健康发展。

维护员工权益、稳定员工队伍的关键是构建"和谐稳定、平等合作、互利双赢"的劳资关系新格局。要深入贯彻实施《劳动合同法》，积极探索适合中小企业和农民工特点的劳动合同形式，推进集体合同制度，规范完善职工或职工代表大会制度，推进企业民主管理。要关注农民工的精神追求。改善工作环境，加强安全生产和劳动保护；弘扬企业文化，提升企业凝聚力和员工的归属感；丰富农民工的业余生活，尤其要关注新生代农民工价值观念和社会需求的变化，增进人文关怀。要提高劳动报酬在初次分配中的比重。建立工资正常增长机制，推动职工工资随企业效益提高及其他有关因素的变化而相应调整；建立最低工资标准调整机制，实现最低工资标准与经济发展水平、物价等因素的联动增长；建立完善工资三方沟通协商或共决机制，充分发挥政府作为"第三方力量"在平衡"强资本，弱劳动"中的重要作用；建立工资支付保障机制，确保企业职工特别是农民工能够按时足额领到工资；建立职工不满申述处理机制，形成多渠道和多层次的社会化劳动争议调解网。

在现实生活中，员工与企业主在利益上天然存在不一致性，但劳资双方的冲突是相对的，合作是绝对的，员工和企业主是利益共同体，在根本利益上具有高度的一致性。所以，要强调劳资利益的一致性，引导员工与企业同呼吸共命运，推动员工与企业主之间的相互理解和尊重，共同努力，在共建中共享、在共享中共建，通过利益共享同时增进双方利益，实现互利双赢。

（五）把维护农民工的土地权益与推进农业现代化发展结合起来，利用农村剩余劳动力转移契机，加强土地确权工作，推进农地制度创新和土地流转，探索土地资本化，提高农民财产性收入，整合农村资源，实现城乡协调发展

土地是基本的社会保障制度还没有完全建立的情况下进城农民工最后的生活保障。稳定和维护农民工的土地权益并积极尝试土地资本化，是解决外出农民工后顾之忧，建立农民工获得资产收益、带资进城的机制，推动农民工顺利转移的重要途经。同时，农业发展不仅是农村劳动力转移的前提和基础，也是农村劳动力转移条件下希望实现的客观结果。特别是在当前劳动力逐步走向短缺的情况下，农业生产率水平的提高是进一步推进农村剩余劳动力转移的重要保障，是推进城乡一体化发展的关键举措。

维护农民工土地权益的重点是要保障农民工的土地权利，并在此基础上积极探索提高农民工土地财产性收入。要做好土地确权工作，开展农村土地承包经营权的确权、登记、颁证工作，全面落实承包地块、面积、合同、证书和基本农田"五到户"。同时完善纠纷调处机制，并对规定"农转非"需要放弃承包地和宅基地的相关法律条款做适当的调整，让农民自主选择。在赋予农民土地产权的前提下，通过探索农村土地承包经营权抵押贷款制度、农村土地股份合作制度、基于市场价格的征地补偿制度等创新推进农地产权的商品化和货币化，激活土地的财产功能。

以农村剩余劳动力转移为契机推进农业现代化的重点是要构建支持农业发展的要素集聚和资源优化配置机制。通过土地向农业产业化龙头企业、经营大户、种田能手集中推进农业适度规模经营。推动财政支出和金融业务向农村地区倾斜，同时积极引导民间资本参与农业现代化建设，可考虑在条件比较成熟的地区组建区域性中小股份制商业银行、社区银行等，引导资金向农村流动。形成以政府为主导的多元化农业技术推广体系，加强农业技术服务。加强农村信息基础设施建设，引导现代信息技术的普及应用，推进农村综合生产能力的跨越式发展、农村生活模式的转变以及农民思想观念的进步。充分发挥农业专业化合作社作为新型现代农业经营组织的作用，推进农业经营体制机制创新。

四、研究结论

"用工荒"现象反映了中国劳动力市场供求关系的深刻变化，导致这种变化的原因是农村劳动力总量在减、结构在变、作用于劳动力转移的比较利益所形成的流出地"推力"和流入地"拉力"在弱化。"用工荒"现象的出现是对传统发展方式的挑战，同时也是重要的发展契机，它将提高农民工在劳动力市场上的"议价权"，推动用工成本的上升，成为倒逼发展方式转变、推动中国经济转型的重要力量。应对"用工荒"不仅要充分认识到廉价劳动力时代逐步消失的背景下推进产业结构调整、培植新经济增长点的客观必要性，同时要主动探索完善劳动力市场、进一步推动农村剩余劳动力转移的可能性，并在此基础上积极推动农业现代化、实现城乡协调共进。

以"用工荒"为契机推动我国经济转型升级要实现"五个结合"。一是把推进区域产业布局调整与减缓过多的农民工异地流动结合起来。东部地区要在积极引导产业转移的同时推进产业升级，建成引领中国经济转型的重点区域；中西部地区要通过"双转移"，承接产业转移吸纳农民工回归，建成吸纳农村转移劳动力、继续发挥劳动密集型产业比较优势和竞争力的重点区域。二是把实施大中小城市协调发展的均衡城镇化战略与推进农民工市民化结合起来。通过引导流动人口在不同层级城镇之间的合理分布缓解人口过于集中的问题，避免大城市过度膨胀导致的"大城市病"；通过渐进的户籍制度改革解决农民工的身份问题，改变农民工特别是新生代农民工"回不去农村，融不进城市"的局面。三是把完善公共就业服务体系与提升农民工素质结合起来。通过完善公共就业服务体系建设形成良好的就业环境；通过加强对农民工培训增加农民工的人力资本积累，改变对农民工"取而不予，用而不养"的局面。四是把构建和谐的劳动关系与推进企业持续健康发展结合起来。实现广大农民工体面的劳动和有尊严的生活，提升农民工用工企业凝聚力和员工的归属感，改变农民"城市过客心态"。同时也要保障企业的健康发展，实现职工和企业双赢。五是把维护农民工的土地权益与推进农业现代化发展结合起来。加强土地确权工作，推动土地流转，在推进人口向城镇集中的同时，推动农地向种田能手的集中，进行农地制度创新，让转移农民工通过农村土地使用权抵押，解决其创业安居"钱从哪儿来"的问题。

参考文献

〔1〕蔡昉：《"民工荒"现象：成因及政策涵义分析》，《开放导报》2010年第2期。

〔2〕程刚、何磊、董伟：《珠三角农民工生存状况调查》，《中国青年报》2004年

12 月 31 日。

〔3〕成展鹏：《安徽缺工人数达 25 万节后打响"抢工"大战》，中国新闻网，2011年 2 月 13 日。

〔4〕辜胜阻：《非农化与城镇化研究》，浙江人民出版社 1991 年版。

〔5〕国家统计局人口和就业统计司：《中国人口和就业统计年鉴（2010）》，中国统计出版社 2010 年版。

〔6〕国家统计局住户调查办公室：《新生代农民工的数量、结构和特点》，国家统计局网站，2011 年 3 月 11 日。

〔7〕国家统计局农村司：《2009 年农民工监测调查报告》，国家统计局网站，2010年 3 月 19 日。

〔8〕国家统计局：《第六次全国人口普查主要数据发布》，国家统计局网站，2011年 4 月 28 日。

〔9〕姜赟：《劳动力市场仍然供大于求》，《人民日报》2011 年 3 月 21 日。

〔10〕李波平、田艳平：《两轮"民工荒"的比较分析与启示》，《农业经济问题》2011 年第 1 期。

〔11〕李杨、殷剑峰：《劳动力转移过程中的高储蓄、高投资和中国经济增长》，《经济研究》2005 年第 2 期。

〔12〕全国政协经济委员会：《承接东部产业转移的中西部环境优化及政策安排》，《改革》2007 年第 7 期。

〔13〕任社宣：《人社部发布企业用工需求和农村外出务工人员就业调查结果》，《中国人事报》2010 年 2 月 26 日。

〔14〕宋泓：《未来 10 年中国贸易的发展空间》，《国际经济评论》2010 年第 4 期。

〔15〕"我国农民工工作'十二五'发展规划纲要研究"课题组：《中国农民工供给态势与"十二五"时期走向》，《改革》2010 年第 9 期。

〔16〕王保林：《产业升级是沿海地区劳动密集型产业发展的当务之急》，《经济学动态》2009 年第 2 期。

〔17〕萧琛、胡翠、石艾：《"民工荒"的原因、应对与劳工市场制度变革前景》，《社会科学战线》2010 年第 11 期。

〔18〕辛灵：《多地再度上调最低工资"抢人"，2011 年的"工荒"比以往时候来得更早一些?》，《南方都市报》2010 年 12 月 29 日。

〔19〕郑秉文：《如何从经济学角度看待"用工荒"》，《经济学动态》2010 年第3 期。

〔20〕中信建投证券研究发展部：《浮世绘卷，生死劫局——"刘易斯拐点"之后

的布局式投资》，中信建投网站，2010 年 7 月 20 日。

〔21〕郑风田：《民工荒其实是年龄荒》，《第一财经日报》2011 年 3 月 1 日。

〔22〕Hugh Patrick and Henry Rosovsky, *Asia's New Giant*：*How the Japanese Economy Works*，Washington，D. C.：The Brookings Institution，1976.

—12—
分配制度改革是经济转型的关键[*]

2010年中国经济总量超过日本，成为世界上第二大经济体，同时人均GDP突破4000美元，成为典型的中等收入国家。进入中等收入阶段以后，中国面临的最大问题是能否跨越"中等收入陷阱"，实现中等收入国家向高收入国家的转变。"十二五"时期的重要任务是谋划经济转型，而"保障和改善民生"则是转型的"根本出发点和落脚点"，改善民生则要加快形成合理的收入分配格局，切实改变收入差距过大问题。当前，我国收入分配格局存在居民收入和劳动报酬比重过低、收入差距日益扩大、企业薪外附加费过重、政府公共服务支出水平偏低等问题。收入分配失衡不仅容易带来经济增长中的消费"短板"问题，使我国经济可持续发展缺乏内生动力，还容易诱发社会不满情绪，影响生产生活秩序，有损社会公平正义，甚至会使中国陷入"中等收入陷阱"，难以实现从中等收入国家向高收入国家的转型。因此，"十二五"时期，调整国家、企业、居民三者之间的分配关系刻不容缓。"十二五"规划纲要提出了"两个同步"和"两个提高"——居民收入要和经济发展同步，劳动报酬要和劳动生产率的提高同步；提高居民收入在整个国民收入中的比重，提高劳动报酬在初次分配中的比重。当前，我国经济正在进入转型拐点，经济发展过程中不断出

---

* 本文发表于《统计与决策》2011年第9期，李洪斌、马军伟协助研究。

现的新趋势形成了市场倒逼机制，正推动我国收入分配格局发生根本变化。政府应顺势而为，推动收入分配制度的改革，使经济进入均衡共享的包容性增长阶段，让广大劳动者分享经济发展的成果，推动国民经济进入"GDP 增长—居民收入提高—消费增长—内需扩大—经济持续增长"的良性循环。

一、实施"十二五"经济转型必须进行分配制度改革

收入分配格局的形成一般通过初次分配和再分配来实现，其中，初次分配是我国居民收入分配的基础及主体分配渠道，对收入分配的公平性起决定性作用。当前，我国收入分配制度在初次分配和再分配两个层次上都存在制约分配公平性的缺陷，导致收入分配格局存在严重失衡，主要表现在以下四个方面：

一是报酬比重低。当前，我国居民收入和劳动报酬比重偏低，而且呈现下降的趋势。有数据显示，我国劳动者报酬占 GDP 的比重从 2000 年的 51.4% 下降至 2007 年的 39.74%，远远低于同期美国的 55.81%、英国的 54.5%、瑞士的 62.4%。[1]国家统计局统计表明，"十一五"期间，我国财政收入年均增长 21.3%，城镇居民人均可支配收入和农村居民人均纯收入年均分别实际增长 9.7% 和 8.9%，财政收入增速远高于城乡居民收入增速。同时，资本所得也高于劳动所得，"强资本、弱劳动"趋势不断强化。我国职工工资的上涨幅度，大大低于劳动生产率的增长幅度。

二是收入差距大。我国城乡之间、阶层之间、地区之间的收入差距非常大。统计表明，我国城乡居民收入比已上升到 3.33∶1，基尼系数接近 0.5，全国收入最高 10% 人群和最低 10% 的收入差距达到 23 倍之多，人均 GDP 最高的地区与最低之比达 13 倍。[2]另外，行业之间职工工资差距也十分明显，根据《中国统计年鉴 2009》公布的各行业平均工资测算，行业之间职工工资最高的与最低的相差 15 倍左右。[3]

三是"薪外"附加高。有报道显示，目前搭载在工资上计提的"五险一金"等缴费项目有 20 多项，五项社会保险加起来约占工资总额的 40% 左右，企业约缴纳 30%，个人约缴纳 10%。[4]企业的负担太多太重，客观

上挤占了企业为员工加薪的实际空间。同样，工资被扣除一部分缴纳到各项基金中，员工实际到手的现金减少。

四是"后顾之忧"重。我国二次分配中未明确各级财政用于社会保障等支出比例，公共财政在社会保障和社会投入方面的比重较低。统计显示，2007年，我国教育、医疗和社会保障三项公共服务支出占政府总支出的比重合计只有29.2%，与人均GDP 3000美元以下国家和人均GDP3000—6000美元国家相比，分别低13.5个百分点和24.8个百分点。[5] 政府公共支出少，导致居民对医疗、教育、养老等支出相对增加，影响居民的消费预期，使得老百姓对未来消费有后顾之忧，同时也影响了居民幸福感的提升。

二、分配制度改革要以"提低、扩中、调高"为政策取向

合理调整收入分配关系，这既是一项长期任务，也是当前的紧迫工作。从长远来看，收入分配改革涉及国家、企业、居民三方的利益调整。要提高居民所得，就要降低政府所得和企业所得，这是收入分配改革的最大难点。推进收入分配改革要按照"十二五"规划提出的"明显增加低收入者收入，持续扩大中等收入群体，加大对高收入者的税收调节力度"的政策取向，对居民消费率、居民收入和劳动报酬比重以及中产阶层比例分别设置科学、合理、量化的改革目标，提高改革政策的执行力，形成比较合理的收入分配格局。

（一）要提高居民收入与劳动报酬比重，调整初次分配中各主体分配关系

要逐步提高居民收入在国民收入中的比重和劳动报酬在初次分配中的比重，改变财政收入和企业利润增速远快于城乡居民收入增速的现状。政府应逐步提高最低工资标准，建立健全职工工资正常增长机制，建立居民收入跟经济增长挂钩、劳动所得与企业效益挂钩、工资与物价水平挂钩的机制。要加强国家对企业工资的调控和指导，发挥工资指导线、劳动力市场价位、行业人工成本信息对工资水平的引导作用。要监督劳动合同法等

落实情况，保护劳动者在分配中的地位和合法权益。要完善国家财政收入预算决算制度，合理提高国有资本收益收取比例，确保财政收入增速适当的同时让利于民、藏富于民。

（二）要规范收入分配秩序，加快税收制度改革，调节收入差距

政府要加强对收入过高行业工资总额和工资水平的双重调控，严格规范国有企业、金融机构高管人员薪酬管理。国有企业应搞好企业内部分配，正确安排各层次劳动者的薪酬分配关系。要建立阳光财政，实现公共资金和资源管理的透明化，建立收入分配监测系统，注重从源头上加强制度建设，建立健全社会公众对公共管理的监督机制。灵活利用法律、经济和行政等手段，严厉打击非法收入，取缔不合理收入。要提高个税起征点，同时借鉴发达国家经验，调整个人所得税税率的级次和级距，减少税率档次，切实减轻中低收入者税负。要实行综合与分类相结合的个人所得税制度，充分考虑家庭综合税负能力，以家庭为单位进行计征、抵扣和返还。深化矿产资源产品价格和税费改革，合理设置补偿费比例和中央地方份额，使中西部的矿产资源优势能惠及当地普通居民，缩减地区收入差距。

（三）要扩大中等收入群体，构建"橄榄型"财富分配结构

从全球视角来看，"橄榄型"社会具有较强的稳定性。中间阶层的壮大，有助于缩小贫富差距，减少由这种差距引致的对立情绪和社会矛盾。因此，要进一步调整产业结构，积极发展服务业尤其是金融、旅游、物流和 IT 等现代服务业，通过经济服务化培育大量"白领"阶层。要出台更多的优惠政策促进中小企业成长，鼓励创业创新，让更多的就业者变成创业者，培育一大批中小"老板"。要通过职业技术分层认定制度改革，改变部分劳动者"有技术无地位"的情况，通过推动城镇化进程，让进城农民工变市民，促进底层农民工向中层的上升流动，改变弱势群体家庭贫穷状况的代际复制。要通过健全法律法规、有效的税收体制和建立相应的社会保障体系，在保护和提高低收入群体经济利益的同时，使国民财富合理地向中等收入群体流动。要将教育、医疗、保险、养老金等必要、重大支

出作为税收减免和抵扣的重点，让中产阶层的收入增量能够拿得到、存得住、经得起花，防止一些城市物价、房价或其他生活成本过快上涨对居民消费产生的挤出效应而不利于中产阶层崛起的局面。

（四）要增加政府社会保障和公共服务方面的支出，缓解民众在消费方面的"后顾之忧"

政府要缩减"三公"消费等行政费用以及那些效率较低、不属于公共服务范畴的专项转移支付，同时加大对社保、教育、医疗等民生支出的投入，降低企业和职工缴纳比例。要扶持低收入和困难人群，逐步提高扶贫标准，探索建立城乡低保标准正常调整机制和与物价变动相适应的动态补贴机制。要明确中央政府转移支付目标，创新转移支付方式，规范各级政府事权与财权范围，增加中央对中西部地区一般性转移支付和专项转移支付力度，强化地方政府公共服务能力。要建设惠及全民的基本公共服务体系，调整政府投资结构，大幅度提高并明确政府公共服务支出在政府支出中的比重，推进城乡、区域公共服务均等化。要创新基本公共服务的供给模式，通过向民间资本开放基本公共服务领域，引入社会资本参与，提高基本公共设施和服务的供给水平。

（五）要创造条件提高居民财产性收入

要深化土地制度改革，尽快出台土地物权法配套法规，让农村居民拥有财产性收入，在稳定农民对承包地拥有长期物权的前提下，推进农村宅基地、住房、土地使用权的抵押贷款，促进土地流转和变现，使农民能够充分享受土地流转的增值收益。要完善资本市场体系建设，鼓励金融产品创新，提升居民理财水平，拓宽居民金融投资渠道，提高居民的股息、利息、红利等财产性收入。要研究专利和企业家才能这两大要素通过"技术资本化"和"管理资本化"参与分配过程的有效实现形式和途径。

三、分配制度改革需要政府和企业联动形成合力

收入分配体系改革是一个系统工程，不仅需要发挥政府的力量，还需

要利用市场的力量。当前，我国经济已进入转型拐点，市场力量正在推动劳动报酬提升。政府要顺势而为，将政府"有形之手"与市场"无形之手"结合起来，与企业联手推动收入分配制度改革。

（一）提高劳动者报酬要高度重视劳动力供求关系变化和市场倒逼改革的力量

当前，我国劳动力转移和劳动力市场供求关系正在发生深刻变化，农村劳动力由无限供给转向结构性短缺，突出表现为"用工荒"现象。从数量上看，目前我国处于剩余状态的农村劳动力已明显减少。据统计，20 世纪 90 年代，中国每年新增劳动力在 1000 万至 2000 万之间，近两年增速只维持在几百万。现在的农民工后备力量每年比此前高峰时减少了 600 多万人，3 年差不多少了 2000 万。[6] 从结构上看，在农村剩余劳动力中，30 岁以下的劳动力占比很低，年轻农民工出现短缺。从区域来看，不仅东部沿海地区招工困难，中西部地区也出现了用工短缺的现象，招工难将会常态化。一项对"珠三角"企业的生存状况调查显示，超过 90% 的受访企业表示存在劳动力短缺的问题。[7] 传统劳务输出大省也呈现出用工紧张的局面。例如，截至 2010 年底，安徽全省缺工总数达到 25 万人，湖北省内的用工缺口也达 60 万人。[8] 当前这种劳动力市场供求关系的变化，强化了劳动者在劳资关系中的地位和"议价能力"，迫使企业提高工资待遇和福利保障。可以看出，当前以农民工为代表的劳动者薪酬待遇正在不断提高，员工的工作环境、发展需求、权益保护、社会保障等问题也越来越受到企业重视。从当前的调查统计数据来看，"用工荒"已经带来了劳动力成本的上升。人力资源和社会保障部的数据显示，2010 年，农民工月均收入达 1690 元，比 2005 年的 875 元增长近一倍。[9] 随着劳动力供求关系的变化，国民收入中用于支付劳动力成本的部分将会增加，这将有利于提高劳动报酬在初次分配中的比重。应该看到，工资增长是补偿性的，是对报酬水平过低的矫正。从长期来看，提高劳动者报酬对企业和国家都是有利的，因为工资上升也有助于形成创新的"倒逼机制"，推动企业转型升级，迫使企业从拼劳力、拼价格向追求高附加值转变，从低端产业走向高端产业，改变低成本、低技术、低价格、低利润、低端市场的状况，实现向高附加值、高新技术、高回报、高端市场的转型，从而增强企业提高劳动报酬的能力。

（二）提高劳动者报酬要实行分类指导的原则，解决微小企业发展困境

"分好蛋糕"对不同的企业来说，实施情况会有很大差别。国企特别是垄断企业，涨薪没有难度。但是大量的中小企业利润很薄，有些还在亏本经营，希望这些企业提高员工薪酬非常困难。有研究表明：目前大量的中小劳动密集型企业都属于微利企业，如果人工成本上升过快，会影响企业发展，导致亏损倒闭。这种状况不利于缓解就业压力，最终会影响到居民收入水平的提高。为此，政府要通过减税、减费，积极实施"化税为薪"或"提薪让税"，减少地方政府对企业的各种收费，为企业增加员工工资创造条件。要放宽当前小型微利企业认定资格和条件，提高中小企业，尤其是微型企业的税收起征点。要简化中小企业纳税申报程序和纳税资料，减少中小企业纳税成本。同时，要清理、取消未按规定权限和程序批准的行政事业性收费项目和政府性基金项目，治理乱收费，减轻中小企业负担。

（三）政府与企业要合力改变对劳动者"用而不养"的局面，建立让劳动者分享发展成果的机制

要加大员工人力资本投资，大力开展技能培训、转岗培训、创业能力培训，形成有利于劳动者学习成才的引导机制、培训机制、评价机制和激励机制，提高劳动者的素质和获取较高劳动报酬的能力。政府对企业开展培训活动要给予财政补贴或税收减免，允许中小企业设立员工培训基金，甚至直接出资为企业组织培训讲座。要发挥政府在推动工资集体协商机制中协调、沟通和指导的作用，鼓励企业、行业协会和商会切实承担起引导、组织和代表企业开展集体协商的责任，支持各级工会和劳务组织加强工资集体协商指导员队伍建设，通过三方努力，处理好劳动报酬提高和企业发展的关系，构建政府减税和企业让利的分享机制，让广大劳动者充分共享改革发展成果。

参考文献

〔1〕宋晓梧：《提高劳动报酬在初次分配中的比重》，《经济观察报》2010 年 12 月 20 日。

〔2〕杨正位：《缩小收入差距，走向共同富裕》，《中国经济时报》2010 年 8 月 31 日。

〔3〕陈亦琳：《理论界关于收入分配问题的观点综述》，《红旗文稿》2011 年第 5 期。

〔4〕曹理达、周慧兰：《以分配公平促收入增长》，《21 世纪经济报道》2011 年 3 月 19 日。

〔5〕向春玲：《社会管理创新是我党面临的新课题》，http：//theory. people. com. cn/GB/14060011. html,2011 - 03 - 08。

〔6〕刘满平：《反思"用工荒"》，《上海证券报》2011 年 3 月 8 日。

〔7〕常悦：《九成珠三角企业民工荒，迁场加薪对短缺》，http：//finance. sina. com. cn/china/dfjj/20100601/14028038687. shtml,2010 - 06 - 01。

〔8〕晏琴：《"用工荒"后的民工"争夺战"》，《中国产经新闻报》2011 年 3 月 6 日。

〔9〕白天亮：《农民工收入五年增一倍》，http：//gz. people. com. cn/GB/194830/13910106. html,2011 - 02 - 14。

─13─
跨越"中等收入陷阱"的
路径选择[*]

我国改革开放 30 多年取得了举世瞩目的成就，人均 GDP 不断攀升。1978 年我国人均 GDP 仅为 155 美元，经过 23 年努力，2001 年突破 1000 美元下中等收入国家下限，又于 9 年后的 2010 年超过 4000 美元，迈入上中等收入国家行列。我国已经成为了典型的中等收入国家。[1] 国际经验表明：一些发展中国家在人均 GDP 达到 3000 美元至 5000 美元之后，由于不能顺利实现经济发展方式的转变，原有提高收入的因素不可持续，导致发展没有新动力、经济失去活力、贫富鸿沟加深，最终出现经济社会停滞，陷入所谓的"中等收入陷阱"。

世界银行研究发现，从 1960 年到 2010 年，大部分国家国民人均收入（GNI）增长迟缓，约有 3/4 的国家和地区依然位于中等收入水平，甚至回到低收入国家行列（如图 1 所示）。[2] 自从我国进入中等收入阶段，世界银行行长佐利克和亚洲开发银行总裁黑田东彦均在不同场合提醒要警惕"中等收入陷阱"的潜在风险。

＊ 本文发表于《商业时代》2012 年第 14 期，曹誉波、王敏协助研究。

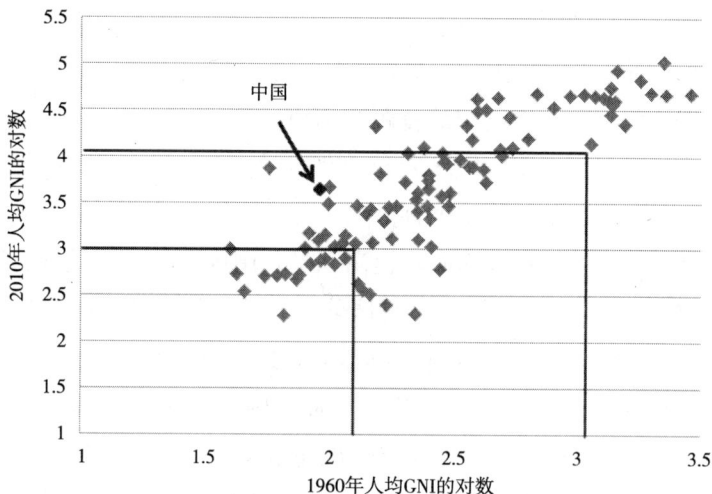

图1　众多国家难逃"中等收入陷阱"

注：实线代表分别代表中等收入国家和高收入国家临界值。世界银行将世界各国经济体按照国民总收入（GNI）分为低、中、高三组，每年公布调整标准。根据2011年7月最新标准和特别提款权平减指数（SDR Deflator）分别得到2010年和1960年不同收入国家分类临界值。

资料来源：世界银行数据库，http：//data. worldbank. org. cn/indicator/NY. GDP. PCAP. CD。

一、我国面临"中等收入陷阱"的潜在风险

长期以来，我国宏观政策始终坚持以保增长为目标导向，为促进经济快速增长，实现从低收入国家向中等收入国家的"华丽转身"做出了重要贡献。但同时，过度依赖投资驱动的模式也悄然间埋下了经济结构失衡的重大"隐患"。再加上当前国外经济环境变化和国内资源要素约束不断强化的影响，我国经济发展正面临陷入"中等收入陷阱"的潜在风险。

（一）在投资、消费、出口三驾"马车"中，消费成为经济发展的最大"短板"

在长期的发展中，政府逐渐形成了通过政府投资和政策推动来促进经济高速增长的惯性思维，我国经济增长过度依赖投资和出口，消费成为经济发展中的最大"短板"。[3] 国家统计局数据显示，改革开放以来，我国固定资产投资始终保持高速增长，按现价计算增速最高的"八五"时期达到

36.9%，增速次高的"十一五"时期达到 25.5%，[4]按不变价格测算，投资对经济增长的贡献总体上超过消费，特别是 2002 年以来，投资贡献率一直高于消费贡献率，两者之间的差距在 2009 年达到最大值，为 53.7 个百分点。另有学者研究发现，1978 年至 2009 年的 31 年间，我国最终消费对经济增长贡献的平均值约为 4 个百分点。由于投资与消费比例失衡，居民生活不能随着经济快速增长而同步提高，导致国内市场规模受限，制约了内需的扩大。与之同时，"资金来自国外、产品销往国外"的出口导向型发展模式也使得我国对外依存度持续攀高。据测算，20 世纪 90 年代，我国对外贸易依存度徘徊在 30%—40% 左右，2000 年达到 43.9%，2007 年达到 66.2%，2008 年和 2009 年受金融危机的影响有所下降，分别为 59.2% 和 44.8%。[5]投资、消费、出口三驾"马车"出现结构性失衡，造成了经济增长内生动力的缺失，影响经济发展的质量特别是城乡居民消费水平。

表1　改革开放以来投资、消费、出口对国民经济增长的贡献

单位:%

年　份	最终消费支出	资本形成总额	货物和服务净出口
1978	39.4	66.0	-5.4
1980	71.8	26.4	1.8
1985	85.5	80.9	-66.4
1990	47.8	1.8	50.4
1995	44.7	55.0	0.3
2000	65.1	22.4	12.5
2001	50.2	49.9	-0.1
2002	43.9	48.5	7.6
2003	35.8	63.2	1.0
2004	39.5	54.5	6.0
2005	37.9	39.0	23.1
2006	40.0	43.9	16.1
2007	39.2	42.7	18.1
2008	43.5	47.5	9.0

续表

年 份	最终消费支出	资本形成总额	货物和服务净出口
2009	47.6	91.3	-38.9
2010	36.8	54.0	9.2

注：数据按不变价格计算。
资料来源：《中国统计年鉴2011》。

（二）"做大蛋糕"的原有动力难以为继，"分好蛋糕"的理想与现实落差较大

发展模式不可持续和收入差距不断拉大的"高度不平等"状态为我们敲响了警钟。在做大蛋糕方面，影响我国经济发展的国内外因素正发生重大变化。从国际因素上看，受金融危机持续影响，欧美经济低迷，对外实行贸易保护，国际市场需求萎缩，订单大幅度减少，加上越南、印度等新兴国家企业"低价抢单"，依赖出口拉动经济增长的发展方式不可持续。在国内，随着社会结构逐步逼近"刘易斯拐点"，我国正逐渐丧失"人口红利"带来的比较优势。大批中小企业出现"招工难"、"用工贵"、"留工难"困难，不仅招不到人，留不住人，而且人工成本大大攀升。再加上生产原料和资源环境代价不断攀升，企业税负压力持续增大难以逃避，两头挤压，企业利润微薄。同时，我国企业技术创新投入严重不足。大量企业难以依托自主创新实现转型升级，长期处于"微笑曲线"底端。总的来说，我国刚刚跨入上中等收入国家门槛，传统经济增长动力难以持续，创新驱动的机制与环境尚未形成。当前我国廉价劳动力的比较优势已经丧失，而高收入国家的技术创新优势又未出现，旧的已去，新的没来，正面临比较优势"真空"。

在分好蛋糕方面，我国收入分配格局存在劳动报酬比重过低并呈现不断下降的趋势。世界银行报告称，我国职工劳动报酬占GDP的比重在1983—2007年间从56.3%逐年下降到35.1%，而大部分经合组织（OECD）国家都在60%以上。同时，我国收入差距日益扩大，城乡之间、行业之间、阶层之间和地区之间差距悬殊。国家统计局数据显示，我国城乡之间收入差距达3.3倍，最高收入行业与最低收入行业的差距扩大到15

倍，全国收入最高 10% 人群和最低 10% 的收入差距达到 23 倍之多，人均 GDP 最高的地区与最低地区的收入差距达 13 倍。近十几年以来，我国收入差距问题备受关注。有研究测算，我国基尼系数逼近 0.5，且呈现不断扩大的趋势，广大低收入劳动者未能充分共享经济社会发展成果。

二、跨越"中等收入陷阱"的路径选择

规避"中等收入陷阱"的关键在于经济发展方式的转型，扩大有效需求。对此，既要壮大中等收入阶层消费群体，改变消费"短板"，也需推动产业升级与收入分配改革，使得经济进入内生增长的发展轨道。

（一）积极扩大居民消费，壮大中等收入阶层，让消费成为经济增长的主力

一要推进新型城镇化，变农民为市民，扩大居民消费。城镇化是我国经济发展的最大潜在内需与持久增长动力。我国城镇化水平现已超过50%，但与同类国家 60% 的水平相比还差 10 个百分点。世界银行报告预测，未来 20 年，我国城镇化水平将接近 70%，城镇化会成为提升我国国际竞争力的重要引擎。[6] 为此，我们要积极稳妥地推进城镇化建设，激活"潜在需求"，使其变为"有效需求"。具体而言：要在发展城市集群的同时，依托县城和县域中心镇，发展一批中小城市，实现内涵型发展。要稳步推进农民工市民化进程，实现进城农民工与市民的平权，推进户籍制度改革，放宽中小城市和小城镇落户条件，让符合条件的农业转移人口逐步变为城镇居民。[7] 要把城镇化建立在坚实的产业基础上，一方面从根本上改变我国城镇化落后于工业化的局面，另一方面吸取拉美一些国家过度城市化的教训。巴西近几十年经济发展迅速，农村人口大批向城市迁移，2000 年城市化率已达 81.2%。但巴西的城镇化没有和工业化、农业现代化同步，结果造成"空城计"，大量的农村人口流向贫民窟，没有得到正规就业。这是城镇化的拉美化现象，是城镇化脱离实体经济、没有产业支撑的典型国别案例。[8]

二要优化创业致富的环境，扶持中小企业发展，让更多劳动者变成创

业致富者。创业活动有利于扩大就业容量，提高居民收入水平。有测算表明，我国每千人不到 10 个中小企业，而发达国家和发展中国家每千人拥有的中小企业数量分别平均为 50 个、20—30 个。推进创业，要鼓励和支持各界劳动者和毕业大学生自主创业，降低创业门槛和创业成本，加强对初创企业财税和金融支持，优化小型微型企业生存环境。要鼓励农民工就地创业或回乡创业，带动就业致富，提高农民收入和农村消费水平。[9]同时，要构建创业服务网络系统，优化创业服务体系，培育中介服务机构，提供创业信息、创业咨询、创业教育及创业培训指导等有针对性的、有效率的创业服务。

三要调整产业结构，大力发展服务化，培植具有高消费能力的"白领阶层"。有统计显示，经济发达国家服务业占 GDP 的比重平均为 72%，世界平均为 68%，而我国目前仅为 40% 左右，滞后 20 多个百分点。发展服务业尤其是现代服务业，可以让更多蓝领变成白领，培育大量中等收入阶层。发展服务业特别是现代服务业，要实施积极的产业扶持政策，以政策指导、财税优惠、融资支持、政府采购等措施，发展软件服务、现代物流、电子商务、工业设计、文化创意等生产性服务业。同时，要运用现代经营方式、管理理念和技术加强对餐饮等传统消费型服务业的改造、提升，通过基础设施建设、技术标准完善、行业协会建设、行业监管、人员培训和人才培养等措施，促进休闲娱乐、文化创意等现代消费型服务业发展。

（二）巩固实体经济的坚实基础，推动产业升级，深化分配制度改革，在"做大蛋糕"的同时"分好蛋糕"

一要巩固实体经济的坚实基础，营造实业致富的市场环境，采取有效措施缓解中小企业生存困境，防范产业"空心化"的潜在风险。当前要重视民间资本的投资渠道的拓展，特别要加快垄断行业改革和引导民间资本进入战略性新兴产业，拓宽实体型企业的发展空间。要努力减少投机暴利，限制投机暴富，挤压"炒"经济的空间，营造勤劳做实业能富、创新做实业大富的市场环境，高度重视产业链上游过度垄断和下游过度竞争造成的"两极分化"。要以减税为重心实施积极的财政政策，防止多种因素叠加过快推高成本致使大量企业"硬着陆"。要推进国有经济布局的战略调整，创新民资进入的方式，并立法赋予民间金融合法地位，营造同市场投资主体间平等使用生产要素、公平参与市场竞争的环境。

二要鼓励技术创新，实现产业升级，提高劳动生产率，增加产品附加值。技术创新是企业获取核心竞争力的源泉。国际经验表明，研究开发资金占销售额1%的企业难以生存，占2%的仅能维持，占5%的才有较强竞争能力。[10]第二次全国经济普查数据表明，我国规模以上工业企业中仅11.6%开展科技活动，研究开发经费的投入强度仅为0.61%。鼓励创新，政府要发挥财税政策对企业技术创新的引导作用，加强企业自主研发能力的培养，建立以企业为创新主体的创新体系。构建支持自主创新的多层次资本市场和融资体系，实现技术创新和金融创新"两轮"驱动。要搭建中小企业创新信息服务平台，服务企业技术研究、开发、交易，引导生产要素向创新领域集中。要培育"宽容失败、鼓励创新"的创新文化，营造实业致富、创新能大富的市场环境。

三要调整分配结构，提高劳动者报酬在初次分配中的比重，确立均衡共享模式。居民可支配收入的增长直接影响居民最终消费支出，有利于扩大市场需求，促进经济发展与社会进步。"十二五"规划强调，收入分配改革要提高"居民收入在国民收入分配中的比重，劳动报酬在初次分配中的比重"。为此，当前要加快推进收入分配改革进程，改变财政收入增速快于企业利润和城乡居民收入增速的现状，建立居民收入跟经济增长挂钩、劳动所得与企业效益挂钩、工资与物价水平挂钩的机制。要加快公共服务体系建设，促进公共教育、公共卫生、公共文化、社会福利等协调同步发展，引入多元公共服务投资体系，提高公共服务产品的社会供给能力，解除居民消费的后顾之忧。

参考文献

〔1〕郑秉文：《"中等收入陷阱"与中国发展道路》，《中国人口科学》2011年第1期，第2—15页。

〔2〕Ivailo Izvorski, "The Middle-Income Trap, Again?" http://blogs. worldbank. org/

eastasiapacific/the-middle-income-trap-again, 2011 – 02 – 09.

〔3〕辜胜阻、杨威、武兢:《中国改变消费短板须具备两大前提》,《华夏时报》2009 年 12 月 19 日。

〔4〕国家统计局:《我国固定资产投资快速发展,建设成就硕果累累》,中国统计信息网,2011 年 3 月 3 日。

〔5〕辜胜阻、王敏:《十二五经济转型需改变六大失衡》,《中国经济时报》2011 年 2 月 11 日。

〔6〕The World Bank and Development Research Center of the State Council, P. R. C. China 2030:Building a Modern, Harmonious, and Creative High-Income Society (Conference Edition)〔R〕,The World Bank, 2011, p. 9.

〔7〕辜胜阻:《城镇化新政将引爆巨大内需》,《证券时报》2010 年 3 月 8 日。

〔8〕辜胜阻:《城镇化健康发展要防四种偏向》,人民网,http://theory. people. com. cn/GB/148980/17650785. html,2012 – 4 – 13。

〔9〕辜胜阻:《发展方式转变与企业战略转型》,人民出版社 2011 年版,第 5—6 页。

〔10〕达铸之:《民营企业也要重视核心竞争力》,《经济参考报》2004 年 11 月 10 日。

14

让绿色经济成为稳增长与
调结构的引擎[*]

    2012 年下半年，温家宝总理在出席巴西里约热内卢召开的联合国可持续发展大会上指出，应当积极探索发展绿色经济的有效模式，把发展绿色经济作为各国推动可持续发展、促进世界经济复苏的有效途径。当前我国经济面临巨大下行压力，GDP 增速已经降到四年来最低，规模以上工业增加值增速、固定资产投资同比增速、出口增速等多项指标都降至近年来的最低水平。"稳增长"又一次成为政府宏观调控的首要任务。区别于以往的"保增长"，现阶段的"稳增长"要更加重视与转方式、调结构的有机结合，更加重视人类与自然和谐相处。长期以来，能源资源利用和配置的低效率及过度依赖资源消耗和环境代价的粗放型增长方式使我国付出了高昂的经济和社会成本，对我国能源安全供给、生态环境保护造成巨大压力，经济增长面临越来越严重的"资源瓶颈"和"环境瓶颈"。我国国内生产总值占全世界 GDP 总量的 9% 左右，但能源消费却达到了全世界能源消费总量的 19%。我国单位 GDP 能耗是世界平均水平的 2.5 倍，美国的3.3 倍。过去 20 年间我国每年由于环境污染和生态破坏造成的经济损失相当于 GDP 的 7%—20%。据世界银行测算，2008 年我国环境损失相当于国·

---

    * 本文发表于《中国经济时报》2012 年 10 月 11 日，石璐珊协助研究。

民总收入的9%，而同时期的美国还不到3%。我国要在资源环境瓶颈的严格约束下实现稳增长，必须大力发展绿色经济，通过"绿色转型"实现人口、资源和环境协调发展。

绿色经济是一种以资源节约型和环境友好型经济为主要内容，资源消耗低、环境污染少、产品附加值高、生产方式集约的一种经济形态。绿色经济综合性强、覆盖范围广，带动效应明显，能够形成并带动一大批新兴产业，有助于创造就业和扩大内需，是推动经济走出危机"泥淖"和实现经济"稳增长"的重要支撑。同时，绿色经济以资源节约和环境友好为重要特征，以经济绿色化和绿色产业化为内涵，包括低碳经济、循环经济和生态经济在内的高技术产业，有利于转变我国经济高能耗、高物耗、高污染、高排放的粗放发展模式，有利于推动我国经济集约式发展和可持续增长。绿色经济对就业有巨大带动作用，据国际劳工组织（ILO）测算，转向绿色经济可以在未来为全球新增近6000万个就业机会，目前各国政府都力图通过推行"绿色新政"来摆脱金融危机的影响。欧盟早在2009年就启动了整体绿色经济发展计划，并将在2013年之前投资1050亿欧元支持欧盟地区的"绿色经济"；美国提出在未来的10年间，投入1500亿美元促进清洁能源经济的发展；日本政府实施了名为"经济危机对策"的新经济刺激计划，主打绿色牌；韩国政府制定绿色增长国家战略和五年计划，争取在2020年前跻身全球七大"绿色大国"之列。

应对全球金融危机，我们要把发展绿色经济作为我国推动可持续发展、促进经济转型的有效途径，让绿色经济成为"稳增长"与"调结构"的引擎。为此，需要采取以下六条措施，积极探索发展绿色经济的有效模式。

一、要利用利益引导机制，培育绿色新兴产业，推动绿色产业集聚，延长产业链，提升价值链，提高产品附加值

要完善资源环境价格形成机制，发挥价格机制的引导作用，通过投资审批、土地供应、融资支持、财政补贴和税费优惠等政策工具，改变绿色生产的成本收益结构，积极引导企业培育和发展绿色新兴产业。要加强绿色产业集聚区建设，依托现有高新区、经济开发区，营造良好的软环境，

推广资源节约和环境友好的两型产业，推动绿色产业集群化。要根据产品工艺和生产工序的内在联系，在多个企业或产业间进行工业生态的链接，增强相关企业或产业之间的关联度，延伸产业链条，提高产品的附加值，形成多产业横向扩展和资源深加工纵向延伸相结合的绿色产业链。

二、要加强绿色技术研发，培育发展绿色产业的人才，建立支持绿色产业的产学研合作体系和绿色人才培养激励机制

要加强政府、企业、大学科研院所和社会中介之间的分工协作，广泛地建立并优化产学研合作体系。政府要加大对绿色技术的公共研发投入，构建利益补偿机制和风险分担机制，可设立专项基金用于支持绿色经济企业的自主技术创新，推进引进、吸收和集成技术创新；企业同科研院所、高等院校要联合建立研发机构、产业技术联盟等技术创新组织，形成支持自主创新的企业、高校、科研院所的合作生态，共同面向绿色技术进行科技创新活动；行业学会协会等社会组织也要发挥其中介优势，提供绿色技术交流平台和绿色技术引进渠道，促进绿色技术成果的扩散和商业转化。要完善绿色技术和产品的质量认证标准，淘汰对生态环境危害较大的企业，保留具备绿色生产能力、符合绿色生产标准的先进企业。绿色技术的学习和扩散必须建立在一定的知识积累和人才储备基础上。所以，要完善绿色创新人才的培养激励机制，建设绿色技术研发队伍。通过发现、评价、选拔、管理和激励等制度创新来培养一大批"顶天立地"的绿色经济技术领军人才和创新型企业家，借经济危机契机引进国内所稀缺的海外高端人才。

三、要完善金融投融资渠道，发展绿色金融，吸引天使投资、风险投资和股权基金等股权投资来发展绿色经济，通过绿色信贷政策引导社会资金流向绿色产业

绿色新兴产业对既有石化技术体系可能产生颠覆性冲击，以及高投入

长周期的特征使得对其投资面临很多的风险和不确定因素，一定程度上限制了其银行信贷的获取。股权投资具有市场筛选、产业培育、风险分散、资金放大、要素集成、促进合作等制度功能，是高新技术产业化的催化剂。支持绿色经济必须发展以"天使投资—风险投资—股权投资"为核心的投融资链，尽可能扩大其退出通道，吸引天使投资、风险投资和股权投资聚集对绿色经济领域的投资，扶持创新型绿色中小企业。除利用直接融资工具外，还要鼓励国家政策性金融机构对绿色产业进行重点扶持，针对可再生能源项目定向发放无息、低息贷款。要实施积极的绿色信贷政策，对商业银行实施信贷窗口指导。通过加强对节能减排、新能源研发企业的信贷支持，严格控制对高耗能、高污染和产能过剩行业的贷款和对污染企业实施惩罚性高利率等措施，引导金融机构将资金投入绿色经济领域。

四、要通过政府采购和绿色产品补贴等措施，刺激绿色消费，推动绿色生产和绿色消费良性互动

倡导绿色消费方式，有利于带动绿色产业发展，促进产业结构升级优化。我国绿色消费市场潜力巨大。有研究表明，80%以上的欧美国家消费者把环保购物放在首位，愿意为环境清洁支付较高的价格，而与国外相比，我国的绿色消费人群要少10—20个百分点，绿色消费理念的形成将促进中国绿色消费市场的开发。倡导绿色消费要利用经济手段引导绿色消费，通过价格机制，加大对以节能环保为导向绿色消费的补贴力度和信贷支持，刺激绿色生产和绿色消费。要加大政府采购对绿色产品的支持力度，为新兴绿色产业产品打开市场，促进新兴绿色产业研发和产业化。要在消费者中加强绿色理念宣传，促进公民逐步树立绿色消费观，在全社会营造生态、适度、节俭的绿色消费氛围。要推进绿色建筑、绿色家庭和绿色交通建设，形成绿色消费与绿色生产的良性互动机制。

五、要探索建立绿色政绩考核机制，加快完善资源环境成本核算体系，把环境绩效纳入地方政绩考核的硬指标

目前，北京、浙江等省市已明确要求将绿色GDP纳入其经济统计体

系，并致力于将此作为地方党政官员政绩考核的一部分。但受限于自然环境固有的非排他性和非竞争性特点，污染责任难以明晰，多数地区只是在GDP指挥棒上涂抹了一层"浅绿色"。为此，要通过明晰资源环境产权、确定资源环境价格来完善资源环境成本核算体系，实现绿色经济考核有据可依。要理顺绿色经济的监督管理体制，明确监督管理部门和其他相关部门的职责，从机制上做到权责一致、分工合理。根源上，要弱化着眼于地方经济总量的政绩考核机制，更加重视把万元GDP能耗、水耗、主要污染物和二氧化碳的排放强度等环境绩效指标作为考核官员的硬约束性指标来督促地方发展模式的转型。对于生态环境重要但脆弱的地区要建立资源有偿使用和生态补偿机制综合试验区，增强全社会的可持续发展能力。

六、要加快修订和制定绿色经济相关法律法规，提高环境执法力度，逐步构建系统、高效的绿色经济法律体系，强化法律的执行

发展绿色经济是一项复杂的系统工程，要着力加强多层次梯度立法和完善法律配套措施，为绿色经济发展提供体制机制保障。要加快修订《环境保护法》、推动《绿色经济促进法》等相关法律的制定。鼓励各地在国家立法的框架内，结合本地特色和实际，制定适合地方需要、可操作性强的地方性法规、条例、规章和政策标准。要统筹考虑循环经济、低碳经济、清洁生产以及节能减排等与绿色经济相关的范畴，综合处理好资源利用法、能源法、污染防治法、自然资源保护法等法律之间的关系，保证相关法律之间的衔接与协调，逐步构建系统、高效的绿色经济法律体系。法律的生命在于执行，特别要强化环境执法的重要地位。环境执法是实现绿色经济法律体系贯彻落实的保证。要健全执法机构、培育执法队伍，配套监督激励机制，提升执法效率，做到有法必依，执法必严，违法必究。

—15—
以新兴产业大发展促经济二次转型[*]

中国正处在转型发展的十字路口，如果把低收入国向中等收入国的转变称为第一次转型，那么未来，中国面临的最大问题是如何跨越"中等收入陷阱"，实现中等收入国向高收入国转变的第二次转型。推进中国经济第二次转型的重点任务之一就是要大力培育和发展战略性新兴产业，加快传统产业结构优化升级，提升产业创新力度和创新强度，构建技术先进、具有核心竞争力的现代产业体系。

一、战略性新兴产业需要利用市场调节和政府调节"两只手"

当前，我国战略性新兴产业发展迅速，产业规模不断扩大。以中关村科技园为例，目前，中关村已成为我国战略性新兴产业的策源地和经济规模最大的高技术产业基地，年产值超过万亿元，创制了20项重要国际标准、150多项国家标准，60%以上的技术成果输出到北京以外地区。而且新兴产业企业创业也十分活跃。据统计，截至2010年6月，全国新登记新能源、节能环保、新材料、新医药、生物育种、信息网络、新能源汽车等

---

　　* 本文发表于《紫光阁》2011年第4期。

战略性新兴产业内资企业有 5045 户，注册资本达 146.8 亿元。但同时应该注意到，在新兴产业快速发展的同时，也开始出现部分行业重复建设、规划过剩的现象，具体表现为各地区同质化竞争带来的重复建设和产品技术层次的低水平建设。以节能产业为例，据有关资料称，全国 3000 多家从事半导体照明相关业务的企业中，70%—80% 都仅从事下游应用的开发。世界银行研究发现，在政府不加干预的情况下，单纯依靠市场机制本身，只能解决 20% 的节能环保问题。另有资料称，在化学制药、中药、平板显示、光伏、风电等产业都出现了不同程度的低附加值产品产能过剩、市场同质化、无序竞争等现象。

培育和发展战略性新兴产业需要充分发挥市场和政府"两只手"的作用。一方面要充分发挥市场配置资源的基础性作用，利用利益诱导、市场约束和资源约束的"倒逼"机制引导科技创新活动。另一方面，由于新兴产业发展初期往往投入大、风险高、周期长，特别是面临高成本的瓶颈，依靠市场"有形之手"难以市场化和规模化，再加上"市场失灵"现象的存在以及新兴产业发展初期多为弱势产业的客观事实，新兴产业的发展需要政府发挥调节作用。首先，要统筹新兴产业发展规划，加强区域间协调，合理布局、有序推进，防止陷入一哄而起、无序竞争的状态。其次，要充分发挥政府在公共资源配置中的引导性作用，利用财税、金融等政策工具引导社会资源合理流动，营造有利于战略性新兴产业发展的良好环境。

需要强调的是，企业是自主创新的主体。我们提出要大力发展七大战略性新兴产业，要使战略性新兴产业增加值占 GDP 的比重真正按照"十二五"规划从现在的 3% 上升到五年之后的 8%，非常重要的是要靠技术创新和制度创新，需要企业的努力来实现。

二、战略性新兴产业需要金融创新和技术创新"两轮驱动"

战略性新兴产业已经成为投资的新热点。有人讲，中国经济在世界经济增长的贡献每年只有 30%，2009 年靠四万亿的经济刺激计划，中国经济对全球经济增长的贡献超过了 50%，但是这里面也有很多值得我们认真反思的问题，我国经济增长主要是靠政府的投资，民间投资微弱。比如像广州，有数据显示，2009 年前三季度，广州国有、民营固定资产投资同比增长速度分别为 60.3% 和 0.6%，"一条腿长，一条腿短"。民间有大量的资本，像浙江的民间资本，有人预测游离实体经济以外的经济资本超过 1 万亿，仅温州人手中就大约有 6000 亿，所以山西煤改、海南炒房和迪拜楼市重挫后，民间资本苦觅投资渠道。现在有大量的中小企业不愿意创新，原因之一就是融资难。怎样引导大量的热钱、游资发展战略性新兴产业，这是个很重要的问题。战略性新兴产业的发展迫切需要通过金融创新来构建风险分担机制和区别于传统产业的特别融资机制，实现新兴产业与金融资本之间的良性互动，推动产业规模的不断壮大和产业层次的不断提升。众所周知，没有美国的华尔街就没有硅谷，我国中关村的发展也是得益于市场的融资。

有许多高技术企业经过五年、十年发展，还是没有多大起色，原因之一就是缺乏金融创新。用通俗的话说，只有股权投资才能把"小鸡变成大鸡"，进一步把企业做大做强。为此，大力发展战略性新兴产业，一要贯彻落实国务院扩大民间投资"新 36 条"和《关于加快培育和发展战略性新兴产业的决定》，深化重点领域的体制机制改革，尽快清理制约民间资本投资新兴产业的进入壁垒，引导民间投资发展战略性新兴产业。在当前流动性总体过剩的经济形势下，要努力促进民间游资的"正规化整编"，引导"迷失的货币"进入战略性新兴产业领域，不仅能够让热钱变"冷"，游资变"稳"，闲钱变"活"，化解流动性结构失衡所引起的通胀预期持续攀升和物价非理性上涨的压力，而且能够形成有效资本，满足战略性新兴产业的融资需求，推动产业规模的不断壮大和产业层次的不断提升。二要积极健全天使投资机制，大力发展风险投资（VC）和私募股权基金（PE），构建完整的发展新兴产业的创业创新投融资链。天使投资是新兴产业企业初创时期发展的"钱袋子"。要积极鼓励富人开展天使投资活动，培育壮大天使投资人群体，并通过构建网络和信息平台、健全相关政策和法律法规、优化区域市场环境等一系列措施完善天使投资机制。同时，也要大力发展风险投资（VC）和私募股权基金（PE），着力推进三个改变：一是改变一哄而起的非理性行为；二是改变重短轻长的短期行为，鼓励

"把鸡蛋孵化成小鸡、把小鸡养成大鸡"的长远战略；三是改变重"晚期"轻"早期"的急功近利行为，避免出现 VC 的 PE 化以及私募基金大量通过上市前投资（Pre-IPO）的投机现象。三要做强主板，壮大创业板，大力推动"新三板"和产权交易市场的发展，加快建设债券市场，不断完善多层次的资本市场体系。当前，要加快启动"新三板"的扩容进程，促进代办股份转让系统在更多基础条件较好的高新区试点，发挥"新三板"在培育和支持创新型中小企业发展中的积极作用。同时，还要积极探索多种形式的债券融资形式，吸引民间资金进行债券投资。四要推进政策性银行建设，发展社区银行和中小商业银行，鼓励创办小额贷款公司等准金融机构，完善与科技型中小企业规模结构和所有制形式相适应的多层次银行体系。要着力调整金融结构，放松金融管制，引导民间非正规金融发展成社区银行和中小商业银行，让中小金融机构支持科技型中小企业发展。五要进一步完善新兴产业企业融资的公共政策服务，增强多层次的融资信用担保，加快建立企业征信体系和发展中介服务机构，推进建设企业融资的综合配套服务体系。

转型要大力提高服务业发展水平 *

服务业的兴旺发达是现代经济的一个重要特征和经济社会发展的一大趋势。20 世纪 60 年代初，世界主要发达国家的经济重心就开始转向服务业，产业结构呈现出"工业型经济"向"服务型经济"转型的总趋势。随着社会分工程度的高度发展和经济转型进程的加快，发达国家在产业结构调整过程中不断投入技术、知识和人力资本，使产业结构不断地趋向"软化"，实现了经济的高度服务化。服务业为发达国家的经济社会发展提供了更多的就业量，创造了较高的劳动生产率，使其国际竞争力不断增强，占据全球价值链的高端。

一、我国服务业实现较快发展

"十一五"时期，随着工业化、城镇化、信息化、市场化和国际化的快速发展，我国服务业主动适应经济转型升级、人民生活水平持续提高和改革开放不断深化的要求，在经济增长贡献、就业吸纳、结构优化升级、集群化发展、新兴业态拓展和改革开放深化方面都取得了较显著的成绩。

---

* 本文发表于《经济日报》2011 年 1 月 24 日，文骏协助研究。

(一) 服务业对经济增长的贡献份额稳步上升

"十一五"时期,我国服务业规模总量不断扩大,服务业增加值占国内生产总值比重稳步提高,为经济平稳较快发展做出了重要贡献,成为我国国民经济发展的重要支撑力量。据统计,2009 年我国实现服务业增加值 14.8 万亿元,占 GDP 的比重为 43.4%,与"十五"末的 2005 年相比,分别增加 7.3 万亿元和提高 2.9 个百分点。服务业对 GDP 的贡献率为 42.8%,拉动 GDP 增长 3.7 个百分点。

(二) 服务业吸纳就业的功能不断提升

随着一批高就业贡献率服务行业的迅速发展,我国服务业就业保持着稳定的增长趋势,吸纳就业的功能不断增强,不仅在一定程度上解决了部分社会新增人员就业的问题,同时吸纳了大量从第一、二产业转移出来的富余劳动力。据统计,2009 年我国服务业就业人数 2.7 亿人,比 2005 年增加了 2832 万人,年均增加 708 万人。在应对国际金融危机中,服务业吸纳转移就业人员和新就业人员合计 886 万人。

(三) 服务业结构优化升级速度加快

随着技术革新的加快,我国服务业逐渐向高附加值、知识密集方向发展,内部结构层次和水平得到进一步提升。金融、信息、物流、商务服务等现代服务业在整体服务业中所占的比重呈现持续上升态势,在增加值中的比重也明显提高,逐渐成为推动服务业发展的主要带动力量。据统计,"十一五"前四年,金融业年均增速为 21%,占 GDP 的比重已达 5.2%。

(四) 服务业集群化发展态势日益显现

近年来,我国各省市非常重视服务业的集群化发展,建成了一批功能特色鲜明、辐射力强、带动作用大的服务业集聚区,充分发挥其强化专业分工、协作配套、降低创新成本等方面的作用。北京中关村科技园区形成了高技术服务业集群,金融街则形成了金融产业集群;湖北省服务业集聚区已发展到 126 个,实现增加值过 2000 亿元,占全省服务业增加值的

39%，占现代服务业增加值的一半。

（五）服务业新兴业态不断拓展

我国服务领域不断拓展，内容日趋精细，涌现出一批发展速度快、市场竞争力强的新兴业态，呈现出"小产业、大市场"的特征。电子商务、现代物流、IT服务、研发与设计服务、管理咨询、服务外包、文化创意等新兴服务业态的增势非常迅速，成为推动服务业发展和经济结构调整的新动力。有数据显示，2009年我国网络购物用户规模同比增长45.9%，网络购物交易额接近2500亿元，同比增长近100%。

（六）服务业改革开放不断深化

"十一五"时期，我国已出台多项文件推进服务领域的改革。服务业价格、投资、市场准入等环节的改革正在逐步推进，电信、航空等垄断性行业初步引入了市场竞争机制，服务质量得到较大改善。同时，我国不断改善投资环境，积极承接服务业国际转移，服务业利用外商直接投资的规模不断扩大，服务外包和跨国公司在中国离岸业务的发展速度加快。据统计，2009年我国服务业实际利用外资385.3亿美元，外资占比提高到42.8%。

同时也要看到，虽然我国服务业实现了较快发展，但总体发展仍然滞后，与国际水平相比尚有较大差距；服务业的发展环境和结构有待进一步优化，还不能较好地满足我国经济社会发展的需要。

二、加快发展服务业具有重大意义

"十二五"时期，是全面建设小康社会的关键时期，是深化改革开放、加快转变经济发展方式的攻坚时期。服务业的繁荣发展是产业结构优化升级的重要内容。大力发展服务业特别是生产性服务业，对于加强和改善供给，扩大就业，拓宽服务消费，减轻资源环境压力，加快经济发展方式转变，具有重大意义。

一是服务业的发展有利于产业结构的优化，改变经济"大而不强"的局面，减少经济增长对高投资和高资本积累的依赖，攀升全球价值链高端。在当前经济发展中，现代服务业可以与制造业进行融合，加速向制造业生产前期研发、设计，中期管理、融资和后期物流、销售、售后服务、信息反馈等全过程渗透，改造和提升制造业；有利于推动传统制造企业积极发展各类与产品相关的服务业务，从销售产品发展成为提供服务和成套解决方案，获取竞争优势和利润，成功实现转型。同时，服务业在国民经济中所占比重的提高有助于构筑现代产业结构体系，实现"231"到"321"的转变。

二是服务业的发展顺应了我国居民消费由生存型、温饱型向享受型、发展型升级的趋势，顺应了消费结构升级的趋势，有助于建立健全扩大消费的长效机制。

三是服务业的发展有利于减轻经济发展对出口的依赖，改变服务贸易发展不足并长期处于逆差的局面。服务业劳动生产率的提高，可以推动我国需求结构的改善，实现内需与外需的协调平衡发展，减轻经济增长对出口的过度依赖。同时，随着信息技术的广泛应用和现代服务业的快速发展，我国服务产品的可贸易性和国际竞争力会得到很大的提高，将有力推动我国服务贸易的快速发展，促进服务贸易与货物贸易的协调发展。

四是服务业特别是高端服务业的发展可以吸引更多社会资金进入实体经济。高端服务业具有高成长的特性，拥有广阔的发展前景，能够满足民间资本获取高回报、高利润的要求。高端服务业的兴起与发展为民间资本开辟了新的投资领域和投资渠道，有助于吸引民间资本进入，不仅能够让热钱变"冷"，游资变"稳"，闲钱变"活"，化解流动性结构失衡所引起的通胀预期持续攀升和物价非理性上涨的压力，而且有助于民间资本转化为有效资本，增强民间资本投资实体经济的信心和吸引力。

五是服务业的发展可以较好地满足经济社会发展的新需求。随着消费模式和消费结构的改变，服务业消费不断拓展和普及。消费者更加注重产品的个性化以及产品使用的便利性，服务的附加价值增大。比如生活性服务业的发展有利于应对当前的老龄化压力。有数据显示，目前我国有1.69亿老年人，潜在养老产业达万亿元规模。服务企业也可以通过提高产品或服务的知识技术含量，或开展商业模式创新，较好地满足消费者的多样化服务需求特别是中高端服务需求。

六是服务业的发展可以实现结构性的节能减排，降低经济增长对资源投入的依赖，提高资源使用效率，有利于建设资源节约型、环境友好型经济，实现经济的可持续发展。服务业通过创新、知识扩散和生产率外溢效应可以促进传统产业转型升级，促使传统产业减少对实物资源的需求和对生态环境的压力，改变以资源消耗高、环境污染大为代价的传统工业化方式，走新型工业化道路，实现经济发展与人口、资源和环境之间的协调发展。同时，现代服务业以知识为主要投入要素，以高人力资本、高信息含量和高技术含量为特征，能源资源消耗低，环境污染小，发展潜力大，可以实现结构性的节能减排，优化经济发展方式，实现"粗放"到"集约"的转变和经济的可持续发展。

三、全面提高服务业发展水平

"十二五"时期，我国服务业的发展将迎来一个大好时期。我国要抓住机遇，应对挑战，把大力发展服务业提升到经济战略规划的突出位置，将其作为产业结构优化升级的战略重点，以服务经济的全面发展，推动国内经济结构特别是产业结构的转型与升级，实现国民经济的长期平稳较快发展。

（一）进一步优化服务业发展的环境，完善和落实促进服务业发展的政策

要改革和完善税收制度，扩大增值税征收范围，相应调减营业税等税收，减轻服务业税收负担，逐步建立和完善促进服务业发展的税收政策。要逐步实现服务业企业在水、电、气、土地价格等方面享受与工业企业同等的待遇。要尽早规范服务业行业秩序，建立健康的价格体系，防止市场出现低价格、低质量的恶性竞争。要加快建立健全服务业标准体系，推进服务业标准化和规范化。要鼓励服务业行业协会、商会等中介机构的建设和市场化运作，发挥其在市场规范、行业自律、服务品牌整合、企业与政府沟通等方面的积极作用。

（二）大力发展面向生产和面向民生的服务业，积极拓展新型服务领域

当前，要以政策指导、财税优惠、融资支持、政府采购等措施，整合资源、突出重点，大力推动金融、物流、设计、信息等生产性服务业发展，加快解决生产性服务业供给短缺的问题。要运用现代经营方式、管理理念对餐饮等传统消费性服务业进行改造、提升，通过基础设施建设、技术标准完善、行业协会建设、行业监管、人员培训和人才培养等措施，促进休闲娱乐、文化创意、社区服务、文化体育等现代消费性服务业发展。要积极拓展新型服务领域，不断创新商业模式、生产方式、服务方式和经营业态，开拓新的市场空间，促使新兴服务业态成为服务业发展的新动力和经济发展的新增长点。

（三）深化垄断行业改革，形成公平竞争的市场格局

要深化服务领域的改革和开放，以改革和开放促发展，着力推进体制与机制改革，理顺管理体制，完善监管制度和运行及协调机制，逐渐消除制约服务业发展的制度障碍，增强服务业发展的活力与动力。要深化垄断行业改革，加快推进国有与集体服务业企业的产权改革与管理创新，进一步放宽服务业市场准入，建立公平、规范、透明的市场准入制度，促进有序竞争。要落实国务院民间投资"新36条"，鼓励、支持和引导民间资本进入服务业，积极推进服务业投资主体多元化。要积极鼓励和支持民间资本兴办金融机构或以入股方式参与商业银行的增资扩股，允许民间资本以多种形式参与公共服务和社会事业投资，壮大教育、医疗、社保、就业等公共服务业。要积极实施"引起来，走出去"战略，提高服务业的国际竞争力。

（四）加快推进金融业改革和发展，解决服务业企业融资难问题

要努力做强主板市场，壮大中小企业板市场，不断完善创业板市场，支持服务业企业通过多层次资本市场进行融资。要健全和完善债券融资市场，积极探索中期票据、短期融资券、公司债等多种适合服务业企业的债券融资方式。要大力发展产业投资基金，鼓励天使投资、风险投资、股权

投资的发展。要完善以商业性银行和政策性银行为主体的多层次银行体系，大力扶持小额贷款机构和中小企业贷款担保体系，积极探索股权、债权、仓单、保单、应收账款、知识产权等无形资产质押担保融资方式。

（五）依托大城市发展高端服务业，推动特大城市形成以服务业为主且具有鲜明特色的产业结构

服务业发展主要以城市为空间载体，与城市建设和城市功能的完善高度相关。大城市特别是特大城市要把发展服务业放在优先战略位置，不断提高服务业比重，形成以服务业为主且具有鲜明特色的产业结构。同时，要加强城市服务业集聚区建设，在做好规划、明确定位的基础上引导企业向集聚区集中，提高政策的支持力度，改善产业配套条件，增强服务业的区域集聚与辐射效应。北京、上海等中心城市服务业需求旺盛，适合最早发展知识密集型的高端服务业态。待高端服务业在这些城市发展成熟后，通过服务能级的提升、技术扩散和消费示范作用，向周边城市和地区扩散，带动周边地区实现产业调整与升级。

（六）大力培养服务业人才，满足高端服务业和新兴服务业的人才需求

当前，要整合教育资源，充分利用高等院校、研究机构、职业培训机构等各方力量，创新"高校专业教育、社会职业培训、企业实践检验"的人才培养模式，培养出满足服务业市场需求的复合型人才。要推进服务业技能型紧缺人才示范性培养培训基地建设，发展服务业高等职业教育和高级技工教育，建立相应的职业资格认证制度，完善服务业人才培养机制。同时，要打破人才流动的户籍、行业、部门、身份、档案、人事关系等限制，促进人才的合理流动和配置，使之能适应服务型经济的大发展。要加强创新创业平台建设，通过简化注册审批登记手续，提供有关税收、注册资金、立项、场地等优惠政策鼓励留学人员回国创业，并积极引进和聘用国外高层次服务业人才。

—*17*—

对实体经济强本固基的战略思考[*]

    实体经济是一国经济的立身之本，是最大的就业容纳器和创新驱动器，在转变经济发展方式、维持经济社会稳定中发挥着中坚作用。2011 年底召开的中央经济工作会议和金融工作会议均强调，要牢牢把握发展实体经济这一坚实基础，努力营造鼓励脚踏实地、勤劳创业、实业致富的社会氛围。近几年来，我们在全国东部、中部和西部的二十几个省市自治区对一千多家实体型中小企业进行了调研，我们发现，由实体经济贫血造成的产业空心化正逐步成为影响经济可持续发展的重大潜在风险，必须引起高度重视。

一、当前我国实体经济面临的风险与挑战

    产业空心化是指以实体经济为中心的物质生产要素大量迅速地转移到非实体经济领域或从一个地区转移到异地，使物质生产在国民经济中的地位明显下降，造成物质生产与非物质生产之间的比例关系严重失衡，原有产业衰退了，可新产业还没有充分发展，补不上退出的缺口。旧的已去，新的没来，造成新旧产业"青黄不接"，这样投资不断萎缩，就业机会不

---

    * 本文发表于《党建》2012 年第 3 期。

断减少。根据实地调研和考察，结合国内同类调查研究，我们认为，当前我国实体经济面临的挑战和风险有五大表现：

（一）相当一部分中小企业面临融资难、用工荒和成本高的严重生存困境，处于停产、半停产状态

据《2011 中国企业经营者问卷跟踪调查报告》显示，目前"停产"、"半停产"的中型、小型企业分别占 14.6%、20.9%，同时有 23.1%、36.0% 的中型、小型企业表示"假如企业停产、半停产情况持续下去，将退出不干了"。调查表明，60%—70% 的中小企业面临生存困境，相当一部分企业处于半停工或停工状态。

（二）大量做实体经济的企业从实业平台取得的融资流向非实体经济领域

很多原本专注实业的企业发现房地产业和其他投资等副业比主业来钱更快更多，于是纷纷转行做投资或投机。许多地方的龙头企业早已开始实行"主业制造、副业房产及金融投资"的运营模式。企业利润增长靠非主业拉动的现象普遍存在。

（三）大量民间资本游离实体经济，变成炒资产的"游资"和"热钱"

如民间资本充沛的温州地区，据央行调查统计，目前其民间借贷市场规模过千亿元，但60%以上进入到非实体经济领域。

（四）随着企业精英大量移民或外迁，大量实体经济的发展要素流失

有研究报告表明：个人资产超亿元的大陆企业主中，27% 的已经移民，另有47% 正在考虑移民。被称为中国"低压电器之都"的温州柳市镇2010 年规模以上的企业中，有70%以上利润不再投资原产业。

（五）企业家实业精神衰退，呈现出"赚快钱"的浮躁、急躁心态

"办厂的老板被炒房的老婆瞧不起"已成为不良市场导向。一些企业主没心做实业，都想赚快钱，形成了诸如"炒房团"等投资团体，炒房、炒艺术品、炒地、炒矿、炒钱，结果导致资产价格越炒越高，风险越来越大，扰乱了经济正常运行。中国企业家调查系统 2011 年调查显示，近四分之三（73.1%）的企业经营者认同"目前愿意做实业的企业家越来越少"。

二、实体经济出现困境的内在原因

根据我们对实体经济的调研，实体经济基础面临的困境既有外因，也有内因。具体而言，主要表现为如下五个方面：

（一）多种因素叠加使成本攀升，实体企业面临"成本太高、利润太薄"的压力，实体经济和非实体经济之间投资回报反差巨大，做实业不如做投机和投资赚钱多、赚钱快，比较利益诱导要素流向非实体经济

当前，许多企业面临着"不干还能保本，干了可能亏钱"、"干得越多，亏得越多"等困境。如江苏睢宁县远东服饰有限公司主要做女装出口订单，2011 年初以来，面料等原辅材料涨价 15% 左右，员工工资上涨近30%，再加上人民币升值挤压了 7% 左右的利润空间，最后基本上赚不到钱，甚至要亏钱。同样，北京大学对珠三角各地 2889 家小企业网上调研结果也支持了我们的结论。他们认为，相比 2010 年大部分行业原材料成本上涨约 20%—50%，工人工资上涨 20%—30%，而企业利润却减少约30%—40%。然而，由于行业利润分配缺乏合理规制，我国实体经济与金融体系之间"两极分化"：做实体经济面临高成本和高税费两头挤压，利润"比刀片还薄"，大量亏本运营；而靠息差以钱生钱的银行利润赚得"不好意思说"，虚火好旺。为此，一些实体企业在"副业"投入收益高、资金回流快的诱导下，逐步放弃了对主营业务的坚守。大量资本从实体经济中转移，一些企业甚至把制造业作为融资平台，套取资金在资本市场逐利。

（二）过度垄断使民间资本投资无门，实体企业发展空间严重受限，迫使大量民间资本变成游资、热钱

虽然政府出台了"非公 36 条"和"新 36 条"等政策，但是由于遭遇

"弹簧门"、"玻璃门"等，民间资本投资无门或被"挤出"，难以进入金融行业、基础设施、社会事业和公共服务等领域，只能在低端制造业的"红海"领域残酷竞争。以实业精神和创业激情著称的温州企业就因为民间资本多而投资渠道少，在资本逐利本性驱使下追逐泡沫性投资，全民放贷之后最终陷入因资金链断裂所导致的民企债务危机。许多民营企业迫切呼唤开辟新的发展空间，如中国企业家调查系统 2011 年调查显示，56.5%的企业经营者认为"十二五"期间应在"加快垄断性行业改革"方面重点突破，排在所有十一个选项的第一位，比 2010 年提高 8 个百分点。

（三）受国际金融危机影响，市场需求萎缩，订单大幅减少，实体中小企业产能过剩严重

由于国内需求不振，国外欧美经济低迷、贸易保护，越南、印度等新兴国家企业低价抢单，我国企业面临市场困境。据《2011 中国企业经营者问卷跟踪调查报告》显示，4225 户企业中，订货"低于正常"的占33.7%，订货相比 2010 年"减少"的占 32.8%；同时企业销售困难，中型和小型企业库存"高于正常"分别占 20.0%、19.1%。如温州金鲭鱼鞋业有限公司 2011 年的订单比 2010 年足足减少了 1/3。不仅传统劳动密集型产业产品出口受阻，部分新兴产业如光伏产业的国际市场也出现萎缩。

（四）生产资源的非有效配置导致上下游企业收益分配的"两极分化"，大量中小企业资金链不堪重负，遭遇市场淘汰危机

处在上游地位的能源、电力、原材料、交通等垄断国企，一方面运营效率较低，不断将成本费用转移到下游民企身上，另一方面利用资金、政策优势，沿产业链垂直扩张，在竞争性领域挤压民企生存空间，使得民企生存环境趋于恶化。同时，由于金融改革不到位，民企在融资、土地等生产要素使用方面并未得到与国企相同待遇，如在货币政策紧缩背景下，信贷供给倾向于大城市、大企业、大项目，民企面临前所未有的"融资难"，大量中小企业难以从正规金融获得资金。在融资难的同时，原本"弱势"的中小企业更沦为"三角债"中最容易受伤的群体。上游原料、辅料供应企业拆借生产企业资金，下游客户依靠订单优势故意拖欠资金，在"两头"挤压下，中小企业成为资金压力的主要承担者。据中国企业家调查系统 2011 年调查显示，目前应收账款"高于正常"的中型和小型企业分别占 24.8%、26.5%，资金"紧张"的中型和小型企业分别达到 46.3% 和 51.3%。

（五）企业创新需要高投入、具有高风险，中小企业创新转型资源不足，能力不够，举步维艰

国外经验表明，转型升级是企业应对外部困境的重要举措。转型升级需要依靠创新驱动，但是由于传统行业里的中小企业能力有限，不会创新；风险太大，不敢创新；融资太难，不能创新，难以转型升级，最终不得不逃离实业。如生产汽车内饰件的重庆长鹏实业公司，近两年来，用工成本年均增长 15% 以上，为应对成本压力开始用机器人代替工人，但每人替代投入高达 20 万元，使得企业又面临资金紧张，坚守实业压力巨大。正是由于实体经济发展面临诸多困难，企业尤其是中小企业要么破产，要么将钱投入到民间借贷去获取高额收益，要么拿钱去炒房地产，要么将资本转移到国外去，使得实体经济面临着"空心化"的潜在风险。

三、对实体经济强本固基的战略思考

实业是经济发展和社会稳定的根基，实体经济发展，则国家兴盛；实体经济衰退，则国家没落。从国际经验看，英国曾因"食利"而忽略实体经济丧失强国地位；拉美因过度城镇化、实业衰落陷入"中等收入陷阱"。日本因产业空心化、人口老龄化、房地产泡沫化以及日元的大幅升值，导致经济增长的停滞和衰退。2008 年美国金融危机以及目前欧洲主权债务危机充分揭示了过度金融创新、金融业脱离实体经济所造成的"物极必反"问题。相反，德国经济在金融危机和债务危机的双重打击下依然欣欣向荣，其重要原因在于：德国注重实体经济，尤其是制造业发展，其工业制造业成为经济"脊梁"，确保了经济增长始终具有活力。当前愈演愈烈的温州民间借贷风波，表面上是民间金融的高利贷问题，实际上是实体经济出现了"空心化"。当前转变经济发展方式要高度重视如何巩固实体经济的坚实基础，营造实业致富的市场环境，采取有效措施缓解中小企业生存困境，防范产业"空心化"的潜在风险。为此：

（一）在拓宽中小企业融资渠道的同时，要更加重视民间资本的投资渠道的拓展，特别要加快垄断行业改革和引导民间资本进入战略性新兴产业，拓宽实体企业的发展空间

民间资本的投资渠道和民营企业的融资渠道同等重要。当前要放开垄断，深化改革，营造民企与国企间平等使用生产要素、公平参与市场竞争、同等受到法律保护的环境，健全完善市场经济体制，减少中小企业升级阻力。尤其是要贯彻中央经济工作会议精神，优化投资结构，支持民间投资进入铁路、市政、能源、金融、社会事业等领域；营造良好政策体制环境，建立公平、规范、透明的市场准入标准，引导民企发展战略性新兴产业和服务业。要进行顶层设计和总体规划，进一步深化垄断行业改革，有效打破既得利益对改革的锁定，构建有利于多种所有制经济科学发展的体制机制，释放民间投资增长活力，大力拓宽民间投资渠道。引导国企调整产业布局，把一般性竞争行业的发展空间尽量留给民间投资主体，防范国企过度扩张对民营中小企业形成"挤出"效应；同时推进产业链上游可竞争性环节的开放，提高运营效率，减少下游企业的要素成本。推进垄断行业改革和各项体制改革，一要破除改革设计的"碎片化"，防止"头痛医头脚痛医脚"局面；二要避免改革目标的"应急化"，停留在部门层面的"小修小补"，以致出现"按下葫芦浮起瓢"，一些老问题久改不革、新问题层出不穷；三要破除推动主体的"部门化"，让既得利益者设计改革和推进改革，防止部门利益对改革的锁定。

（二）努力减少投机暴利，限制投机暴富，挤压"炒"经济的空间，营造勤劳做实业能富、创新做实业大富的市场环境，高度重视产业链上游过度垄断和下游过度竞争造成的"两极分化"

要实现实业强本固基，必须使制造业由大变强，改变"一流企业做金融，二流企业做房产，三流企业做市场，四流企业做实业"的局面。改变一些经济体或地方靠垄断"钱流"、"物流"、"地根"、"能源流"这类上游获取超额利润或回报，而大量民营中小企业在下游过度竞争、苦苦挣扎的"两极分化"现象。坚持楼市宏观调控，规范民间借贷市场，完善金融证券市场监管，限制投机暴利，努力遏制上游高利润企业将成本费用向下游中小企业变相转移，对垄断性行业和暴利性行业征收"暴利税"，并以此税为下游企业提供减税空间，为实体企业发展创造一个公平有序的市场经济环境，让游离实体经济的民间资本回归实业，使游资热钱由"魔鬼"变"天使"。

（三）政府和企业要联手应对高成本，防止多种因素叠加过快推高成本致使大量企业"硬着陆"，积极财政政策要以减税为中心，增加实体企业的利润空间

重振实业精神，要将扶持三农的某些政策"移植"到中小企业方面，对中小企业"少取多予"。要实施全方位的政策引导，通过减税、减费、减负等方式提高民间资本回归实业的投资回报，做到既"晓之以理"，又"诱之以利"，构建扶持民间投资的财税支持体系。积极实施"化税为薪"或"减税提薪"等措施，使民企轻装上阵。进一步减少、简化行政审批，严格执行收费项目公示制度，坚决清理和取消不合理收费，治理乱罚款、滥评比、乱收费等。要优化投资服务，强化投资权益保护，降低民间投资风险。

（四）改革金融体制，放宽民间资本设立金融机构的市场准入，使民间金融从"地下"野蛮成长转向"地上"理性发展，实现实体经济与金融体制的良性互动，让金融回归为实体经济服务的本位

金融体制与实体经济发展之间的错位与失衡导致中小企业"资金短缺"与民间资本"过剩"并存。在融资难、用工荒、高税费等多重因素影响下，实业难做，实业精神衰退，实业有"空心化"威胁，而大量民间资本因投资渠道窄而涌向民间信贷"炒钱"潜在风险增大。发展实业是目的，资本是发展实业的手段，两者应统一起来，形成相互推动的良性循环。为此，要积极深化金融体制改革，适当放宽中小金融机构发起人资格限制，积极培育面向小微企业的中小金融机构，引导民间资本从无序的

"灰色地带"走向"阳光灿烂"规范运作，构建面向中小企业的政策性金融服务，通过财税政策调动大型商业银行面向中小企业提供融资服务的积极性；要构建多层次的"金字塔式"的资本市场，构建以天使投资、风险投资和股权投资为主体的多层次股权投资体系，加快构建与企业构成相匹配、与企业需求相适应的多层次融资体系，形成一个既有"大树"又有"小草"，既有大商业银行"大象"这类大动物又有微型金融这类"小微动物"的多层次、多样性、多元化金融生态系统，让草根金融支持草根经济，让民间资本支持民营企业发展，为中小企业发可持续发展营造良好的融资环境。

（五）要通过建立和完善一整套支持企业创新的制度体系来解决中小企业"不想创新"、"不敢创新"和"不会创新"问题，扶持企业转型升级，将自主创新的"国家意志"变为"企业行为"

要建立健全利益补偿机制，通过对中小企业技术研发、人才培训、设备更新、节能减排等活动提供研发资助，对其高新技术产品实施"首购"政策和"优先购买"政策，鼓励企业在主营业务领域转型升级，解决企业"不想创新"的问题。要通过构建多层次的资本市场、完善间接融资体系，克服企业创新的融资瓶颈，解决企业"不能创新"的问题。要创新知识产权制度，加大对自主知识产权的保护与激励，完善风险分担机制，解决企业"不敢创新"的问题。要创新人才制度，通过教育、评价、选拔、管理和激励制度创新来培养一大批"顶天立地"的技术领军人才和创新型企业家，解决企业"不会创新"的问题。要实施国家区域创新战略，选择几个产业集群基础好的国家高新技术开发区，建设一批具有国际竞争力的创新集群，优化中小科技企业创新的"小环境"。要重塑区域经济文化，弘扬创业创新文化，营造鼓励创新的良好氛围。

—18—

为小微企业大幅减负刻不容缓[*]

中小企业，尤其是小微企业，是解决就业的主渠道，是社会稳定之基，创新创业之源，关系到国民经济增长后劲与活力，影响着我国"十二五"经济的成功转型。有统计表明，我国中小微企业占全国实有企业总数的 99% 以上，提供了 80% 的城乡就业岗位，生产的最终产品和服务占国内生产总值的 60% 以上，上缴税收占全国企业的 50% 以上。然而，根据我们过去几年对全国二十多个省市上千家实体型中小企业的调研发现，小微企业正面临前所未有的"融资难"、日趋严峻的"用工荒"和全方位的"高成本"构成的三大生存困境。2012 年"两会"期间有政协委员指出：小企业需要缴纳包括所得税、增值税、营业税、流转税附加、印花税、契税等二十多种税项，面向中小企业的行政收费项目多达 69 个大类，企业为职工支付的社会保险费在工资中的比重相对偏高。一些小企业反映，如果把各种隐性、显性的税加在一起，企业的平均税负在 40% 以上。小微企业的税费负担沉重，利润空间被极大地挤压，大量小微企业处于亏损运营状态，甚至脱离实体经济，带来了产业"空心化"的潜在经济风险。小微企业沉重的税费负担已经成为阻碍其自身生存发展的重要因素。当前，为小微企业大幅减负刻不容缓。

---

* 本文发表于《中华工商时报》2012 年 3 月 28 日，曹誉波、杨威协助研究。

为了缓解小微企业生存困境，当前各地政府也在积极给小微企业减轻负担，但减税力度太小。有研究表明，2010年和2011年对小微企业减免的税收总额为每年300亿元左右，减免额不到总税收的千分之五，收效甚微。而近年来国家财政收入增长速度远快于国民经济增长速度，有实力将减税规模从百亿级扩大至千亿级，甚至有人主张把全社会的减税规模提升到万亿级水平。2011年10月，国务院确定"国九条"支持小型微型企业的财税金融措施，旨在减轻税赋，加大信贷支持。温家宝总理在2012年《政府工作报告》中更是7次提及小微企业，进一步强调"落实并完善促进小型微型企业发展的政策，认真落实和完善支持小型微型企业和个体工商户发展的各项税收优惠政策，开展营业税改征增值税试点"，扶持并服务小微企业。切实减轻小微企业税费负担，巩固实体经济基础，需要采取以下四个方面的措施。

（一）要进一步提高增值税和营业税的起征点，加大所得税的税收优惠，放宽费用列支标准，加快营业税改增值税步伐，切实减轻小微企业税收负担

当前，增值税和营业税起征点上调为5000—20000元，虽然上调幅度较大但覆盖的小微企业依然有限，且销售额高于起征点的企业要求全额缴税使处于起征点边缘的纳税人面临极高的边际税率。而小微企业多属小规模纳税人，其进项税额不能抵扣，且开具专用发票方面受到限制。同时，增值税覆盖领域不够全面，部分运输与现代服务业企业购买设备、制造业企业购买劳务和服务存在重复征税，也加大了小微企业负担。在所得税方面，我国小微企业实行20%的所得税税率，与国外相比依然偏高，且6万元标准的所得税减半征收优惠政策覆盖面有限。为此，政府要进一步提高小微企业税收的起征点，并探讨改增值税和营业税起征点为免税额，只对销售额中超过月免税额的部分征税。要优化增值税纳税人划分与管理，建议放宽小规模纳税人开具增值税专业发票的限制，促进小规模纳税人与一般纳税人之间的正常经济交往。要总结上海营业税改增值税试点经验，加快"营改增"在更广地域、更多行业推开。要降低小微企业所得税税率，进一步提高小微企业所得税减半征收优惠标准，扩大减税范围。放宽费用列支标准，允许中小企业设立风险经营准备金、员工培训基金等，并允许广告费用、利息支出、捐赠支出等费用在税前列支或抵扣税款。

（二）加快税制改革，对初创小型微型企业实行免税，研究针对小微企业的税收制度向税基统一、少税种、低税率的"简单税"转变

目前，我国小微企业适用的税种多达十几个，内容复杂，不同组织形式、不同产业适用不同税制，税收负担不均衡。如制造业和批发零售业企业主要缴纳增值税，其他服务业主要缴纳营业税，但税率按照行业不同分为3%、5%、5%—20%。复杂的税制不仅使得小微企业纳税负担重、缴税成本高，也无形中加大了征管成本。为此，首先，要探讨对无纳税能力的微型企业实行免税。处在创业初期的微型企业生存风险较大，企业收入主要用来维持个人及家庭生活费用，建议参考工薪阶层所得税税制，确定无纳税能力小微企业的免征额。如在香港地区，70%以上的中小企业无须交税。其次，要研究借鉴国际或境外经验，将目前对小微企业征收的税种进行合并，征收统一的"简单税"，对总收入或利润进行低税率征税。小微企业大多没有能力提供规范的会计核算资料，简单账务处理即可满足其财务管理需要，又因小微企业利润微薄，针对小微企业应该尽可能征收简明的轻税负。因此，可探讨"大企业交'大税'，小企业交简单'小税'"模式。如俄罗斯新税法对小企业实行"五税合一"，小企业或缴纳营业额的6%，或缴纳利润额的15%；巴西对微型和小型企业征收"超简单税"，取代先前的全部8种税；有"避税天堂"之称的我国香港地区，其中小企业只需缴纳纯利16%的"利得税"。"简单税"不仅使小微企业获得了大幅度的减税优惠，政府也降低了征税成本。俄罗斯税改后小企业纳税额减少50%—70%。

（三）清理现有企业收费项目，规范政府费用征收行为，以更大的力度减轻企业缴费负担，让其轻装上阵

小微企业属于弱势群体，相对于大企业可能面临更多的滥收费、乱罚款、乱摊派和吃拿卡要等行为。要清理各级行政收费，规范收费主体行为。明确各项费用名录，理清哪些是应该收取的费、哪些是可以转化为税收的费、哪些是可以取缔的收费项目。严格执行收费项目公示制度，杜绝社团组织或中介机构摊牌和"搭车收费"，整治滥检查、滥培训、滥评比和乱罚款行为。要加大对小微企业必要行政收费的优惠，降低小微企业各类收费费率。在当前免征管理类、登记类和证照类费用的基础上，进一步扩大免征范围，尤其是初创期企业建议全免1—2年。完善缴费者的相关服务。缴费者有权利获得相关公共服务，要强化政府服务职能，落实行政收费对应的服务内容和质量。要推进"费转税"改革，增强企业负担的透明度，推进政府财政收入法制化。

（四）完善纳税服务，优化税收环境，降低小微企业纳税成本和"隐形负担"

当前，我国税收管理服务体系有待完善，缴税程序复杂，企业纳税成本高。如有调查显示，我国企业年缴税耗时398小时，高于全球平均277小时。而小微企业规模小、利润薄、信息化程度低，大中型企业承担的纳税成本更高，"隐形负担"也更重。为此，要优化税收管理服务体系，简化办税程序、改革办税方法、改进办税手段、强化税收宣传等，努力为小微企业提供免费办理税务登记、进行纳税培训与辅导、提供税务咨询等服务。要推广多元化的申报缴税制度，适应信息化时代形势，推动税务部门扁平化，鼓励小微企业采用电子申报，实行计算机审计制度，进一步推广电话服务，探索预约服务，降低收税成本。要规范税收执法行为，明确执法标准和程序，保护小微企业合法经营。

—*19*—

就业结构性矛盾下的教育改革与发展*

一、就业结构性矛盾对我国经济转型升级的制约

改革开放以来，由于资本短缺、技术落后，我国经济增长高度依赖充裕、廉价的劳动力资源，依靠低成本竞争战略实现了近几十年的高速增长，确立起制造业大国的地位。一项研究结果显示，劳动力数量增长对经济增长率的贡献率为24%，劳动力素质提高的贡献率为24%，劳动力转移的贡献率为21%，合计占到全部因素的近70%。[1]但廉价劳动力也使得许多企业缺乏革新技术的动力，安于低价劳动力成本投入，陷入"比较优势陷阱"和低端产业的恶性循环，在全球产业链和价值链上处于弱势地位，导致"核心技术受制于人，全球价值链受控于人"，陷入"低端设计、虚弱品牌、微薄利润"的格局。[2]为此，国家"十二五"规划纲要提出，在"十二五"时期要以加快转变经济发展方式为主线，并把经济结构战略性调整与科技进步和创新作为主攻方向和重要支撑。这就要求我们必须积极推动产业结构优化和企业转型升级，努力从依靠廉价劳动力的"要素驱动"转向通过技术进步来提高劳动生产率的"创新驱动"，从过度依赖"人口红利"转向依靠技术创新来形成"技术红利"。

---

* 本文首次公开发表。王敏、李睿协助研究。

产业升级与就业结构的调整是紧密相连的。产业升级就是就业结构从劳动密集型、资本密集型产业转向知识密集型产业的过程。知识密集型产业发展要以人力资本作为技术与运营管理的支撑，在技术集成和服务不断向高端化发展过程中，技术从业人员占从业人员比重会随其有一个上升的过程。[3]这就需要人才供给结构做出相应调整，为产业升级和企业发展提供相匹配的人力资源供给。然而，我国当前社会就业结构性矛盾严重，大量的中小企业面临"招不到人，留不住人，用不起人"的难题，成为困扰产业升级的典型问题。

（一）农民工"用工荒"与大学生"就业难"并存，就业稳定性降低，出现严重"短工化"趋向

"用工荒"现象最早在21世纪初开始受到媒体和全社会的广泛关注，当时主要反映的是春节期间东部沿海地区出现的劳动力短缺问题，是局限于一定范围和特定时间段的现象。[4]但近年来，农民工"用工荒"问题越来越严重，出现时间逐步提前，并从季节性向常态化发展，在地域上也呈现普遍化现象，逐渐由沿海劳动密集型产业聚集的省份，扩大到四川、湖北、安徽等中西部地区的传统劳务输出大省。[5]在农民工严重短缺的同时，大学生却面临日益严重的就业难困境。中国社会科学院调查数据显示，2008年我国大学生失业率为9.1%，2010年为12%，2011年为17.5%，2012年预计将有100万以上大学生难以找到工作。从各文化程度人才的市场需求变化情况看，2001年以来，高中以下文化程度求职者岗位空缺与求职人数的比率呈不断上升趋势，市场需求充分；而大专以上文化程度的岗位空缺与求职人数的比率总体上都低于1，表明市场需求相对不足。

同时，新生代农民工与大学毕业生还存在过客心态严重、没有归宿感、流失率极高的问题，缺乏基本的职业素质和敬业精神，离职率大大提升，出现普遍"短工化"趋势。有调查表明：80后农民工一份工作的持续时间只有1.5年，而90后农民工一份工作的平均持续时间只有0.9年，甚至有的人一年三换，与老一代农民工一份工作持续4.2年相比大大缩短；在已就业的2010届、2011届全国大学毕业生中，平均有27%的本科生和48%的高职高专生在毕业半年内发生过离职，且离职中主动提出"分手"

的98%是大学生，而不是雇主。另一项调查显示：工业制造、商业服务、技术开发三个行业，员工平均流失率高达28.9%。"短工化"使企业用工环境十分不稳定，既增加了企业招工用工的成本，又严重影响了企业生产效率的提高；职工在这种"旅行"式的"游击"变动中也得不到稳定的职业训练，难以获得必要的工作经验和技能提升，造成企业和职工的"双输"。

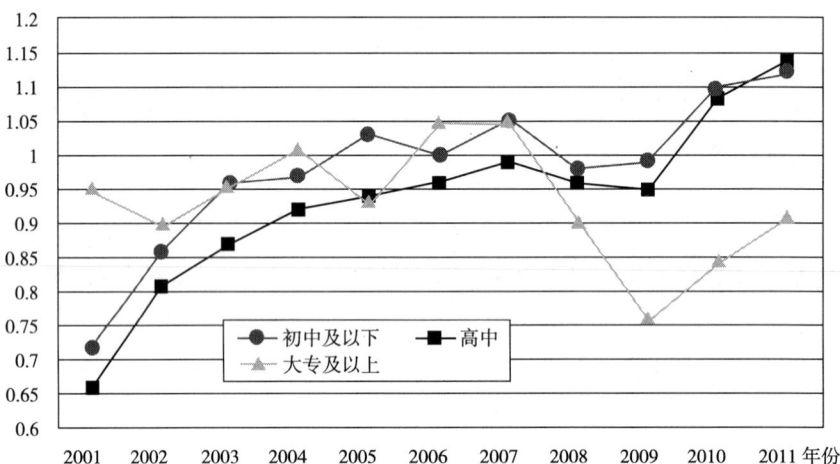

图1 2001—2011年我国劳动力市场供求情况

资料来源：中国人力资源市场信息监测中心：《2011年度全国部分城市公共就业服务机构市场供求状况分析》，国家人力资源和社会保障部网站，2012年3月6日。

（二）产业升级过程中需要的爱岗敬业的技能型人才严重短缺和结构性"隐形"失业人员大量过剩并存

当前，大量劳动者在求职过程中出现避"重"就"轻"的心理，追求轻松、"体面"的工作，希望成为"坐办公室"的白领，而回避一些苦、脏、累、"低人一等"的工作，导致有的企业百人竞一岗、千人争一职，而有的企业又门庭冷落，无人问津。一方面"有人无事做"，另一方面新兴岗位"有事无人做"，特别是有职业习惯、职业纪律和职业技能的、"会动手"的实用性技术人才和熟练劳动者严重短缺。中国人力资源市场信息监测中心数据显示，我国拥有技术等级职业资格的求职者比重始终低于对技术等级有明确要求的企业比重，各技术等级和技术职务的人才需求均大于求职人数。其中，高级技师（职业资格一级）、技师（职业资格二级）、高级专业技术职务（高级工程师）尤为突出，岗位空缺与求职人数的比率长期处于高位，表明高技能人才严重供不应求（详见表1）。而大量不愿到生产一线只愿坐办公室的"眼高手低"的"会动脑"的人又严重过剩，一些毕业生"高不成、低不就"。《中国劳动统计年鉴2010》数据显示，2009年全国失业人员中有23.3%的人从学校毕业后未参加工作。按年龄组划分，16—19岁年龄段失业人员中毕业后未工作的比重为74.7%，20—24岁段为62.6%；按受教育程度划分，受过大学专科教育、大学本科教育和研究生教育的失业人员中毕业后未工作的比重分别为47.1%、62.8%和59.1%。

表1　我国企业技术人才需求及市场供给情况

类　型 ＼ 年　份		2009	2010	2011	2012Q1
企业人才需求	对技术等级有明确要求的企业比重	50.5%	49.3%	54.2%	55.9%
市场人才供给	具有某种技术等级的职业资格的求职者比重	47.1%	48.6%	54.1%	54.7%
各技术等级求人倍率	初级工（职业资格五级）	1.38	1.47	1.45	1.47
	中级工（职业资格四级）	1.39	1.48	1.54	1.65
	高级工（职业资格三级）	1.57	1.63	1.71	1.81
	技师（职业资格二级）	1.84	1.87	1.88	2.32
	高级技师（职业资格一级）	1.86	1.89	1.76	2.18
各技术职务求人倍率	技术员（初级职称）	1.42	1.53	1.53	1.48
	工程师（中级职称）	1.44	1.59	1.6	1.61
	高级工程师（高级职称）	1.9	1.87	2.34	2.59

注：求人倍率是指岗位空缺与求职人数的比率。
资料来源：中国人力资源市场信息监测中心。

（三）劳动力供求失衡导致学历与薪资水平"倒挂"，技能型工人甚至普通工人的劳动报酬高于同行业高校毕业生，高学历者高知低就，引发"才贱伤教"

根据麦可思研究对 2008—2011 届大学毕业生就业情况调查显示（详见表2），我国大学毕业生半年后的就业专业对口率平均在64%左右，即便是"211"本科院校也仅在70%左右，这就意味着约有30%—40%的大学毕业生从事与所学专业无关的工作。在 2011 届大学毕业生中，有 14.0% 的大学毕业生处于低就业状态，即从事与专业不相关的工作或半职工作。毕业生较低的就业专业对口率显示出毕业生劳动力供给与现实企业用工需求之间不相匹配，也反映出当前教育的低效和脱离实际的问题。在薪酬收入方面，学历教育程度与薪酬待遇成反比现象开始出现。一个"一技之长"的木工月薪一万难找人；而"一纸文凭"的大学生求职难，有女硕士自开八百月薪难谋职。清华大学中国经济社会数据中心的调查报告显示，2011 年大学应届毕业生中 69% 的毕业生起薪不到 2000 元，最低的仅为 500 元；而同期国家统计局统计的外出农民工的月均收入为 2049 元，在"用工荒"大背景下，农民工的工资水平呈现不断大幅提高态势。高知低就、学历与薪酬水平"倒挂"导致了类似"谷贱伤农"的"才贱伤教"局面，引发新一轮的读书无用思潮。

表 2　我国大学毕业生半年后的就业专业对口率

	全国平均	本科院校			高职高专院校
		本科平均	211 院校	非 211 院校	
2008 届	66	71	72	70	61
2009 届	62	67	70	66	57
2010 届	64	69	70	68	59
2011 届	64	67	–	—	60

注：专业对口率 = 有全职工作并且与专业有关的大学毕业生数/有全职工作（包括与专业有关及无关）的大学毕业生数。

资料来源：麦可思：《中国 2008—2011 届大学毕业生社会需求与培养质量调查》。

二、化解就业结构性矛盾需要加快教育结构调整与改革

就业结构性矛盾是一种劳动市场供求的动态性失衡，一方面反映了在产业结构变化的条件下，农村剩余劳动力总体规模变化、农民工群体结构改变导致劳动密集型产业的劳动力供给不足；另一方面，反映了在技术知识密集型产业发展不快的条件下，高等教育大众化、高校扩招引起高学历毕业生相对过剩。就业结构性矛盾的本质是教育体系与产业体系长期不匹配，劳动力供给与市场需求结构错位的矛盾。如果说教育培养的是 10 名科学家、1 名工程师和几名技工，那么实际上市场经济需要的却是 100 名技工、10 名工程师和 1 名科学家。

自从 1978 年恢复高考制度以来，为集中力量发展教育事业，缩短与发达国家的人才差距，我国积极推进投入驱动型、规模扩张型、硬件导向型的教育发展方式，取得举世瞩目的成绩。然而，这种发展方式的弊病也逐步凸显，如在扩大规模的同时，忽视了内涵发展和效益提高；在加强硬件建设的同时，滞后了制度建设和体制机制变革；在扩大教育资源总量供给的同时，忽视了资源配置效率和使用效益的提升。[6] 随着经济社会不断转型，我国教育发展对经济发展和产业升级的制约越来越严重，教育发展与经济社会发展需求"脱节"的内在矛盾也逐渐显现，主要有五种表现。

（一）不同类型教育之间存在结构性失衡，普通高等教育与职业教育、成人教育发展不协调，职业培训、继续教育和终身教育需求难以得到有效满足

相对蓬勃发展的普通高等教育、职业教育和成人教育由于受到社会认可程度低、教育投资不足、师资严重不足等因素影响，发展严重滞后。各层次教育之间，尤其专科教育和本科教育的衔接不明确，目前虽有综合性大学、专科院校、职业院校等划分，但许多专科学校、职业院校多以扩招、创收、升格为目标，严重偏离其本质定位，各层次院校同质发展，恶性竞争。此外，教育发展的结构性失衡还导致求职者的职业技能培训和继续教育需求难以得到有效满足。

（二）规模扩张型和硬件导向型的扩张型教育，对教育质量的关注不够，导致大学毕业生综合素质与社会需求不适应

随着我国高等教育从精英教育向大众教育转变，高校入学率快速大幅提升，但由于教育资源和师资力量等未能及时跟上，在教学过程中出现"放羊式"教学等低效教学状况。大学扩招并没有带来想象中的人力资本的迅速提升，反而出现大学毕业生整体素质下降的问题。麦可思公司对2008—2010届大学毕业生的调查发现，无论是本科毕业生还是高职高专毕业生，其毕业时对基本工作能力掌握的水平均低于工作岗位要求的水平。

（三）学科专业设置和教学内容严重滞后于产业结构变化对技术知识的需求

我国高校学科专业建设更多的是以学科自身逻辑发展或者学校需要为依据，而不是以现实经济社会的发展需要为依据。在旺盛教育需求的推动下，新专业的开设并没有真正深入地进行市场调研，或者基于学校和学院的既有基础而开设新专业，或者反过来什么专业热就开设什么专业。[7]专业设置的滞后性和盲目性导致高校学科专业严重趋同，综合化趋势不断加强。同时，教学内容陈旧且更新缓慢，难以适应产业技术知识变化需求。

（四）传统灌输式教学方法和教学内容导致毕业生"动手"的操作能力弱

有研究认为，我国大学生就业难不是因为总量过多，而是因为他们重理论、轻实践的知识结构，使其缺乏操作技能而出现。[7]我国传统教育模式偏重于知识的传授，忽视学生的实践活动和实际操作能力培养，导致学生动手能力弱，知识应用能力差，难以满足企业的用工需求，也降低了大学毕业生的求职竞争力。

（五）新生代农民工的职业培训和引导严重滞后于经济转型和产业升级的需要

随着社会经济的发展和义务教育的普及，新生代农民工对于职业技术培训的认识更为深刻，对提高自身受教育水平的需求也比上一代农民工更为强烈。有统计表明，新生代农民工中有91%的人从没有接受过职业技术教育，68%的人对自己的受教育程度不满意，64%的人要求接受技能教育，职业培训的需求较为强烈。然而，现有的职业技能教育发展十分不足，缺乏资金投入、师资支持和规范的运行机制，难以满足新生代农民工对于职业技能培训的需求，也不利于产业升级和经济的发展。

就业结构性矛盾既是对我国现存教育内容与教育模式的挑战，也是倒逼我国教育发展方式转型和体制改革的机遇。解决就业结构性矛盾亟需转变教育发展方式，深化教育内容和教学模式改革，从根本上改变我国教育不适应经济发展需求的局面，优化提升人才供给结构和质量，使其真正适应产业转型升级的需要。

三、构建支持产业升级的多层次教育体系的战略思路

发达国家经验表明，产业升级需要培养大量有职业习惯、职业纪律和职业技能的、"会动手"的高技能操作型人才。未来，我国教育发展需要适应社会用人需求，努力培育技能型、创业型等社会亟需的人才。要培养学生脚踏实地的职业精神，改变毕业生好高骛远，眼高手低，大事干不了、小事不愿做的倾向。为此，我们要努力从过分追求高学历、重研究型人才、轻技能型人才，重知识、轻实践，盲目地追求"高、大、全"的办学模式向多形式、多层次和多规格教育体系转变，构建与经济需求相匹配、支持产业转型升级的教育体制，促进教育结构与产业结构的动态平衡，实现教育与经济的良性互动。

（一）调整教育结构，构建普通教育、职业教育和成人教育互动协调的多层次教育体系，适应经济对不同层次、不同规格人才的需求

职业教育是缓解当前就业市场供求结构矛盾的关键环节，不仅有助于提高劳动者，尤其是新生代农民工的职业技能和职业素质，满足产业升级对技术型人才的需求，减轻企业的人才培养成本，而且有助于与普通高等教育形成错位发展，减轻高中升学压力和大学生就业压力，缓解高等教育

扩招带来的大学生结构性过剩问题。当前，我们要充分发挥国家政策的导向作用，积极调整优化教育结构，把职业教育放在更加突出的位置，构建起多层次、多样化的职业培训体系。要不断增强职业教育经费投入力度。建立起稳定的财政保障机制，逐步提高相关教育投入占财政性教育经费的比重。积极引导民间资本进入职业教育领域，鼓励金融机构通过贷款、市场融资、租赁等方式支持职业院校发展。进一步强化企业实施职工培训和职业教育的责任，深入贯彻落实向职业院校进行资助或捐赠、提供大学生就业实习平台给予税收优惠的政策。还要积极引导社会教育观念转变，广泛宣传职业教育政策和技能型人才事迹，引导社会树立起正确的职业观、人才观和成才观，逐步改变社会对于职业教育的偏见，使重视技能、重视技工成为一种全社会的文明风尚，营造关心、支持职业教育发展的良好环境和社会氛围。

（二）转变教育发展方式，从重视教育规模扩张转向重视教育的内涵发展、质量提高和就业导向

目前，我国教育发展的主要矛盾不再是总体规模不足，而是教育质量效益不高，优质资源短缺。现在一些高校超常规进行规模扩张，追求"万人大学、千亩校园"，不注意学生未来的就业；只注重大规模的招生收费，忽视教育质量和学生素质提升，导致学生"进口"痛快、"出口"痛苦。《国家中长期教育改革和发展规划纲要（2010—2020 年）》提出，要把提高质量作为教育改革发展的核心任务，把促进人的全面发展、适应社会需要作为衡量教育质量的根本标准。教育必须要加快转变发展方式，积极从重视教育规模扩张的外延式发展向重视教育质量和效益的内涵式发展转变。具体而言：一要把满足毕业生就业的"最终需求"作为目标。要从只注意满足考生上学的"中间需求"向满足毕业生就业的"最终需求"的目标规划转变，始终坚持以就业为导向，以为社会提供有效人力资源为目的，以保证学生掌握实际技能和顺利就业为办学宗旨。[8]要注意对学生的就业思想理念、职业技能方法等进行系统化训练，指导学生制定个性化的长期就业规划，引导学生形成正确的择业观和就业观。二要加强高素质、双师型教师队伍建设。不断优化师资结构，引进具有较高学历、高技能、

高素质的教师，提升师资力量。要重视兼职教师队伍建设，充分发挥兼职教师的重要作用，特别是要积极探索完善企业高层次人才、专业技术人才和能工巧匠到院校兼职任教的相关办法措施。以职业院校为例，师资队伍要从重传授知识的理论型职教教师向重"双师型"教师转变。三要把教学作为教师考核的首要内容。推进教授为低年级学生授课的制度。改革研究生导师制度，强化导师对学生的指导责任。四要保障教学内容的"与时俱进"。全面实施教学改革工程，紧密结合学术研究前沿和技术应用前沿，加快教材、课程等方面的变革。普通高等教育教学内容要侧重于前瞻性、理论性；高等职业教育教学内容要侧重于应用性，特别要推进职业学校专业课程内容和职业标准相衔接。改革内容枯燥空洞、实际用处不大的"太空课"。

（三）改革专业设置制度，以市场需求为导向进行专业和课程体系改革，改变专业设置雷同太多、同质化严重局面

我国目前的专业和课程设置模式主要有两大特点：第一，高校在政府设定的专业目录指导下申报设置专业和课程；第二，以学科分类为基础，在单一学科内设置专业种类。政府权威下的学科专业设置管理导致校际同一专业在专业课上的差别缩小，缺乏特色，严重限制了高校人才培养的分化。同时，学科分类基础上的专业设置制度也严重限制了专业种数的发展，使其陷入了"增加专业种数就导致培养质量下降、减少专业种数就造成人才重复培养和就业难"的双重困境。[9]当前，要改变专业设置雷同太多、同质化严重而造成毕业生就业渠道不畅的局面，迫切需要我们改革专业设置制度，优化学科专业结构和课程设置。一要推动高校的专业设置从（中央）政府集权管理走向多主体的权力共享和分权管理，充分发挥高校和学者在学科专业设置上的权力，尊重学生对学科专业设置和选择的意愿，实现政府、高校、学者、学生和市场在学科专业设置上的权力共享。[9]二要改变单一学科内的专业设置办法，促进多学科交叉和融合，开设交叉学科、跨学科专业。三要支持鼓励高校根据其办学类型、学校层次以及学科特色制定专业人才培养计划和进行课程设置，实行打造差异化的人才培养模式。以经济学专业为例，综合类大学可以依托高水平研究实力

培养理论研究人才，课程设置应着重于经济理论的教学；理工类大学可以围绕理工学科特点培养服务于技术商业化、产业化的应用性人才，课程设置应偏向技术应用与市场开发方面的教学；各专业类学校应围绕其服务方向培养不同行业的经济学人才，课程设置应偏重行业领域。

（四）不断创新教学模式，从传统教学模式向课堂教学和实践教学相结合的、开放式教学转变，让学生在各种社会实践中成长

当前，由于我国各层次教育过程中广泛存在理论与实践脱节的问题，导致许多毕业生动手能力弱，操作能力差。这要求我们必须不断创新办学机制和教学模式，促进理论与实践相结合，让人才培养与市场需求相衔接。具体而言：一要积极推进办学机制的创新。职业教育要逐步建立健全政府主导、行业指导、企业参与的办学机制，制定促进校企合作办学法规，推进校企合作制度化。普通高等教育要积极探索高校与科研院所、行业、企业联合培养人才的新机制。二要强化实践教学环节。改革教学内容和课程体系，根据专业能力培养的要求调整课程比例，适当提高实践课程的比重。改善学校实践场所条件，利用信息技术改造传统的教学手段，采用互联网、多媒体等多种教学手段，激发学生学习的积极性、强化技能训练。三要采用多种教学方式，将课堂实验、案例分析、基地实习等形式结合起来，加强学校与企业的多层次合作，安排学生进入企业调查和实践、实训，特别是以项目为导向的产学合作，对学生职业技能的掌握和综合素质的提高都有极其重要的作用。

（五）要促进农民工职业培训平台建设，构建农民工的职业培训体系，重视农民工职业引导，增强职业素养和敬业精神

岗前和在岗职业培训对于提高企业用工效率、增强职工职业技能和素质、实现其长期稳定就业具有重要作用。研究表明：接受过职业培训、有一技之长的农民工供给严重不足，新生代农民工的受教育程度和职业技能水平滞后于城市劳动力市场的需求，是阻碍其在城市长期稳定就业的关键性问题。当前，为扩大"有一技之长"的农民工供给，缓解企业用工矛盾，需要进一步探讨激励农民工参与职业培训的长效机制，切实贯彻执行

农民工培训经费补贴政策，促进农民工职业教育平台建设，鼓励和支持农民工参与就业培训，提升职业素质。同时需要积极整合现有教育资源，建立农民工培训体系，健全运行机制。支持职业教育通过开设远程教育、订单培训、农民工夜校等形式，向农民工提供便捷、有用、价廉的职业技能教育。

参考文献

〔1〕蔡昉：《通过扩大就业保持经济增长可持续性》，中国经济信息网，2007 年 7 月 26 日。

〔2〕辜胜阻、马军伟、王敏：《"十二五"时期推动经济转型的战略思路》，《经济纵横》2011 年第 4 期。

〔3〕李彬：《中国产业结构转换与大学生就业关联性研究》，《中国人口科学》2009 年第 2 期。

〔4〕辜胜阻、李华：《以"用工荒"为契机推动经济转型升级》，《中国人口科学》2011 年第 4 期。

〔5〕辜胜阻、潘啸松、杨威：《在应对"用工荒"中推动企业转型升级》，《人口研究》2011 年第 6 期。

〔6〕赵应生、钟秉林、洪煜：《转变教育发展方式：教育事业科学发展的必然选择》，《教育研究》2012 年第 1 期。

〔7〕谢作诗、杨克瑞：《大学生就业难问题探析》，《教育研究》2007 年第 4 期。

〔8〕辜胜阻、洪群联：《新型工业化与我国高等职业教育的转型》，《教育研究》2006 年第 11 期。

〔9〕刘小强：《人才培养分化与大学生就业关系的实证分析》，《教育研究》2010 年第 12 期。

金融改革篇

20

科技型企业发展的多层次
金融支持体系构建[*]

我国"十二五"规划明确提出，要把科技进步和创新作为加快转变经济发展方式的重要支撑，着力提高企业创新能力，推动经济发展更多依靠科技创新驱动。企业是技术创新的主体，当前我国中小企业提供了全国约66%的专利发明、74%以上的技术创新、82%以上的新产品开发，我国发展方式的转变离不开科技型企业的发展壮大。产业革命和科技革命的历史经验表明：金融与科技之间存在着互生互动的关系，金融与科技的融合是推动科技型企业发展壮大的重要动力。因此，我国需要完善多层次金融体系，对科技型企业"扶小壮大"，培育出一大批有活力的科技型中小企业和具有国际影响力的领袖企业。

一、我国多层次金融体系的建设意义和发展现状

（一）多层次金融体系是科技型企业发展的迫切需求

技术创新是高风险活动，而科技型企业在发展过程中不仅存在技术风

* 本文发表于《商业时代》2011 年第 22 期，曹誉波、杨威协助研究。

险，还包括市场风险、管理风险和决策风险等，面临着"成三败七、九死一生"的高风险，需要多层次的金融体系为企业提供相对应的金融服务。有研究表明，企业应用研究阶段的成功率一般低于 25%，开发研究阶段成功的可能性为 25%—50%，产业化或商品化阶段的成功率一般为 50%—70%。[1]另有统计显示，美国高新科技企业只有 10% 能活过 5 年，我国中关村示范区经营 5 年以上的企业也只有 9%。[2]

科技型企业的生命周期一般包括四个时期：种子期、创建期、扩张期和成熟期，不同的阶段需要不一样的融资途径实现资金的支持。相对的，市场也会对不同时期的企业提供对应的资金供给。种子期的科技型企业面临企业的组建和产品技术的开发，投入大于产出，需要通过政府政策基金和独具慧眼的天使投资等来实现融资需求。企业创建期同样是资金紧缺时期，其高风险的特性使得企业失败的可能性极大，也没有足够的吸引力获得常规金融的青睐，需要风险投资等风险偏好的融资方式。扩张期的企业已经有了较为完整的产品线和供销渠道，在市场竞争中已站稳脚跟，以创业板等为代表的资本市场组织形式能满足企业融资需要，并为前期的天使投资、风险投资提供顺利的退出机制。成熟期的企业为了稳步实现做大做强，倾向于选择低风险的主板市场和低成本的银行间接融资等方式。[3]当然，科技创新企业借助上市可以促进其迅速成长、发展和进行兼并活动，科技创新型公司的融资选择也会增加。[4]由此可见，科技型企业发展的不同阶段需要多层次金融体系支撑。

（二）我国多层次金融体系发展现状

多层次金融体系一般包括多层次资本市场和银行体系，以及债券市场。当前，我国多层次资本市场建设初现成效。有数据显示，截至 2010 年 12 月 31 日，主板上市 1391 家企业。深交所综合研究所与科技部火炬中心的合作研究表明：截至 2011 年 4 月 28 日，在中小板 576 家公司、创业板 209 家公司中，2008 年重新认证"高新技术企业"数量分别为 412 家和 168 家，占比为 71.53% 和 80.38%。但当前，我国资本市场体系存在多重问题。就主板市场而言，科技型企业的价值并未得到充分的重视，所占的比重较低；中小板依附于深交所之下，上市条件和运行模式基本上延续了主板的规则，"门槛"并未下降；创业板成立至今规模逐步扩大，但难以与需求相匹配，在"优胜劣汰"的市场机制下，创业板上市的门槛也不断提升，让众多中小企业望尘莫及，难以达到其原本设立的目的；"新三板"刚刚起步，试点范围也比较有限，很难满足"面大量广"科技型中小企业融资需求。同时资本市场存在重融资轻投资、重数量轻质量、重发行轻退出等问题，既不利于科技型中小企业融资，又使得劣质企业不能及时被淘汰，难以培育出具有全球影响力的领袖企业。

我国间接融资体系也不够健全，大型银行占主导地位，中小社区银行少，科技型中小企业融资需求存在一定制约。根据中国人民银行数据，截至2011年第一季度，我国有村镇银行400家，小额贷款公司3027家，但其贷款占整个金融机构人民币贷款比重较低，难以有效满足中小企业尤其是科技型中小企业融资需求。由于中小企业规模小、实力弱、市场稳定性较差，银行贷款成本高、管理难度大、市场风险高。在国有大型银行占主导的信贷市场上，"僧多粥少"的资源分配格局使得科技型中小企业常常遭遇银行等金融机构"重大轻小"、"嫌贫爱富"的"规模歧视"和"重公轻私"的"所有制歧视"，融资难度较大。与此同时，我国债券市场不够发达，债券结构不合理，政府债多、企业债少，大企业发债多、中小企业发债少。

由此可见，我国多层次金融体系已经初见雏形，但缺乏深度和广度，整体市场体系并不完备，市场上有融资需求的企业数远远超出现有金融体系所能承受的力度，使得科技型企业融资依然困难。因此，未来需要进一步优化结构、扩大规模，完善多层次金融体系。

二、构建多层次金融体系的战略思考

（一）在完善主板、中小板和创业板对科技型企业扶持的前提下，积极推进"新三板"扩容，解决国家高新区中面大量广的科技型中小企业的创业创新融资，构建"金字塔"型多层次资本市场

资本市场是产业创新和金融创新相结合的产物。资本市场具有要素集成、筛选发现、企业培育、风险分散和资金放大五个方面的制度功能，是分散高科技风险的有效手段。但不同类型、不同发展阶段和不同规模的科技型企业适用于不同的融资策略，需要多层次资本市场。美国以纽交所、纳斯达克、OTC、场外挂牌市场等组成"金字塔"型资本市场，满足了不同形态的企业融资需求：主板市场适应了大企业融资需求，创业板满足高成长企业发展需求，全国性场外交易市场和区域性场外交易市场则为大量科技型中小企业提供了融资平台。但当前我国资本市场却呈现"倒金字塔"型结构：在主板上市的企业远多于在创业板和"新三板"上市的企业，与实际企业分布状况相悖，这使得大量科技型中小企业得不到资金支持而很多大公司却资金过剩。而"新三板"可以容纳大量的科技型中小企业，能提供及时的资本支持和融资服务，同时帮助企业规范内部管理和明晰内部股权，并使其获得更多的市场关注，为今后入市融资打下基础。

因此，需要积极推进"新三板"扩容，解决国家高新区中面大量广的科技型中小企业的创业创新融资，构建"金字塔"型多层次资本市场。首先，要稳步扩容，建立统一监管下的全国性场外交易市场，给予更多企业进入"新三板"市场的机会。其次，要探索转板制度、做市商制度、注册制，把"新三板"打造成资本市场的"学前班"和"孵化器"，让科技型中小企业迈出走向资本市场的第一步。要为挂牌企业提供综合增值服务，整合地方政府、交易所、证券公司、机构投资者等各方资源，实现多赢。再次，要借鉴美国资本市场经验，细化各类标准并严格执行，规范退出机制，一定的退市率将迫使企业自我约束和激励，保证"新三板"挂牌企业的整体质量，由此形成合理流动、有机联系的多层次资本市场体系。[5]

（二）大力发展以"天使投资—风险投资—股权投资"为核心的投融资链，完善创业投资体系，让大量"闲钱"和"游资"进入实体经济

天使投资、风险投资等股权投资是创业创新型企业早期融资的重要来源，对科技型企业创业创新意义重大。有研究表明，1美元的风险投资对专利增加量的贡献率，是1美元的R&D贡献率的3—4倍，风险投资在20世纪90年代对美国产业创新的贡献率达10%。[6]但创业投资需要完整的产业链体系，企业初创期需要天使投资、VC等风险偏好型资本投入进行企

业孵化，在发展期引进相对保守的风险投资、产业基金、政策性贷款等发展壮大，到产业走向成熟时期逐步引进私募股权投资等成本较小的融资方式，使企业持续发展，最终由完善的并购及证券市场接手。中国风险投资网公布的数据显示，中国的风险投资业发展仍显不足，2008年风险投资业占GDP的0.055%，同期美国和欧洲的风险投资占GDP的比重分别为0.196%、0.108%。同时，我国投融资产业链中存在天使投资VC化、风险投资PE化等异化现象。一方面风险投资少，另一方面国内存在大量的民间资本游离于实体经济之外，寻求投资渠道，出现了过度追逐金融资产、房地产的不健康现象。

因此，未来扶持科技型中小企业创业，需要大力发展以"天使投资—风险投资—股权投资"为核心的投融资链，完善创业投资产业链体系，让大量"闲钱"和"游资"进入实体经济。首先，要完善天使投资信息平台，规范政策法规体系，通过培育区域创新文化、发挥政府资金的杠杆作用等方式壮大天使投资家队伍，促进天使投资发展。其次，要通过减免税费、建立风险投资引导基金、跟进投资等方式，引导风险投资改变重晚轻早、急功近利的行为，更多关注早期创新型企业的发展。同时，构建资本的多重退出机制，让早期投资能够有充分的退出渠道。[7]

（三）要以国际板市场建设为契机吸引海外科技红筹股回归，培育具有国际影响力的领袖型科技企业

资本市场可以成为领袖型科技企业的孵化器。无论是苹果、谷歌等领袖型科技公司，还是微软、英特尔等著名跨国巨头，都通过资本市场和股权融资实现了有效壮大，最终成为引领科技潮流的领袖型企业。我国资本市场存在重融资轻投资、重数量轻质量、重发行轻退出等问题，使得垃圾公司不能及时被淘汰，有全球影响力的领袖企业难以被培育出来。《中国证券报》统计公布数据表明，我国现在在境外交易所上市的红筹股达到407家，中国移动、中国电信、百度、新浪等国内领军企业均选择在海外上市融资，它们在产权、业务上都以国内市场为主，带有强烈的本土气息，且大多数是各行各业的排头兵和领航者。发展成熟资本市场体系需要建设国际板。根据统计，世界交易所联合会的51家会员交易所中，超过

70%的会员交易所建立了国际股票市场（即国际板）。当前，加快国际板建设，吸引红筹回归，有利于这些行业领军企业获得发展的资金支持，进而加速创新进程、壮大企业实力；有利于树立创新标杆，引领国内企业创新，从而培育国际领袖型科技企业；有利于中国资本市场的国际化进程的推进，加快人民币市场国际化的脚步，使市场更加成熟。

为此，要通过国际板的建设，以回归愿望较强、回归阻力较小、试错成本最低的海外红筹股为试点，推动其回归国内资本市场，培育和壮大我国领袖型企业。要借助此次机会，借鉴发达证券市场经验，进一步完善国内证券市场的软硬件配置，特别是信息披露和交易结算等技术系统，提高运作效率。要充分估计国际板上市对国内市场带来的冲击，控制发行规模和上市企业数量，防止出现对现有股价系统过大的冲击，避免过度挤占中小企业融资空间。要细化上市公司的选择工作，与本土经济进行对接，做好产业导向，发挥优秀企业的市场示范作用。要充分借鉴国际监管经验，完善监管制度、健全监管体系，引入集体诉讼等先进机制，从严监管。

（四）要壮大公司债券发行规模，加快债券市场的发展，扩大科技型企业直接融资比例

在整个金融体系中，债券市场的功能不容忽视，其具有融资成本低、发行灵活等优点。在国际上一些成熟市场经济国家，债券融资是企业融资，尤其是科技型中小企业融资的重要渠道。当前，我国企业发展过度依赖于间接融资，在直接融资中，债券融资比例并不高。据估算，2010年我国非金融企业，直接融资规模不足30%，债券发行规模仅为股票筹资额的近2倍，而美国市场2009年公司债券融资是同期股票融资的8.6倍。[8] 2010年我国企业债存量仅相当于GDP的1/10，低于新加坡的三成、马来西亚的四成和韩国的六成。[9]

当前，我国应当积极发展面向科技型企业的债券市场，壮大公司债发行规模，加快债券市场的发展，扩大科技型企业直接融资比例，合理引导过剩的民间资本流动，改变千军万马靠银行过"独木桥"的融资格局。要进一步探索债券融资的方式，鼓励具备条件的高新技术企业发行融资债券。尤其要借鉴美国债券融资经验，探索放松债券融资审批管制，创新债券融资工具，加快中小企业集合债等发展。要建立多层级的债券交易市场体系，培育机构投资者。健全债券评级制度，创新企业债券监管方式，为企业发行债券融资营造良好的市场环境。

（五）拓宽创新企业间接融资渠道，在借鉴村镇银行发展经验的基础上，在国家高新区允许民间资本设立面向科技型中小企业的社区银行

我国中小企业间接融资遭遇到了"规模歧视"和"所有制歧视"的双重压力，在金融结构不合理、信用担保体系不完善的环境下，商业银行对中小企业存在"惜贷"现象。尤其是科技型中小企业具有轻资产、非线性增长等财务指标特征，难以适应银行传统的信贷管理模式，很难获得贷款。而国际经验表明，社区银行与中小企业具有天然的共生关系，其规模结构和所有制形式相适应，体制灵活，能够更快、更直接地获取社区创业者和中小企业的软信息，是科技型中小企业的重要融资伴侣。据统计，1999年美国中小企业融资总额的70%以上来自中小银行。[10] 美国硅谷银行因其专注于高科技产业客户群体、知识丰富的专业团队、与风险投资机构的紧密合作、综合性的金融服务、有效的风险管控手段等特点，成为全世界社区银行的典范。

为此，要拓宽创新企业间接融资渠道，借鉴村镇银行的发展经验，在高新区发展面向科技型企业的社区银行，充分发挥社区银行在解决银行与中小企业之间信息不对称的优势，建立与经济相匹配的银行体系，助力创新创业。要落实民间投资"新36条"，允许民间资本建立金融机构，拓展民间资本流通渠道。要放宽政策限制，鼓励经营状况良好的小额贷款公司向社区银行转变。要通过提供风险担保、减免中小企业信贷业务营业税等途径，增强银行向科技型企业信贷积极性，增强中小企业的融资能力。要完善信贷监管模式，积极开展知识产权质押贷款业务，允许银行设立科技型企业贷款风险准备金，鼓励银行开发适合科技型中小企业特点的金融服务产品。

参考文献

〔1〕吴涛：《技术创新风险的几个基本特征及风险管理对策》，《科学管理研究》

2000 年第 1 期。

〔2〕王颖：《公司价值与可持续发展》，《经济界》2005 年第 1 期。

〔3〕彭红枫：《基于多层次资本市场科技创新体系研究》，《科学学与科技技术管理》2007 年第 6 期。

〔4〕Ian M. Oades：《中小企业境外上市指南》，中信出版社 2007 年版。

〔5〕辜胜阻、洪群联、张翔：《论构建支持自主创新的多层次资本市场》，《中国软科学》2007 年第 8 期。

〔6〕杨靖：《培育战略性新兴产业需巧用风险投资》，《科技日报》2010 年 8 月 18 日。

〔7〕辜胜阻、李俊杰：《民营企业自主创新的动力机制困境与制度创新》，《科技进步与对策》2008 年第 11 期。

〔8〕钟帅：《债券市场迎来发展新机遇》，《中国证券报》2011 年 2 月 25 日。

〔9〕鲁政委：《后危机时代应补上企业债短板》，《金融时报》2011 年 5 月 29 日。

〔10〕中国人民银行：《中国金融年鉴》，中国金融年鉴杂志社有限公司，2010 年。

—21—
重构与企业生态相匹配的金融体系*

金融是现代经济的命脉，金融发展必须与实体经济发展相匹配。发端于美国金融市场的危机逐渐演变成席卷全球的广泛经济危机，充分反证了金融业与实体经济之间唇齿相依、血脉相连的密切关系，也揭示了过度金融创新、金融业脱离实体经济发展所造成的"物极必反"问题。马克思主义的观点认为，当虚拟资本相对于实体经济过剩严重时，金融市场就变得非常脆弱，一旦债务支付链条断裂，金融危机的爆发就不可避免。温州民间借贷风波就是鲜明的例证。当前，我国实体经济面临国内成本上升和国外市场挤压形成的"三明治陷阱"，一方面，受到国际金融危机和汇率变化影响，国际贸易市场争端加剧，我国中小企业出口受阻，制造业商品价格难以提升，实体经济利润下降；另一方面，国内金融资源集中于大企业、大项目，在整体市场流动性偏紧的影响下，中小企业融资成本不断上升，加上国内原材料价格也不断上涨。这"一升一降"导致实体经济的投资回报率远远跟不上借贷利率的上涨速度，使得越来越多的民间资金陷入"击鼓传花"式的资本游戏中。当缺少产业支撑的"传销式"高利贷发展到历史高位后，民间借贷的资金链瞬间断裂。温州问题实质是金融体系与企业体系不匹配所形成的矛盾的集中体现。为了防止温州借贷风波的问题

* 本文发表于《中国金融》2012 年第 3 期，陈贺协助研究。

扩大化，避免出现类似西方国家的金融危机，我们应当认清金融体系与企业体系之间错配的环节，对症下药，有针对性的解决风险隐患。

一、高度集中的金融体系与高度分散的企业体系之间不相适应

改革开放以来，我国的金融体制改革不断推进，金融机构和金融产品日益丰富，但是，总体来看，高度集中的金融体系与高度分散的企业体系之间不相适应。我国的企业体系高度分散，中小企业占全国企业的90%以上，而我国的金融体系却高度集中，国有大中型银行占据大部分信贷资源。资金相当于企业的血液，但由于融资难，中小企业作为中国经济的基本细胞却经常处于缺血状态。2011年国家统计局抽样调查的3.8万家小型微型工业企业经营状况显示，仅有15.5%的小型微型企业能够获得银行贷款。现实中，金融体系与企业体系不匹配不仅造成"金融堵塞"，使大量银行存款和民间资本不能进入实体经济，不能惠及中小企业；还会造成"资金逆配置"，即大部分资金配置于低效经济活动，而高效经济活动得不到资金支持。具体来讲：

（一）我国现行银行体系在机构、机制、产品等方面难以匹配包括中小企业在内的多层次市场主体的融资需求

现行的银行体系有面向大企业、大城市、大项目的"三大"偏好，对于中小企业支持力度偏弱，而且整个银行体系以大中型银行为主，缺少专门为中小企业服务的银行，导致中小企业贷款难，信贷供求缺口较大。再加上缺少为中小企业贷款进行担保、保险的机构，客观上限制了中小企业的融资渠道和融资能力。

（二）我国民间金融与中小企业契合度较高，但是长期处于地下运作的状态

近年来，新型农村金融机构和小额信贷公司的发展将一部分非正规金融转化为正规金融，但总体上看，金融行业对于民间资本的开放度仍然不

够，大量民间资本长期在法律的灰色地带游走，信贷利率处于监管真空，影响了对中小企业的支持效果。

（三）我国资本市场在准入门槛、监管要求、制度设计等方面难以满足中小企业融资需要，中小企业很难利用资本市场获得资金

证券市场门槛设置较高，小企业难以进入。场外交易市场和公司债市场发展缓慢，中小企业融资受到诸多限制。天使投资、风险投资和股权投资机构发展环境有待完善，民间资本流向中小企业的渠道不够通畅。

二、构建与企业体系相匹配的多层次金融体系

针对我国金融体系与企业体系不匹配的问题，应当通过金融创新构建多层次金融体系，使大中型金融机构和草根金融机构、正规金融和非正规金融、商业金融和政策性金融共生共存，形成一个既有"大树"又有"小草"，既有大商业银行"大象"这类大动物又有微型金融这类"小微动物"的多元化金融生态系统。

（一）要引导民间金融健康有序发展，使民间借贷从地下无序的"灰色地带"走向地上"阳光灿烂"的规范运作

民间借贷的存在和发展具有很强的合理性和必要性，绝非通过严惩打击所能杜绝。当前出现的高利率的民间借贷不仅仅是货币政策紧缩带来的结果，它还与法律制度缺失、监管部门缺位和金融市场不完善等有着紧密的联系。中央政府和地方政府如果忽视了高利率的民间借贷产生的根源，仅仅依靠严惩打击，容易使得法律对民间借贷的债权保护更加脆弱，民间借贷的法律风险进一步增加，由此必然进一步推高民间借贷利率。因此，对于高利率的民间借贷的发展，既要严惩违法违规行为，更要重视民间借贷的法律制度建设、监管体系改革和金融体制创新，更好地保护债权债务关系。对民间信贷要多疏少堵，创新信贷供给主体，使民间借贷阳光化、规范化、合法化，让其由"地下"变成"地上"，健康发展。尝试建立民间借贷的登记备案制度，依法保护民间借贷双方的合法权益。可以借鉴香

港地区《放债人条例》，制订出台《民间信贷管理条例》，规范民间借贷行为。要构建民间借贷的动态监测系统，组建民间信贷信息采集网络，有效防范和应对民间借贷金融风险。

（二）要引导民间资本大力发展城市社区中小银行，构建中小银行支持中小企业、民间资本支持民营企业、草根金融支持草根经济的"门当户对"的金融格局

当前不仅要完善现有银行体系的金融服务职能，而且要在现有体系之外寻找新突破。具体来讲，要鼓励和支持大中型银行增加对中小企业的金融服务，创新面向中小企业的金融产品和服务，弥补中小企业信贷供给短板；充分发挥村镇银行、小额贷款公司等小型金融机构机制灵活、信息对称、交易成本低、融资效率高的优势，引导它们立足当地、服务社区，重点支持中小企业发展；进一步放宽民间资本投资村镇银行、小额贷款公司的限制，提高小额贷款公司向金融机构融资的额度标准，鼓励符合条件的小额贷款公司转制为村镇银行。同时，要建立专门面向中小企业服务的政策性银行，提供面向中小企业的公共金融服务。金融监管体系改革也要配合中小型金融机构的发展而调整，建立分层次的监管体系。中央监管机构只监管大的金融机构，微小型金融机构放给地方监管，并建立地方与中央相关部门的即时信息沟通机制。

（三）要加大政策扶持力度，解决中小企业融资中的"市场失灵"问题，减少金融机构与中小企业之间的信息不对称，完善中小企业金融生态环境

面向弱势小微企业群体的金融业务是一种"弱势金融"，这种金融往往具有高成本、高风险和低效益的"两高一低"的特点。单靠市场这只"无形之手"难以解决中小企业融资难问题，政府还应当加大政策支持力度，利用"有形之手"为金融服务中小企业营造良好环境。要加大对中小企业的公共服务，将农村小额贷款公司纳入新型农村金融组织体系和贷款财政补贴、税收优惠奖励范畴，落实和完善涉农贷款税收优惠、定向费用补贴、增量奖励等政策。要落实和细化银监会对中小企业贷款的政策措施，要不断完善中小企业信用体系建设，加快中小企业在工商、国土、税务、质检等部门公共数据的整合和共享，尽快出台《征信管理条例》，完善信用信息征集机制，减少金融机构与中小企业之间的信息不对称。推进中小企业信用担保制度和多层次信用担保体系建设，不断完善信用担保行业的法制环境，明确加强行业监管，培育和扶持信用担保公司发展，提高其规范运作能力和风险管理水平，建立中小企业金融服务风险分担和补偿机制。

（四）要提高中小企业直接融资比重，构建以天使投资、风险投资和私募股权投资为主体的股权投资链，完善股票市场、"新三板"市场、债券市场、产权交易等多层次资本市场体系，让资本市场惠及中小企业

不同规模的企业融资渠道不同，企业在成长的不同阶段也有不同的融资需求，需要不同的融资形态。一般而言，小企业初创时，一般依靠自筹资金和天使投资，成长阶段可能需要风险投资推动，较为成熟时便转向银行借贷、私募基金以及资本市场。股权投资在培育创新企业方面的筛选发现、风险分散和资金放大等功能，是中小企业融资的重要途径。当前要完善天使投资机制，大力发展风险投资和私募股权基金，通过构建完整的股权投资链，显著提高中小企业实现股权融资的可能性。通过构建网络和信息平台、健全相关政策和法律法规、优化区域市场环境等一系列措施培育壮大天使投资人群体，鼓励风险投资（VC）和私募股权基金（PE）"把鸡蛋孵化成小鸡、把小鸡养成大鸡"的长远战略。此外，要完善创业板和中小企业板融资机制，积极扩容"新三板"市场。加快中小企业债券市场发展，完善信用评级机制和中小企业集合债制度。要通过培养和发育产权交易市场让不能上市和发行债券的企业实现股权交易变现，达到再融资的目的。

22

让股权激励为企业自主创新
插上腾飞翅膀*

　　我国"十二五"规划明确提出，健全资本、技术、管理等要素参与分配的制度，保障技术成果在收入分配中的应得份额。《国家中长期人才发展规划纲要（2010—2020年）》进一步强调，要健全企业经营管理人才经营业绩评价指标体系，完善股权激励等中长期激励制度。股权激励是高技术产业发展过程中的一项重大制度创新，对科技型企业创新创业具有重要作用。硅谷有句名言，美国高科技产业的迅猛发展离不开"双轮驱动"，一个轮子是风险投资，一个轮子是股权激励。如现在全球市值最高、品牌价值最高的美国苹果公司，就得益于风险投资和股权激励。

　　当前，大力发展和完善股权激励制度对我国科技型企业创新创业具有重要意义。首先，股权激励有利于完善科技型企业内部治理结构。股权激励将职业经理人的利益与公司长期发展结合起来，有助于解决现代企业内部人控制问题，克服传统薪酬制度下职业经理人的行为短期化倾向和道德风险，有利于解决委托代理风险。其次，股权激励有利于解决科技型企业人才激励难题。管理大师彼得·德鲁克曾经说过：人才是公司最宝贵的资源，所谓企业管理最终就是人力管理，但人力管理中知识型员工的潜能很

　　* 本文发表于《中国经济时报》2011年6月22日，杨威协助研究。

难被有效激发，除非他能够明确感知到自己的"与众不同"。股权激励突破了一般企业当中"股东至上"的逻辑，体现了人力资本独特的价值，通过资本市场的预期收益机制，赋予人才剩余索取权，有效激发了人才的工作积极性。美国一项专题调查证明，实行员工持股的企业和没有实施员工持股的企业相比劳动生产率高出 30%，利润高出 50%，员工收入高出 25%—60%。最后，股权激励有利于促进科技型企业持续发展。现在上市公司发展面临"两难"选择：员工高薪酬带来运营高成本，员工低薪酬造成人才缺失或流失，而股权激励通过打造"金手铐"能够有效的解决"两难"，能够降低激励成本、形成内部协同机制，吸引并留住高素质人才。

我国股权激励的萌芽，最早可以追踪到 18 世纪山西票号的身股制，对当时的票号、商号发展起了很大促进作用。自改革开放以来，我国股权激励制度的实践一直在摸索中前进，其发展先后经历了从股份合作到员工持股，从经营者群体持股到股票期权计划，从集体企业的清晰产权行动到管理层融资收购等几个阶段。当前股权激励正处于一个快速发展时期。中关村、东湖、张江国家自主创新示范区和天津滨海新区都在进行股权激励试点工作，对于创业创新企业发展将起到非常好的作用。有统计显示，中关村汇聚了 2 万多家高新技术企业，到 2010 年，中关村示范区内已有 350 家单位参加股权和分红激励试点。股权激励有效激发了科研单位和科研人员的创新积极性和创造力，涌现出来了一批科研人员和成果，仅"十一五"时期，中关村示范区内企业科技活动人员、新产品销售收入、企业专利申请量分别年均增长 6.3%、16.5%、26.3%。由此可见，通过股权激励激励企业技术创新，是推动我国创新型国家建设的重要手段。有关统计显示，从 2005 年初到 2011 年 3 月 31 日，我国沪深 A 股市场共有 273 家上市公司公布了股权激励方案，股权激励在沪深 A 股市场上市公司的覆盖面已经达到 5.72%。但股权激励在当前实施过程中也出现了异化与扭曲：如部分企业在股市低迷时密集推出，投机色彩较浓、股权激励的行权条件宽松，轻而易举不费事、业绩考核存在缺陷，设计不够合理、激励对象泛化，信息披露不健全等等。

股权激励是资本市场的重大制度创新，但是要把这个制度创新做好，不仅取决于股权激励本身制度设计，还取决于企业内部治理、政府监管、资本市场、经理人市场等多重因素。只有内外"兼修"，股权激励这一重大制度创新才会是高效的，才会达到预期目标。当前，要通过以下措施完善我国股权激励机制：

一、界定科技企业产权关系

归属清晰的产权关系是企业实现股权激励的前提，产权纠纷则是制约企业实施股权激励的重要障碍。有研究表明，全国大量的民营高科技企业，普遍面临着产权问题的困扰，这种状况阻碍了股权激励的推广。未来，要清晰界定民营企业产权关系，允许科技人员、管理人员、创业人员以管理、技术和创业等无形资产作为资本投入。

二、规范企业内部治理

现代企业制度要求企业规范委托代理关系，在所有者、经营者和决策者之间建立权责分明、相互制衡的关系，这是促进股权激励制度正常运行、防止经理层短期化倾向和道德风险的制度保障。为此，科技型企业需要建立股东大会、董事会和监事会内部之间的良好职能关系，共同形成对经理层的监督管理，适当增加独立董事比重，加强独立董事和监事会对股权激励制度的评估审核监督，定期了解财务和经营状况，严控财务报表舞弊。

三、完善股权激励制度设计

股权激励制度是一项复杂的创新制度，现在很多负面问题和股权激励制度设计有关。为此，科技型企业要立足自身实际，选择合适股权激励模式，要明确获授人的资格与范围，重点向核心科技人才和关键管理人才倾斜。要合理确定考核指标和行权价格，对财务指标和非财务指标进行综合考核，行权价格需参考历史业绩、行业状况及同地区企业绩效。要科学设定股票、期权的授予时间和行权时机，对期权的转让、出售、抵押等权利进行设定，并设计股权激励退出机制。

四、健全外部市场约束机制

实践和研究发现，股权激励健康发展需要三大外部市场约束机制：一是资本市场，通过反映企业市场价值和决定股权能否及时有效变现来约束经理人；二是经理人市场，依靠外部声誉机制和竞争选聘机制形成对经理人外部约束；三是产品市场，通过盈亏破产机制，真实显示企业绩效水平。当前，我国需要完善三大市场，尤其是完善资本市场。从美国历史和经验来看，完善的股权激励离不开健全的资本市场。现在我国股权激励特别是创业板市场上的股权激励存在多种问题，更多是因为创业板市场不够完善。未来，要通过完善制度设计，让股票价格真实反映企业经营绩效，对经理层起到激励与约束的双重作用。

五、加强上市公司监管

股权激励的监管不仅要靠企业自身，也依靠政府监管。如企业内部治理机制健全的美国也先后治理过企业"倒签股票期权"丑闻和"股权激励"会计作假。当前，我国股权激励种种潜规则的盛行客观要求证监会等监管部门加强监管。要加强企业股权激励信息披露，包括激励对象、行权条件、已行权和未行权数量以及相关高管的姓名等信息都要依法披露。要加大对股权激励的监督检查力度，加强对违规行为的责任追究，并为中小股东提供维权的机制。

六、以国家高新技术开发区为载体推动股权激励

当前，一方面要加快落实股权激励试点工作，逐步放宽实施门槛，扩大试点范围。大力推进示范区内企业、高等院校、科研院所开展股权和分红激励试点，探索利用国有股权收益部分激励企业团队的试点，逐步适当放宽企业实施股权激励的资产等条件限制，让更多创新型中小企业参与试

点。另一方面，要积极探索技术和管理要素按贡献参与分配的实现形式，创新企业分配激励机制。探索职务科技成果入股、股权奖励、股份期权、科技成果收益分成等多种形式的股权和分红激励，推动企事业单位灵活采用年薪制、人才协议工资制、项目工资制、创业股、劳动积累股、收益分享制等有利于鼓励创新的分配形式。

23
当前 VC/PE 的行业深度调整的方向[*]

作为金融创新的产物，VC（风险投资）、PE（私募基金）及天使投资等股权投资具有高风险、高收益的特点，能够帮助有广阔市场前景的企业，尤其是科技型中小企业快速成长，是我国创业创新的重要支柱。2010年，随着我国经济的快速发展以及创业板市场开启所带来的高投资回报率，大量的社会资金涌入 VC/PE 行业，VC、PE 机构数量和资金规模均呈现快速增长的态势，行业进入迅猛发展阶段。然而，经过 2010 年的过度膨胀和非理性发展之后，当前我国 VC/PE 行业的发展已进入深度调整期。在募集方面，2012 年上半年中国创投市场新募集基金 79 只，同比下降60.3%；新增可投资于中国内地的资本 33.71 亿美元，同比下降 77.1%，募资总额回落到自 2009 年下半年以来的最低点。在退出方面，随着抑制"炒新"成为监管重点，"上市等于暴利"的时代已经逐渐远去。2012 年第二季度，IPO 退出账面平均回报率跌至 3.5 倍，创下 2010 年以来的最低水平。

VC/PE 行业深度调整的背后有着深刻的原因，就是 VC/PE 功能异化、行业行为投机化和发展泡沫化倾向明显。具体而言，当前 VC/PE 行业的发展存在"四重四轻"行为。一是"重投机，轻发展"的盲目跟风行为，突

　＊ 本文发表于《金融时报》2012 年 11 月 5 日，高梅、刘江日协助研究。

出表现为一哄而起的非理性行为。"全民 PE"浪潮掀起，有钱就 PE，哄抬 IPO 项目。二是"重短期见效，轻长远战略"的短视和短期行为。大多数投资者都选择短期投资，预期在短时间内获得丰厚回报，并以此规避风险。统计显示，目前国内 VC/PE 平均投资周期仅有 2—4 年。三是"重晚期，轻早期"的急功近利行为。不重视早期的企业发现、筛选、培育，只重视晚期摘"成熟的桃子"，投资阶段明显偏向扩张期和成熟期，造成后端投资过度地"拥挤"，而前端投资则出现严重的"贫血"。四是"重规模，轻服务"的贪大求快行为。VC/PE 规模膨胀与人才匮乏之间的矛盾不断加剧，投资机构普遍缺乏投后管理和增值服务的能力。

当前，VC/PE 功能异化、行为投机化和发展泡沫化已经成为行业的最大危机。为化解我国 VC/PE 行业危机、促进其健康可持续发展，不仅需要行业自身的努力，还要发挥政府"看得见的手"的作用，为行业发展营造良好的市场环境。

VC/PE 机构要苦练内功，行业组织要充分发挥自身调节作用。第一，通过"专业化"，实现 VC/PE 行业理性发展。投资行业要专注。VC/PE 机构要依据自身专业特点，投资熟悉、擅长的行业或领域，充分发挥专业特长，提高决策水平，从而降低风险。投资策略要独特。根据自身投资需求及其风险承担能力，对投资资产进行独特安排和配置，逐步探索形成自己的投资风格。投资地域要多样。从目前数据来看，无论是 VC/PE 投资案例数，还是 VC/PE 融资金额，北京、上海等东部沿海地区都居于领先地位。要实现区域间差异化发展，推动投资地域向中西部地区转移，充分挖掘欠发达地区的具有发展潜力的企业和项目。第二，去"投机化"，回归 VC "本色"，投资链条前移。当前我国 VC 的"PE 化"倾向严重，投机色彩较浓，企业培育的原有功能缺失。随着二级市场市盈率逐渐下降，传统 Pre—IPO 套利空间不断压缩，投资机构从中后期投资向中早期转移、回归真正的价值投资领域成为必然趋势。为此，要从整体着眼，合理引导 VC 回归本位，积极推动投资链条前移，鼓励投资机构专注有潜力的高技术和高附加值产业，让其真正成为我国企业发展的"孵化器"。再次，规模的扩张要与人才队伍的建设同步。股权投资行业是人才密集型行业，股权投资人才通常要求具有较高的综合素质，而目前我国股权投资从业人员大多是"半路出家"，专业知识不够，严重制约 VC/PE 机构自身发展乃至整个行业的健康发展。因此，VC/PE 机构在引进国外投资专家、吸收海外先进的投资管理经验的同时，更要着重加强本土 VC/PE 专业人才队伍建设。要优化人才队伍建设的"硬环境"和"软环境"，搭建"产、学、研"互动合作平台，构建起适合本土专业人才成长的培养机制，实现专业人才和产业的双向流动。第六，要抓住海外投资机遇，推动我国企业国际化。当前企业海外投资并购趋热，"走出去"成为企业成长壮大的重要途径之一。企业在海外并购时，遇到的难题主要是资金短缺，特别是民营企业，由于银行融资条件苛刻，企业"走出去"的同时亟需拓宽融资渠道。而 PE 能帮助企业"走出去"，实现海外拓展。为此，我国企业"走出去"亟需资金实力较强和专业水平较高的 PE 机构作为后盾。PE 机构要抓住机遇，通过参与企业海外并购，发掘自身投资价值，实现企业和投资机构"双赢"发展。

政府要为 VC/PE 行业健康发展营造良好的市场环境。第一，完善股权投资行业相关法律法规，推动适度监管和行业自律相结合。通过法律法规体系的完善，明确股权投资参与主体、客体以及监管部门之间的权利义务关系等，减少股权投资过程中的法律风险，为股权投资的规范发展提供坚实的法律保障。国际经验表明，股权投资行业的健康发展除要依靠法律法规的规范外，更应重视行业协会的自律功能。借鉴国际经验，政府对股权投资行业的管理应以引导、规范为主，适度监管，充分发挥行业协会自律功能。第二，构建多层次的"正金字塔"型资本市场，实现股权投资退出渠道的多元化。我国"正金字塔"型资本市场的构建，要在发展主板市场、中小板市场、创业板市场的基础上，积极推动新三板市场的扩容和场外交易市场的建设。同时，还要完善区域性的产权交易市场和多层次资本市场的转板机制建设。对于产权交易市场，政府应加大监管和引导力度，使其充分发挥资源配置和价格发现功能，疏通退出渠道。通过转板机制的建设，对接场内和场外交易市场，增加市场弹性，提高市场安全系数。大力发展并购基金，鼓励股权投资通过并购市场退出，改变当前九成 PE 靠 IPO 退出的"千军万马过独木桥"的局面。第三，拓宽投资空间，培植更多更好的项目源头，引导股权投资基金进入国家"十二五"规划的市场前景宽广的战略性新兴产业和现代服务业。当前，我国股权投资节奏放缓，除受国内外宏观经济不景气影响外，还与优质项目源减少有很大关系。因此，政府可培植更多更好的有关战略性新兴产业和现代服务业的项目源，在拓展股权投资渠道的同时，实现稳增长和调结构相结合。第四，政府可通过减税、减费、减负等财税激励政策，为股权投资者营造宽松的投资环境。一方面可通过调节财税政策来管理股权投资行业，并通过政策主体、客体及适用范围等内容的细化和明确化，来降低投资过程中的交易成本和风险，提高股权投资收益，从而调动投资者的积极性；另一方面可通过减少征税环节、降低税率、提高税基、再投资退税等措施加大财税优惠力度，从而吸引更多的社会资本进入股权投资行业。第五，完善以"天使投资—风险投资—股权投资"为核心的投融资链体系，尤其要大力规范发展天使投资，鼓励更多的"闲钱"进入投资领域，实现对创新型企业发展的全过程服务。通过完善天使投资信息平台，加大天使投资专业培训力度，打造天使投资团队，促进天使投资与 VC、PE 协调发展。同时，在股权投资行业的发展过程中，要强化政府对股权投资的支持和引导作用，充分发挥政府引导基金的"杠杆作用"，最大程度调动社会资本参与的积极性，尤其吸引民间资本参与到创新创业投资中来，并协调好引导基金的社会效益和经济效益之间的关系。第六，以高新区为载体，打造股权投资行业的聚集地，支持企业创业创新。高新区融合了各种生产要素，是技术、信息、知识、人才、资金等的集聚地。将高新区培育成股权投资聚集地，能促进资金与其他生产要素更好地结合，实现股权投资的规模化发展。通过高新区硬件设施和软件环境的优化，吸引更多高品质的创新或成长型企业入驻园区，同时通过开展项目推介会、高峰论坛、投资经验交流会、搭建信息平台等多种形式，为园区企业和股权投资机构之间的对接搭建桥梁。

24

拓宽民间投资渠道
推动民营企业健康发展[*]

当前，民间资本和民营企业面临结构性纠结。一方面由于利率、汇率、税率、费率"四率"，薪金、租金、土地出让金"三金"，原材料进价和资源环境代价"两价"等多种因素叠加推动企业成本直线上升，导致许多民营企业利润比"刀片"还薄，大量微小企业甚至处于无利润或亏损状态，实业难做，民间资本大量游离实体经济。同时，受限于国内金融体系不完善、楼市限购、股市低迷、存款负利率，民间资本投资渠道变得越来越窄。另一方面，逐步收紧的货币政策使得投资的信贷环境明显趋紧，导致实业投资资金链紧张，不少民营企业被"挤出"，难以从正规金融获得资金，面临更加严重的融资难困境，求助于高利率的民间借贷又承受着融资贵压力，同时面临着高风险。另外，由于缺乏有效的优惠扶持政策和完善的投资服务体系，民间资本的投资环境不优，激励不足，风险较高。

民间投资具有机制活、效率高、潜力大、有利于创业创新、就业效应强的特点，是增强经济增长内生动力和活力、实现可持续发展的重要途径。但目前我国市场结构存在两极分化：一端是一些垄断企业，凭借垄断地位，利润大好；另一端是在一些行业中大量民营企业过度竞争和无序竞

＊ 本文发表于《今日中国论坛》2011 年第 11 期，文骏协助研究。

争，利润微薄。为了鼓励和引导民间投资健康发展，国家出台了一系列政策性文件。但是，由于行政性垄断现象严重，监管部门缺位与越位并存，竞争管制与歧视性待遇并存，以及垄断行业改革滞后，民间投资在很多领域的发展仍然受限，特别是在社会广泛关注的铁路、金融、能源、市政公用事业等重要领域的进展甚微，遭受"玻璃门"、"弹簧门"和"铁门"的阻力。据全国工商联 2011 年最新发布的《中国民营经济发展形势分析报告》显示，私人控股企业在金融业、交通运输、仓储和邮政业、水利、环境和公共设施管理业、公共管理和社会组织等领域的固定资产投资占这些领域全部投资的比重均不足 10%。民营企业发展领域受限，极大影响了其利润空间和发展空间。当前拓宽民间资本的投资领域需要采取四大举措：

一、进行顶层设计和总体规划，进一步深化垄断行业改革，有效打破既得利益对改革的锁定，构建有利于多种经济科学发展的体制机制，释放民间投资增长活力，大力拓宽民间投资渠道

胡锦涛同志曾指出，体制机制不完善、改革不到位，是经济社会发展中诸多矛盾和问题产生的重要根源。进行垄断行业的改革，拓宽民间资本投资渠道，要坚持"高屋建瓴、从长计议、深谋远虑、系统设计"的原则。具体来说：

一要采取"高屋建瓴"的高端设计，自上而下进行改革。改革是对既得利益的调整，触及利益层次深，牵涉范围广，面临可以预见和难以预见的风险和挑战。为此，要成立由中央直接领导的、超越部门的改革领导协调机构，进行顶层设计和总体规划，防止部门利益对改革的锁定。要通过法律形式将改革目标上升为国家意志，形成顶层设计的高度权威，推进"自上而下"的改革。

二要有长远的战略眼光，谋划长远之道，少用权宜之计。改革不仅涉及当前各个群体之间的利益调整，还涉及当前利益和长远利益之间的利益权衡。长远战略眼光的缺乏，往往会使制度改革受困于处理当下的利益矛

盾纠纷，使得深层次改革被拖延。因此，继续深化改革，要有长远的战略思维，要放眼到一个更长的时间维度与更大的时代背景中去理解当下改革，理清部门利益与整体利益、短期利益与长期利益的关系，准确把握改革时机。要从长计议，既不能急功近利，又要防止改革左右摇摆，走弯路。改革要有明确的方向，要吸取过去的经验和教训，将长远目标与短期任务结合起来，抓住和解决事关长远的重大问题，谋划长远，增强后劲。

三要深谋远虑，有锐意改革的勇气，强调治本而不是治标。中国改革开放以来年取得了举世瞩目的成就，但也留下了某些"深水区"的硬核问题。未来深化改革要发挥锐意改革精神，将重心放在"硬核"问题上，集中精力在重点领域和关键环节有所突破，破除体制机制性障碍，解决深层次矛盾。要进一步解放思想，摆脱传统思维定势，正确认识政府与市场、公平与效率、国企与民企、增长与发展等关系到中国经济发展方式转变的根本问题，勇于在经济、政治、文化和社会体制改革等方面发力攻坚。

四要系统设计、通盘考虑。一个体系中的各种制度具有互补性，制度变革本质上就应该整体推进，如果仅局限于局部改革，很容易出现"拆东墙补西墙"、顾此失彼的问题。因此，改革要明确最终目标、子系统或子目标及其先后顺序、改革时间表、改革方案和保障措施，注重各个环节的互动和连接，把握好改革的节奏和力度。要破除改革的"碎片化"，打好政策"组合拳"。要建立监督机制，增强改革政策执行力度，允许地方因地制宜，但要着力防止地方或部门逃避执行、选择性执行和越位执行等。要制定严格、系统的改革配套政策，形成决策前有调研论证，执行中有监督问责，执行后有评价追究的全程制约机制。要建立改革失误的预警和应对机制，形成改革的激励机制，完善政绩考核体系，激励地方政府、利益相关者参与改革。

二、鼓励和引导民间资本发展战略性新兴产业，让民营企业从过度竞争的"红海"走向前景广阔的"蓝海"，解决民间资本"无处可投"的困境，促进民间投资健康发展，增强战略性新兴产业发展活力

国家"十二五"规划提出，要在继续做强做大高技术产业基础上，把

战略性新兴产业培育发展成为先导性、支柱性产业。战略性新兴产业是新兴科技和新兴产业的深度融合，具有高成长的特性，拥有广阔的发展前景，是市场尚未完全开发、游戏规则尚待确立、多元化主体竞合发展的"蓝海"，为民间投资的发展提供了重大机遇。经验研究表明，在企业开辟的新项目中，86%的"红海"业务带来了39%的利润，而14%的"蓝海"投入带来了61%的利润。依据规划，战略性新兴产业增加值占国内生产总值的比重到2015年力争达到8%左右，到2020年力争达到15%左右。而据相关统计显示，目前该比重仅为3%左右，未来市场发展空间巨大。战略性新兴产业在科技攻关、产品升级、市场开拓、人才引进等诸多方面需要长期的、巨大的、不间断的资金投入保障，在不同发展阶段和产业链不同环节也可能面临技术、市场及财务等风险，但是战略性新兴产业的技术创新成果商品化和市场化一旦获得成功，投资收益率将大大超过传统产业的收益率，能够满足民间资本获取高回报、高利润的要求。

充裕的民间资本是战略性新兴产业发展的重要力量，在推动技术创新、发掘市场等方面天生具有较高的敏感度，可以通过实质性参与战略性新兴产业的发展而分享高回报和共担高风险。同时，相关政策的支持从制度上赋予了民间资本参与新兴产业投资和分享发展成果的权利。2011年8月15日，为贯彻落实《国务院关于鼓励和引导民间投资健康发展的若干意见》和《国务院关于加快培育和发展战略性新兴产业的决定》文件精神，国家发展改革委印发了《关于鼓励和引导民营企业发展战略性新兴产业的实施意见》，提出我国将采取放宽准入门槛、同享公共资源、参与政策制定、支持创新能力提升、扶持科技成果产业化等十大政策措施鼓励和引导民营企业在战略性新兴产业领域形成一批具有国际竞争力的优势企业。当前，关键是鼓励和引导民间投资发展的相关政策进一步细化和落实，以新兴产业发展为契机，切实解决民间资本投资领域受限、渠道不畅等问题，促进民间投资进一步发展。

三、规范民间金融，完善天使投资、风险投资、股权投资体系，构建多层次资本市场，将民间储蓄有效转化为民间投资，避免民间资本"热钱化"

当前，我国充裕的民间资本趋向"高利贷化"，借贷违约的风险正在急剧加大，可能会引致金融"堰塞湖"风险并延伸至实体经济。为此，要放宽金融管制，规范民间金融，多疏少堵、因势利导，通过发展社区中小银行、扩大小额贷款公司、拓展村镇银行等小金融机构，引导灰色的民间信贷阳光化、规范化、机构化、合法化，使其成为多层次金融体系的有机组成部分。要加快民间金融的立法，制定我国民间融资相关法律，明确民间金融的合法地位，建立一个规范民间融资活动的秩序框架，将其纳入法制化轨道，引导民间金融规范发展。同时，要积极鼓励具有大量"闲钱"、冒险精神和成功创业经历的富人开展天使投资活动，培育壮大天使投资人群体，并通过不断完善天使投资机制，引导巨额的民间资本转化为创业投资，推动风险投资和私募股权投资的发展。要鼓励和引导民间资本参与投资基金、融资租赁、信托、担保等行业，拓宽民间资本的资产证券化渠道，发展新型金融业态。要努力做强主板市场，壮大中小企业板市场和创业板市场，完善股份代办转让系统和产权交易市场，加快建设债券市场，建立完善的、多层次的资本市场体系，让参与股权投资的民间资本通过多层次的资本市场退出获得最大增值效益。

四、扶持民间投资的财税支持体系，优化投资服务，强化投资权益保护，降低民间投资风险，提高投资收益，解决民间投资激励不足的问题

铁路、金融、能源、市政公用事业等重要领域和战略性新兴产业领域往往投资额较大，回报周期长，民间投资往往难以享受与国企同等的政策性补贴、税收减免和政府注资等优惠政策，显得动力不足。为此，要落实鼓励民间投资发展相关政策文件中提出的政府采购、合理的定价和收费补

偿机制、税收优惠及政府补贴等政策，出台具有可操作性和无歧视性的政策细则。尤其针对投资收益率低的基础设施和公共事业项目，通过价格补偿、利差回报、资源补偿、税收返还、竞争性项目审批控制等方式保障民间投资收益水平，增强其投资积极性。要营造民企与国企间平等使用生产要素、公平参与市场竞争、同等受到法律保护的环境，特别是要让不同市场主体平等使用信贷资源。推进建立专业化投资服务机构，完善民间投资管理决策、营销策划、投资咨询和审核报批等方面的综合服务，充分发挥专业市场中介服务组织的积极作用。构建政策、技术、市场信息等综合性投资信息网，筛选和储备投资项目，为民间投资提供准确、充分的投资信息。强化政府投资信用约束，尽快健全投资经营中止赔偿制度和投资产权的侵权处罚制度，完善民间投资退出机制，降低民间资本进入铁路、金融、能源、市政公用事业等重要领域和战略性新兴产业领域的风险。

25

规范民间信贷和民企
融资难需标本兼治[*]

改革开放 30 多年来，民间金融已成为支持促进中小企业发展的重要融资来源，是我国正规金融体制的有益补充，在推动我国经济持续高速增长，特别是民营经济发展中扮演十分重要的角色。当前，一方面由于楼市限购、股市低迷、存款负利率，社会投资渠道变得越来越窄；另一方面，钱荒、电荒、用工荒、高成本、高税费等多重因素叠加导致实业难做，出现大量民间资本游离实体经济，涌向民间信贷市场"炒钱"。由于银根紧缩，当前大量的中小企业融资渠道匮乏而资金渴求强烈，致使民间借贷市场十分火爆，呈现"高利贷化"，造成金融"堰塞湖"。民间金融"高利贷化"和实业"空心化"成为当前经济中不可忽视的两大潜在风险。化解这种风险要在规范民间金融的基础上切实缓解中小企业融资难。

一、民营中小企业面临前所未有的融资难

中小企业融资难是个世界性难题。与其他市场经济国家相比，我国金融市场化改革步伐过度稳健谨慎，中小企业投融资机制不完善、渠道不通

---

* 本文发表于《中华工商时报》2011 年 11 月 9 日，王敏、杨威协助研究。

畅，融资问题更显突出。当前，由于正规金融信贷规模全面收紧，中小企业融资面临前所未有的困境和乱象。

一是融资难，大量中小企业被"挤出"，难以从正规金融获得资金。由于民营企业家资金实力弱、企业规模小、可供抵押资产少及信用等级偏低等原因，中小企业常常遭遇银行"重大轻小"、"嫌贫爱富"的规模歧视和"重公轻私"的所有制歧视，难以从正规银行体制获得信贷融资。据全国工商联在 17 省市的调研显示，90% 以上的受访中小企业表示无法从银行获得贷款。在货币政策持续紧缩背景下，银行信贷资源往往优先保障国企和政府项目，面向大城市、大企业、大项目，大大加剧了中小企业融资难度，流动资金日益短缺。央行 2011 年第三季度企业家和银行家调查数据显示，银行贷款需求总体上与上季度基本持平，但中小企业贷款需求，特别是用于经营周转的贷款需求明显上升。

二是融资贵，民间借贷利率趋高，企业资金成本压力不堪重负。我国信贷市场长期呈现二元结构，体制内的商业银行和体制外的民间信贷并行。国企和政府可以充分利用各种资源优势和渠道优势从银行低利率获取大量廉价资金，而民营中小企业只能求助高利率的民间借贷，"僧多粥少"的资金配置格局不断推升民间借贷利率。有统计显示，当前我国商业银行指导利率水平是 7% 左右，而民间信贷利率却高达法定利率 10 倍左右，浙江民间借贷利率最高的达到 180%。企业资金成本不断攀升，加剧了中小企业生存困境，正成为促使企业逃离实体经济的重要推手。

三是融资乱，资金配置格局失序和失范。获利颇丰的高利息信贷业务吸引了个人资金、上市公司资金、海外游资，甚至部分银行贷款等各路资金参与，并通过"影子银行"最终流入房地产市场以及高风险投资领域。浙江、江苏、内蒙古、陕西、福建等省份许多地方出现"高利贷"之风愈演愈烈现象，资金层层转贷，利率节节攀高，民间借贷市场异化为高利贷市场。在中小企业面临着钱荒、用工荒、高成本、高税费等多重因素叠加导致的生存困境背景下，实体经济投资收益率远远低于借贷收益率。基于资本逐利本性，大量资金从实业中涌向借贷市场，严重扭曲了资金在实体经济与虚拟经济中的配置，加剧了"民资热钱化"风险。据央行温州中心支行报告显示，温州大约 89% 的家庭、个人和 59% 的企业参与了民间借贷。各类资金的无序流动进一步加大了金融市场监控的难度，扰乱金融市场的秩序，加剧资金资源配置的混乱格局，影响配置效率。

四是融资险，借贷双方均面临高风险。我国传统民间金融是以血缘、亲缘和地缘等为主要信用基础的关系型融资，处于法律监管的边缘地带，主要依赖民间声誉机制等来保障信贷双方的合法权益，但在民间借贷"高利贷化"背景下，借贷违约的风险正在急剧加大。当前，民间借贷的高利率如同一把"双刃剑"：一方面，高利率为债权人带来丰厚收益，也提升了债务人的违约激励；另一方面，高利率提高了债权人的维权成本，增加了债务人的经营成本。资金成本与收益的严重背离，在某种程度上聚集和放大了信贷双方的融资风险。有调查显示，当前中小企业利润率不足3%，从事实体经济的企业很难长期支付高利贷本息，面临资金链断裂风险；而民间借贷利率超过同期法定贷款利率4倍以上即不受法律保护，借贷方也存在权益受损风险。2011年各地发生的高利贷资金链断案件，初步暴露了金融"堰塞湖"风险。

二、规范民间金融和化解民企融资难需标本兼治

化解中小企业融资难和规范民间信贷需要双管齐下，标本兼治。

在规范民间金融方面，要多疏少堵、因势利导，引导灰色的民间信贷阳光化、规范化、机构化、合法化，对微型金融出台独立管理办法，充分发挥其"拾遗补缺"的重要作用。民间借贷对于识别中小企业贷款风险，满足其短、频、急融资需求，具有独特优势。对于当前的民间借贷要多疏少堵，以"招安"方式让民间借贷"去灰色化"，成为多层次金融体系的有机组成部分。一要通过发展社区中小银行、扩大小额贷款公司、拓展村镇银行等小金融机构引导灰色的民间信贷阳光化、规范化、机构化，创新信贷供给主体，让草根金融支持小企业草根经济。在审慎有序、风险可控的原则下，放宽小额贷款公司转制为村镇银行的限制。发展由民间资本参与的社区中小银行，使民间非正规金融通过市场化的配置彻底走向"阳光化"。二要进一步拓宽民间资本的投资渠道和发展空间，鼓励民间资本通过 PE（股权投资）、VC（风险的投资）和天使投资等方式进入战略性新

兴产业和有市场潜力的实体经济。三要积极探索网络融资及监管新模式，依托网络平台为中小企业融资开辟新的通道。在浙江，通过政府的积极引导和扶持，浙江小企业网络贷款融资已达到 400 亿元以上。未来要借鉴先行国家和地区网络融资经验，完善相关监管，探索基于网络的安全有效融资模式。四要健全民间金融监管机制，重视行业自律，加强金融风险预警与动态监测力度，建立银行信贷资金与高利贷的"防火墙"。五要加快民间金融的立法，制定我国民间融资相关法律，明确民间金融的合法地位，建立一个规范民间融资活动的秩序框架，将其纳入法制化轨道，引导民间金融规范发展。

加快金融体制改革进程，积极构建与大量中小企业和少量的大企业的"金字塔"结构相匹配的多层次金融体系。除了上述作为金融体系重要组成部分的民间金融外，迫切需要完善面向中小企业的正规金融体系和政府的公共金融服务。第一，通过构建税收激励新机制，引导商业银行给中小企业融资。要加强商业银行中小企业信贷业务的税收优惠，通过中小企业信贷业务营业税减免、所得税调减、允许中小企业融资的利率浮动上限提高、允许贷款坏账的税收抵免等举措，提高银行中小企业贷款业务收益。要探索"以税定贷"机制帮助中小企业融资，即向中小企业放多少贷款与所交税款相联系。第二，不断推进发展多层次信用担保体系，特别要重视发展政策性担保体系。发挥财政资金引导作用，设置贷款担保基金和政府专项基金，引导各类信用担保机构为中小企业融资提供全方位、多样化担保服务。要坚持"政府推动、社会参与、市场运作"的原则，加快研究制定中央财政、地方财政、企业共同出资组建多层次贷款担保基金和担保机构的具体实施办法，完善由以政府为主体的政策性信用担保机构建设，构建多层次信用担保体系。第三，积极探索面向中小企业的政策性银行建设，提供各种面向中小企业的公共金融服务，建立征信制度降低金融机构的经营风险。第四，放松金融管制，改革金融垄断，稳步推进利率市场化改革，改变金融市场的二元分割局面。第五，进一步完善壮大新三板市场，健全多层次资本市场体系，探索中小企业集合债券、短期债券等多种债券融资方式，全力扩大对中小企业的直接融资。

26

立法赋予民间金融合法地位[*]

2011 年温州爆发民企债务危机引起社会各界的高度关注。常熟市两老板欠债约 8.3 亿后"跑路",其中涉及银行贷款近 3 亿元,再一次掀起民间借贷风波。企业资金链断裂、还不起民间借贷等造成老板"跑路",极易引发诉讼、上访,甚至群体性事件,同时会传导至银行造成潜在金融风险。据相关统计,2011 年全国法院受理民间借贷纠纷案件 608477 件,比 2010 年上升 38.27%。其中,作为民间借贷最为活跃的温州,2011 年法院受理民间借贷纠纷案 12052 件、审结的标的额为 53.86 亿元,与 2007 年受理案件和审结标的额相比分别增长了 4.2 倍和 25.27 倍。奥地利著名法学家埃利希认为:当代法律发展的重心在于"社会本身"。当前,民间借贷纠纷案件数量的激增反映了中小企业强烈的民间融资需求,从侧面证明了民间金融存在的合理性,但也提出了规范民间金融发展的法制化需求。一方面,应该承认,民间金融作为正规金融体系的有益补充,在缓解中小企业融资难题方面发挥了重要作用。改革开放以来,我国民营经济取得了极大的发展,资金需求规模也相应增加,但是由于受到银行等金融机构"重大轻小"、"嫌贫爱富"的"规模歧视"和"重公轻私"的"所有制歧视",民营企业体制内融资非常困难,而民间金融凭借其融资效率高、机

---

　　* 本文发表于《法制日报》2012 年 3 月 27 日,刘江日、杨威协助研究。

制灵活、信息透明等多种优势成为民营企业融资的主要渠道。作为民营经济的主力军，中小企业融资主要依赖于民间金融。全国工商联公布的《我国中小企业发展调查报告》显示，90%以上的受调查民营中小企业实际上无法从银行获得贷款，全国民营企业和家族企业在过去三年中有62.3%的资金来自民间借贷。但另一方面，由于相关法制不健全或立法滞后，我国民间金融长期徘徊在正规金融体系之外的灰色地带，正常的民间借贷行为已经与非法集资、集资诈骗等犯罪活动交织在一起，游离在合法和非法之间，使得目前民间金融市场开始偏离过去的轨迹，向着高危、失控的"高利贷化"方向发展。民间金融的异化发展不仅加大了民企借贷成本，扰乱了民间金融市场的正常秩序，而且加剧民间借贷资金链断裂的潜在金融风险，影响了社会稳定。

温家宝总理在2012年《政府工作报告》中明确提出，要"规范各类借贷行为，引导民间融资健康发展"，"加强对符合产业政策、有市场需求的企业特别是小型微型企业的信贷支持，切实降低实体经济融资成本"。阳光化是最有效的防腐剂，只有使用法制手段让民间金融从地下无序的"灰色地带"走向地上有序的"阳光化"发展，才能规范民间借贷行为，保证民间金融健康有序发展。而如果缺乏足够的法制引导和规范，民间借贷市场可能发生"异化"，成为高利贷、非法集资、集资诈骗等犯罪滋生的"土壤"。为此，要通过法律法规建设赋予民间金融合法地位，推进民间金融组织的合法化运作，健全金融监管机制，以规范民间借贷市场。♦

一、制定和完善相关法律法规，赋予民间金融合法地位，引导民间金融步入阳光化、法制化轨道，使民间金融从"地下"野蛮成长走向"地上"理性发展

当前民间金融异化发展与法律制度缺失有着紧密的联系。中国社会科学院法学研究所《中国法治发展报告（2012）》指出，一方面由于民间借贷的相关立法滞后于社会实践，相关法律规则散见于《民法通则》、《合同法》等法律法规中，暴露出零散化缺陷；另一方面，民间借贷市场监管缺位，其法律地位陷入尴尬境地。美国著名法学家兼最高法院大法官本杰

明·N. 卡多佐曾说过："法律就像旅行一样，必须为明天做准备，它必须具备成长的原则"。我国民间金融立法工作也必须适应社会发展需要而进一步推进。为此，应尽快制定一部适合我国国情的完整规范的民间金融法律，明确规定民间金融的法律地位、借贷形式、运作模式、资金投向、贷款额度、借贷期限、利率水平和纠纷处理方式等，区别各种民间金融行为的合法性和非法性，引导民间金融走向法制化轨道。2011 年《最高人民法院关于依法妥善审理民间借贷纠纷案件，促进经济发展维护社会稳定的通知》中要求"依法保护合法的借贷利息，遏制民间融资中的高利贷化和投机化倾向，规范和引导民间融资健康发展"。为此，要适当调整民间借贷的上限标准，或者细化不同地区、不同情形下的利率标准，建立民间借贷登记制度，鼓励民间金融主体诚信经营、信息公开，从而防范高利率借贷在"地下"野蛮成长，推动其在"地上"理性发展。要严格遵循《关于审理非法集资刑事案件具体应用法律若干问题的解释》以及《刑法》的相关规定，在清晰界定集资诈骗等非法民间金融活动的基础上，打击违法行为，避免"灰色金融"向"黑色金融"的异变。

二、加快金融体制创新，引导民间资本建立面向中小企业的社区银行和中小银行，构建与企业分布相匹配的"门当户对"的多层次金融体系，使民间借贷从"场外"走向"场内"

将民间金融纳入正规金融渠道，不仅有利于实现民间金融组织的合法化、规范化运作，保护借贷双方利益，而且有利于弥补我国金融组织体系结构单一的缺陷，完善多层次金融市场，提高金融体系的竞争性。2006 年以来，中国银监会相继出台《关于调整放宽农村地区银行业金融机构准入政策更好支持社会主义新农村建设的若干意见》（2006）、《关于小额贷款公司试点的指导意见》（2008），鼓励民间资本投资建立村镇银行和小额贷款公司，开启了我国民间金融的组织化、规范化进程。当前，要借建设温州国家金融综合改革试验区的契机，进一步放松民间资本投资村镇银行、小额贷款公司的限制，逐步提高民间资本所占比例，实现产权结构的多元化，增强民间资本进入银行业的积极性和投资热情，充分发挥民间资本的集体智慧。2012 年最高人民法院《关于人民法院为防范化解金融风险和推进金融改革发展提供司法保障的指导意见》中明确要求"依法规范金融秩序，推动金融市场协调发展"，"促进多层次金融市场体系建设"。为此，要积极创新民间金融机构形式，借鉴国外发达国家社区银行经验和我国村镇银行经验，逐步放宽民间资本组建地区性民营中小银行的限制，鼓励民间资本参与建立城市民营中小银行，将满足条件的现有民间金融组织逐步改造成规范化运作的民营中小银行，在市场准入和利率方面给予更大的灵活性。加强对民营中小银行的法律制度研究，探讨民营中小银行的设立条件、注册资本、市场定位、经营地域、业务范围以及退出渠道等问题，促进民营中小银行的培育和发展。

三、创新金融监管体制，建立分层次的监管体系，探索中央监管机构管住大金融机构，微小型金融机构由地方监管的模式

美国著名法学家罗斯科·庞德曾强调，"法律的生命在于其实施"。当前，不仅要让民间金融纳入法制轨道，还要将民间金融置于依法监管之下。为此，要完善监管内容，制定民间资本入股或控股金融机构的单一法则或实施细则，明确民间资本入股或控股金融机构的出资比例要求、进入方式、价值取向、业务范围、放贷资金来源，明确监管要求、财务制度和风险控制制度要求。建立在市场原则基础上的民营金融机构退出机制，允许支持金融机构在《公司法》、《企业破产法》等法律许可范围内自由退市，金融监管部门要对风险达到一定程度或资产低于一定限额的金融机构，强制进行重组、兼并和清算，通过优胜劣汰的市场机制，降低金融转嫁风险，提高民间金融机构运营效率。要建立地方与中央相关部门的即时信息沟通机制，探索中央监管机构只监管大的金融机构，微小型金融机构放给地方的监管模式。

—27—

温州改革为建立竞争有序的
金融生态"破冰"*

近年来，我国实体经济与金融体系投资回报"两极分化"、资金"脱实向虚"、民间借贷市场"高利贷化"现象不断引起社会各界强烈反响。进一步深化金融改革、打破金融垄断的呼声此起彼伏，从实业界、学术界逐步传递到政府决策层，有力推动了该领域改革议程的提速。2012 年"两会"上，《国务院政府工作报告》在部署经济工作任务时，将"深化财税金融体制改革"作为"深入推进重点领域改革"的首要重点任务，提出"规范发展小型金融机构、建立存款保险制度、深化利率市场化改革"。王岐山在中小金融机构座谈会上表示，"要在有效监管的前提下，用改革创新的办法解决市场准入和退出、区域布局、风险防范等问题，鼓励、引导和规范民间资本进入金融领域，不断发展和完善'草根金融'。"近期，国务院决定设立温州市金融综合改革试验区和正式批准《浙江省温州市金融综合改革试验区总体方案》，明确提出放宽民间资本设立金融机构的市场准入、规范民间金融发展的十二项任务，再次成为关注焦点。从某种意义上讲，温州金融改革正是打破当前金融垄断，构建竞争有序的金融生态的一次重要试验，为进一步在更大范围内的深化金融改革先行先试、积累

---

* 本文发表于《中国金融》2012 年第 9 期，刘江日协助研究。

经验。

一、温州是民间金融改革的最佳"试验田"

选择温州试点金融综合改革，其原因在于温州具备综合金融改革的现实基础和有利条件，同时也是此次民间借贷危机的"风暴眼"和"重灾区"，首先解决温州问题有助于形成良好的示范效应。

一方面，温州素有市场化的改革基因，是我国民营经济的"发源地"和"风向标"。温州民间资本充裕，民营企业尤其是中小企业数量众多。粗略统计显示，温州有40多万民营中小企业和6000多亿民间资金，坚实的民营经济基础将为温州金融改革创造有利的条件。

另一方面，温州问题具有典型性和普遍性，治理危机亦成为当前温州金融改革试点的原因之一。由于实体经济利润下降，且楼市限购、股市低迷、存款负利率，"投资无门"致使大量民间资本演变成炒资产的"游资"和"热钱"。量大面广的中小企业体制内融资难度加大，体制外融资需求十分强烈。两方因素造成民间金融供需两旺，加之缺乏足够的引导和规范，致使民间金融脱离正常轨迹"异化"发展，民间金融"高利贷化"倾向严重。2011年，温州爆发民企债务危机，民间金融迅速积聚巨大金融风险。有统计显示，2011年1—9月浙江共发生228起企业主逃逸事件，其中温州以84起居首。另外，温州企业呈现出"赚快钱"的浮躁、急躁心态，导致民间资本游离实体经济领域，产业面临"空心化"的潜在风险。温州问题也在江苏、内蒙古、陕西、福建等省份的许多地方频频出现：资金"脱实向虚"，层层转贷，利率节节攀高，愈演愈烈的"高利贷"之风不断推高金融"堰塞湖"的潜在风险。

二、温州金融改革具有"一石多鸟"之效

温州金融改革是一次全方位的改革。针对温州经济发展过程中出现的民间金融"高利贷化"倾向以及产业"空心化"问题，本次改革定位于引导民间投资和规范民间融资，有望发挥"一石多鸟"之效。

一是有助于打破银行垄断，拓宽民间资本的投资渠道，实现投资自由。温家宝总理在广西、福建调研时指出"民营资本进入金融领域就是要打破垄断"，并表示中央已统一思想打破银行垄断。周小川行长强调，温州金融综合改革的要点和重点在于"减少管制、支持创新、鼓励民营、服务基层、支持实体经济、配套协调、安全稳定"。此次改革明确提出放开民间资本的金融准入，支持民间资本依法发起设立村镇银行、小贷公司、资金互助社等小型金融机构，推行民间融资备案制等内容，释放出放松金融管制，积极引进市场化竞争机制的信号。这是温州金融改革的最大突破，有利于打破银行垄断。自"试点"正式启动以来，温州金融市场随即产生众多"回应"。例如，2012年3月31日浙江省温州市东铁民间资本管理股份有限公司成立；2012年4月5日温州市向社会公开招投标7家小额贷款公司的主发起人；经过三个多月的紧张筹备，温州民间借贷登记服务中心进入"试营业倒计时"等等。

二是有助于构建多元化、多渠道、多层次的金融体系。改革试点在支持民间资本依法发起设立新型金融组织的同时，还鼓励民间资本的多渠道发展，比如股权投资、债券投资、境外直接投资等，同时提出要构建地方场外交易市场。这些举措有助于实现徘徊于灰色地带的民间金融从"地下"野蛮成长走向"地上"理性发展，将游离于实体经济领域的民间资本从"魔鬼"变为"天使"，让长期处于资金"饥渴"状态的民营中小企业获得"门当户对"的资金支持，满足多样化的投资需求和多元化的融资需求，提高我国金融体系的内部运行效率。

三是内外并举，使金融对内向民间资本的开放与民营企业对外直接投资并行，有助于放活民间资本，实现资金资源优化配置，以及促进民营企业海外拓展，提高民营企业的国际竞争力。

四是着重强调"完善地方金融管理体制"和"建立金融综合改革风险防范机制"，有助于构建以地方为主，地方和中央相互联动的监管体系，防止出现监管"真空"，为民间金融规范化运作奠定基础。

三、构建适应民营经济发展和民营企业融资需求的金融生态

当前，我国要以设立金融综合改革试验区为契机，积极探索推进民间

金融阳光化、合法化和规范化的战略路径，进一步建立健全相关政策安排，切实将金融改革的战略思考转化为具体执行方案，努力营造适合民间金融、民营企业、民营经济发展的金融生态。具体而言：

（一）建立和完善金融改革配套措施，破除改革进程中的"玻璃门"和"弹簧门"

进一步制定金融改革方案的实施细则，提高金融改革的操作性和执行力。积极推进相关法律法规建设，明确民间资本发起建立中小金融机构的合法性，为民间资本进入金融业提供法律保障。根据《村镇银行管理暂行规定》，"发起人或出资人应符合规定的条件，且发起人或出资人中应至少有1家银行业金融机构"，这很大程度上抑制了民间资本介入的积极性，为此，要推进《村镇银行管理暂行规定》的修订，明确小额贷款公司改制村镇银行的条件。尝试将小额贷款公司、村镇银行等小型金融机构的审批权限下放到地方政府，赋予民间资本更大的投资空间。要尽快建立健全银行存款保险制度，保障储户的合法权益，维护金融体系的安全和稳定。

（二）拓宽投融资渠道，构建与企业构成相匹配的"门当户对"的投融资体系，发展草根金融支持草根经济

过去的诸多努力及经验教训表明，金融市场的国有垄断门槛不降低，民间资本参与度不够，竞争不充分，要实现对中小企业和草根经济的金融"输血"，往往有名无实。为此，要通过打造多层次的投融资体系来构建良好金融生态，实现金融体系对中小企业融资的充分渗透。要借鉴国外发达国家社区银行经验和我国村镇银行经验，逐步放宽民间资本组建地区性民营中小金融机构的限制，鼓励民间资本参与建立民营中小金融机构，将满足条件的现有民间金融组织逐步改造成规范化运作的民营中小金融机构，在市场准入和利率方面给予更大的灵活性。要完善以"天使投资—风险投资—股权投资"为核心的投融资体系，为富裕民间资本提供良好的投资渠道，引导游离于实体经济的"游资"和"闲钱"回归，引导金融回归服务实体经济的本位，重振实业精神。要鼓励和支持大型商业银行和小金融机构开发更多的适合民资投资需求的金融产品与服务。

（三）重塑信用形象，加快金融信用体系建设，改善金融市场的信用环境

民间借贷危机使温州陷入一场信用危机，其金融市场的信用美德、信用形象及信用体系都遭受重创，金融改革要抓紧建立健全覆盖全社会的征信系统，加大对失信行为的惩戒力度，在全社会广泛形成守信光荣、失信可耻的氛围，以此重塑信用形象。要加快征信立法建设，完善民间金融机构信用信息收集、保存、评级机制，提高民间借贷的透明度。同时，要尽快建立中小企业信用管理体系，将中小企业的公共信用记录，如纳税、债务、资质等信息完整保存下来，作为金融机构发放贷款的依据。借鉴欧美等发达国家信用管理体系的建设经验，构建有效的信用中介机构体系，培育有信誉的信用调查评估机构，对金融机构、各类企业和个人进行信用调查、信用评级和信用咨询，向民间金融机构提供有关企业和个人以往信用和当前财务状况的信用报告，及时防范信贷风险，保护借贷双方的利益。

（四）创新金融监管体制，构建分层次的依法监管体系，营造科学有效的金融监管环境

严格、科学的金融监管是良好金融生态的重要组成部分，对防范系统性金融风险发挥着极为重要的作用。《浙江省温州市金融综合改革试验区总体方案》明确提出，"清晰界定地方金融管理的职责边界，强化和落实地方政府处置金融风险和维护地方金融稳定的责任"。为此，要研究确立地方政府对小型金融机构、地方民间金融活动的监管地位与监管责任，积极探索适合我国金融体系的金融监管模式。要建立地方与中央相关部门的即时信息沟通机制，探索中央监管机构只监管大的金融机构，微小型金融机构放给地方的监管模式。要在坚持发挥中央金融管理部门指导、协调和监督作用的同时，充分强化地方政府金融监管的意识和责任，进一步明确地方政府对小额贷款公司和村镇银行等小型金融机构的管理职责。此外，还要认真研究和制定境外直接投资的实施细则，加强专业性、技术性的境外投资监测，防范非理性投资行为导致的金融风险。

—28—

壮大新兴产业需要完备高效的
投融资体系*

自全球金融危机爆发以来，主要发达国家纷纷采取措施培育和发展以节能环保、新能源、新材料、生物和信息网络等为代表的战略性新兴产业，以应对金融危机、实现经济振兴、抢占新一轮国际竞争的制高点。我国"十二五"规划纲要明确提出，要"以重大技术突破和重大发展需求为基础，促进新兴科技与新兴产业深度融合，在继续做强做大高技术产业的基础上，把战略性新兴产业培育发展成为先导性、支柱性产业"。培育和发展战略性新兴产业对国民经济和社会发展具有十分重要的意义，不仅是当前我国推进经济结构调整，使企业从过度竞争的"红海"走向前景广阔的"蓝海"的关键举措，也是提升国家综合竞争力和国际地位的重要途径。

战略性新兴产业有着不同于传统产业的特点和成长规律，知识技术密集、物质资源消耗少、成长潜力大、综合效益好，其发展高度依赖于创新驱动，在科技攻关、产品升级、市场开拓、人才引进等诸多方面需要长期的、巨大的、不间断的资金投入保障。可以说，金融资源的动员与配置决定着新兴科技成果的转化，从而从根本上影响新兴产业的形成和

* 本文发表于《中国经济时报》2011 年 10 月 12 日，李洪斌、马军伟协助研究。

发展。

战略性新兴产业的高投入、高风险、预期高回报的特征，要求通过金融创新来构建筛选培育、风险分担机制和区别于传统产业的特别融资机制，实现新兴产业与金融资本之间的良性互动，从而推动产业规模的不断扩大和产业层次的不断提升。

一、构建多层次的信贷体系，规范民间金融，使其成为多层次信贷体系的重要组成部分，提高银行信贷的针对性和有效性，切实缓解新兴产业企业融资难

发展战略性新兴产业既要依靠大企业，也离不开中小企业。我国现行银行体系在机构、机制、产品等方面难以匹配包括中小企业在内的多层次市场主体的融资需求。据统计，我国总数不到1%的大型企业约占企业全部贷款余额的45%，80%的中小企业缺乏资金，30%的中小企业资金十分紧张，大部分中小企业都是通过自筹或地下融资的方式筹集资金。当前，要拓宽金融体系的广度和深度，构建由大、中、小银行和小金融机构组成的多层次信贷供给体系，特别要增加中小规模的信贷供给机构数量。要鼓励大型商业银行创新信贷模式增强对中小企业的信贷支持，建立面向中小企业的政策性银行，鼓励民间资本发起成立更多的区域性中小银行和村镇银行，在国家高新区大力发展科技银行，对民间信贷要多疏少堵，放宽金融管制，创新信贷供给主体，通过发展小金融机构让民间借贷资金"阳光化"、规范化，让其由"地下"变成"地上"，健康发展。要积极培育"只贷不存"的贷款"零售商"和非吸储类信贷组织，包括小额贷款公司、融资租赁公司、典当行等，合理引导和规范民间信贷及社会游资，为中小需求主体提供小额、量多、面广的个性化、差异化服务。

二、完善以政策性信用担保为主体、商业担保和互助担保相互支持的多层次信用担保体系，加快研究制定由各级政府共同出资组建的贷款担保基金办法，加强金融公共服务，解决新兴产业企业融资过程中的担保难和抵押难问题

现代市场经济是一种信用经济。新兴科技型企业具有"不确定因素多、可抵押资产少、信用积累不足"等特点，借助信用担保体系实现以信用换融资是解决科技型中小企业融资困境的有效途径。当前要完善征信体系，健全担保制度，坚持"政府推动、社会参与、市场运作"的原则，构建包括政策性、商业性和互助型担保体系在内的多层次信用担保体系。要加强对专利、商标权、版权等无形资产的评估能力，大力发展知识产权质押融资担保模式。通过财税政策优惠鼓励各类担保机构对战略性新兴产业融资提供担保，通过再担保、联合担保以及担保与保险相结合等方式多渠道分散风险，完善融资担保体系。

三、构建以 BA（天使投资）、VC（风险投资）、PE（私募基金）为主体的多层次股权投资体系，强化新兴产业的要素集成，推进产业孵化与培育

目前，我国战略性新兴产业中大部分行业技术成熟度低，市场不确定性因素多，企业短期偿债能力弱，股权融资模式比债券融资模式更适合这一时期产业的融资。股权投资具有筛选发现、企业培育、风险分散和资金放大等功能，注重被投资企业的成长性和创新性，是连接科技创新和金融资本的重要桥梁，较多都活跃在产业前沿，热衷于投资高成长的新兴产业领域，是新兴产业的"孵化器"，在培育战略性新兴产业中大有作为。当前要构建完整的股权投资链，完善天使投资机制，大力发展风险投资和私募股权基金，打造以高新区为载体的股权投资聚集地，通过天使投资、VC和 PE 引导热钱进入战略性新兴产业。具体来讲，要积极鼓励具有大量

"闲钱"、冒险精神和成功创业经历的富人开展天使投资活动，培育壮大天使投资人群体，并通过构建网络和信息平台、健全相关政策和法律法规、优化区域市场环境等一系列措施完善天使投资机制，发挥其多轮融资效应。要推进风险投资（VC）和私募股权基金（PE）改变"重短轻长"的短期行为和重"晚期"轻"早期"的急功近利行为，鼓励"把鸡蛋孵化成小鸡、把小鸡养成大鸡"的长远战略，避免出现 VC 的 PE 化以及私募基金大量通过上市前投资（Pre-IPO）的投机现象。

四、要构建与企业构成相匹配的多层次的正"金字塔"型的资本市场体系，显著提高对新兴产业的直接融资，培育在战略性新兴产业中具有国际影响力的领袖企业

资本市场既要壮"大"，培育在战略性新兴产业中具有国际影响力的领袖企业，又要扶"小"，扶持科技型中小企业发展战略性新兴产业。当前我国资本市场呈现出上大下小的"倒金字塔型"结构，在主板上市的企业远多于在创业板和"新三板"上市的企业，这使得很多大公司资金过剩而大量创新型中小企业却得不到资金支持。同时，此种局面也使得股权投资的退出通道不畅。因此，在充分发挥主板培育龙头企业和完善创业板及中小板扶持创新型中小企业作用的同时，要积极扩容"新三板"市场，尽快使"新三板"市场扩展到其他地区，改变我国"倒金字塔型"的股票市场结构，把"金字塔"的底部加宽。要在强化信用评级和风险控制基础上，通过制度创新和机制改革，鼓励企业发行公司债券，扭转资本市场上股票市场独大的"跛足"局面。要通过培养和发育产权交易市场让不能上市和发行债券的企业实现股权交易变现，达到再融资的目的。通过多层次资本市场的构建，不仅让更多的企业获得资金支持，也使得股权投资可以获得畅通的退出渠道，从而分享高额回报并进一步加强对创新企业的支持，形成资金融通的良性循环。

五、要实施全方位的政策引导，通过政府引导基金的设立，引导企业加强研发投入，引导社会游资热钱回归实体经济，让社会资本流向新兴产业亟须投资的领域

据统计，2010 年，我国在新兴产业领域的研发投入只相当于 GDP 的1.71%，而发达国家通常在 2.6%—3% 之间。为此，需要政府设立科技引导基金引导企业加大研发投入。由于新兴产业技术方向选择难度大、投资回收期长、风险相对较高，需要政府扮演先行者的角色，发挥"天使"引导作用，以财政投入、税收优惠、政府引导基金的设立等方式撬动社会资本，引导其投资处于初创期和成长期的企业。当前，要全面贯彻《关于加快培育和发展战略性新兴产业的决定》、《关于鼓励和引导民营企业发展战略性新兴产业的实施意见》等文件，深化重点领域的体制机制改革，切实降低民间投资市场准入门槛，拓宽民间投资领域。要制定促进新兴产业发展的财税政策，坚持"少取多予"的方针，对从事新兴产业的企业进行"减税、减费和贴息"，通过价格补偿、利差回报、资源补偿、税收返还等方式提高民间资本投资战略性新兴产业的投资回报率，做到既"晓之以理"，又"诱之以利"。要通过设立战略性新兴产业发展专项资金和产业投资引导基金等方式，充分发挥政府引导资金的杠杆效应，调动社会资本和民营企业参与战略性新兴产业发展的积极性和创造性。

—29—

利用金融创新推动农业技术
创新的战略思考[*]

一、以农业技术创新为核心的"三农"新政出台背景

"三农"问题始终是经济发展中的"软肋"。特别是近两年来，蔬菜、肉类等农副产品价格的大幅波动，成为支撑我国物价水平快速上涨、高位运行的重要因素，在一定程度上释放出主要农产品供给偏紧的"信号"，时刻牵动着城乡居民的"神经"。从更长远时期上看，生态环境保护压力加大，耕地、淡水等自然资源刚性约束日益加强，农田基础建设滞后，农业装备水平较低，农业劳动力素质不高，农业经营主体发生变化，以及农业劳动力成本和种子、化肥、农药等农业生产资料价格快速上涨等一系列潜在压力和风险因素正不断集结和扩散，严重影响农业持续增产和农民增收，加剧了农村经济发展中的不确定性。为此，要保障农业持续发展和农产品稳定供给，其根本出路在于科技，必须要"强科技，保发展"，依托农业科技创新来提高土地产出率、资源利用率和劳动生产率，增强对农业的支撑能力。

从发展现状上看，我国农业技术创新和应用能力与美国、加拿大、欧

---

* 本文发表于《中国科技论坛》2012 年第 8 期，王敏协助研究。

盟、以色列等发达国家和地区相比仍存在较大差距，约有一半的耕地靠天收成。我国农业发展不仅面临技术储备和技术创新不足，而且由于农业科技工作中长期重科研、轻中试和推广应用，农业科研成果缺乏行之有效的推广机制，农业科技成果转化率偏低，科技链与产业链之间存在严重脱节现象。据统计，我国每年经过中央和省级政府部门鉴定的农业科研成果有1万项左右，约30%可以推广，但实际转化率只有10%—15%。在水利科技领域，技术成果转化率也低于30%，许多科技成果被"束之高阁"。[1]

鉴于我国农业发展的新形势和现实问题，中央经济工作会议和国务院《政府工作报告》均明确提出加快农业科技进步是2012年经济工作的重要任务。2012年"中央一号"文件进一步强调，要坚持科教兴农战略，把农业科技摆上更加突出的位置，通过加快推进农业科技创新持续增强农产品供给保障能力。

二、农业技术创新的特点及金融创新需求

技术创新和金融创新是经济发展过程中两个密不可分的要素，单有技术创新没有金融创新，就会使技术创新出现"闭锁效应"。国外经验和我国发展高新技术产业的实践也证明，金融发展在支持技术创新和成果转化过程中具有极其重要的推动作用。当前，我国农业发展和农业技术创新也离不开金融的支持，迫切需要通过金融创新来增强对技术创新的支持强度。这在一定程度上是由农业和农业技术创新的本质特点所决定的。与工业部门的技术创新相比较，农业技术创新具有相对特殊性，主要表现为：第一，农业技术创新以生物技术为主，辅之以信息技术、农业机械装备技术等，技术领域广，包含内容多；第二，受自然条件和生物本身生长规律制约，创新的不确定因素较工业更多，技术创新周期更长；第三，创新应用受到地域环境影响，对技术"本地化"要求高；第四，除了具有广泛的社会效益和经济效益以外，农业技术创新往往还具备生态效益；第五，技术转移推广受到农户经营规模和农民素质的约束。[2]农业弱质性与农业技术创新"更大投入、更长周期、更高风险"的特征使其对金融创新的需求更为强烈，需要"规模更大、占用时间更长"的资金支持以及更加健全完

善的风险分担机制和创新激励机制。

近年来，随着农村金融改革的不断推进，农村金融机构的资金实力不断增强，但对农业技术创新的影响并不显著。有关的实证研究发现，我国农村金融发展与农业技术进步之间存在着长期的、均衡的、单向因果关系，即农业技术进步对农村金融发展有着推动作用，而农村金融发展对我国农业技术进步的作用不明显。[3]农业领域相关研究机构和学者的调研发现，我国农业科技相对落后、科技成果转化率偏低的现状很大程度上是由于金融有效供给不足所造成的。[4]金融组织体系不健全、产品创新不足、融资渠道狭窄等因素的存在使得许多农业技术创新主体被排斥在金融体系之外，需求难以得到满足。以农业科技贷款为例，如表1所示，截至2010年末，我国全部金融机构涉农贷款总额为117657.5亿元，占各类贷款比重的23.1%，其中农业科技贷款为339.7亿元，占各类贷款比重仅为0.07%。在过去的三年中，农业科技贷款比重仅增加0.01个百分点。由此可见，在持续加大国家财政资金投入支持的同时，加快金融创新，加大金融支持成为保障我国农业技术创新投入、促进农业技术创新的必然选择。

表5 我国各类金融机构涉农贷款情况

	2007年末		2010年末	
	本期余额（亿元）	占各项贷款比重	本期余额（亿元）	占各项贷款比重
涉农贷款	61151	22%	117657.5	23.1%
其中：农业生产资料制造贷款	1810	0.65%	3900.7	0.76%
农业科技贷款	174	0.06%	339.7	0.07%

资料来源：中国人民银行农村金融服务研究小组：《中国农村金融服务报告（2010）》，中国金融出版社2011年版，第3页；中国人民银行农村金融服务研究小组：《中国农村金融服务报告（2008）》，中国金融出版社2008年版，第10页。

三、利用金融创新促进农业技术创新的战略对策

在"十二五"时期，要实现"农业科技进步贡献率超过55%的目

标"，必须要高度重视金融服务这一重要推手。要积极推进农业技术创新与金融创新的"两轮驱动"，努力在我国特定的金融结构背景下，通过金融制度创新为农业技术创新主体进行技术创新创造完善的融资渠道以及为分散创新风险提供金融工具和金融制度安排，全面提升农村金融服务水平和质量。具体而言：

（一）进一步完善支持农业发展和技术创新的政策性金融，不断优化农村金融政策体系，努力根据农业技术创新的资金需求特点提升政策支持的有效性和针对性

有研究从欠发达农村信贷约束的现实入手，借用一个二元经济内生增长模型揭示出农业部门信贷约束的本质是二元经济结构下的市场失灵，即农业部门和非农业部门的资本、劳动力等要素价格差异导致的农业吸纳资金的弱势，并认为在金融体制市场化改革的大方向下，农村领域的政策性金融不但不能削弱，反而应该在创新中加强。[6]农业科技中的基础性、前沿性、公益性技术研究领域以及部分科技推广领域多具有公共产品特性，往往呈现"市场失灵"的现象；而在种子培育、农业机械、化工、食品加工等应用性领域，由于技术、市场风险相对较小，投资回报周期相对较短，市场投资动力更强。由此可见，科学界定政府和市场的界限，明确政策性金融与商业性金融的作用领域，促进两者之间的互动互补对于推动农业技术创新和成果转化具有重要意义。同行的相关调研发现，在美国，联邦政府投入主要侧重于基础性、前沿性农业科学研究，州政府侧重于对本州经济有影响的科研领域或应用技术开发，私营企业则更多地关注能带来盈利的产品。[7]未来，我们必须切实响应中央经济工作会议精神，进一步增强各级财政对农业科技的投入力度，建立起相对稳定的投入增长机制，确保农业科技投入增长速度高于财政经常性支出的增长速度，逐步改变当前农业科技投入总体不足的格局。在投入方式和投入重点上，要加快结构调整，实现从注重对科研机构、科技人员的一般支持转向以项目为主的重点支持，从注重农业产中科技转向注重产前、产中、产后科技整体布局、合理配置，从注重科技研发转向注重研发与中试示范并重。要在整合现有投资引导政策基础上，进一步增加对农业科技创新投入的优惠政策，充分

调动民间投资者的积极性，鼓励企业、个人等社会力量投入农业科技，引导农业龙头企业加大技术研发投入强度，实现农业科研与推广投入的多元化。还要进一步强化涉农金融业务的差别化监管政策，创新涉农金融服务体制机制，完善涉农贷款税收激励政策，支持和引导农业发展银行和县域商业银行等金融机构增大对农业科技型企业和农业科技人员创业的贷款支持力度，推进政策性金融与商业金融的良性互动。

（二）积极构建与企业规模特征和融资需求相适应的多层次信贷体系，推动银行组织创新和业务创新，扩大信贷机构对农业技术研发和科技成果转化融资的支持力度和广度

从金融结构演进上看，我国银行型主导金融体系在短期内不会发生根本变化，以银行为主体的信贷体系仍然是支持我国企业和经济发展的主要融资渠道。然而，当前农业信贷投放与农业科技创新资金需求存在局限性与广泛性、固化性与多样性、滞后性与前瞻性三组突出矛盾，[8] 导致许多农业技术创新项目的资金需求难以通过传统的正规金融渠道来满足。正规渠道融资困难引起的主要负面影响之一便是民间贷款利率的高企，这会直接加重农业技术创新和新技术采用的资金成本，增大技术创新的资金保障压力和市场风险。[9] 为此，不断完善与企业分布特征和融资需求相适应的、"门当户对"的多层次银行体系应成为当前金融创新的重要内容。一要借鉴发达国家社区银行经验和总结我国村镇银行经验，积极加快金融体制创新，引导民间资本进入农村金融服务领域，放宽民间资本组建地区性民营中小银行的限制，发展多元化的农村金融机构，进一步强化县域银行业金融机构涉农金融服务的能力。二要严格控制农业银行、农村信用合作社等农村金融机构的资金外流，规定其新增存贷款中用于农业的比例，增强农业科技创新的资金支持。研究探索利用利息补贴、贷款担保、税收减免、放宽涉农商业银行分支机构市场准入的数量限制和存贷比控制、提高贷款不良率的容忍度等优惠政策鼓励和引导其他大型商业银行将更多信贷资金投入农业科技创新。三要加快改革农业科技贷款管理办法，适度降低贷款门槛、拓宽贷款主体、延长贷款期限，推动和引导商业性金融机构建立适合农业科技型企业特点的信贷管理制度。四要鼓励信贷模式的创新，积极探索银团信贷、联贷联保、农业科技专利质押融资、涉农科技型企业信用贷款、集合融资贷款等贷款新模式，满足农业科技型企业在技术开发、中试、生产、推广应用等不同阶段、不同时期的信贷资金需求。五要不断增强涉农业务的金融产品创新和服务创新，积极探索设立农村基础设施建设、农田水利改造、农产品专业市场和电子化信息网络市场开发的专项贷款，推行大型农业机械按揭贷款及租赁业务等内容，提高信贷资金投放针对性和有效性，使其与农业科技创新资金需求相对称。

（三）完善以政策性信用担保为主体，商业担保和互助担保相互支持的多层次信用担保体系，解决农业科技型企业融资过程中的担保难和抵押难问题

信用担保体系不发达、企业寻保难是我国企业融资困难的原因之一。特别在农村地区，由于利用现代金融产品定价机制开展评估、担保、信用评级等的成本高，开展金融中介业务难度较大，使得农村金融中介发展滞后，这进一步加剧了农业科技融资的困难程度。为此，当前我们要加快研究制定中央财政、地方财政、企业共同出资组建多层次贷款担保基金和担保机构的具体实施办法，完善由以政府为主体的政策性信用担保机构、按市场规则运行的商业性担保机构和以企业合作为特征的互助性信用担保机构构成的多层次信用担保体系。要建立健全涉农科技型企业和中小企业信用担保风险补偿机制和激励机制，切实落实中小企业融资担保风险补偿、准备金提取、代偿损失税前扣除、免征营业税、担保奖励等财税政策，鼓励各类担保机构对涉农企业和农业技术创新项目融资提供担保。要鼓励担保机构允许商业汇票、股权、知识产权等作为抵押品，开展商会联保、行业协会联保和网络联保等新型融资担保模式，增加长期担保业务，满足企业信用担保的多样化需求。同时，也要不断提升信用担保行业自律意识，督促其完善信用担保运作机制建设，加强信用担保的日常监管和风险控制，规范各层次担保机构经营行为，切实为涉农企业从事技术创新相关活动的融资提供全方位、多样化担保服务。

（四）完善以天使投资、风险投资、私募基金为主体的股权投融资链条，引导和支持农业高技术产业与资本市场的有效对接，畅通农业科技型企业直接融资渠道

风险投资与资本市场在促进农业技术创新过程中不仅有配置资金资源的功能，而且对农业科技型企业具有"培小壮大"、风险分担的功能。有关调查显示，我国以农为主的上市企业有 100 多家，其中 60%—70% 都有科技创新项目。涉农企业正在成为技术创新的投资主体，大型企业自筹资金投入占 94%，而政府补助投资经费仅占 4%。未来，要进一步促进农业技术创新，缓解农业科技型企业资金瓶颈，需积极推进农业高新技术与资本市场结合，利用资本市场发展高科技农业，使高科技农业在资本扩张基础上获得跳跃式发展。为此，要构建以 AC（天使投资）、VC（风险投资）、PE（私募基金）为主体的多层次股权投资体系，强化农业发展的要素集成，推进农业高技术产业孵化与培育。具体而言：一要逐步建立完善风险投资机制，积极探索以政府资金投入带动民间资本投入的模式建立农业风险投资公司和农业风险投资基金，引导社会风险资本进入农业科技项目。二要在充分发挥主板培育龙头企业和完善创业板和中小板的同时，积极扩容"新三板"市场，改变我国"倒金字塔型"的股票市场结构，让更多农业科技型企业能够在各类资本市场上市融资。三要建立市场化的信用增进和信用评级机制，积极探索开发低信用等级高收益债券和私募可转债，推行短期融资券、中期票据、公司债券、企业债券、中小企业集合票据等适合科技型企业的债券产品，发展面向科技型企业的债券市场，改变千军万马靠银行过"独木桥"的格局。

参考文献

〔1〕辜胜阻、曹誉波、王敏：《大修农技推广法　助推农业现代化》，《法制日报》2012 年 5 月 5 日。

〔2〕辜胜阻、李永周、黄永明等：《新经济的制度创新与技术创新》，武汉出版社2001 年版，第 279—285 页。

〔3〕曹冰玉、雷颖：《关于我国农村金融与农业技术进步的实证分析——基于时间序列数据的研究》，《中南林业科技大学学报（社会科学版）》2010 年第 5 期，第 20—24 页。

〔4〕赵昌文、朱鸿鸣：《金融不跟上 农业技术创新难突破》，人民网，2012 年 3 月 12 日。

〔5〕曾庆芬、马胜：《欠发达农村信贷约束与政策性金融创新》，《河南金融管理干部学院学报》2008 年第 2 期，第 19—23 页。

〔6〕白田田：《明年农业政策聚焦科技创新 金融支持或成重点》，《经济参考报》2011 年 12 月 9 日。

〔7〕王景富、李刚：《金融服务农业科技创新的路径选择》，《金融时报》2012 年 4 月 16 日。

〔8〕庞柏林：《中国农业科技进步的制度支撑》，《学术交流》2007 年第 12 期，第 112—115 页。

城镇化与社会发展篇

—30—
城镇化是最大潜在内需与持久动力[*]

当前，我国经济社会发展正处于重要战略机遇期，城镇化是经济发展的持久动力。深入贯彻落实党的十七大和十七届五中全会精神，坚定不移地走中国特色城镇化道路，不仅对我国城镇化的健康发展、引导人口的合理流动具有重要意义，而且对调整经济结构、扩大内需将产生重要影响。

第一，城镇化蕴含巨大内需。工业化创造供给，城镇化创造需求。城镇化发展，尤其是加快发展中小城市和县城的城镇化战略是我国最大的内需所在。首先，城镇化可以引发消费需求。推进城镇化发展，有利于大批农民进入城市，变农民消费为市民消费。同时，城镇化的发展能够加速农村剩余劳动力的转移，通过农业规模化经营提高农民收入水平，使农村潜在的消费需求变为现实的有效需求。其次，城镇化可以刺激投资需求，有利于加快城镇的交通、供水、供电、通信、文化娱乐等公用基础设施建设，给建筑和房地产市场带来巨大需求，并带动多个相关产业的发展。第三，城镇化能够助推服务业发展。城镇化的发展不仅能够推动以教育、医疗、社保、就业等为主要内容的公共服务发展，也能够推动以商贸、餐饮、旅游等为主要内容的消费型服务业和以金融、保险、物流等为主要内容的生产型服务业的发展。据测算，城市化率每提高1个百分点，新增投

---

* 本文发表于《求是》2011 年第 5 期，武兢协助研究。

资需求 6.6 万亿元，能够替代 10 万亿元出口。因而，城镇化将成为扩大内需的巨大引擎，是转变经济发展方式的突破口和着力点。

第二，有助农民工三大期盼的实现。"市民梦"、"创业梦"和"安居梦"是当前农民工特别是新生代农民工十分迫切的三大期盼。农民工虽然进入城市，但仍游离于城市体制之外，这就使得城镇化了的农民工难以市民化，农民工同市民存在着"同工不同酬、同工不同时、同工不同权"的不平等现象。同时，伴随着农民工的流动，这一队伍也在不断分化，出现了与老一代农民工具有鲜明差异的新生代农民工。当前新生代农民工群体的处境是"回不去农村、融不进城市"，他们素质相对较高，也更贴近城市的生活方式和思维方式，但却面临着能力与期望失衡的问题。这是在解决农村剩余劳动力向城镇转移问题上必须面对的新课题，这些问题需要放入市民化进程中来应对。与"市民梦"紧密相连的是农民工的"创业梦"和"安居梦"，许多农民工经过打工实践，在外开阔了眼界，学会了本领，掌握了技术，拥有了资本，具备了创业的能力。同时，住房是人类最基本的生存需求之一，在城市实现安居也是农民工十分迫切的需要。对此，城镇化应加大县城和县域中心镇建设，鼓励农民工返乡创业，改革中小城市户籍制度，实现进城农民工与市民在劳动报酬、子女就学、公共卫生、住房租购以及社会保障方面的平等权，让符合条件的农业转移人口逐步市民化，这将有助于农民工的"市民梦"、"创业梦"、"安居梦"的实现。

第三，推动区域经济均衡发展。我国区域经济发展不协调的状况还没有发生根本性转变，推进区域经济协调发展的任务十分艰巨。同时，我国经济发展的要素环境已经发生了重要变化，产业与人口的"双转移"成为推动区域均衡发展的重要机制。当前，农民工流动出现了两个新的趋势。一是东部地区结构转型和产业升级需要将传统产业向中西部地区转移。东部一些地区正面临着土地空间、能源资源、人口重负及环境承载力难以为继的问题，产业结构升级的问题显得尤为迫切，因而对农民工的流向产生重大影响。二是农民工回流创业趋势日益显现。农民工返乡创业直接推动了县城的民营经济发展，使县城能够形成一定的产业支撑，极大地提升县城的经济实力；带动资本等要素向城镇集聚，有效推动当地城镇建设；加速人口向县城集中，扩大当地人口规模。鼓励返乡农民工就地创业，是推进区域经济协调发展的重大战略部署。

第四，推动城镇健康发展。从我国城镇化发展的实际需要来看，片面发展大城市或者盲目发展小城镇都行不通。如果中国未来城镇化的发展只关注城市群的发展，让农村人口向大城市过度集中，会给大城市发展增加过度的压力，挑战大城市的人口承载力，造成"大城市病"。由于我国农民工规模大，流速高，流向过度集中，北京、上海、广州、深圳等大城市已经面临着人口严重超载的问题。如果盲目无序、遍地开花地发展小城镇，虽然能够有效缓解大城市压力，但也极易造成土地浪费、污染等"农村病"，并不能有效解决我国城镇化问题。因而，只有推进城镇化均衡发展才能满足我国人口流转的需要，才能实现城镇化的健康发展。推进各级各类城镇协调发展，形成合理的城镇体系，是城镇化健康发展的重要保证，也是调节人口流速、流向，与资源环境相适应、与社会经济发展水平相协调的重要途径。城镇化放宽中小城市和小城镇落户条件，促进大中小城市和小城镇协调发展，着力提高城镇综合承载能力，为未来城镇化发展指明了方向。

以农民工市民化为特色的城镇化要围绕三个"中"，即中西部地区、中小城市和中小企业来进行。提高城镇化质量，推动城镇化健康发展，要紧紧抓住五个环节不放松。

一要把放开中小城市户籍与农民工市民化作为当前城镇化和扩大内需的战略重点，促进区域城镇化的协调发展与大中小城镇体系合理化。户籍制度改革要立足于我国城镇化发展的实际需要以及未来进一步发展的方向进行。对不同类型城市的户籍分类放开，对大城市、中等城市、小城市、县城应实行不同的政策。我国中小城市发展相对不足，农村人口流向集中于东部沿海大城市。加快中西部中小城市户籍改革是调节人口流速、流向，引导农民工合理流动，推进农民工市民化进程最迫切的现实需要。像北京、上海这样的大城市不可能完全放开，但中等城市应该积极放开户籍，小城市更是完全可以放开，县城则要"敞开城门"，让农民"自由进城"。

二要多渠道推进农民工市民化进程，让一部分农民工率先在所在城市市民化的同时，引导农民工向中西部"回归"，让其在户籍所在地县城市民化，帮助农民工实现"市民梦"。对于长期留在城市中的一部分农民工，尤其是那些私营企业主和技能型农民工，他们收入已经相当稳定，完全适应城市生活，可以让其率先在所在城市市民化，获得城市归属感。要通过构建能人回流、要素集聚的体制和机制，在东部地区进行结构转型和产业升级的过程中扶持沿海产业向中西部转移，引导农民工向中西部"回归"，改变农民工长期"候鸟"型流动方式，避免中西部农民工非家庭迁移带来的诸如"留守儿童"问题等巨大社会代价。建设一批10万至30万人的城市，让农民工在户籍所在地县城市民化。推进农民工市民化进程，要实现进城农民工与市民的平等权，加快教育、医疗、住房、社会保障体系的改革，逐步实现新老居民在劳动报酬、子女就学、公共卫生、住房租购以及社会保障方面的城镇公共服务均等化。

三要鼓励农民工创业，大力发展中小企业，推动农民工以创业带动就业，并加快城镇安居工程建设，让进城农民工安居乐业。要把中小城市和县城作为中西部返乡农民工创业的重要载体，积极鼓励农民工返乡就地创业，帮助一批具有创业潜能的农民工实现"创业梦"，把城镇化建立在坚实的基础上，避免"空城计"。要进一步完善创业扶持政策，引导新的创业浪潮，鼓励农民工以创业带动就业。要通过给广大农民工提供创业培训提高农民工创业能力，增强创业意识，通过有效的融资政策和财政政策保障农民工创业资本供给，降低创业门槛和创业成本，创建各类返乡农民工创业园区，提高农民工创业的组织化程度，使更多的打工者成为创业者，让农民工返乡创业就业和就地城镇化引爆农村内需。要推进城镇安居工程建设，完善多层次城镇住房市场体系，加大对以公共廉租房为重点的保障性住房供应力度。要运用土地、财税、金融等多种政策工具，发挥市场机制作用，形成保障性住房资金来源的多元化。要逐步将农民工纳入城镇保障性住房的覆盖范围，促进城乡住房资源的合理配置。

四要加强城镇化的科学规划，在继续推动东部城市圈发展的同时，更加注重在中西部地区依托县城和县域中心镇的发展，壮大一批中小城市，实现城镇化的均衡发展。我国城镇化发展要因地制宜，在东部沿海和中西部采取不同的区域城镇化模式。对于东部地区，可以采取以大都市圈为特征的城市化策略，实行组团式的城市结构，通过大都市的辐射能力，直接把周边的小城镇纳入块状的城市圈内。对于中西部地区，通过据点式城镇化，把县城建成具有一定规模效应和集聚效应的中小城市。具体设想是，在100万以上人口的大县把现在的城关镇发展成30万—50万人的中等城市，在50万—100万人的中等县以城关镇为依托建立20万—30万人的中小城市，在50万人口以下的小县把县城做大。依托县城的城镇化要遵循先规划后建设的原则，合理谋划县城科学发展。要根据自身发展潜力和区域经济社会发展态势，把自身建设目标与特定地区可持续发展目标统一起来，本着合理布局、节约用地、严格控制占用耕地、有利生产、方便生活等原则，对土地和空间资源的利用以及各种建设活动进行综合部署，科学规划。

五要充分发挥城镇化"政府推动"和"市场拉动"的双重动力机制，加大政府对城镇化的财政投入，并积极引入民间资本参与城镇建设，构建政府和民间共同投资的新格局。资金是制约城镇化进程和农民工创业的一个主要问题。政府在城镇化建设方面要加大对城镇基础设施、教育、医疗等公共产品的投入力度。要促进中央和地方财力与事权的匹配，加大对中西部地区城镇化建设的转移支付力度。同时，要推进民营企业在参与城镇基础设施、公共事业和社会事业建设中与其他所有制企业在投资审批、土地、财税扶持方面的公平待遇。要构建政府和民间共同投资的新格局，创新投资模式，通过采取招标、让民间资本直接参与、特许经营等方式构建公共部门与私人企业合作模式，建立和完善公共投资带动民间投资的新机制。

—*31*—

反思当前城镇化发展中的五种偏向[*]

　　城镇化是关系中国经济发展转型的重大战略问题。国家"十二五"规划明确提出,"要积极稳妥推进城镇化","坚持走中国特色城镇化道路,科学制定城镇化发展规划,促进城镇化健康发展"。2011 年,中国城镇化率达到 51.27%,实现了中国社会结构的历史性转变。相比国外城镇化进程,我国 30 年城镇化进程较为迅速。但是当我们在为中国城镇化"跨越式"发展而高兴的同时,也在担心中国城镇化发展是否可持续?

　　健康可持续发展的城镇化必须建立在产业支撑和实体经济的坚实基础上,实现城镇化与工业化、农业现代化以及信息化的"四化"协调发展。第一,城镇化要与工业化、与制造业由大向强转变相协调,城镇化要建立在以制造业为主的实体经济基础上,防止"产业空心化"。要防止脱离实体经济、没有产业支撑的拉美式城镇化陷阱,大力优化城镇实业经营环境,发展服务业尤其是高端生产性服务业,推进制造业转型升级,巩固城镇化的实体经济基础。第二,城镇化要与农业现代化相协调,加快城乡统筹,通过农业现代化释放更多劳动力,促进城乡互动协调发展。国家"十二五"规划明确提出,"在工业化、城镇化深入发展中同步推进农业现代化,是'十二五'时期的一项重大任务"。未来城镇化发展要以城乡统筹

　　* 本文发表于《中国人口科学》2012 年第 3 期,杨威协助研究。

为导向，通过工业反哺农业、城市支持农村，缩小城乡差距，推进农业现代化，促进城乡互动协调发展（辜胜阻等，2009）。第三，城镇化要与信息化相协调，在城镇化进程中通过建设智慧城市来提高城镇化质量和获取城镇化发展红利。世界银行在《2030 年的中国》（2012）报告中认为，"智慧城镇化"是中国未来城镇化发展的重要方向。实践表明，发展智慧城市，是提高城镇化质量、推进内涵型城镇化建设的重要举措。如据世界银行测算，一座百万人口智慧城市的建设，在投入不变的前提下实施全方位的智慧化管理，将使城市的发展红利增加 3 倍（张伟，2011）。

一、当前城镇化进程和城市发展中的"五大偏向"

改革开放以来，中国城镇化快速发展，但是也需要反思在城镇化过程中的过度依赖土地财政、人口过于集中于大城市、过多的非家庭式城乡人口迁移、过高的半城镇化和城市间恶性的 GDP 硬实力竞争等多种偏向。

（一）城市政府过度依赖"土地红利"，"土地财政"使过高地价推高房价，城市房地产形成高度泡沫态势

"分税制"改革后，受限于地方政府财权与事权的不匹配，土地出让金成为地方政府推进城镇化建设的重要资金来源，但也形成了城市政府的"土地财政依赖症"（见表1）。一方面土地财政推高了房价，加剧了房地产的泡沫化，过度透支了居民消费能力，北上广等特大城市阻碍了人才进入，制约了城镇化长期发展。如实证研究发现，地方政府对土地财政的依赖程度越高，在其他条件相同的情况下，该城市的房价指数也越高，即政府对房价的上涨可能存在较为显著的推动作用（张双长、李稻葵，2010）。另一方面，也形成了城市"征地—卖地—收益"的粗放式土地经营模式，造成了土地资源的极大浪费。如有统计显示：2000—2009 年，城市建成区面积、建设用地面积分别增长了 69.8%、75.1%，但城镇常住人口仅增加了 28.7%（周慧兰、曹理达，2011），使得城镇化发展面临着不可持续的风险。

表1　2001—2010年全国土地出让金数据汇总

年份	2001	2002	2003	2004	2005	2006	2007	2008	2009	2010
土地出让金（亿）	1296	2417	5421	6412	5884	7677	13000	9600	16000	27000
地方财政收入（亿）	7803	8515	9850	11893	15101	18304	23573	28650	32581	35383
土地出让金占地方财政收入比例（%）	16.6	28.4	55.0	53.9	39.0	41.9	55.2	33.5	63.4	76.6

资料来源：张燕君、侯远志、杜文龙：《土地制度与"土地财政"对房价上涨的影响及平抑对策》，《理论导刊》2012年第2期。

（二）城镇化过度依赖超级城市、特大城市而不是大都市圈，人口过度集中于特大城市造成"大城市病"的集中爆发

中国城镇化在高速发展的进程中，人口过度集中于超级城市和特大城市，如农民工总量的65.4%集中在东部地区，其中外出农民工的64.7%集中在地级市以上城市（国家统计局，2012），导致城镇发展规模并不均衡。一方面给大城市带来了交通堵塞、环境污染、资源紧张、城市贫富两极分化等"大城市病"的困扰；另一方面也导致中小城镇的规模过小，缺乏集聚效应。如占国土面积超过70%的西部地区城市比重却不到30%，城镇化水平只有38.3%，中西部地区中小城市发展非常不足（见表2）。城市的资源环境承载力是有限的，城市的发展规模超出了原有的组织管理能力和资源环境承载力时，就必然降低城市居民生活质量，影响城市功能正常运行和可持续化发展。如有统计显示，全国667个城市，约有2/3的城市交通在高峰时段出现拥堵，2/3的城市被"垃圾围城"（陈文胜、王文强，2011）。而研究发现，受制于城市管理模式滞后、城市公共服务供给落后于居民消费升级需要，城镇化水平在50%—70%之间将是"城市病"的爆发期（张忠华、刘飞，2012），为此国家"十二五"规划纲要明确提出要"预防和治理'城市病'"。

表2 中国分地区城镇化水平及人口流动现状

地区		东部		中部		西部	
		数量	比重（%）	数量	比重（%）	数量	比重（%）
国土面积（万平方公里）		105.2	10.9	167	17.4	686.7	71.6
城镇发展	城市个数	263	40.2	226	34.5	166	25.3
	其中 特大城市	54	44.3	38	31.1	30	24.6
	大城市	40	33.9	47	39.8	31	26.3
	中等城市	72	47.7	38	25.2	41	27.1
	小城市	97	36.7	103	39.1	64	24.2
	十大城市群分布（个）	6		3		1	
	城镇化率（%）	56.2		43.0		38.3	
人口流动	各地区农民工占全国比重（输出地,%）	42.7		31.4		25.9	
	其中 外出农民工（%）	31.6		36.6		31.8	
	本地农民工（%）	61.4		22.7		15.9	
	外出农民工就业地域分布（输入地,%）	65.4		17.6		16.7	

资料来源：城镇发展的数据来自辜胜阻、李华、易善策：《均衡城镇化：大都市与中小城市协调共进》，《人口研究》2010年第5期；人口流动的数据来自国家统计局农村司：《2011年农民工监测调查报告》，国家统计局网站，2012年4月27日。

（三）过度依赖人口非家庭式迁移和异地转移，面大量广的"钟摆式"和"候鸟型"人口流动造成"留守儿童、留守老人、留守妇女"巨大的社会代价

目前，我国两亿多农民工中，已婚者占73.4%，其中外出农民工已婚者达58.2%之多，但近80%农民工是单纯劳动力转移而非家庭迁移（国家统计局，2012），家庭生活重心保留在农村，并且多在假期和农忙期间返乡，预期自己年老、生病、失业时仍将返回农村，从而呈现显著的"钟摆式"和"候鸟型"流动模式。这种单纯的劳动力异地流动带来了沉重的社会代价：首先，牺牲了"三代人"的幸福。据统计，在农村人口中，约有5000万留守儿童、4000万留守老人和4700万留守妇女（刘杰，2011），

农民工自身缺乏家庭幸福感，留守长辈的劳动和精神负担加重，留守儿童的教育、心理、安全等问题突出。其次，带来了严重社会隐患。在农村壮年劳动力转移之后，农村空心化问题日益突出，社会治安状况堪忧，而务农重任落在妇女和老人身上，又进一步制约农业现代化发展。

（四）过度依赖"人口红利"和农民工不彻底转移的"半城镇化"发展模式，造成农民工权益缺失

中国当前的"半城镇化"突出表现为农民工既不能完全从农村和农业中退出，也不能完全融入城市，身份得不到确认，只是简单实现了职业转换和地域转移。这导致城市对农民工是"只用一时，不管终生"，"经济上接纳，社会上拒绝"，难以享受到与城镇居民平等的公共服务和社会权益。调查显示，目前外出农民工参加养老保险、工伤保险、医疗保险、失业保险和生育保险的比例分别仅为 13.9%、23.6%、16.7%、8.0% 和 5.6%（见图 1）。同时，企业对农民工是"取而不予，用而不养"，与城市劳动者相比面临"同工不同酬，同工不同时，同工不同权"的不公平待遇，农民工多从事脏、累、苦、险性质工作，员工待遇差。如当前 41.3% 的农民工雇主或单位不提供住宿也没有住房补贴，这些农民工每人月均居住支出 335 元，占其月均收入的 16.0%（统计局，2012）。

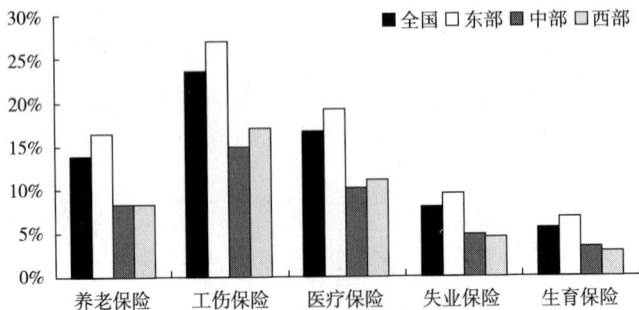

图 1 2011 年外出农民工在不同地区务工参加社会保障的比例

资料来源：国家统计局：《2011 年我国农民工调查监测报告》，国家统计局网站，2012 年 4 月 27 日。

（五）在城镇化进程和城市竞争过程中，过度重视 GDP 等硬实力和高楼广场等硬环境，忽视软实力和软环境，城市间形成 GDP 恶性竞争

如果说 GDP 规模、高楼大厦、道路交通是城市的"硬实力"或"硬环境"，那么城市精神文化、居民道德修养和城市社会服务等就是城市的"软实力"或"软环境"。对于城市发展而言，软实力具有双重功能，对内它担负着维持城市可持续发展的重任，对外它是增强城市竞争力的核心要素（金周英，2008）。没有"软实力"或者"软实力"不好的城市，和计算机的裸机一样是没有活力的。但是当前，我国城镇化发展过程中，偏重于进行 GDP 规模、高楼大厦、道路广场等"硬实力"竞争，而忽视了"软实力"和"软环境"建设：重 GDP 规模，轻民生幸福；重"大拆大建"、"推倒重来"，轻传统保护；重"贪大求洋"、"攀高比新"，轻人文关怀；重"形象工程"，轻功能效果。古希腊哲学家亚里士多德曾说：人们为了活着而聚集到城市，为了生活得更加美好而居留于城市。城市间 GDP 恶性竞争扭曲了城市发展的目的，忽略了改善民生、让居民生活更美好的本质。竞争导向的扭曲，一方面导致城市记忆的消失、千城面貌趋同，"南方北方一个样，大城小城一个样，城里城外一个样"，缺乏居民文化认同感和对外的文化吸引力，城市精神衰落；另一方面也导致许多市政设施使用率低，建设资金浪费。据统计，全国的城市和建制镇中，约 1/5 存在铺张浪费的"形象广场"（冯华，2006）。

二、改变城镇化失衡实现可持续发展的战略思考

改变城镇化失衡，推动中国城镇化可持续发展，需要着力避免当前城镇化过程中的多重偏向，让中国城镇化智慧化发展。

（一）要深化财税体制的改革，改变城市政府对土地财政的过度依赖，形成多层次的住房供应体系，使房地产"去泡沫化"，让房价回归合理价位

土地财政是不可持续的，依靠土地财政推动城镇化建设也绝非长久之

计。一要坚持事权与财权相匹配的原则，合理界定中央政府与地方政府的公共服务职责。要探讨扩大地方政府发行城镇建设债券试点，研究开征保有环节房地产税等税种，吸引民间资本参与城镇建设，逐步取代城镇建设依赖土地出让金的局面。要积极推行"扁平化"的财政体制改革，改变地方政府"土地财政依赖症"。未来应该继续在省以下启动和推动"省直管县"财政管理体制和"乡财县管"财政管理方式的改革。二要构建城镇多层次的住房供应体系，逐步挤压房地产"泡沫"。就像车市一样，有低档、中档、高档，满足不同人群的需要，房地产市场也需要构建一个包括高端、中端和低端商品房，以及保障房的多层次的住房供应体系。要借鉴国际经验，探索利用法律、税收、金融等措施调控社会闲置房源，减少空置率，抑制投资性住房需求，加强房价管控，使房价回归合理。

（二）要采取均衡城镇化发展模式，大都市与中小城市协调共进，对"大城市病"进行标本兼治

引导农村剩余劳动力有序流动、合理分布，有助于提升城镇化整体效益、减少"大城市病"。一要实施均衡城镇化战略，在以大城市为依托，发挥大都市圈规模效应和集聚效应的同时，重视在都市圈以外地区发展中小城市和县城，推进农村城镇化（辜胜阻等，2010）。在都市圈发展中，要培育战略性新兴产业和现代服务业，加强城市间产业分工协作，发挥市场配置资源的基础性作用，大力提升都市圈的规模效应和集聚效应。二要通过利用"智慧城市"先进技术和手段，加强城市规划和组织管理，治理"大城市病"。要通过合理空间规划和交通规划，发展公共交通等，来解决交通拥堵问题；通过加强污染治理和生态建设等，来克服环境污染；通过大力使用"智慧城市"的先进技术和手段，提高城市的组织管理效率。

（三）要推进劳动力输出省份的农民工的回归，让更多的农村剩余劳动力进行家庭式迁移和就近转移，减少过高的异地流动带来的沉重的社会代价

研究发现，东部和中西部地区就业在就业机会、工资待遇等方面的比较收益差距较大影响了农民工转移的地域选择（辜胜阻，2011）。为此：

一要推进产业向中西部转移，为农民工就业创造良好条件。中西部城镇要完善承接产业转移的激励政策，健全基础设施、建立承接产业转移园区、完善产业配套服务能力、优化政府投资服务，大力吸引国外及东部地区企业进入。二要加强对农民工的职业教育培训，提升农民工就地转移的能力。要加强对农民工职业技能教育的资金、人力支持，使用财税政策吸引企业参与农民工职业教育培训，改革农民工职业技能教学内容，创新教育模式，强化有助于农民工本地就业的县域农产品加工、手工业培训等就业技能的培训。三要加强县域乡镇接受农民工及其家庭的政策扶持，鼓励农民工家庭式迁移，减少大规模异地流动的社会代价。

（四）要推进农民工市民化，构建适合农民工特点的医疗、住房及社会保障制度，实现农民工的市民梦、安居梦、创业梦"三大梦想"

实现城镇化健康发展的一个重要内容就是要让进城农民能够在城市"安得下来"，保障农民工合法权益。为此：一要改革户籍制度，推进公共服务均等化，实现农民工的"市民梦"。要因地制宜，对不同规模城镇户籍制度改革实行不同的政策，像北京、上海这样的大城市不可能完全放开，但是中等城市应该积极放开户籍，小城市更是可以完全放开。要分类指导，帮助新生代农民工及老一代农民工的"精英群体"率先实现"市民化"。要循序渐进，先构建适合农民工特点的教育、医疗、住房、社会保障体系，改善城市农民工子女的就学条件，再逐步实现市民和农民工的基本公共服务一体化。要由表及里，先让农民工落户，从身份上市民化，再通过教育宣传等提高农民工对城市的文化认同，实现心理上的市民化。二要扶持返乡农民工创业，盘活土地资本支持农民工创业，实现农民工的"创业梦"。要通过设立创业园区，优化返乡创业审批机制，强化创业技能培训，建立创业专项扶持基金，减免创业税费等措施，扶持农民工创业。要探索农村土地使用权的财产抵押机制，盘活土地资本，提供创业资金来源。三要推进城镇安居工程建设，实现农民工的"安居梦"。要逐步将农民工纳入城镇保障性住房的覆盖范围，构建"政府—企业雇主—农民工个人"三者相结合的多渠道保障房资金筹措机制，探讨农民工的农村住房或宅基地与城镇住房置换，使用财税政策鼓励企业建立农民工的标准员工宿舍等。

（五）要重视城市"软实力"和"软环境"的建设，改变各城市在 GDP 上的恶性竞争局面，提升城市居民的幸福指数，增强城市特色和综合竞争力

当前各城市之间的竞争，已经从比 GDP、比区位、比资源向比文化、比环境、比服务转变，一句话就是"软实力"的竞争。文化是国家软力量主要来源之一（Joseph S Nye，1990），而文化资源、传播力度、社会和谐则是影响城市软实力的直接因素（陶建杰，2010）。从偏科学规划的"功能城市"发展理念向偏人文关怀的"文化城市"理念转变，已成为优化居民生活的"软环境"、促进城市可持续发展的国际共识。如伦敦将文化视为城市的"心搏"，新加坡明确提出"文艺复兴城市"，首尔把以文化为中心的市政方针放在首位，确立 2015 年建成"文化城市"的愿景（吴忠，2010）。为此，我国城镇化建设：一要以建立"幸福城市"和"和谐城市"为目标，着力提升居民生活幸福感。要将城市发展从 GDP 竞争导向向民生竞争导向转变，完善政府绩效考核标准，将居民幸福指数、城市公共服务水平等纳入考核指标，着力增强居民对城市的归属感和幸福感。二要重视以政府服务而非"形象工程"来提升城市美誉度。政府需要从"管理型政府"向"服务型政府"转变，强化政府公共服务能力。三要加强对城市传统文化的保护和创新。要保护城市传统文化及物质载体，挖掘并创新具有城市个性的优势文化，大力发展城市文化创意产业。

三、研究结论

城镇化是实现我国经济可持续发展的引擎。可持续发展的理念要求我国城镇化必须坚持"四化协调"原则：城镇化要与工业化相协调，建立在实体经济基础上：农业要稳，制造业要强，服务业要大，防止"产业空心化"；城镇化要与农业现代化相协调，加快城乡统筹；城镇化要与信息化相协调，通过建设智慧城市来提高城镇化质量和获取城镇化发展红利。改革开放以来，我国城镇化在取得显著成绩的同时也存在多重偏向和失衡，未来必须反思这些城镇化偏向，克服城镇化失衡，推动智慧城镇化，实现城镇化可持续发展。为此，要通过深化财税体制的改革、构建城市财力与事权相匹配的城市财政体制，改变城市政府过度依赖"土地红利"，高地价推高房价的偏向。要通过采取均衡城镇化发展模式、加强城市建设规划与管理来缓解人口过度集中于大城市造成"大城市病"的偏向。要通过推进产业向中西部转移、加强对农民工的职业教育培训来解决城镇化过度依赖人口非家庭式迁移和异地转移，造成巨大社会代价的偏向。要通过改革户籍制度、推进农民工与市民逐步平权、推进城镇安居工程建设来解决城镇化过度依赖农民工不彻底转移的"半城镇化"偏向。要通过改善政府公共服务、提高城市"软实力"营造"软环境"、提升居民生活幸福感来解决城镇化建设过度重视硬实力和硬环境及 GDP 恶性竞争的偏向。

参考文献

〔1〕辜胜阻、易善策、李华：《中国特色城镇化道路研究》，《中国人口·资源与环境》2009 年第 1 期。

〔2〕辜胜阻、李华、易善策：《均衡城镇化：大都市与中小城市协调共进》，《人口研究》2010 年第 5 期。

〔3〕辜胜阻、李华：《以"用工荒"为契机推动经济转型升级》，《中国人口科学》2011 年第 4 期。

〔4〕李京文、吉昱华：《中国城市化水平之国际比较》，《城市发展研究》2004 年第 3 期。

〔5〕郭克莎：《工业化与城市化关系的经济学分析》，《中国社会科学》2002 年第 2 期。

〔6〕张伟：《破解"城市病"智慧城市渐行渐近》，《中国高新技术产业导报》2011 年 8 月 8 日。

〔7〕陈文胜、王文强：《规划不合理致城市交通拥堵》，《中国社会科学报》2011 年 12 月 8 日。

〔8〕国家统计局：《2011 年农民工监测调查报告》，国家统计局网站，2012 年 4 月 27 日。

〔9〕张双长、李稻葵：《"二次房改"的财政基础分析——基于土地财政与房地产价格关系的视角》，《财政研究》2010 年第 7 期。

〔10〕周慧兰、曹理达：《农村产业结构调整战略》，《21 世纪经济报道》2011 年 9 月 17 日。

〔11〕张忠华、刘飞：《当前我国城市病问题及其治理》，《发展研究》2012 年第 2 期。

〔12〕刘杰：《调查称中国每年近三千万亩耕地因农村人进城撂荒》，央视新闻1 + 1，2011 年 9 月 13 日。

〔13〕冯华：《奢华成风跟风模仿片面追高城市建设病该治了》，《人民日报》2006 年 8 月 7 日。

〔14〕金周英：《从国家软实力到企业软实力》，《中国软科学》2008 年第 8 期。

〔15〕Joseph S. Nye, Jr. , "The Changing Nature of World Power", *Political Science Quarterly*, 1990, Vol. 2.

〔16〕陶建杰：《中国城市软实力评价及实证研究》，《同济大学学报（社会科学版）》2010 年第 4 期。

〔17〕吴忠：《提升城市文化软实力的意义与路径选择》，《学术界》2011 年第 5 期。

—32—

城镇化要从"要素驱动"
走向"创新驱动"*

胡锦涛总书记在 2012 年 7 月 23 日省部级主要领导干部专题研讨班上的重要讲话中强调指出，要扎扎实实抓好实施创新驱动发展战略。"创新驱动"是区别于廉价"要素驱动"和"投资驱动"新的发展战略观。美国哈佛大学经济学教授迈克尔·波特把国家竞争优势的发展分为"四个阶段"：生产要素驱动发展阶段、投资驱动发展阶段、创新驱动发展阶段、财富驱动发展阶段。[1]迈克尔·波特的"国家竞争优势理论"同样适用于城市发展。当前我国城镇化必须由过度依赖廉价劳动力、土地等"要素驱动"和大量投资形成的"投资驱动"发展阶段向"创新驱动"发展阶段转变，实现从重数量的外延式扩张转向重品质的内涵式发展。2011 年我国城镇人口首次超过农村人口，意味着城镇化发展进入了一个新的阶段。过去 30 多年，我国城镇化的高速发展主要来源于廉价的土地、劳动力等要素的巨大贡献。站在我国城镇化进程新阶段的起点，传统的依赖"土地红利"和"人口红利"的"要素驱动"城镇化发展模式能否有效持续是当前值得深思的重大问题。

＊ 本文首次公开发表，刘江日协助研究。

一、城镇化快速发展得益于廉价的"要素驱动",过度依赖 "土地红利"的城镇化模式不可持续

易得、廉价的土地要素为我国城镇化发展创造了有利条件。一方面,基于土地所有制的国有性和政府主导的城镇化推进模式,我国城镇化发展能比较容易获得土地要素的大规模投入(见表1)。除2008年受金融危机影响外,2007—2011年期间我国建设用地实际供应量逐年较快增长,为城镇发展奠定了坚实的物质基础。另一方面,政府通过低价征地、高价出售的方式,从中获得巨额的土地出让金,这些资金是政府推进城镇化建设的重要资本积累(见表1)。相关研究表明,地方政府仅以市场价格的20%—50%的代价获得土地所有权,成为城市唯一的最大的土地所有者,并通过城市国有土地唯一的所有者和供应者获得最大限度的土地出让收入。[2]

表1 我国土地供应量和土地出让金情况

指标 \ 年份	2007	2008	2009	2010	2011
城镇化率(%)	45.89	46.99	48.34	49.95	51.27
建设用地供应量同比增长(%)	11.4	−31.3	44.2	18.4	35.9
土地出让金同比增长(%)	59	−16.1	63.4	57.8	14.6

资料来源:城镇化率引自国家统计局人口司:《从十六大到十八大经济社会发展成就系列报告之三》,国家统计局网站,2012年8月17日,http://www.stats.gov.cn/;土地供应量和土地出让金根据以下来源数据计算:中国国土资源部:《2007—2011年中国国土资源公报》,中国国土资源部网站,http://www.mlr.gov.cn/zwgk/tjxx/。

然而,当前我国过度依赖"土地红利"不仅容易导致形成低效率的土地资源配置方式,深化土地供给与城镇建设需求之间的矛盾,而且会对城镇化过程中的资金投入、产业发展、居民生活等多方面产生较重的负面影响,为城镇化可持续发展带来诸多"后遗症"。

（一）土地市场供不应求与土地资源浪费严重并存，土地瓶颈制约逐渐加剧

城镇化初期，在要素投入不足的情况下，扩大土地资源投入规模能有效促进城镇的快速发展。然而，受制于土地资源的稀缺性，当城镇化发展到一定程度时，土地要素结构会发生改变，盲目追求大规模简单投放土地的城镇化模式将不可持续。据测算，未来我国城市建设用地供求缺口大约在6000万—7000万亩左右（见表2），不可再生的土地资源将会成为制约城镇化可持续发展的重要因素之一。长期以来，一些地方政府强调城镇化速度至上，通常采取以增加土地要素投入为单一手段来推动城镇化的发展。不仅部分大城市实行了以建立新区或城市重心转移为特征的城市扩张战略，许多中小城市甚至小城镇也通过各种途径扩大建设用地规模。这种仅仅偏好土地规模扩张的城镇化发展模式导致土地利用率低下，造成土地资源的严重浪费，进一步加剧了土地资源约束。城镇土地利用效率的主要标准是人均城镇建设用地。根据《城市用地分类与规划建设用地标准》（GBJ137—90），人均100平方米建设用地是城乡建设用地的较高标准，在城市，只允许首都和特区城市最高达到人均120平方米。世界发展中国家人均城市建设用地83.3平方米，发达国家人均城市建设用地82.4平方米。[3]而目前我国人均城市建设用地已达133平方米，高于世界平均水平，也远远高于其他东亚国家和地区的水平。[4]

表2 未来15年我国城市建设用地供求缺口估算

单位：万亩

用地类型	建设用地需求量	建设用地供给量	供求缺口
全国建设用地	10000	3000—4000	7000—6000
居民用地	3000	900—1000	2000
工业用地	2500	630—840	1700
道路用地	1500	315—420	1100
商业用地	1500	315—420	1100

资料来源：王元京：《城镇土地集约利用：走空间节约之路》，《中国经济报告》2007年第3期。

（二）"土地财政"风险积聚且不可持续，财政收入结构脆弱，城镇建设资金投入的长效机制缺失

2011 年土地出让金已经超过 30000 亿元①，相当于地方财政收入的 80% 以上。在地方政府主导的城镇扩张过程中，"土地财政"扮演了极其重要的角色。"土地财政"指地方政府的可支配财力高度倚重土地及相关产业的租税费收入的一种财政模式。[5]然而，过度依赖"土地财政"具有较大的风险性和不可持续性，以"土地财政"为重心的财政收入结构不适应城镇化可持续发展的资金需求。首先，土地财政是以不断增加土地供给为前提的，然而土地资源的有限性和不可再生性决定了"土地财政"生命力的脆弱。受当前土地资源急剧减少及宏观调控政策的影响，"土地财政"已难以为继。以"土地财政"收入中比重较大的土地出让金为例，2012 年 1—8 月，全国国有土地出让金为 15579 亿元，同比下降 26.1%。[6]其次，由于"土地财政"对经济周期的依存度很高，财政收入会伴随经济周期的波动，产生大幅震荡。[7]当市场繁荣时，"土地财政"会推动 GDP 和财政收入高速增长，且后者是前者的数倍；而一旦经济陷入低迷，"土地财政"又会导致 GDP 和财政收入快速下降，且后者降幅更大。"土地财政"固有的非稳定性不适合未来城镇化的发展。最后，"土地财政"以金融为媒介，扩大土地抵押融资规模，致使地方政府负债过重，容易引发金融风险，并极易演变成地方财政风险。

（三）地价和房价呈"螺旋式"上行趋势，造成房地产"泡沫化"和实体经济萎缩，削弱城市产业基础

过度依赖"土地财政"驱使地方政府凭借土地所有权的垄断提高地价，获取高额的土地收入，随后传导至房地产市场，造成房地产价格扭曲，进而推高房价。据不完全统计，土地出让金约占房价的 30%—50%。如果加上税费，一些地方地价和税费占到房价的五至七成，地价成为过高

---

① 根据财政部公布的 2011 年地方国有土地使用权出让收入数据和地方公共财政收入决算表相关数据整理计算得出。

房价的主要推手。在现有土地"招拍挂"制度下,地价和房价存在互为因果关系,地价上涨导致房价跟涨,房价的上涨又进一步抬高地价,两者相互作用,呈"螺旋式"上升趋势。房价、地价上涨的市场预期不断强化以及较高的行业利润率吸引大量的社会资本进入房地产行业。从企业数量看,2003 年全国房地产开发企业 37123 家,2008 年则达到 87562 家,5 年时间增加 1.36 倍,年平均增长保持在 20% 以上,同期规模以上工业企业个数由 196222 家增加至 426113 家,年平均增长 17%。尤其在 2007 年房价高涨刺激下,房地产开发企业个数一年间增加 40%,而规模以上工业企业个数仅增加 26%。从城镇固定资产投资看,2003—2008 年房地产投资在城镇固定资产投资中的比例始终保持在 20% 以上,年平均增速维持在 25% 的高水平①。社会资本短时间内快速地集中于房地产行业,推动了房地产行业过度膨胀,加剧了房地产"泡沫化",这容易造成实体经济的投入下降,对实体行业形成强烈的"挤出效应",削弱城镇发展的产业基础。

(四)土地供给结构失衡深化居民住宅用地供需矛盾,过高地价及房价透支居民消费能力

城镇土地供给结构的失衡同样是过度依赖"土地红利"的结果。在城镇化推进过程中过分注重基础设施用地、工业用地的扩张,而忽视了居民住宅用地的基本需要,导致居住用地的有效供给严重不足,城镇居民的住房问题依然突出。就城市而言,对照国际上一些比较约定俗成的经验性看法,城市用地构成中,工业用地一般不要超过 15%,居住用地一般占45%,道路广场和绿地均约为 8%—15%。[8]国土资源公报显示,2011 年我国工矿仓储用地与建设用地供应总量占比为 32.7%,住宅用地占比为21.3%,住宅用地供应量远未达到国际标准。[9]在有限的居民住宅用地中,过高地价、房价透支了居民消费能力,抑制了居民消费需求,制约了城镇化可持续发展。相关研究指出,当房价收入比高于 10 时,居民收入水平不足以负担高水平的房价(陈志勇、陈莉莉,2010)。统计显示,2011 年全

① 根据 2003—2008 年《中国房地产统计年鉴》和《国民经济与社会发展统计公报》相关数据整理得出。

国平均房价收入比为 7.5，而发达国家总体水平为 3—6；我国典型城市的房价收入比均明显偏高，北京、上海、深圳、杭州等一线城市和东部大城市，房价收入比均在 10 以上，排名前 5 位的深圳、杭州、北京、厦门、上海 2011 年房价收入比分别达到 15.60、14.10、12.94、12.48、12.40。[10]

二、"半城镇化"的社会代价过高，过度依赖廉价劳动力的"人口红利"城镇化难以为继

我国的"半城镇化"指的是 2 亿多进城的农民工实现了职业转换、地域转移，但没有实现身份的转变。"半城镇化"严重影响了我国城镇化质量，城镇化发展潜力受到削弱。充分利用我国丰厚的"人口红利"同样是长期以来城镇化发展的主要特色①。我国是世界上人口最多的国家，其中数量众多、规模庞大的农村劳动力成为城镇化发展的潜在优势。[11] 人口学家泽林斯基（Wilbur Zelinsky）1971 年在他的论文《流动转移的前提》中提出，在工业化和城镇化起步阶段，人口自然增长是城镇化的主要来源，随着城乡出生率差别的拉大，特别是城镇出生率的下降，城镇人口主要依靠机械增长（农村人口向城镇迁移所造成）或城乡划分标准的变更。[12] 从表 3 可以看出，在我国城镇化发展的现阶段，农村剩余劳动力转移是城镇化的主要来源，特别是二元城乡结构变迁过程中形成的农民工群体已经成为城镇化发展的主要推动力量。"人口红利"还表现为廉价的流动人口和农民工支撑起城镇化的低价模式。"价廉"主要包括两个方面：一是工资水平低，二是非工资性的成本低。[13] 就工资水平而言，近几年农民工工资有较大幅度的提高，但仍然显著低于城镇职工的工资水平（见表 3）。在非工资性成本方面，农民工通过租赁廉价房、无社会保障等为城镇发展节省了需要支付的高额成本。国务院发展研究中心课题组（2011）的调研报告

---

① 以往文献界定的"人口红利"为劳动年龄人口持续增长、比重不断提高的这样一种生产性人口结构，可以通过保证劳动力的充足供给和储蓄率的提高，为经济增长提供一个额外的源泉（蔡昉，2009）。本文所指的支撑城镇化发展的"人口红利"是，大量、廉价的乡城流动人口和农民工所创造的城市发展红利，具体表现为农村剩余劳动力大规模向城镇迁移（城镇人口机械增长）和农民工廉价所节省的城镇公共支出成本。

表明，一个典型的农民工（包括相应的抚养人口）市民化所需的公共支出成本共约为 8 万元。其中，远期的养老保险补贴平均约为 3.5 万元，住房和义务教育等一次性成本约为 2.4 万元。[14]

表3   我国外出农民工数量和人均工资比较情况

年份 指标	2007	2008	2009	2010	2011
城镇化率（%）	45.89	46.99	48.34	49.95	51.27
外出农民工人数（万人）	13500	14041	14533	15335	15863
城镇人口自然增长数（万人）	188.2	186.9	189.7	186.9	192.7
农民工人均工资（元）	8601.85	9523.45	10110.95	11189.33	12263.68
城镇职工人均工资（元）	30508.53	33918.84	37565.08	40939.08	42452

注：假定城镇人口自我增长率比总体人口增长率水平低 2 个千分点。

资料来源：城镇化率同表 1；外出农民工人数引自国家统计局农村司：《农民工监测调查报告（2009，2011）》，国家统计局网站，http://www.stats.gov.cn/tjfx/fxbg/；城镇人口自然增长数根据以下来源计算：国家统计局：《国民经济和社会发展统计公报（2006—2011）》，国家统计局网站，http://www.stats.gov.cn/tjgb/；农民工和城镇职工人均工资根据 2007—2012 年《中国统计年鉴》计算整理得出。

然而，当前"人口红利"已经呈现出日益衰竭的趋势，"半城镇化"导致的过高社会代价甚至超出了农村劳动力廉价所带来的收益，过度依赖"人口红利"来推动城镇化的未来发展将不可持续。

（一）农村剩余劳动力供给量下降与年龄结构老化并存，劳动力供需缺口不断扩大

农村剩余劳动力是支撑城镇化水平迅速提高的主要力量。然而随着城镇化进程的加快及人口结构的悄然变化，我国可转移的农村剩余劳动力逐渐减少，供需缺口不断扩大。在需求方面，2011 年末我国城镇化率达到 51.27%，城镇人口为 6.91 亿，其中包括 2.53 亿农民工。[15] 我国农村人口为 6.57 亿，大约至少需要有 2.5 亿至 3 亿的农村人口转为城镇人口才能实现我国城镇化 70% 的目标。如果考虑长期情况下农村和城镇劳动生产率大致相同，需要转移的农村人口比上述推算更多。在供给方面，从劳动力数量上看，我国农村剩余劳动力供给量已经明显减少，特别是近几年下降幅度明显增加，这意味着我国劳动力已经从"无限供给"向"有限剩余"转变；从劳动力年龄结构看，我国农村剩余劳动力年龄结构逐渐趋于老化，现阶段主要集中在 40 岁以上（年龄在 15—49 岁之间的劳动力人口仅占 36.32%），这部分人群是难以城镇化的人口。因此，在我国城镇化快速推进、农村剩余劳动力供给量下降和年龄结构老化的情况下，支撑我国城镇化发展的劳动力"供"与"需"之间出现不平衡。

（二）过度依赖农民工不彻底转移的城镇化发展模式，农民工在就业机会、劳动报酬、基本公共服务等多方面面临不平等待遇

我国城镇化实质上是以农民工不彻底转移为特征的，突出地表现为农民工既不能完全从农村和农业中退出，也不能完全的融入城市，身份得不到确认。由于受困于既不愿隔断同农村土地的"脐带"又无法"扎根"城市的"进退两难"境地，农民工群体成为逐渐被"边缘化"的特殊群体，并最终导致其游离于城市经济的体制之外。在就业机会上，农村转移的劳动力主要集中于脏、累、险、重、苦、差的非正规部门。劳动力市场分割的情况下，非正规部门由于工作岗位激烈的竞争和缺乏相关法律的保护，就业往往不稳定，也难以培养正规部门所形成的职业技能、职业道德、职业精神。在劳动报酬上，企业对农民工"用而不养"问题突出，农民工与城市劳动者相比面临"同工不同酬，同工不同时，同工不同权"的不公平待遇。统计表明，41.3% 的农民工雇主或单位不提供住宿也没有住房补贴，42.4% 的外出农民工每天工作超过 8 小时，56.2% 的外出农民工没有与雇主或单位签订劳动合同（国家统计局，2012）。在基本公共服务上，城市对农民工"取而不予"现象明显，农民工与城镇居民在社会保障上存在较大差距。调查显示，目前外出农民工参加养老保险、工伤保险、医疗保险、失业保险和生育保险的比例分别仅为 13.9%、23.6%、16.7%、8.0% 和 5.6%（国家统计局，2012）。

（三）过度依赖"候鸟型"和"钟摆式"的农民工非家庭式迁移和异地流动，城乡之间频繁"往复流动"带来的社会矛盾阻碍城镇化发展

历史研究发现，"候鸟型"和"钟摆式"的大规模人口流动是逐步实

现我国城镇化的独特方式。这种不稳定的人口流动源于农村剩余劳动力的非家庭式迁移和异地转移。统计资料显示，作为农村剩余劳动力向城镇转移的主力军，2011 年 2.5 亿多的农民工中，其中外出农民工有 15863 万人，举家外出农民工仅占 20.7%（国家统计局，2012）。这表明：八成以上农民工是一种非家庭式的劳动力转移。农民工与其核心家庭在地域上的分离，使得外出农民工的生活重心始终保留在农村，城乡之间的"往复流动"频繁。"候鸟型"和"钟摆式"的农村劳动力流动对我国传统的低成本城镇扩张战略起着至关重要的作用，但它是以付出较大的社会代价来换取的，这些社会代价逐步积累而形成的社会矛盾又会反过来制约城镇化的进一步发展。这种非家庭式迁移牺牲了"三代人"的幸福：农村留守群体规模不断扩大，留守老人赡养问题、留守儿童教养问题、留守妇女婚姻家庭问题日益突出。据统计，在农村人口中，约有 5000 万留守儿童、4000 万留守老人和 4700 万留守妇女。[16] 在农村壮年劳动力转移之后，农村空心化问题日益突出，社会治安状况堪忧，务农重任落在妇女和老人身上，进一步制约农业现代化的发展。[17]

（四）农村向城市的流动人口过多流往特大城市，引致区域之间城镇化的非均衡发展，形成"头重脚轻"的城市规模格局

在我国区域经济发展不平衡的格局下，不同地区之间、不同城市之间的比较利益差距影响着农民工群体的流向，导致农民工过度集中于东部沿海发达地区和超级、特大城市。从就业地区分布来看，2011 年在东部地区务工的农民工占农民工总量的 65.4%，中部和西部分别占 17.6% 和 16.7%；从城市群分布来看，在长三角和珠三角地区务工的农民工分别占全国农民工的 23.1% 和 20.1%；从城市类型来看，在直辖市务工的占 10.3%，在省会城市务工的占 20.5%，在地级市务工的占 33.9%（国家统计局，2012）。农民工的自发性流动将造成区域之间城镇化的非均衡发展，对大城市和小城镇均产生不良影响。一方面，大城市的非常规人口膨胀会超出城市的资源环境承载力，引发环境污染、交通堵塞、贫富两极分化等多种"大城市病"；另一方面，小城镇人口基础薄弱，城镇化发展出现脱节现象，"点"、"面"并未能有效结合，大城市往往只能"鹤立鸡群"，

造成结构失衡，城镇化具有无序性（辜胜阻、易善策、郑凌云，2006）。

三、城镇化要改变路径依赖，从"要素驱动"转向"创新驱动"，从数量扩张到质量提升

当前城镇化必须由过度依赖廉价劳动力、土地等"要素驱动"和大量投资形成的"投资驱动"发展阶段向"创新驱动"发展阶段转变，实现从重数量的外延式扩张转向重品质的内涵式发展，实现以创新为驱动力的城镇化发展模式。

（一）城镇化的"创新驱动"需要推动城市产业升级，实现新型城镇化与新型工业化同步发展

城镇化必须依靠产业支撑，建立在工业化的基础上。缺乏产业支撑和工业化的城镇化是"空心"城镇化。没有产业的发展和集聚，无法提供城镇化所需的人口、资金和就业机会等等，即使依靠政府行政力量增加城镇人口、开展城镇建设，也是不可持续的。为此，未来的城镇化应与新型工业化同步发展。推动产业结构优化升级是新型工业化的内在要求，也是实现城镇化"创新驱动"的必经之路。要建立合理的多层次现代产业体系，优化产业结构，推进传统制造业转型升级，着重发展战略新兴产业，强化城镇化发展的产业支撑。

首先，大力发展战略性新兴产业，推动城市产业升级和结构调整。战略性新兴产业是以重大技术突破和重大发展需求为基础，对经济社会全局和长远发展具有重大引领带动作用，知识技术密集、物质资源消耗少、成长潜力大、综合效益好的产业。[18] 发展战略性新兴产业需要技术创新和金融创新"两轮驱动"。一方面，战略性新兴产业是新兴科技和新兴产业的深度融合，其核心内容是新技术的开发和运用，没有技术支撑，就谈不上新兴产业的大发展。[19] 不仅要加大科研开发投入，加强创新型人才培养，提高自主创新能力，还要积极探索建立产学研合作体系，为促进科技成果有效转化为实际生产力打下坚实基础。另一方面，战略性新兴产业具有高投入、高风险、高回报的特征，其发展迫切需要通过金融创新来构建风险

分担机制和区别于传统产业的特别融资机制。要构建与战略性新兴产业相匹配，以天使投资、风险投资、私募基金为主的多层次股权投资体系，实现新兴产业与金融资本之间的良性互动。此外，根据城镇产业发展基础、资源禀赋、要素成本、配套设施的比较优势，整合优化城镇生产力空间布局，集聚各种产业要素，引导科技型中小企业向城镇集聚，逐步形成独具特色的战略性新兴产业集群。要加快科技园区建设，充分发挥科技园区的辐射作用和集聚功能，使其成为战略新兴产业集群与城镇建设的结合点。

其次，要用高技术和先进适用技术改造传统制造业，巩固城镇化发展的实体经济基础。在未来的较长时期内，传统制造业依然是我国工业的主体部分和具有国际比较优势的产业，仍将保持强劲的增长潜力，具有很大的发展空间。城镇化要与工业化、与制造业由大向强转变相协调，建立在以制造业为主的实体经济基础上，防止"产业空心化"。针对房地产行业"一业独大"的现象，要高度重视其对实体行业的"挤出效应"，努力减少投机暴利，限制投机暴富，挤压"炒"经济的空间，同时高度重视民间资本投资渠道的拓展，释放民间投资增长活力，拓宽实体经济的发展空间。要加快传统产业的创新步伐，积极实施包括技术创新和管理创新在内的全面创新，提升产业发展的战略层次和附加值。充分考虑经济结构和科学技术的变化趋势，着眼于全面提高产业整体素质和效益，立足于现有工业的改造重组，通过对生产要素的合理流动和优化组合，实现传统产业升级改造。

（二）城镇化的"创新驱动"需要发展智慧城市，实现城镇化、工业化和信息化的深度融合

智慧城市建设，实质上是一场以技术创新引导的生产、生活以及管理方式的变革，是经济发展模式创新在特定空间上的具体体现。发展智慧城市有利于推动城镇化发展模式由侧重数量、关注要素集聚的外延式城镇化向重视质量、强调创新和效益提升的内涵式城镇化转变。据世界银行测算，一座有百万人口的城市，如果在投入不变的前提下实施全方位的智慧化管理，将使城市的发展红利增加 3 倍。从"三化"关系来看，智慧城市是城镇化、工业化和信息化的深度融合，是城市信息化的高级阶段。

推进智慧城市健康发展要把握四个重点：一是"应用为王"。市场需求是促进智慧城市持续发展的源动力。智慧城市的建设应以市场需求为导向，充分发挥市场配置资源的作用，运用市场法则来培育市场前景广阔的新兴业态，实现智慧增长。智慧城市的建设要依托于市场的"无形之手"，实现资金、技术和人才等资源的合理流动和高效配置。通过市场机制促进研发智慧技术、创造多样化个性化的智慧应用以及培育市场前景广阔的智慧产业。当前，在发展智慧城市的过程中存在"重建设、轻应用"的现象，政府倾向斥巨资购买容易量化的信息基础设施，并确保设备技术的先进性，以彰显建设成效，但忽视了方便市民的应用开发和普及推广，可能导致智慧城市"有路无车"的局面。二是"技术支撑"。智慧城市的建设必须依托技术创新和战略性新兴产业的发展，衍生全新的产业形态，推动城市产业升级，促进城市发展动力机制的转换。要建立健全智慧城市的相关标准体系，加快物联网、云计算、通信网络等领域相关技术研发，完善技术和管理标准，实现跨系统应用集成、跨部门信息共享。三是"智慧整合"。智慧城市建设的核心是整合资源，切实解决城市运行中的资源分散、行政分割和管理分治的格局和"孤岛现象"。城市部门横向协同困难，行政分割、管理分治的现象普遍存在，很多信息化往往是技术上容易解决，但机制体制上难以实现。通过资源整合的方式避免"信息孤岛"的产生。完善城市综合管理运行体系，构建城市部门之间横向融合、纵向贯通的合作机制，即横向上与同等级的部门之间保持密切融合的业务合作关系，纵向上与政府其他级别的部门之间，甚至省市之间保持持续贯通的沟通合作关系。四是"变革治理"。发展智慧城市必须推进城市管理方式的变革，建立高效协调的城市治理机制，用智慧城市医治当前日益严重的"大城市病"，使城市居民的生活更加安全、更加便捷、更加舒适。智慧城市的作用不仅仅局限于通过增加硬件基础设施来改变城市面貌，更重要的是它能推动城市管理理念和管理方式的变革，实现城市的"智慧治理"，进而促进城市健康可持续发展。

总而言之，城镇化数量的扩张和质量的提升是城镇化进程中必须协调和妥善处理的两个重要问题，只有数量的扩张而没有质量的提升，可能会造成未来城镇化的畸形发展。当前我国城镇化过多依赖廉价的土地、劳动力等要素驱动,而忽略了城镇化发展质量的提高,导致城镇化速度和质量之间呈非协调发展局面。当前,我国正处于城镇化的关键转型期,需实现从重数量的外延式扩张向重品质的内涵式发展转变,要从"要素驱动"走向"创新驱动"。城镇化要建立在坚实的产业基础之上,要以创新推动产业升级,使新型城镇化与新型工业化同步发展,特别要大力发展战略性新兴产业,靠创新引领一个新的城市经济周期。要通过建设智慧城市,推进智慧城镇化。智慧城市是城镇化、工业化和信息化的深度融合,能有效促进要素资源的优化配置,推动城市转型和优化城市治理。此外,要实施农民工培训工程,大力提高进城劳动者素质,改变城市对农民工"用而不养"的局面,使作为新市民的农民工能更好地融入城市社会。

参考文献

〔1〕迈克尔·波特:《国家竞争优势》,李明轩、邱如美译,华夏出版社 2007 年版,第 530—548 页。

〔2〕鲁德银:《土地城镇化的中国模式剖析》,《商业时代》2010 年第 33 期,第 7—9 页。

〔3〕刘文甲:《转变用地方式是转变发展方式的基础》,《中国国土资源报》2010 年 6 月 25 日。

〔4〕徐绍史:《落实资源节约优先战略 推动经济发展方式转变》,《求是》2011 年第 4 期,第 23—25 页。

〔5〕陈志勇、陈莉莉:《"土地财政":缘由与出路》,《财政研究》2010 年第 1 期,第 29—34 页。

〔6〕财政部:《2012 年 8 月份财政收支情况》,中华人民共和国财政部网站,2012 年 9 月 11 日。

〔7〕李保春:《我国土地财政现象若干思考》,《财政研究》2010 年第 7 期,第 12—14 页。

〔8〕曹建海:《中国城市土地高效利用研究》,经济管理出版社 2002 年版,第 102—104 页。

〔9〕国土资源部:《2011 中国国土资源公报》,中华人民共和国国土资源部网站,2012 年 5 月 10 日。

〔10〕万晶:《2011 年全国房价收入比回落至 7.5》,中证网,2012 年 3 月 7 日。

〔11〕蔡昉:《未来的人口红利——中国经济增长源泉的开拓》,《中国人口科学》2009 年第 1 期,第 2—10 页。

〔12〕泽林斯基:《流动转移的前提》,《地理评论》1971 年第 61 期,第 219—249 页。

〔13〕辜胜阻、易善策、郑凌云:《基于农民工特征的工业化与城镇化协调发展研究》,《人口研究》2006 年第 5 期,第 1—8 页。

〔14〕国务院发展研究中心课题组:《农民工市民化的成本测算——对重庆、武汉、郑州和嘉兴四市的调查分析》,国研网,2011 年 3 月 2 日。

〔15〕国家统计局:《2011 年中国农民工调查监测报告》,国家统计局网站,2012 年 4 月 27 日。

〔16〕刘杰:《调查称中国每年近三千万亩耕地因农村人进城撂荒》,央视《新闻 1 + 1》,2011 年 9 月 13 日。

〔17〕辜胜阻、杨威:《反思当前城镇化发展中的五种偏向》,《中国人口科学》2012 年第 3 期,第 2—8 页。

〔18〕国务院办公厅:《国务院关于印发"十二五"国家战略性新兴产业发展规划的通知》,中央政府门户网站,2012 年 7 月 20 日。

〔19〕辜胜阻、李华:《战略性新兴产业需要技术和金融创新两轮驱动》,《中国经济时报》2010 年 7 月 20 日。

—33—

以城乡共同繁荣为目标
大力推进城镇化 *

城镇化是推进城乡统筹发展的重要途径。城乡统筹的目的就是要缩小城乡差距和农民与市民差距，实现城乡协调发展，而城镇化的推进可以通过减少农民的办法提高农民收入从而有效促进城乡共同繁荣。当前我国总体上进入了工业化的中后期发展阶段，推进工业反哺农业、城市支持农村，实现城乡统筹发展是未来经济发展的必然趋势。"十二五"规划明确指出，要同步推进工业化、城镇化和农业现代化，充分发挥工业化、城镇化对发展现代农业的辐射带动作用。"三化同步"体现了未来城乡协调发展的战略方向。"十二五"时期要进一步推进城镇化的制度创新，充分发挥城镇化在推动城乡统筹发展中的重大作用，以城乡共同繁荣为目标大力推进城镇化。

一、中国城乡关系的演变与推进城乡共同繁荣的必然性

新中国建立以来，伴随城镇化的发展过程我国城乡关系的发展大致可以划分为三个阶段。一是城镇化与工业化脱节背景下的城乡分割阶段。建

---

* 本文发表于《全球化》。

国初期，我国实行了重工业优先发展的工业化"赶超"战略。重工业优先发展派生出与之相适应的计划式的资源配置方式，进而扭曲了工农业关系。这一时期的城镇化是建立在农业支持工业、工农业间存在"剪刀差"的基础上的。城乡互动表现为以农促工，以乡促城。二是城镇化快速发展背景下城乡关系的改善阶段。始于 1978 年的各项改革松动了原有的城乡二元体制，劳动力的城乡转移以及城镇化的快速发展使原有的城乡关系有了很大地改善。但诸如户籍制度等造成城乡分割的关键性的制度安排并没有彻底改变。农村人口虽然进了城市，但并没有完全成为城市居民，城镇化进程表现出"半城镇化"的特点，乡村支持城市的城乡关系总体格局没有根本改变。三是城乡统筹发展的探索与实践阶段。2004 年胡锦涛总书记在十六届四中全会提出了"两个趋向"的重要论断，标志着"工业反哺农业，城市支持农村"的城乡统筹发展新阶段的到来。2007 年，国家批准四川成都和重庆市设立全国统筹城乡综合配套改革试验区，标志着城乡统筹逐步上升为国家战略，并进入实质性的局部试点阶段。

从当前我国城乡发展的现状来看，城乡失衡的局面主要表现为四个方面的"差距"。一是城乡收入"差距"，当前我国的城镇居民可支配收入与农民纯收入的差距超过 3 倍，如果考虑到城乡差别化的各种福利保障及其他公共服务，这个差距会更大。二是城乡消费"差距"，城乡居民消费性支出的差距也已达到 3 倍左右，当然这与城乡居民收入差距的持续扩大密切相关。此外，社会保障缺失造成的"有钱不敢消费"等问题也是制约农村消费的重要因素。三是工农交换关系中利益"差距"，突出表现在工农产品价格及土地价格两个方面的"剪刀差"现象。对于工农产品价格剪刀差，计划经济时期国家通过统购统销等计划手段，人为的压低农产品价格，形成工农产品价格差来实现从农业积累资金用于工业和城市发展的目的。改革开放以来，工农产品价格剪刀差虽然逐步缩小，但起伏较大，剪刀差依然存在。长期以来，农村集体所有的土地必须先由政府征用，然后才能进入一级市场。一些地方政府通过低价征用农村土地然后高价出售给开发商的方式，分享了农村土地的价值，并由此产生了大量"种地无田、上班无岗、低保无份"的失地农民。四是城乡居民财产"差距"。据统计，仅住房一项，城乡居民财产差距就达十倍或数十倍。

同时应该注意到，中国劳动力转移和劳动力市场供求关系正在发生深刻变化，农村劳动力的供给格局正在由"无限供给"向"有限剩余"或正向全面短缺转变，近年来日益严重的"用工荒"现象就是这个变化的突出表现。受此影响，农民工的待遇有了显著的改善和提高。据人力资源和社会保障部的数据显示，2010年，农民工月均收入达1690元，比2005年的875元增长近一倍。这在一定程度上缩小了城乡收入的巨大差距，是缓解城乡失衡现状的积极因素。

当前，从根本上扭转我国城乡发展失衡的格局，缩小城乡差距，实现城乡协调发展，是有效扩大内需的重大战略，是积极构建和谐社会和小康社会的客观要求。截至2010年，我国人均GDP已经超过4000美元，三次产业产值结构调整为10.2∶46.8∶43。我国总体上已经进入工业化中后期发展阶段，这为我国城乡统筹战略的实施创造了有利条件。在这一阶段推进工业反哺农业、城市支持农村，实现工业与农业、城市与农村协调发展，具有十分重要的战略意义。

二、城镇化在实现城乡共同繁荣进程中的战略意义

城镇化是体现区域经济社会发展程度的综合性指标，城镇化的过程不仅是农村人口向城镇转移、城镇人口比率不断上升的过程，也是实现城乡统筹、保障农村地区持续发展、城市文明向农村扩散的过程。推进城乡协调发展，实现城乡一体化需要加快城镇化进程。

第一，城镇化的推进有利于加强城乡之间的联系，打破城乡分割的局面。大中小城市和重点城镇相协调的城镇化发展有利于构建完善的城镇结构体系，优化城镇的空间分布和人口规模结构，从而构筑开放有序、互补共享的城乡协调发展格局。

第二，城镇化可以提供更多的就业机会，从而为农村剩余劳动力转移提供了广阔的空间。城镇化是创造非农就业机会的主要途径。特别是城镇化的推进为第三产业的发展提供了条件，而第三产业具有吸纳就业能力强的特点，其发展必将大大增强城镇化对农村剩余劳动力的吸纳能力。

第三，城镇化有利于实现"耕地向种田能手集中"，通过农业的规模

化经营有效提高农民收入。城镇化一方面通过农村剩余劳动力的转移，降低人地比例，为农业适度规模经营创造了条件；另一方面通过非农产业的发展和非农人口的增加形成了对农产品的巨大需求，从而推进农业产业化向更深层次发展。

第四，城镇化有利于推动"乡镇工业向工业小区集中"，通过集约发展实现农村经济增长方式的转变。城镇化将推动乡村工业的集聚发展和结构升级，是转变农村经济增长方式、推动乡镇工业向集约化发展的"突破口"。

第五，城镇化有利于提高农民素质，培育"新型农民"。伴随城镇化过程的农民流动本身就是一所培养现代农民的大学校。一方面，城镇把人口、资金、技术、信息等各种要素聚集在一起，交通便利、信息灵通，新思想、新观念层出不穷，并能赋予人开拓进取的精神；另一方面，城镇化过程也推动城市文明向乡村的扩散和传播，带动农民思想观念的转变。

三、在"二元城镇化"战略思路下推进城乡共同繁荣的对策思考

充分发挥城镇化在促进城乡协调发展中的重要作用就要改变主要偏向城市发展的城镇化道路，构建城乡统筹导向的城镇化发展新模式。

（一）构建城市化与做大县城的农村城镇化协调发展的"二元城镇化"互动机制，大力发展县城经济

早在20世纪90年代初，笔者就结合中国城乡关系的实际以及城镇化的发展特点提出了"二元城镇化理论"。认为绝对的"大城市论"、"中等城市论"、"小城市论"者所主张的发展某一类城市的观点都不符合中国的实际。要以"城镇化"（而非城市化）理论指导中国经济发展实践，在城镇化发展过程中实现城市化与农村城镇化并重、发展大都市圈为特征的"网络发展式"城镇化与以县城为依托发展中小城市的"据点发展式"城镇化同步，避免小城镇过度发展和大城市盲目膨胀的双重"城市病"，推进农村剩余劳动力的有序合理流动。

当前，实施以城乡统筹发展为导向的城镇化战略，就是要构建城市化与农村城镇化协调发展的"二元城镇化"互动机制，将农村城镇化作为推动农村地区经济发展的引擎。县城是县域工业化、城镇化的主要载体，是农村城镇化最有发展潜力的区位，是形成城乡经济社会发展一体化新格局的重要战略支点。农村城镇化发展要以县城为依托，把县城建设成为县域经济的龙头和农村城镇化的经济中心，通过县城把城市物质文明和精神文明扩展到乡村，使县城成为城乡融合的枢纽和桥梁，阻止农村人口向大城市的过度集中，缓和大城市的压力。依托县城的农村城镇化发展的关键就是要构建坚实的产业基础，通过增强经济实力来提高县城的吸引力。这就需要在县域范围内考虑"发展什么产业"、"在哪儿发展产业"以及"谁来发展产业"的问题。首先，县域经济要以特色产业为抓手和突破口，并逐渐形成规模化经营。其次，县域产业要实现集聚发展，改变产业过度分散的状况，引导产业向城镇工业区集聚，实现集群化发展。再次，要着力推进民营经济发展，激发社会上自我创业、自我发展的欲望，形成尊重创业、鼓励创业和保护创业的社会氛围，形成推动县域经济发展的内在驱动力。

（二）构建均等化的城乡公共服务保障机制，统筹城乡公共服务

均等化的城乡公共服务是推进城乡统筹、实现城乡共同繁荣的关键环节。差别化的城乡公共服务供给往往与城乡二元格局构成恶性循环，一方面城乡公共服务的差异主要受城乡二元体制影响，而另一方面城乡公共服务不均导致的城乡差距扩大又进一步加剧了城乡二元结构。长期以来，制约农民收入提高的一个重要原因就是农村地区公共服务的严重短缺。可见，提供均等化的城乡公共服务成为推进城乡共同繁荣进程中亟待解决的重要问题。推进城乡公共服务均等化建设，不仅要重视构建农民工同城市居民的平权机制，着力实现进城农民工在劳动报酬、子女就学、公共卫生、住房租购以及社会保障方面与城镇居民享有同等待遇，更重要的是要完善农村公共服务体系，在农村地区真正做到"上学不付费、看病不太贵、养老不犯愁"。为此，一要建立城乡统一的义务教育体制，保证农村孩子享受义务教育的权利，特别要重视对农村学校的硬件设施建设，加强

优质教育资源向农村流动的引导，为城乡居民子女提供公平的教育机会。二要进一步完善和推广新型农村合作医疗制度，不断壮大农村医疗服务机构，提高医务人员业务水平，提升农民享有的医疗和卫生保健服务质量。三要积极总结推广新型农村社会养老保险试点经验教训，探索符合农村特点的社会养老保险制度。四要加强道路交通、农田水利、能源建设、垃圾处理、环境整治等农村基础设施建设，切实改善农村的生产生活条件。

（三）构建推进农民工市民化的长效机制，促进农村劳动力有序有效转移

缩小城乡差距、增加农民收入的有效途径是减少农民，促进农村剩余劳动力的顺利转移。"减少农民"不仅意味着农村剩余劳动力要从农村转移出去，更意味着他们要在城镇安定下来。然而事实上，当前中国大量的进城农村剩余劳动力并没有能够充分享受到发展带来的成果。他们实现了地域转移和职业转换，但并没有实现身份转变，不仅处于"半城镇化"的尴尬境地，而且承受城市对其"取而不予"、企业对其"用而不养"的歧视性待遇。因此，城乡共同繁荣发展战略的一个重要内容就是推进农民工市民化，帮助农民工融入城市实现安居乐业市民梦。具体来说：一要逐步解决进城农民工的户口问题。北京、上海等特大城市不可能完全放开，但要善待现在的农民工，实现待遇平等。大城市可考虑设立一种经济导向、人口素质导向和社会规范导向三位一体的门槛条件，逐步放开户籍限制。中等城市应该积极地放开户籍，小城市可以完全放开，县城则要"敞开城门"，让农民"自由进城"。二要解决进城农民的就业问题。要建立就业培训机制，提高农民工职业技能；要健全用工信息发布机制，多渠道提供农民工就业信息；要完善维权机制，加强农民工权益维护；要完善创业扶持机制，鼓励农民工以创业带动就业。三要解决进城农民的住房问题。要建立惠及进城农民工的城镇住房保障体系，逐步将农民工纳入城镇保障性住房的覆盖范围，加强农民工公寓建设。建立完善农民工住房公积金制度，让有条件的农民工可以申请住房公积金贷款并可以支付房租。

（四）构建城乡互利互补共赢机制，实现城乡共同繁荣

推动城乡协调共进的重点是要高度重视城乡平等互利原则、城乡优势

互补原则、城乡协调发展原则，通过规划编制、市场建设及产业分工等方面的城乡互动发展实现城乡共同繁荣。具体来说，一要在规划编制上体现城乡并重，统筹谋划城乡之间资源的合理配置。制定统一协调的城乡规划是统筹城乡的基础，其关键是要将城镇与周围的乡村腹地作为一个整体编制包括城乡土地、人口、基础设施、生态环境等在内的统一规划，形成"城市规划—镇规划—乡村规划"三位一体的城乡规划体系，合理有效配置城乡资源。当前，尤其需要重视的是深入贯彻实施《中华人民共和国城乡规划法》，认真总结各地实践中的经验教训，进一步细化并完善以强化区域协调为核心的统一的城乡规划法律制度体系。二要在市场建设上重视城乡一体化，引导城乡之间商品和要素的有序流动。破除城乡市场条块分割和地区封锁，培育和发展城乡一体化的商品和要素市场，充分发挥市场在资源配置中的基础性作用，引导商品及资本、劳动力、信息等要素在城乡之间合理有序流动。三要在产业发展上突出城乡分工，形成城乡之间相互支撑的经济技术联系。立足城乡地方特质及特色优势在中心城市、中小城镇及农村地区形成合理的产业分工，实现优势互补、互促共进。要强化城乡三次产业之间的内在联系，推进产业垂直一体化，促进三次产业在城乡之间的广泛融合，实现共同繁荣。要重视以工补农，加大工业反哺农业的力度。

（五）构建支持农业发展的要素集聚机制，使城镇化与农业现代化协调发展

"十二五"规划明确指出，要同步推进工业化、城镇化和农业现代化，充分发挥工业化、城镇化对发展现代农业的辐射带动作用。显然，"三化并举"是对过去中国城市偏向发展道路的重大调整，体现了未来城乡协调发展的战略方向。推进农业现代化的重点是要构建支持农业发展的要素集聚和资源优化配置机制。为此，一要积极探索农村土地流转模式，促进农村土地适度集中。鼓励转移农民以转包、出租、互换、转让、入股等形式，促进土地向农业产业化龙头企业、经营大户、种田能手集中，推进农业适度规模经营和农业现代化。二要引导资金向农村流动。一方面要推动财政支出和金融业务向农村地区倾斜。要加强财政投入，确保财政对现代农业投入的稳定增长。要强化政策性金融机构的作用，加大商业金融的支农力度，深化农村信用社体制改革，发挥农村信用社支农主力军作用。另一方面要积极引导民间资本参与农业现代化建设。可考虑在条件比较成熟的地区组建区域性中小股份制商业银行、社区银行等，启动民间资本。三要重视农村信息化建设。加强农村信息基础设施建设，引导现代信息技术在农业生产经营、农村公共管理服务及农民生活等方面的普及应用，推进农村综合生产能力的跨越式发展、农村生活模式的转变以及农民思想观念的进步。四要推进农业经营体制机制创新。农业专业化合作社是新型现代农业经营组织。发挥农业专业化合作组织的作用不仅需要构建完善的政策扶持体系，也要引导其规范发展，重视自身经营管理水平的提升。

—34—
智慧城市建设的理论思考与战略选择

　　智慧城市是继数字城市和智能城市后的城市信息化高级形态，是信息化、工业化和城镇化的深度融合。发展智慧城市，是提高城镇化质量，缓解当前日益严重的"大城市病"的重要举措，建设智慧城市是经济增长"倍增器"和发展方式的"转换器"。智慧城市不仅会改变城市人的生活方式，也会改变城市生产方式，保障城市可持续发展。当前推进我国智慧城市建设有利于推进我国内涵型城镇化发展；有利于培育和发展战略性新兴产业，创造新的经济增长点；有利于促进传统产业改造升级、社会节能减排，推动经济发展方式转型；有利于我国抢抓新一轮产业革命机遇，抢占未来国际竞争制高点。

一、智慧城市的理论思考与学术探究

　　智慧城市理念是看待城市发展的一种新视角和新思维。这种理念转化为现实则是 2008 年 IBM 公司提出的"智慧地球"战略。随着建设实践的不断推进，它也引起了学术界和实业界的广泛关注。综合相关研究文献，我们发现，学术界对智慧城市建设的理论思考主要是从以下四个维度展开的。

本文发表于《中国人口·资源与环境》2012 年第 5 期，王敏协助研究。

（一）智慧城市是城市经济转型发展的转换器

信息时代的城市新经济是以知识为基础、信息为前导、网络为手段、高新技术为支柱，全面带动传统产业升级，培植新的经济增长点，并广泛覆盖社会经济文化生活的一种全新的经济形态。[12]智慧城市被认为是一种具有新特征、新要素和新内容的城市结构和发展模式。从城市内涵特征上看，智慧城市具备经济上健康合理可持续、生活上和谐安全更舒适、管理上科技智能信息化的特征。[1]从城市发展要素上看，智慧城市强调以人为基础，以土地为载体，以信息为先导，以资本为后盾。[2]从城市发展内容上看，智慧城市覆盖了智慧经济、智慧移动性、智慧环境、智慧市民、智慧生活和智慧治理等领域。[21,22]要素体系、内容体系、发展体系三位一体共同构建起未来智慧城市的逻辑建设框架。与数字城市或智能城市相比，智慧城市注重从城市综合发展战略和整体效益视角看待信息化，[8]不仅仅局限于信息技术的应用，更主要在于人力资本/教育、社会关系资本和环境相关问题，这些因素都是城市发展的重要驱动力。[20]智能技术和数字技术只是智慧城市建设和成长中的手段，是为智慧的经济社会发展提供方法。[1]

（二）智慧城市是信息化、工业化与城镇化的深度融合

信息化是城镇化、工业化发展到一定历史阶段的产物，是城镇化与工业化互助互进的直接成果，城镇化是信息化的主要载体和依托。[3]从阶段论的视角看，城市发展与信息化、工业化之间存在相互促进、协调发展的关系。如果说第一轮的城镇化是以工业化为动力，那么现代城镇化将以信息化为发动机，基于信息化的城镇化是更高级形式的城镇化。[4]Graham 和 Marvin 研究发现，信息化能够通过信息技术对城市的协作效应（与城市发展协同并进）、替代效应（信息传递减少或取代人员来回通勤）、衍生效应（促进城市经济发展）和增强效应（提高原有物质形态网络的功能）来对城镇化产生作用。[5]这种作用既能影响城市的空间结构及演化速度、方式和内容，[15]也能推动城市经济发展方式、城市治理模式、居民生活方式、社会秩序基础的转变与革新。[13,14]总的来说，信息化对城市发展的革命性

的变革主要体现为五个方面：第一，城镇扩散与集聚功能并存，并交织演进；第二，城市功能信息化和智能化；第三，信息流成为城市主导要素流；第四，信息基础设施成为最重要的城市基础设施；第五，人与自然和谐发展成为城市人居环境的主旋律。智慧城市是信息化、工业化与城镇化的深度融合，是城市信息化深入发展、城市功能优化升级的客观结果。

（三）智慧城市是城市治理的新模式

许多学者探讨了智慧城市建设对城市治理的作用，认为其有助于更智能地规划和管理城市，保护城市生态和环境，合理公平地分配人力资本、社会资本、信息资源、自然资源等城市资源。[7]对于智慧城市的治理模式，美国学者 Andrea Caragliu 等（2009）认为，智慧城市是一种参与式治理，主要通过在人力和社会资本、交通、通信设施方面投资来实现对这些资源及自然资源的科学管理。[6]国内学者李重照和刘淑华也发表了相类似的观点。[7]胡小明（2011）从城市规划的角度探讨了智慧城市的治理，认为智慧城市的规划不是一个信息工程学问题，而是一个城市信息化发展方向的战略决策问题，着重强调城市信息化的长远效益和整体效益。[8]王辉等人（2010）则进一步明确指出，智慧城市规划的核心是建立一个由新工具、新技术支持的涵盖政府、市民和商业组织的新城市生态系统。[9]概括而言，智慧城市是"数字城市"的发展方向和高级形态，[19]是城市治理理念的变革创新，[7]是运用最新技术对城市资源要素、公共事务等进行精细化、标准化、动态性和无缝隙管理的重要探索，目的在于实现城市规划与管理的智慧化。

（四）智慧城市建设必须依托技术创新和高技术产业的发展

基于技术创新与产业发展视角，智慧城市是信息技术的创新与应用，是以物联网为核心的新一代信息技术对城市自然、经济、社会系统进行智能化改造的结果，具体表现为物联网与互联网的融合。IBM（2008）、邬贺铨（2010）、李德仁（2011）等是这一观点的倡导者和重要支持者。对于智慧城市建设，他们主要侧重于智能项目的建设，提出要通过对物联网及相关技术的开发和应用，提升人（People）、商业（Business）、交通

（Communication）、运输（Transport）、供水（Water）、能源（Energy）等城市子系统的信息化水平，创造幸福美好、高效便捷的城市生活。

总而言之，智慧城市涉及城市经济社会发展、生活方式、城市治理、科技创新等诸多领域。不同学科、不同学者对智慧城市的认识和理解存在较大的差异。但值得注意的是，学界和产业界也达成了一些共识：智慧城市是城市信息化的高级形态，智慧城市建设有利于实现经济、社会、生态的可持续发展；以信息技术为基础，依托信息产业发展和技术创新应用推动城市经济社会发展模式转型和城市治理的现代化；通过整合各种信息资源，全面提升城市居民的生活质量和幸福指数。事实上，智慧城市建设是经济发展模式创新在特定空间上的具体体现，是一场信息产业再升级和信息技术创新引导的城市经济社会转型和生产生活方式变革。这就要求城市发展既要在技术上实现透彻感知、互联互通和深入智能，[11,16]更要实现城市经济、生活和管理上的全面"智慧"。

二、智慧城市建设的现实需求与战略意义

"十二五"时期，我国将全面进入城市时代，亟需充分利用城市信息化深入发展机遇，改变以往城市经济发展和社会管理中面临的诸多失衡问题①，以及应对城镇化过快发展所蕴藏的"大城市病"集中爆发风险。基于这一现实需求，加快推进城市"智慧化"，实现城市经济"智慧增长"具有重要的战略意义。"智慧城市"是继"数字城市"和智能城市后的城市信息化高级形态，是经济增长"倍增器"和发展方式的"转换器"，有助于促进城市经济、社会、环境协调、可持续发展，具体而言：

（一）发展智慧城市是提高城镇化质量、推进内涵型城镇化建设的重要举措

"十二五"期间，我国城镇化要由重数量的外延式扩张向重品质的内

---

① 这些失衡问题主要表现为：高投资和低消费的失衡、高价城市生活方式和低价工业化的失衡、高碳耗和低减排的失衡、公共产品短缺和居民幸福感有待提升。参见辜胜阻等：《"十二五"经济转型的必然性与动力机制》，《社会科学家》2011年第4期，第9—12页。

涵式发展转变，需要通过建设"幸福城市"、"智慧城市"、"和谐城市"来提高市民的生活幸福感，推进城市管理模式创新，促进人与人、人与自然的和谐，构建"便捷、舒适、高效、安全"生活环境。智慧城市建设是内涵型城镇化发展的重要方面，包括社会管理智能化、国民经济信息化、环境维护自动化和生活服务便捷化等内容。建设"智慧城市"有利于提升城市基础设施和公共服务的运行效率，通过引进电子信息化技术，实现电子政务，提高信息传递速度以及实现各部门之间的资源共享，以提升公共服务部门的行政效率和决策水平，切实解决城市居民最关心、最直接的现实问题，使全体居民更多地分享信息化和城市化发展成果，[①] 推动城镇化发展模式由侧重数量、关注经济要素集聚的外延型城镇化向重视质量、突出城市功能完善和经济社会效益提升的内涵型城镇化转变。

（二）发展智慧城市有利于培育和发展战略性新兴产业，创造新的经济增长点

有关研究发现，近年来，世界经济年均增速仅 3% 左右，而信息技术及相关产业的增速却是其 2—3 倍。在信息化时代，信息网络设施正成为最主要的投资方向，信息产品和服务成为最大的消费热点。智慧城市是未来 1—3 年最有潜力深刻影响我国商业和经济的技术，位居 2010 年十大战略性技术之首。从技术层面上看，物联网、3S（GIS，GPS，RS）和云计算是智慧城市建设的重要核心技术，它们的应用将不断壮大新一代信息技术产业，带动创意产业、软件与信息服务业等新兴产业发展，以及智能、生物、纳米等新技术群体集聚，加速重构起以战略性新兴产业为主体的城市现代产业体系。以物联网为例，据美国市场研究机构 Forrester 预测，物联网所带来的产业价值要比互联网大 30 倍，将形成下一个超万亿元规模的高科技市场。在我国，2009 年，物联网市场规模达到 1716 亿人民币，2010 年上升到 1933 亿人民币，增长率达到 12.6%，成为经济增长的重要推力。从应用领域上看，智慧城市建设将为交通、建筑、医疗、电子商务、安防

---

① 据世界银行测算：一个百万人口以上的"智慧城市"的建设，在投入不变的情况下，实施全方位的智慧管理，将能增加城市的发展红利 2.5—3 倍，这意味着"智慧城市"可促进实现 4 倍左右的可持续发展目标，并引领未来世界城市的发展方向。

等行业带来巨大发展空间，有助于其形成新的经济增长点（如表 1 所示）。

表 1　我国智慧城市建设相关应用行业发展前景预测

行业	前景预测
智能交通	预计 2011 年城市交通行业 IT 应用市场达到 93.3 亿元，未来 3 年复合增长率在 25% 以上
节能建筑	预计未来几年建筑机电设备节能服务市场规模增速保持 30% 以上
医疗信息化	预计 2011 年市场容量达 179 亿元，且每年增速将保持 20% 以上
电子政务	预计未来 3–5 年我国数字城管的市场容量每年可达到 120 亿元
B2B 电子商务	预计未来几年 B2B 电子商务交易规模复合增长可达到 39%
城市安防	预计视频监控市场规模未来三年复合增长可达到 24%

资料来源：申万研究：《智慧城市深度研究》，申银万国证券研究有限公司，2010 年 7 月 20 日。

（三）发展智慧城市有利于推动经济发展方式转型和生活方式变革

研究发现，智慧城市对经济发展方式的影响主要通过两条路径实现：在生产方式方面，智慧城市建设将为信息技术应用提供更为广阔的市场空间，有助于增强企业技术创新激励和动力，促进信息技术产业化和传统产业信息化，加快产业转型和结构优化，推动生产方式由"高能耗、高物耗、高污染、高排放"向"绿色、低碳、高效"转变。智慧技术对传统产业的广泛渗透，将通过技术创新、组织创新和服务创新等方式来提升相关产业和企业的核心竞争力。以信息通信技术（ICT）为例，高更新频率、高能效技术的 ICT 产业本身具有"低碳排强度、高减排能力"的特性。同时，它还能通过非物质化、智能电网、智能建筑、智能电机、智能物流等途径带动这些领域减排增效，例如通过 ICT 优化物流，可以在全球运输和储存中分别节能减排 16% 和 27%。[10] 在消费方式方面，智慧城市将虚拟世界与现实世界有机结合，通过网络消费、电视购物、远程服务等消费方式减少中间环节，实现成本节约与资源的循环利用，推进节能减排和产业转型。例如，在交通运输领域，智慧交通给汽车装上芯片，出门时系统会自动预订一个车位，遇到堵车路段会提醒并建议改变路线，到达后，停车场会自动识别和引导车辆进预定车位。据估计，智慧化交通技术可以减少20％的交通延时、30％的停车次数；[11-22] 在家庭生活领域，智慧家居可以有效应对我国老龄化过程中的老人看护问题，随时远程照看老人起居；智能电网可以使每个家庭节省25％的电费。

（四）发展智慧城市有利于抢占未来科技制高点，提升城市核心竞争力

信息化为推动城市创新发展提供了良好机遇。以信息技术为代表的高技术的广泛应用将成为城市发展的重要动力，网络技术和电子商务的广泛应用将改变城市化的运行轨迹。[3] 当前，信息技术在经历了计算机、互联网革命之后，正进入第三次浪潮——物联网革命时代。在这一时期，以物联网为核心的新一代信息技术正引领新一轮的技术创新革命和信息产业浪潮。有关资料显示，各发达国家正全力进行战略布局以抢占新一轮信息产业制高点。例如，欧盟提出"i2020战略"、韩国提出"U-Korea战略"、日本提出"i-Japan2015战略"、德国推行"T-CITY"实验、爱尔兰开展"智慧湾"项目、新加坡启动"智慧国家2015"计划，等等。据不完全统计，全球已启动或在建的智慧城市已达一千多个，未来还会以每年近20％的复合增长率增长。建设智慧城市，有助于我国把握第三次信息革命的机遇，发展物联网、云计算、3S等高端信息技术，抢占未来科技制高点，提升城市的创新力和竞争力。

三、智慧城市建设的基本条件与现实基础

国家"十二五"规划纲要提出，要在"十二五"时期全方位、多层次推进经济社会各领域信息化，这也迫切要求各城市积极探索信息化发展的新思路和新模式，更全面、快速地推进城市信息化向纵深挺进。随着部分地区数字城市建设的基本完成，为适应以物联网、云计算为代表的新一轮ICT变革和应用创新需求，智慧城市成为了城市信息化发展的新目标和新方向。据国脉互联智慧城市发展水平评估报告显示，截至2011年上半年，我国已有近50个城市、城区或园区提出了具体的智慧城市建设目标和行动方案，其中，北京、上海、广州、深圳、宁波、南京、佛山等城市已迈出

实质性步伐，成为智慧城市建设的"领跑者"。目前，我国智慧城市发展的产业基础和技术基础基本形成，政策环境不断改善，初步具备了深入发展的基本条件。

（一）城市信息化升级的基础条件基本具备

从信息化基础上看，数字城市建设有力地推动了信息技术应用，提升了城市信息化水平，为智慧城市建设奠定了良好的基础。近年来，我国信息化进程正步入"快车道"，数字城市建设试点和推广城市已达 130 个，近 60 个城市基本完成建设，国家信息化水平指数从 2002 年的 0.6487 上升到 2009 年的 1.5458。据信息化蓝皮书《中国信息化形势分析与预测 (2011)》数据显示，2006—2008 年我国信息化发展指数（IDICN）年均增长 13.30%，居世界第 5 位，高出世界平均增速 1 倍，在信息化可接入性和可使用性方面更是全球进步最快的国家。当前，我国各城市高度重视信息基础建设，无线通信网络和宽带覆盖率等信息化指标显著提升，政务、商业、交通、医疗、教育等领域的信息化水平不断提升，为"数字城市"、"智能城市"向更高层次、更互联互通的智慧城市迈进奠定了基础。

（二）智慧技术链和产业链初步形成

从智慧技术与产业发展上看，智慧技术产业化和信息产业融合进程不断加快，产业规模效应初步呈现。我国是世界电子信息产业的重要生产基地，产业规模位居世界第二。在智慧城市领域，我国目前已落实了 250 多个物联网试点项目，建立了江苏无锡国家传感网示范区，北京、上海等 5 个国家云计算服务创新示范城市。在相关核心技术研发与产业化方面，取得了许多显著成绩。以物联网为例，我国物联网技术研发水平已经处于世界前列，在无线智能传感器网络通信技术、微型传感器、传感器端机、移动基站等方面都已取得重大进展，已成为国际标准制定的主导国之一。我国基本建成了从材料、技术、器件、系统到网络的物联网产业链，并呈现出带动电信运营商、高校、科研机构、传感器企业、系统集成、应用软件开发等环节聚合联动之势，产业规模效应不断外溢。与之同时，信息产业由硬件和制造主导向软件和服务主导转变速度加快，系统集成和产业融合已成为产业创新发展的主要模式，信息产业内部交叉融合、重组融合以及与其他产业的渗透融合不仅拓展了信息技术的应用领域，而且派生出许多新兴业态，进一步壮大了信息产业规模。

（三）从中央到地方的政策支持体系不断完善

国家高度重视信息技术和经济社会信息化发展，出台了《国家中长期科学和技术发展规划纲要（2006—2020）》、《国家信息化领导小组关于我国电子政务建设指导意见》、《国务院关于加快培育和发展战略性新兴产业的决定》、《进一步鼓励软件产业和集成电路产业化发展的若干政策》等一系列促进城市信息化发展的政策文件，对我国信息化的发展战略、目标和任务作出了明确规定。在"十二五"时期，智慧城市与集成电路、智慧工业、地理信息、软件信息服务等被共同列入新一代信息技术，成为国家"十二五"规划以及"十二五"科技计划的规划重点，以及信息化带动工业化战略的重要着力点。在地方上，许多城市将智慧城市纳入地方"十二五"规划纲要，在智慧城市建设的先行地区还出台了一系列专门的政策规划（如表2所示），逐步建立起保障智慧城市稳定健康推进的政策体系。

表2　我国智慧城市建设典型区域的政策规划与表述

地区	时间	政策规划	政策表述
北京	2011 年 1 月	《北京市"十二五"规划纲要》	构建精细智能的城市管理，建设智慧城市
上海	2011 年 1 月	《上海市"十二五"规划纲要》	将"创建面向未来的智慧城市"作为重要组成内容，提出"建设以数字化、网络化、智能化为主要特征的智慧城市"
	2011 年 9 月	《上海市推进智慧城市建设 2011—2013 年行动计划》	构建国际水平的信息基础设施体系、便捷高效的信息感知和智能应用体系、创新活跃的新一代信息技术产业体系和可信、可靠、可控的城市信息安全保障体系
	2011 年 9 月	《上海智慧城市建设发展共识研究（草案）》	把握智慧城市建设的内涵，从技术、产业层面提升到思想、战略层面；推动浦东新区在智慧城市建设过程中的先行先试

地区	时间	政策规划	政策表述
广东	2010 年 12 月	《关于加快发展物联网建设智慧广东的实施意见》	重点实施"智慧广州"、"智慧深圳"等智慧城市试点和"智慧南海"（佛山）、"智慧石龙"（东莞）等智慧城镇试点
	2010 年 5 月	《"四化融合，智慧佛山"发展规划纲要（2010—2015）》	通过信息化、工业化、城市化、国际化的相互融合、互相促进、共同发展，把佛山打造成为新兴产业发达、社会管理睿智、大众生活智能以及环境优美和谐的智慧城市
	2010 年 12 月	《广州南沙智慧岛建设战略规划》	建设南沙智慧岛，探索"智慧广州"未来发展新路
	2011 年 1 月	《深圳市"十二五"规划纲要》	通过建设国际领先的信息基础设施、全面提升城市信息化应用水平、推进信息化与工业化深度融合、加强网络信息安全保障四大举措，全面建设智慧深圳
宁波	2010 年 9 月	《宁波市委、市政府关于建设智慧城市的决定》	经过十年努力，把宁波建设成为智慧应用水平领先、智慧产业集群发展、智慧基础设施比较完善、具有国际港口城市特色的智慧城市
	2011 年 4 月	《宁波市加快创建智慧城市行动纲要（2011–2015）》	加快推动 10 个智慧应用领域和 6 大智慧产业基地建设
南京	2011 年 2 月	《南京市"十二五"智慧城市建设规划（讨论稿）》	围绕南京市发展的特色优势、产业升级的战略重点和群众对公共服务的迫切要求，着力推进重点领域的智慧应用

资料来源：笔者根据各地相关资料整理而成。

四、加快发展智慧城市的战略思考与对策建议

当前我国建设智慧城市有一定的基础，但仍然存在缺乏统一规划、缺乏相应技术标准和法律规范、受制于技术和资金瓶颈等诸多问题。发展智慧城市需要顶层设计和统筹规划，要防止一哄而起、急于求成。具体而言：

（一）推动市场"无形之手"和政府"有形之手"相结合

在智慧城市的建设中，要处理好市场"无形之手"和政府"有形之手"之间的关系，建立市场调节和政府引导共同作用的动力机制。一方面，要重视市场配置资源的基础作用，利用供求、价格、竞争和风险等机制促进资源优化配置和效用最大化，用利益诱导和市场约束、资源环境约束的"倒逼"机制加快智慧城市建设和应用技术创新；另一方面，要充分发挥政府在公共资源配置中的引导性作用，制定相对完善的产业政策、财税政策和金融政策，营造良好的政策环境，引导资金、技术、人才等要素向智慧城市相关产业流动。当前，我国各地区正掀起一股智慧项目建设浪潮，发展规划呈现同构化趋势。据有关统计，共有28个省市将物联网作为产业发展重点，80%以上的城市将物联网列为主导产业，初现"过热"苗头。针对这一问题，需采取如下措施：一要建立统一、有效的领导决策机构，健全智慧城市建设的领导机制；二要将智慧城市发展与国家城镇化、信息化战略以及战略性新兴产业发展战略有机结合起来，制定统一的、专门的智慧城市及相关产业发展规划与实施方案，推进城市和产业发展合理布局；三要加强区域间协调，鼓励各城市根据区域产业、科技、文化、资源等不同发展优势和特色，探索智慧城市的特色化道路，突出地方特色和个性，打造建设智慧城市的特色牌和创新牌。

（二）坚持技术创新与金融创新"两轮驱动"

智慧城市建设要处理好技术创新与制度创新的关系，促进产业技术与金融资本的有效对接，发挥民营企业和民间资本在智慧城市建设中的重要作用。实践证明，金融系统不仅是创新融资的重要渠道，而且是规避、化解创新风险的有效工具和制度安排。发展智慧城市必须同时推进技术创新和金融创新，使二者步入良性循环轨道。在融资体系的制度安排方面，要发展风险投资和私募股权基金，完善天使投资机制，构建起完整的创业投资链，强化智慧产业的要素集成，推进产业孵化与培育；发挥多层次资本市场在智慧产业发展中"壮大培小"的作用，分散智慧技术创新的高风险；完善以政策性信用担保为主体，商业担保和互助担保相互支持的多层次信用担保体系，加快研究制定由各级政府共同出资组建的贷款担保基金办法，加强金融公共服务，解决企业融资过程中的担保难和抵押难问题；推进政策性银行建设，发展社区银行和中小商业银行，鼓励创办小额贷款公司等准金融机构，完善与科技型企业规模结构和所有制形式相适应的多层次信贷融资体系，拓宽企业融资渠道；还要重视政府资金的引导作用，搭建高效的投融资平台，调动企业、民间资本投入，建立起政府引导、企业主导、民间跟进的投融资体系。在技术创新方面，要加强技术研发、应用试验、评估检测等方面的公共服务平台建设，增进企业之间、企业与高等院校、科研院所之间的合作，健全官产学研合作机制，优化智慧城市技术创新的软硬件环境。要注重物联网、云计算、3S 等核心技术的研发，加快相关产业关键技术攻关，掌握一批自主知识产权，不断改变我国信息技术对外依存度高的问题。要发挥民营科技企业的创新作用，培育和壮大一批具有自主知识产权和国际核心竞争力的企业。

（三）处理好信息基础设施建设与信息集成共享的关系

我国信息化建设过程中追求"实用快上"、"重硬件轻软件"的问题长期存在。当前，尽管许多城市都建立了办公自动化（OA）系统、管理信息系统（MIS）和地理信息系统（GIS），但各系统往往缺乏互联互通和信息共享，"信息孤岛"现象普遍存在。不同部门间信息传递不畅，大大降低了工作效率，造成大量资源浪费。智慧城市是一个建立在信息基础之上的数字化、网络化、智能化城市。信息基础设施和集成共享是城市智慧化发展的基础前提和价值所在。发展智慧城市亟需进一步增强城市信息基础设施，重点建设物联网、新一代 3G 移动宽带网、新型互联网等信息网络平台，从业务、网络和终端等层次有序推进互联网、广电网、电信网"三网融合"，构建宽带、泛在、融合、安全的信息基础设施体系。同时，还要建立科学有效的智慧城市信息共享机制，打破各系统独立建设、条块分割和部门分治的局面，通过连点成面的方式对医疗、教育、金融、农林、水利、环保、交通、市政、公安、企业、社区等部门数据资料库进行标准化整合，建立面向业务管理、领导决策、行业监管、公众服务的云计算数据中心，促进信息集成共享与互联互通，实现城市发展与经济、社会、资源、环境协调统一。

（四）重视技术标准建设和完善法律规范

纵览全球，智慧城市建设并没有一个完整雏形，多数国家只侧重于城市建设的某一方面。智慧城市建设面临较大的市场风险、兼容性技术风险和信息安全风险。高起点、全方位推进智慧城市建设，需处理好技术标准建设和完善法律规范的关系，坚持标准统一和法规完善先行，为智慧城市高效、安全运行提供必要的制度保障。要以实际应用为导向，结合国情和产业发展状况，依托重大智慧项目工程，推进信息技术基础标准、信息资源标准、网络基础设施标准、信息安全标准、应用标准、管理标准等应用规范和技术标准体系建设。高度发挥政府、企业和行业协会的积极作用，加快标准和规范制定进程。加强国际合作，积极参与国际标准制定，提升我国在物联网、云计算、3S 等智慧城市相关技术领域标准制定的话语权和主动权。还要加快推进信息化法制建设，制定和完善有关信息基础设施、电子商务、电子政务、信息安全、个人信息保护、知识产权保护等方面的法律法规，为智慧城市创造良好的法制环境，保障其安全高效运行。

（五）采取以典型示范带动整体推进的发展模式

典型引路，示范先行，是经我国经济社会改革实践证明的重要成功经验。智慧城市建设要处理好典型示范与整体推进的关系，坚持示范先行，发展试点区域和示范工程以积累经验、发挥示范引领作用，带动社会各界和各区域广泛参与，实现智慧城市整体推进。要发现和选择条件好、发展快的信息化先行区域，加以支持和扶持，建立"智慧城区"或"智慧社区"，发挥其示范和带动作用，由点到线、由线到面、逐步扩展、不断提高，进而带动整个城市的信息化和智慧化。要率先在交通、环境、医疗、教育等领域推进智慧化项目建设，解决大城市"出行堵"、"环境差"、居民"看病难、看病贵"、教育不公平等迫在眉睫的现实问题，提升城市居民的公共服务质量和水平，引导广大群众和社会各界积极响应、支持和参与智慧城市建设。政府应率先实施信息化，推进电子政务，为企业和家庭提供全方位的、数字化的、快捷、简便、高效的政务服务。引导企业积极运用相关智慧技术，建立起敏锐、互联、智能的智慧供应链系统、生产管控系统和经营管理系统，提升企业信息化水平和经营管理效率，实现智慧增长；加强对居民相关知识宣传普及，提高居民对智慧技术的认识和掌握，引导相关产品消费，实现信息化成果向消费与生活领域转化。

参考文献

〔1〕骆小平：《智慧城市的内涵浅析》，《城市管理与科技》2010 年第 6 期，第 34—37 页。

〔2〕成思危：《"智慧城市"需四大要素》，《中国经营报》2010 年 5 月 22 日。

〔3〕辜胜阻：《论国家信息化战略》，《中国软科学》2001 年第 12 期，第 5—10 页。

〔4〕辜胜阻、郑凌云：《农村城镇化的发展素质与制度创新》，《武汉大学学报（社会科学版）》2003 年第 5 期，第 541—547 页。

〔5〕年福华、姚士谋：《信息化与城市空间发展趋势》，《世界地理研究》2002 年第 1 期，第 72—76 页。

〔6〕Andrea Caragliu, Chiara Del Bo, Peter Nijkamp, "Smart Cities in Europe", 3rd Central European Conference in Regional Science, 2009, pp. 45-59.

〔7〕李重照、刘淑华：《智慧城市：中国城市治理的新趋向》，《电子政务》2011 年第 6 期，第 13—18 页。

〔8〕胡小明：《从数字城市到智慧城市资源观念的演变》，《电子政务》2011 年第 8 期，第 47—56 页。

〔9〕王辉、吴越、章建强、裴加林、温晓岳：《智慧城市》，清华大学出版社 2010 年版，第 4—5 页。

〔10〕邢继俊、黄栋、赵刚：《低碳经济报告》，电子工业出版社 2010 年版，第 153 页。

〔11〕钱志新：《大智慧城市：2020 城市竞争力》，江苏人民出版社 2011 年版，第 7、54 页。

〔12〕辜胜阻：《纵论信息化、城市化与工业化》，《人民日报》2001 年 7 月 26 日。

〔13〕王金台：《信息化对城市化进程的影响及对策》，《经济经纬》2005 年第 3 期，第 35—37 页。

〔14〕饶旭鹏、刘海霞：《论城市信息化及其经济社会影响》，《理论月刊》2010 年

第 10 期，第 96—98 页。

〔15〕后锐、西宝：《信息化条件下城市空间演化的特征研究》，《学术交流》2004 年第 2 期，第 121—125 页。

〔16〕IBM：《智慧的城市在中国》，http：//www. ibm. com/smarterplanet/cn/zh/sustainable_cities/ideas/index. html？ re = spf,2010。

〔17〕邬贺铨：《物联网是智慧城市重要标志》，《人民邮电报》2010 年 5 月 18 日。

〔18〕李德仁、邵振峰：《从数字城市到智慧城市》，《中国测绘报》2011 年 1 月 14 日。

〔19〕陈柳钦：《智慧城市：全球城市发展新热点》，《青岛科技大学学报（社会科学版）》2011 年第 3 期，第 9—16 页。

〔20〕Patrizia Lombardi, Silvia Giordano, Hend Farouh, Wael Yousef,"An Analytic Network Model for Smart Cities",Proceedings of the International Symposium on the Analytic Hierarchy Process 2011.

〔21〕Giffinger, R., Fertner, C., Kramar, H., Kalasek, R. Pichler-Milanović, N., and Meijers, E.,"Smart Cities：Ranking of European Medium-Sized Cities",http：//www. smartcities. eu/download/smart_cities_final_report. pdf, 2007-10.

〔22〕Van Soom, E.,"Measuring Levels of Supply and Demand for E-services and E-government：A Toolkit for Cities",Smart Cities Research Brief, No. 3, http：//www. smartcities. info/research-briefs, 2009-2-25.

—35—

城镇化进程中农村留守儿童的
问题及对策[*]

胡锦涛同志在十七大报告中总结我国改革历程时指出：要全面认识工业化、信息化、城镇化、市场化、国际化深入发展的新形势新任务，深刻把握我国发展面临的新课题新矛盾。在我国工业化、城镇化的过程中，有2亿多农民工离开农村进入城市。但是，由于多种资源的缺位和错位，我国农民工流动表现出了不同于其他国家流动人口的特征和状态，进而衍生出诸如农村留守儿童等一些社会经济问题。农村留守儿童约占未成年人总数的五分之一，关系到我国未来人口的素质和国家的长远发展，是我国工业化和城镇化进程中面临的新挑战。当前，我国总体上已经进入以工促农、以城带乡发展的新阶段，正确认识我国农村留守儿童问题的复杂性和长期性，采取切实措施妥善解决农村留守儿童问题是推进城镇化进程、统筹城乡发展进而构建和谐社会的重要内容。

一、我国城镇化进程中农村留守儿童特征及其问题

调查统计显示，目前全国农村留守儿童约5800万，其中14周岁以下

---

* 本文发表于《教育研究》2011年第9期，易善策、李华协助研究。

的农村留守儿童约 4000 万。在全部农村儿童中，留守儿童的比例高达
28.29%。[1]大量滞留在农村的留守儿童不仅逐渐形成一个特殊的群体，而
且引发了一系列的社会问题。

（一）我国农村留守儿童问题的特殊性

"农村留守儿童"是指由于父母双方或一方外出打工而被留在农村的
家乡，并且需要其他亲人或委托人照顾的处于义务教育阶段的儿童。[2]与
其他国家相比，我国农村留守儿童是在工业化、城镇化过程中与农民工流
动相伴生的一个群体，具有一定的特殊性，需要引起高度重视。

第一，不同于西方先进工业化国家的历史进程，我国在工业化、城镇
化过程中产生了农村留守儿童现象。欧洲虽也曾出现人口大量地从农村向
城市迁移的类似现象，但父母与未成年子女的长期分离现象并不常见。[3]
而我国改革开放以来，伴随着快速的工业化、城镇化发展，大量的农民工
从农村进入城市。但是受户籍制度限制，我国农民工在城镇化过程中的人
口流转并不同于一般意义上流迁人口地域、职业转换的路径：农村劳动力
在进入城市的过程中，不仅要实现地域转移、职业转换，还要实现身份变
换。[4]在这种特殊的模式下，我国的城镇化实质上是一种半城镇化，已经
进城的农民工实际上没有市民化。农民工及其子女没有获取市民身份，城
市公立学校便没有对农民工子女完全敞开大门，而且农民工子女即使入了
学也必须回原籍地参加中考或高考。在这些因素影响下，目前随父母进城
的农民工子女只占总数的20%—30%，还有70%—80%的农民工子女留在
老家，成为留守儿童。[5]因而，制度的阻隔使我国的人口流动表现出与其
他国家不同的历程，进而衍生出农村留守儿童问题。

第二，与其他同样存在留守子女问题的国家相比，我国的留守儿童问
题也具有特殊性。纵观其他国家，日本的留守子女问题也比较突出。据日
本劳务研究所调查，1984 年日本全国"单身赴任"人数为 14 万人，且有
逐年上升的趋势。① 因而，由此产生的留守子女数量也十分巨大。尽管我

---

① 所谓"单身赴任"（たんしんふにん），指企业或政府部门职员因工作需要不得已离开家
庭单身赴异地工作。单身赴任的时间一般一次为 3~5 年，是企业或部门系统内进行工作调配时的
一种现象。见：张晓华."单身赴任"与日本现代社会 [J]. 外国问题研究，1996 (4).

国和日本的留守子女问题都形成了诸如家庭教育缺失等方面的问题，但是两国具体情况仍有明显不同。首先，从产生背景来看，我国的留守儿童是在工业化、城镇化进程中产生的，与农民工的流动有直接关系。而日本留守子女则是在后工业化时期的现代社会中出现的，是由于存在大量的"单身赴任"现象，与终身雇佣制下职工在企业内部频繁调动有直接关系。其次，从具体原因来看，我国留守儿童的产生主要是由于制度上的阻隔以及农民工经济承受能力等方面的障碍。在经济条件上，农民工收入低，无力带子女进城。我国农民工不仅数量大，而且质量不高，在劳动力市场上谈判能力低下，只能成为低工资水平的被动接受者。统计显示，2008年我国农民工的工资水平仅为城镇单位在岗职工的一半。在工作性质上，农民工流动性大，无法为进城子女提供稳定的学习和生活环境。农民工往往集中于城市脏、累、险、重、苦、差的非正规部门，在劳动力市场分割的情况下，非正规部门由于工作岗位激烈的竞争和缺乏相关法律的保护，使得农民工就业并不稳定。[6]而日本"单身赴任"产生留守子女问题则主要是从子女更好地学习生活考虑的。研究表明，子女随迁转学影响学习、现有住房问题、老人难离故土的情节以及妻子的工作问题是造成留下家属而单身赴异地工作的主要原因。[7]再次，从地域分布来看，我国留守儿童主要分布在农村，农村留守儿童问题是我国留守儿童问题的重中之重。据统计，农村留守儿童占全部留守儿童的86.5%。[8]而日本作为一个后工业化国家，则不存在这种现象。

（二）我国农村留守儿童面临的突出问题

儿童时期是人身心发育、知识积累的关键时期，家庭、学校和社会发挥着极其重要的作用。当前由于家庭的不完整、父母在家庭功能中缺位，农村学校教育管理的不健全以及农村基层组织功能的弱化，使得农村留守儿童的健康成长受到严重影响。目前，农村留守儿童问题突出表现为以下四个方面：

一是学习滞后。对于那些父母均外出的儿童，监护人是临时的或者是隔代的，"重养不重教"的现象十分普遍。他们对孩子的学习要么无暇顾及，关注过少；要么自身文化水平不高，能力有限。调查表明，74.96%和

84.2%的留守儿童祖父母只有小学及以下文化程度，[8] 没有能力给予留守儿童学习上的辅导。在家务、农活繁重时，他们还需要孩子的帮助，有的地方甚至出现留守儿童要经常或者不时的照顾祖父母或其他监护人的"逆向监护"现象。同时，监护人"重养不重教"的现象十分普遍，留守儿童的学习往往缺乏自觉性，逃学和辍学的很多。留守儿童的成绩排在中下等的比例较大。江西对五千余名留守儿童的调查结果显示，68.0%的留守儿童平时在学习上是有困难的，学习成绩在班级中"名列前茅"的只占到8.1%，"一般"及以下的占54.5%。[9]

二是心理失衡。研究表明，与父母分离时间不同的留守儿童的心理状况存在显著差异，与父母分离时间越长，留守儿童的心理健康水平越低，各种心理问题更突出。[10] 由于缺乏倾诉的对象和家人的引导，留守儿童对外界的认识容易产生偏差，心理压力较大，性格发展不健全，存在着清晰的缺陷，表现为内心封闭，情感冷漠，行为孤僻，缺乏爱心。还有的表现为胆小，自卑感严重，或者任性、叛逆心理特别强等等。调查发现，当前有34%的外出父/母亲在儿童3岁之前就开始外出，49%的父/母亲外出年限在7年以上，留守儿童普遍感觉孤独无助，心理压力增加，37%的留守儿童经常不想跟任何人说话，30%的留守儿童经常感到孤独。[11] 这种心理上的失衡严重影响了他们的社会化过程。

三是行为失范。留守儿童正处于身心快速发展的时期，对外界充满了好奇和新鲜感。由于缺乏父母的亲情关爱和指导教育以及社会支持体系的关照，加上留守儿童本身涉世不深、阅历尚浅，面对不良的文化和行为，他们进行正确判别的能力不强。在缺乏必要的道德约束的情况下，留守儿童容易在道德观念、道德行为方面受到一些负面影响。这就导致了部分留守儿童缺乏道德感，沾染上不良的习惯，犯罪的比例较高。最高人民法院的资料显示，2000年以来，中国各级法院判决生效的未成年人犯罪人数平均每年上升13%左右，其中"留守儿童"违法犯罪问题已经成为中国未成年人违法犯罪中一个不容忽视的现象。[12]

四是安全堪忧。留守儿童自我防范意识缺乏、自我保护意识较差，如果监护人疏于管理、监护责任不到位，留守儿童将面临较高的安全隐患。目前，由于缺乏家庭、学校和社区的有效监管，留守儿童的人身安全缺少保障，往往容易成为被侵害的对象。据有关部门调查，被拐卖儿童中，流动儿童居第一位，留守儿童居第二位。同时，遭遇突发事件时留守儿童应变和自救能力较差，只有56%的临时监护人会经常关注并采取措施预防留守儿童意外伤害发生，[9]而相当一部分的监护人只是有时会注意或者根本不关注，使得相当一部分留守儿童缺乏应对突发事件的意识和能力，留守儿童中一些伤亡事故时有发生。

二、化解留守儿童问题改进留守儿童教育的对策建议

我国正处在工业化、城镇化加快发展的阶段。据权威部门预计，未来30年，中国还将有3亿左右农村劳动力需要转移出来进入城镇，将形成5亿城镇人口、5亿流动迁移人口、5亿农村人口"三分天下"的格局。[13]可以预见，一定时期内我国农村留守儿童问题将长期存在。我们认为，解决我国农村留守儿童问题需要多管齐下，将减少农村留守儿童数量与缓解留守儿童学习、心理、行为、安全等方面的问题结合起来。具体来讲，当前应从以下六个方面采取相关举措。

（一）要将农民工就地就近转移与鼓励农民工回乡创业结合起来，有效控制留守儿童数量的快速增长

农民工在工业化、城镇化过程中付出了巨大的代价，留守儿童问题就是代价之一。当前，农民工流动出现了两个新的趋势。首先，东部地区结构转型和产业升级需要将劳动密集型产业向中西部地区转移。近年来，东部一些地区正面临着土地空间、能源资源、人口重负及环境承载力难以为继的问题，传统制造业的进一步发展受到制约。同时，在当前国际金融危机的影响下，东部地区产业结构升级的问题显得尤为迫切。因而东部地区的产业升级与向中西部地区的转移将对农民工的流向产生重大影响。其次，在经历了30年的外出流动之后，农民工的回流创业趋势也日益显现。许多农民工经过打工实践，在外开阔了眼界，学会了本领，掌握了技术，拥有了资本，接受了现代城市中创业观念的熏陶，具有饱满的创业激情，其中的一部分已经成为精英农民工返回农村。同时，全球金融危机冲击下

我国就业形势严峻，大量农民工失业，就业困难增加，"倒逼"了相当一部分农民工返乡创业。政府应当以此为契机，积极引导这两种趋势，中西部要做好产业转移的承接工作，要以县城为中心大力发展县域经济，并制定合理的政策，鼓励农民工就地就近转移与回乡创业，减少农村留守儿童数量。把县城建设成为县域经济的龙头和农村城镇化的经济中心，让农民工在新兴城市安居乐业，为农民工市民化和实现创业梦想创造机会，进而使留守儿童与父母生活在一起。

（二）改善城市农民工子女的就学条件，降低入学门槛，鼓励家长携带孩子去打工

教育公平是社会公平的重要基础。农民工为城市建设做出了巨大贡献，应当分享经济发展的成果，享受到公共财政的"阳光"。农民工的子女也应当与城市儿童平等享受受教育的机会和同等的教育资源服务。在城镇化加速的背景下，应对留守儿童问题的一个重要途径就是通过赋予流动儿童平等的教育权利解决其上学难的问题，使更多的农民工子女能够随父母一起进城。首先，流入地政府要努力改善农民工子女的就学条件，降低公办学校的入学门槛。农民工将子女留守而不选择举家迁移，与农民工子女进城就学难有直接联系。因而，要进一步落实"两为主"的进城农民工子女教育政策，减少收费项目，降低收费标准，降低农民工子女上学、受教育的成本。要进一步取消农民工子女入学的制度障碍，例如要求农民工提供暂住证、进城务工证、房屋租赁合同、独生子女证以及缴纳一定时限的社会保险证明等，防止故意提高农民工子女进入公办学校的门槛。使留守的孩子能够生活在父母身边，共享城市文明。其次，在公办学校资源有限的情况下，特别要把农民工子弟学校办好。应该注意到，诸如春游、服装费、兴趣小组等一系列公办学校的隐性费用依然使得大多数处于低收入阶层的农民工心有余而力不足，而且公办学校在学校布点、教材选择、作息时间等具体方面也不完全能适应农民工子女的特点和需要。因此，要加大对农民工子弟学校的扶持力度，改变这些学校师资水平较差、教学质量不高、教学设施和条件相对简陋的状况，构建"公办学校为主，民办农民工子弟学校为辅"的多层次、多渠道、多样化入学模式，解决农民工子女上学难的问题。再次，要改革现行的教育制度。改革长期以来"地方负责，分级管理"的义务教育管理体制，建立以常住人口为主的教育管理体制，把长期居住在城市的农民工子女（非户籍人口）纳入教育经费预算之内。

（三）充分利用学校教育的优势，发挥学校在农村留守儿童管理工作中的重要作用

从孩子成长的角度来讲，他们深受来自家庭、学校和社会三个方面的影响，所接受的教育也应当是家庭教育、学校教育和社会教育三位一体的教育。由于留守儿童在家庭教育上是不完整的，就迫切需要学校充分发挥自身的功能进行弥补。首先，学校要关注留守儿童的心理健康发展，要调整课程设置，增设心理课程，开展心理教育和心理咨询活动，构建对留守儿童心理健康教育的平台，努力引导他们树立正确的价值观，全面提高他们的心理素质。同时要加强对老师的心理教育培训，配备经过专门培训的心理辅导教师，将平常的教学和思想品德教育以及心理健康教育结合起来，实现心理健康教育日常化。其次，老师要给予留守儿童更多的关爱、更多的帮助，坚决制止因成绩对学生区别对待、"管优不管差"的现象。要针对不同留守儿童不同的成长环境、家庭条件、爱好特长、性格特点等情况，提高辅导教育的针对性。要加强与家长的联系和沟通，建立留守儿童监护人与学校的定期联系的制度，加强学校和家庭在留守儿童健康教育上的协同合作。要加强学校对留守儿童的亲情关爱，开展亲情关爱活动，设立亲情关爱中心，使他们能够在学校感受到大家庭的温暖。再次，要重视留守儿童自我调节能力的培养。要丰富留守儿童的课外生活和集体活动，通过活动让他们学会自我管理、自我保护，让留守儿童在集体生活学习中学会互相关心，互相帮助。

（四）创新留守儿童的管理模式，通过多种途径弥补留守儿童家庭教育的缺失，创建留守儿童健康成长的良好环境

在家庭教育缺失情况下，要针对留守儿童对家庭亲情、精神抚慰的渴求这一特点，有针对性地搭建各种平台，满足他们精神上的需要。当前，

一些地方在留守儿童管理方面积累了很多很好的经验。比如，完善寄宿制中小学、创办托管中心、建立"代理家长"制度等等。寄宿制学校为农村留守儿童提供了较好的学习环境和人身安全保障，有利于培养留守儿童良好的行为习惯和人际交往能力，实现心理健康发展，是弥补家庭教育环境缺失的重要途径。托管中心通过对留守儿童的集中管理，缓解了当前我国广大的农村地区很少或没有相关的少年儿童的社区教育组织，农村少年儿童的教育与成长发展在社区教育中尚处于空白的现状，[2]完善了农村少年儿童健康发展的教育和监护体系，为留守儿童提供了学习和生活等方面的指导，是寄宿制学校的重要补充。"代理家长"制度通过一对一的结对帮扶给留守儿童带来更加细致和周全的照顾，有效弥补了农村留守儿童的"情感真空"。留守儿童事关国家未来，当前需要进一步总结现有的留守儿童管理模式，将这些成功的经验加以推广，来改变留守儿童的生活环境。同时，要调动社会力量参与到留守儿童的教育管理中，充分发挥社会力量的积极作用。政府可以号召筹建留守儿童基金，并广泛吸纳社会捐赠。要鼓励非政府组织的发展，引导离退休干部、教师、青年志愿者等有责任心、关心未成年人成长的人对留守儿童提供有效帮助。

（五）对留守儿童的监护人进行指导和培训，改变监护人"重养轻教"的现象，加强外出父母与留守子女的交流

留守儿童的临时监护人都将其临时监护责任理解为让孩子们吃饱穿暖、不出事，而忽视了儿童身心健康和人格的教育，造成留守儿童道德教育的缺失。[15]这种"重养轻教"的现象严重阻碍了留守儿童健康、全面的成长。当前，首先要加大宣传并严格贯彻落实《未成年人保护法》和《义务教育法》，营造良好的社会氛围，增强全社会的法律意识，使家庭父母和监护人明确自身的责任，同时也提高留守儿童的自我保护意识；其次，要通过开办培训班、建立家访制度、召开座谈会等形式加强对留守儿童监护人的培训和指导，传授科学的家庭教育观念、方式和方法，提高其监护能力，使其真正负担起教育留守儿童的责任和义务；再次，要利用劳务输出渠道对留守儿童外出的家长进行教育。研究表明，就留守儿童来说，父母外出很大程度上会导致家庭功能的弱化，但如果能够通过有效方式增强父母与子女的沟通、培养父母与子女的情感，就能缓解留守儿童的心理失衡和行为失范。因而，一方面要让家长认识到当前留守儿童问题的严重性，明确家庭教育的重要性；另一方面，对于双方外出的家长，要引导其加强与子女的联系，通过沟通和交流让留守儿童感受到家庭的温暖，发挥家长对孩子独特的教育功能。

（六）要大力发展职业教育，改变大量留守儿童失学、失管、失业的局面

调查显示，全国约有三分之一的大龄留守儿童初中毕业后外出打工。[9]这种失学、失管、失业的局面十分不利于留守儿童的健康成长。一方面要重新整合多种教育资源，加大对农村教育的资金投入力度，在普及义务教育的基础上，有条件的地区可以先行普及高中阶段教育；另一方面迫切需要通过大力发展职业教育，提高大龄儿童受教育的机会，改变大量留守儿童失学、失管、失业的局面。职业教育被认为是三大教育板块中最为薄弱的环节，是弱势教育。在国家对教育的总体投入不到 GDP4% 的情况下，已经占据中等、高等教育半壁江山的职业教育获得的公共经费仅占教育投入的 8% 左右。[16]并且在城乡分割的情况下，农村的职业教育更是薄弱。当前发展农村职业教育要从多个方面着手。在观念认识上，要纠正对职业教育存在的误解和歧视。现实中，职业教育被置于"次等教育"的地位，往往是在升学无望情况下一种被迫选择。针对农村地区"重普教，轻职教"的教育观念，要在资金和政策支持上公平对待职业教育和普通教育，从重视普通教育、轻视职业教育向普通教育和职业教育并重转变。[17]同时，要在人力资源政策上对职业教育有所倾斜，并营造职业教育发展的良好舆论环境，提高职业教育的吸引力。在资源分配上，要加大对农村地区职业教育的扶持力度。要优先重点支持农村地区教育发展，加大中央、省级公共财政的投入力度，尤其是对于那些县级财政比较困难的地区，要加大转移支付全力保障农村地区的教育经费。要大力加强基础能力建设，努力改变办学条件差、资源短缺的现状，努力建设一批规模大、条件好、质量高的农村职业技术学校。在招生对象上，要照顾农村转移出来的劳动力。要在扩大农村的职业教育招生规模的基础上，针对农村学生大多数家庭贫困的现状，逐步实现农村中等职业教育免费，建立健全面向农村困难学生的资助政策。在办学机制上，要广泛吸纳社会资金发展民办职业教育，实现公办民办共同发展。要在用地审批、教师培训、招生指标、经费补助以及就业政策等方面公平对待民办职业教育和公办职业教育。要在加强监督管理的基础上，创新民间社会资本的参与形式，形成"国有民办"、"民办公助"、"公办民助"、"私人办学"等多种形式的办学模式。在教学内容上，要以就业为导向，注重培训的实用性。要顺应社会结构变迁，面向城镇化、信息化、工业化、国际化的推进创造出的人才需求改革教学内容和教学方式，实现职业教育的人才培养与市场需求结合，教学内容与岗位能力对接。

参考文献

〔1〕陈丽平：《农村留守儿童高达 5800 万新数字催生新建议》，《法制日报》2008年 3 月 3 日。

〔2〕课题组：《农村留守儿童问题调研报告》，《教育研究》2004 年第 10 期。

〔3〕周全德、齐建英：《对农村"留守儿童"问题的理性思考》，《中州学刊》2006 年第 1 期。

〔4〕辜胜阻、易善策、李华：《中国特色城镇化道路研究》，《中国人口·资源与环境》2009 年第 1 期。

〔5〕徐永光：《让农民工子女有更多机会进城读书》，《人民日报》2009 年 2 月25 日。

〔6〕辜胜阻、易善策、郑凌云：《基于农民工特征的工业化与城镇化协调发展研究》，《人口研究》2006 年第 5 期。

〔7〕张晓华：《"单身赴任"与日本现代社会》，《外国问题研究》1996 年第 4 期。

〔8〕段成荣、周福林：《我国留守儿童状况研究》，《人口研究》2005 年第 1 期。

〔9〕全国妇联课题组：《全国农村留守儿童状况研究报告》，《农村留守儿童工作信息》2008 年第 4 期。

〔10〕徐文娟、汤谦繁、徐文虎：《江西省农村留守儿童教育现状调查》，《素质教育论坛》2007 年第 11 期。

〔11〕刘祖强、谭淼：《农村留守儿童问题研究：现状与前瞻》，《教育经纬》2006年第 6 期。

〔12〕叶敬忠、潘璐：《别样童年——中国农村留守儿童》，社会科学文献出版社2008年版。

〔13〕沈洋、曹凯：《最高法称中国未成年人犯罪人数平均每年上升13%》，新华网，2007年9月19日。

〔14〕吕雪莉：《我国人口分布将形成"三分天下"格局》，新华网，2009年4月14日。

〔15〕李秀英：《农村"留守学生"调查与思考》，《中国妇运》2004年第10期。

〔16〕张梅颖：《职业教育：我的几点思考》，《人民日报》2009年7月7日。

〔17〕辜胜阻、洪群联：《新型工业化与我国高等职业教育的转型》，《教育研究》2006年第10期。

—36—

完善租房市场构建多层次住房体系*

房地产市场是中国最复杂最敏感的市场，一头连着投资，另一头连着消费；一头接着实体经济，另一头接着虚拟经济；一头与地方政府财政紧密相连，另一头与开发商、银行、消费者利益息息相关。目前，我国房地产调控正处于两难困境：如果放松房地产调控，房价可能出现报复性反弹，调控成果将会付诸东流；如果调控更加严厉，房地产开发投资会下滑，进而波及相关的实体经济行业，在一定程度上影响经济的增速。房地产的大涨大跌都不利于中国经济，当前我国房地产市场调控最重要的是"去泡沫化"，使它实现理性的回归。我国房地产市场存在的问题，在深层次上与住房租赁市场的不完善密切相关。城镇化进程中对租房市场的忽视使得"租—买选择机制"不完善，政策性住房保障不到位，人们对住房的需求过度集中于商品化的住房买卖市场。近年来，国家越来越关注和重视住房租赁市场的问题。从 2006 年起，住房租赁问题每年都被写入国务院的政府工作报告。国民经济和社会发展的"十一五"、"十二五"规划纲要也都涉及了住房租赁市场的发展。《国民经济和社会发展十一五规划纲要》强调"加强对房地产一、二级市场和租赁市场的调控，促进住房梯次消费"。《国民经济和社会发展十二五规划纲要》提及"对中高收入家庭，实

---

* 本文为首次公开发表，李洪斌协助研究。

行租赁与购买商品住房相结合的制度。"温家宝总理在 2012 年两会期间也指出，"住有其居，并不意味着住者有其屋。从方向上看，应该鼓励更多的人租房。"这对于"十二五"期间有效调控我国房地产市场、实现经济顺利转型、保障人民安居乐业等具有重要的指导意义。

一、完善住房租赁市场的战略意义

（一）完善住房租赁市场是城镇化过程中保障居民居住权利，满足居民居住需求的必然选择

居住权是一个人与生俱来的基本权利。在当今社会，住房不仅是人类"衣食住行"基本需求中的核心组成部分，还是个人财富持有水平以及生活环境质量的重要标志。保障体面住房不仅可以改善人的生存条件，而且可以提升人的尊严和道德意识，培养公民精神，提升社会凝聚力。因此，现代社会中任何一个国家都会对住房制定各种政策以便保证居民的基本居住权。在一国经济发展过程中，人口和财富不断向城市集聚，由此导致的住房困难是任何一个国家不可避免的过程。购买商品房只是解决住房问题的一条途径，而大量买不起或暂时无必要买房者，主要通过租赁方式解决自身和家庭的居住需要。

（二）完善住房租赁市场有利于推动农民工有序融入城市，促进健康可持续的城镇化发展

我国正处于城镇化加速阶段，客观上形成规模庞大的人口迁移，对城市住房产生了大量的需求。不断攀升的城市房价远远超出这些流动人口的支付能力，导致流动人口大多集中居住在建筑质量差、人居环境恶劣的"城中村"，与城市户籍居民的居住水平差距越来越大，不仅严重阻碍了流动人口融入城市，也给城市的社会管理带来极大的挑战。根据蔡昉、辜胜阻等学者的近期研究成果，我国经济的"刘易斯转折点"（即劳动力过剩向短缺的转折点）已经来临，未来地方政府之间的竞争将由招商引资逐步转向吸引劳动力的竞争。[1][2]这一时期的城镇住房供应制度必须配合户籍

等社会制度改革，将农民工纳入城镇住房供应体系，促进农民工向市民转化。经验表明，大城市构建完善的住房租赁市场是推动农民工有序融入城市、实现城市包容性增长和可持续发展的现实路径。日本全国自有住房比例为60%，租赁住宅比例接近40%。而东京与全国其他地区相比形成相反态势，租赁住宅占到57%以上。[3]构建一个完善的住房租赁市场是我国城镇化道路上的必要措施，将有助于解决半城镇化问题。

（三）完善住房租赁市场稳定租金有利于鼓励租房消费，防止过高房租对居民消费的"挤出"

目前高房价和高房租侵蚀了居民很大一部分消费能力，使得扩大内需的战略难以实施。当前在严厉的楼市调控政策下，住房销售市场虽然逐渐降温，但是住房租赁市场日趋火热，一些特大城市住房租赁市场出现了严重的供不应求局面，房租涨幅远远超过同期居民收入增速和CPI增速，社会全面进入高房租时代。北京商品住房租赁市场成交平均租金2009年比2008年上升22%，2010年比2009年上升19%，2011年年度涨幅又高达13%。[5]由于房租高企，仅房租一项支出就占了很多外地来京工作者收入的50%甚至70%。[6]对于买不起房而又得不到廉租房的广大"夹心层"群体来说，要用三分之一到三分之二的收入来租房，用来消费的可支配收入大大减少，面临极大的生活压力。完善的住房租赁市场有助于降低租金占收入中的比例、减少居民用于住房方面的预防性储蓄，从而增加即期消费并增强消费预期，在一定程度上释放潜在的内需。

（四）完善住房租赁市场有利于构建多层次住房供给体系，促进我国房地产市场健康发展

城镇住房制度改革以来，我国住房供应体系经历了经济适用房为主、商品房为主、保障房回归三次架构调整和变化，目前已形成了政府和市场配置方式相结合的面向不同收入阶层的多层次住房供应体系（见图1）。[7]但由于政府支持、住房行业发展、居民选择等领域均偏重住房销售（或所有），近10年来我国住房制度改革主要措施是出售存量公房和新建住房，使得城市住房自有率达到80%以上，个别城市达到90%，结果是住房出售

市场的过度发展和住房租赁市场的严重滞后。这种畸形的房地产市场结构的结果是，一方面大量商品住房空置，另一方面相当一部分居民既无能力买房，又无处租赁到适合自己需求的住房。培育完善的住房租赁市场，优化住房市场结构，将住房租赁纳入到政府住房保障制度中来，用政府有形之手弥补住房租赁市场之不足，使住房的供应结构与住房的需求结构相适应，是破解我国房地产市场困局的重要举措。

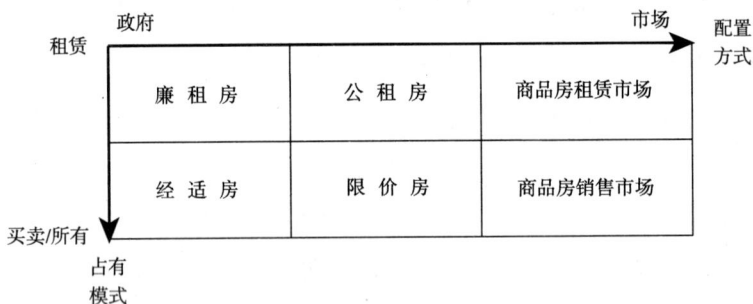

	政府		市场	配置方式
租赁	廉租房	公租房	商品房租赁市场	
买卖/所有	经适房	限价房	商品房销售市场	

占有
模式

图1　当前中国城镇住房供应体系框架图

二、我国住房租赁市场的现状与问题

（一）住房消费观念误区弱化了住房租赁市场地位，使得住房租赁市场功能低下，"租—买"选择机制缺失，"租房居住"可以"安居乐业"观念难以获得全社会认同

从房产业发展规律看，住房具有消费品和投资品的双重特性，其合理的价格需要有效的"租—买"选择机制来支撑。由于我国住房租赁制度建设滞后，"租—买"选择机制缺失，租房对于买房的替代性完全没有显现出来。从消费角度看，我国住房租赁市场上所供给的产品和服务，在品质上存在明显缺陷，不能给承租人带来居住和心理的稳定性，削弱了租赁住房对自有住房的替代性。从投资角度看，我国房价正处于快速上涨时期，人们通过购买房屋获得的财产性收入远比出租房屋获得的租金收入高得

多，买房与租房之间的替代性也不强。从政策属性上看，改革开放以来的
"GDP 导向"使得一些地方政府过度强调房地产业的经济发展功能忽视了
住房的保障功能。瑞典学者吉姆·凯梅尼曾指出，欧洲很多居民愿意选择
租赁为居住方式的重要原因之一就是政府的介入使得房屋租金水平整体偏
低且稳定。瑞典房屋自有率为40%，其余构成为60%的房屋租赁市场，其
中政府提供的成本型租赁住房为23%。[7]为应对我国未来人口城市化带来
的大量相对低支付能力的居住需求压力，必须大力发展以公租房为主体的
住房租赁市场。从消费观念来看，我国居民的住房消费观念与发达国家居
民相比存在偏差，"重购轻租"盛行，这种消费观念使中国租赁市场需求
性不高，不利于住房租赁市场的发展。

**（二）供给体系不健全，供求结构错位，小户型、低总价的出租住房
不足，使得住房租赁市场总量问题与结构问题并存**

住房租赁市场上的需求包括高、中、低端多层次需求，目前我国住房
租赁市场总量占比较大的是中低层次和低端层次的需求，包括城市中低收
入家庭、年轻白领以及收入水平较低行业的低职位从业者、尚未找到工作
的大学毕业生和农民工等。相对于大规模"金字塔型"的租房需求，我国
住房租赁市场却缺乏专业化的机构出租人和规模化的住房出租业，导致我
国住房租赁市场总量缺口和结构错位问题并存。在发达国家，专业化的住
房租赁公司（协会）是住房租赁市场的重要参与主体，在解决城市困难家
庭的住房问题中发挥了重要作用。以欧洲为例，法国的租赁机构拥有私有
租赁住房的7%；德国的私有租赁住房中，30%由专业租赁公司经营；在
荷兰，由30个投资机构组成的IVBN拥有私有租赁住房中的20%。[8]但是
目前我国住房租赁市场机构出租人出租的住房规模还比较小。统计显示，
1992—2010年全国房地产企业收入中，房屋出租收入占总收入的比例最高
年份仅为2.3%，2010年北京和上海的这一比例也仅为5.54%和7.39%。①
这一问题实质上与土地、金融、税收制度密切相关。目前的土地出让制度
和金融制度都使得房地产开发企业更偏向于"开发—销售"经营模式以使

---

① 根据《中国统计年鉴2011》表5-40"房地产开发企业（单位）经营情况"数据计算。

资金快速回笼，而不愿采用以长期现金流收益为主的"开发—租赁"经营模式。现有税收制度也使得机构出租人不具有成本优势，出租人开展房屋租赁业务既征房产税、城镇土地使用税、印花税，又征营业税、所得税等，各项税种单独设置税率，未考虑纳税人能承受的合理税收负担，综合税赋过重。在我国一些大城市，虽然租赁住房供应总量有余，但是供应结构存在矛盾。目前我国住房租赁市场上可供出租的房屋，供给较稳定的是居民长期投资闲置住房和机构出租的酒店式公寓，以大、中户型、高档及中高档住房为主（见表1）。居民住房改善后待租的中小户型、中低档次住房，其供给不仅在微观层面上不稳定（随时会售出），在总量上也易受房地产市场波动影响而不稳定。[9]

表1 上海商品住宅出租规模与结构

年份	2000	2010	2011
商品住宅出租面积（万平方米）	59.29	85.72	87.68
商品住宅出租面积：商品住宅销售面积	1∶24.39	1∶19.66	1∶16.81
商品住宅出租面积中别墅、高档公寓占比	63.13%	88.87%	86%

资料来源：根据《上海统计年鉴2012》"表17－3 主要年份商品房销售与出租情况"中的数据计算。

（三）住房租赁市场信息不充分，缺乏专业管理和有效市场监管，导致租赁关系不稳定，租客直接权益与配套制度性权利难以得到保障

我国的住房租赁市场信息不充分，市场自我运行，监控不到位，不利于租房价格长期稳定。从信息来源看，我国住房租赁市场长期缺乏权威的统计信息，网上租赁信息平台不完善，供需情况、房源分布、租金等都来自各个中介公司的统计，而非权威的政府统计部门，导致政府制定有关政策、引导市场发展缺乏基本信息，人们租房也缺少指导，住房租赁交易的合同备案率极低。从监管体制看，我国住房租赁市场法规不健全，很多管理环节无法可依。我国现行的《商品房租赁管理办法》制定目的更注重与社会治安管理相配合，而缺乏对租赁双方利益确认与保护的重视，致使处

于弱势的租者权利难以真正实现。另外，我国住房租赁市场管理主体除房地产管理部门外，还有公安、计划生育、工商、税务及街道等，没有统一协调，造成管理主体的重叠，管理效率低。住房租赁市场缺乏充分信息和完善监管的结果是，承租人权益难以有效保障，承租人经常缺乏"稳定感"和"安全感"，不愿意长期租房。在一项关于北京市住房承租人的调研中，77.4%的被访市民担心出租人随意提价或提前收回房子。租赁关系的不稳定已经成为阻碍居民选择租赁住房的重要因素，大量无力承担高额购房费用的家庭也仅仅将租赁住房作为一种临时的过渡，最终纷纷选择购房而居。[8]同时，同为住户，租住者不能获得与自购住房者同等的配套制度性权利，如在户籍管理、子女入托入学、医疗卫生服务、就业保障等方面均遭受不同程度歧视。

（四）住房租赁市场金融制度不完善，公积金制度不合理，住房租赁业长期资金需求与大量社会资金间缺乏有效通道，已成为制约住房租赁市场稳定健康发展的重大瓶颈

住房市场是一个资金密集型市场，但是长期以来我国住房市场融资过度依赖商业银行信贷，资本市场落后使得支持房屋租赁市场发展的资金来源匮乏，限制了住房租赁市场的发展。首先，融资渠道不畅导致企业缺乏进入出租业的意愿。房屋出租业需要大量长期资金作为置地购房、维护修复的基础。但是，由于我国房地产企业的资金来源渠道主要是银行贷款，房地产企业为了实现资金快速回流以便能快速还清银行贷款，通常会选择将房屋开发完成之后推向买卖市场而很少用于出租。而支持房屋出租业发展的房地产信托业在我国尚属起步阶段，其有效发展仍然面临诸多问题。其次，大量社会强制性缴存基金缺乏进入房屋出租业的良好通道。目前我国的住房公积金、养老金、社保基金等各类强制性缴存基金数额巨大，但大多存在着资金运用率不高、资金贬值等问题。从适用性角度看，住房公积金、养老金、社保基金等强制性缴存基金投资于租赁市场，不仅可解决当前发展住房出租业面临的缺乏长期资金来源问题，也在一定程度上有助于提高公积金、养老金、社保基金的资金运用效率，有助于这类基金的保值增值。[10]但目前，我国关于此类基金进入房屋出租业还存在多种制度上

的阻碍。以住房公积金为例，现有《住房公积金管理条例》第五条规定："住房公积金应当用于职工购买、建造、翻建、大修自住住房，任何单位与个人不得挪作他用。"该条例虽然允许租房者有条件的利用公积金租房，但高涨的房价已让住房公积金成了"制度性摆设"，各地住房公积金普遍面临"用来买房远远不够"的尴尬。

三、完善我国住房租赁市场的思路与对策

构建完善的住房租赁市场需要充分发挥政府"有形之手"和市场"无形之手""两只手"的作用，合理引导消费观念，多渠道扩大租赁市场房源，加强租赁市场监管，强化金融支撑，推动住房租赁市场健康可持续发展。

（一）要以住房权理念为指导完善住房公共政策，明确政府的责任和义务，加强住房租赁市场的保障力度，引导住房梯度消费观念

要以现代住房权理念为指针，重新审视我国的住房保障制度，确立住房租赁市场在我国经济发展中的战略地位。通过合理设计，构建起住房买卖市场与住房租赁市场互为补充的住房市场结构，在强调对住房所有权尊重的同时，更强调对住房使用权的保护，从而使购房者买得"心安理得"，租房者住得"理直气壮"。[11]要处理好购房和租房的关系，引导一种"先租房，后买房；先买小房，后逐步改善"的住房梯度消费理念，使"购房居住"与"租房居住"成为全社会住房消费两大基本形式，获得社会的广泛认同，并通过适度的政府干预，实现全民"住有所居"、"安居乐业"的住房权保障目标。要通过政府管理、法律规章配合、财税政策支持、银行信贷资金和土地政策支持等多种手段，加大对廉租房、公租房建设的支持，完善住房公共政策。要做好保障性住房申请、审批、退出及维护等方面的后续管理工作，建立有效的房源信息交流机制和退出机制，防止"只进不退"的问题，保证有限资源的合理利用和保障房制度实施的可持续性。

（二）要培育多种形式的住房租赁市场供给主体，多渠道扩大租赁市场房源，合理调整住房租赁市场结构，提高租房者的议价能力

为健全租赁市场供应体系，应通过一些政策手段盘活闲置房源，提高住房租赁市场的产业化运营水平，扩大租赁房的建设和供给，提高租房者的议价能力。要培育多种形式的租赁市场供给主体。政府要加快面向中低收入家庭、新就业人员和外来务工人员的廉租房和公共租赁房建设，直接增加租赁住房总供应量。鼓励企业投资成立拥有房屋产权、以住房出租为主要业务、以收取租金折旧逐步收回建房成本的专门住房租赁公司，或通过"开发 + 租赁 + 销售"的方式参与住房租赁业务。[12]鼓励现有房地产经纪公司和中介公司利用其信息优势，集中经营租房业务。要通过规划调整住房租赁市场供给结构。政府推进总量供给的同时，要更加注重结构调整，使高、中、低档住宅供应保持合理的比例。在制订城镇年度建造商品房计划的同时，要明确配套建造公寓式租赁房的年度计划，在对房产商的土地招标中要明确租赁房的配比要求，通过设定单套出租住房面积、租金的标准，对低于此标准的住房出租予以税收优惠，以鼓励更多中小面积、中低租金的住房用于出租，增加中低端租赁市场上的房源。

（三）要完善住房租赁市场监管体系，综合运用经济手段和法律手段规范住房租赁市场，构建稳定健康的租赁关系

要建立一种协调机制，将现有涉及租赁的相关行政管理，如房管、公安、计生、税务等纳入到一个框架内，实现房屋租赁的统一管理。扩大现有办法的调整范围，将市场化和保障性质的租赁住房纳入统一的制度管理中，并将租者权利保护重要内容如"租金控制"、"修理责任"、"费用承担"、"隐私保护"、"信息披露"、"禁止驱逐"、"协议终止"纳入其中，进一步推进租房者在户籍管理、社会保障、子女入托入学、医疗服务等权益维护标准一致。[11]出台专门的规定对房地产中介哄抬价格、发布不实信息等行为进行规范，对房地产经纪机构和经纪人的行为进行法律约束，保障租赁双方通过经纪机构进行租赁交易时利益不受侵犯，让租房人有稳定感和安全感。要搭建具有社会公益性质的住房租赁服务网络平台，加强租赁住房特别是保障性租赁住房管理、用户管理、数据查询等环节的建设，利用新技术为租赁双方提供及时全面的信息服务。要建立住房租赁登记备案制度，进一步完善合同备案制度，从源头上防止纠纷发生，以保护经营者与房客的权利与利益，同时简化租赁登记的行政流程，推广网上登记备案制度，提高中介机构和交易双方登记备案的积极性。要进一步推行房屋租赁指导租金制度，定期公布市场房屋租金价格，为租赁当事人提供参考，同时通过指导租金实现对于房屋租赁市场的预警和防范功能。通过行业协会制定完备的行业准则，形成全国范围的中介机构信用体系披露机制和平台、规范化服务和交易流程，搞好行业自律。

（四）要完善住房租赁市场的金融支撑，开辟住房公积金等社会基金进入住房租赁市场的渠道，支持住房租赁市场的发展

住房具有半公共产品的性质，完全依靠市场机制难以满足社会对住房的投融资需求。我国除商业性住房金融体系外，要加快建设类似于美国联邦住房贷款银行体系和日本住宅金融公库性质的公共住房金融主体。为鼓励企业发展住宅租赁业务，还可以允许企业从住房公积金中心或政策性银行获得低利率贷款。要创新支持住房租赁投资业务的金融政策，规范发展房地产信托投资基金，对住房建设信贷，可通过贷款贴息、税收优惠和延长还贷周期等措施，使投资保障性租赁房的企业能够以合理偏低的利润水平提供低于市场租金水平的租赁住房。对住房租赁经营，可考虑调整土地出让金的收取方式，变土地出让金一次性支付为按年支付，减少前期开发建设成本。可探索公共部门与民营企业合作途径，尝试 BOT（建设—经营—移交）、BOOT（建造—拥有—经营—转让）、BOO（建设—拥有—运营）、PPP（政府民间合作）等新型投融资模式，解决当前保障房建设资金不足问题。要研究各类强制性缴存基金进入住房租赁市场的渠道和可行性，例如通过修改《住房公积金管理条例》，赋予住房公积金新的职能，明确住房公积金增值收入权属，逐步扩大住房公积金增值收益分配的途径和范围，让租房者能够提取公积金等交房租，变"死钱"为"活钱"，增强农民工等在就业城市的住房支付能力。

（五）建立有利于住房租赁市场健康发展的税收制度，征收房产空置税，降低空置率，实施以鼓励住房租赁市场发展的税收政策

住房空置税是在房产税的基础上针对因房屋空置而造成资源浪费的新一种税收政策。有研究表明：目前我国一些特大城市住房空置率已大大超过 10% 国际警戒线。房屋空置浪费了稀缺的住房土地资源，造成资源享有的不公平。为此，要创造条件开征房屋空置税，增加业主住房持有成本，推动闲置房屋进入租赁和买卖市场，提高住房利用率。鼓励尝试成立"房屋银行"，引导个人将闲置用房进入"房屋银行"，提供专业化、集约化住房租赁服务。此外，对投资和经营住宅租赁及其配套业务的企业，适当减免契税、土地使用税、营业税、房产税、印花税等，鼓励其开展住房租赁业务。

参考文献

〔1〕蔡昉：《"民工荒"现象：成因及政策涵义分析》，《开放导报》2010 年第 2 期。

〔2〕辜胜阻、李华：《以"用工荒"为契机推动经济转型升级》，《中国人口科学》2011 年第 4 期。

〔3〕张之清、王玉光：《日本的住宅制度》，《中国保险报》2010 年 8 月 4 日。

〔4〕卢舒倩：《5 年深圳 CPI 年均涨 3.5%》，《深圳晚报》2012 年 10 月 12 日。

〔5〕张远：《住房租赁市场的调控思路》，《住宅产业》2012 年第 7 期。

〔6〕刘书艳：《北京房租疯涨难控 8 月份月均租金 3720 元/套》，《中华工商时报》2012 年 9 月 10 日。

〔7〕邹晓燕、叶剑平：《健全我国城镇住房供应体系的政策导向探析》，《中国房地产》2012 年第 6 期。

〔8〕甄辉、吕萍：《我国城镇化进程中的城市住房租赁体系研究》，《建筑经济》2011 年第 2 期。

〔9〕崔裴：《我国住房租赁市场现状分析》，上海易居房地产研究院网站，2011 年 12 月 2 日。

〔10〕周建成、廖资衡等：《全国房地产租赁市场研究》，上海易居房地产研究院网

站，2010 年第 24 期。

〔11〕胡光志、张剑波：《中国租房法律问题探讨——现代租房制度对我国的启示》，《中国软科学》2012 年第 1 期。

〔12〕刘洪玉等：《推进和完善住房公积金制度研究》，科学出版社 2011 年版。

—37—

缓解"大城市病"需实施
均衡的城镇化战略[*]

目前，我国一些特大城市的"城市病"日益凸显。为此，国家"十二五"规划纲要明确提出要"预防和治理'城市病'"。改革开放以来，大规模的农村流动人口形成了丰富廉价的劳动力资源优势，为实现中国经济高速增长、确立中国在全球化分工体系中的"世界工厂"地位发挥了重要作用。但是，农村流动人口过度集中于大城市也带来了交通堵塞、环境污染、城市贫富两极分化等"大城市病"的困扰。大量的农村流动人口并没有能够充分享受到发展带来的成果。进城的农村流动人口实现了地域转移和职业转换，但并没有实现身份转变，处于"半城镇化"的尴尬境地。城市对其"取而不予"，大量农村流动人口被排斥在流入地的公共服务体系之外，享受不到市民所有的子女教育、医疗卫生、计划生育、社会救助等公共服务；企业对其"用而不养"，大量流动人口在劳保、工资、社保、福利、培训以及劳动力市场信息服务等方面受到亏待。这种社会地位和权益实现的不平等使得农村流动人口难以融入城市社会，成为我国流动人口服务管理中亟待解决的重要问题。

当前我国已经进入"城市病"集中爆发期，人口流动及劳动力市场的

---

* 本文发表于《中国经济时报》2011 年 4 月 8 日，李华协助研究。

供求格局也出现了一些新的变化。从总体趋势上看，大规模的人口流动在一定时期内将长期存在。数据显示，2010年中国流动人口已达2.21亿，预测未来30年还将有3亿多农民进入城镇。从结构变动上看，处于剩余状态的农村劳动力已明显减少。有研究表明，农民工后备力量每年相比于劳动力供给高峰时减少了600万人左右。而且农村剩余劳动力中的青壮年占比已经不高，意味着农村剩余劳动力的释放空间已经比较有限。从阶层分化上看，"80后"的新生代逐渐成为流动人口的主体，在劳动年龄人口中的占比已达42.8%。他们对尊重、平等和社会承认有更多的期盼，特别是在择业观上对工作环境、福利待遇、发展机会及文化生活等有了更高的要求。从流动方向上看，由于东部和中西部地区就业的比较收益差距正在逐步缩小，而生活成本差距越来越大，东部地区的吸引力日渐式微，大量的农民工选择就地、就近就业创业，内陆城市群和中心城市成为新的人口聚集区。从迁移形式上看，流动人口以长期居住为特征，且有举家迁移的倾向。调查表明，流动人口携配偶、子女、父母一同流动的已占66%。可见，中国流动人口面临总量过剩与结构性矛盾并存的局面，劳动力市场的供给格局正在由"无限供给"向"有限剩余"或正向严重短缺转变，近年来日益严重的"用工荒"现象就是该变化过程中值得高度重视的问题。这也成为加强流动人口服务管理的市场倒逼力量。同时，人口流动过程中出现的利益诉求上的深化、空间分布上的多元化以及融入意愿上的强化等新特点，也对流动人口服务管理提出了新的要求。

立足当前问题，把握未来走向，"十二五"时期应对流动人口问题、缓解"大城市病"的关键是要创新流动人口服务管理体制机制，走均衡城镇化发展道路。

一、实施大中小城市协调发展的均衡城镇化战略，引导流动人口有序流动、合理分布，避免"大城市病"

如果说以都市圈为中心的城市化战略是充分发挥现有城市经济效益的城市化战略构想，那么以县城为中心的农村城镇化战略和大力发展中小城市则是充分考虑引导农村剩余劳动力合理流动的现实选择，更多地兼顾到了城镇化的社会效益。未来要引导人口有序流动、合理分布就必须坚持多向分流的原则，一方面，通过发展大都市，使一部分流动人口继续流向大都市圈，并在都市圈内部不同层级的城市间实现合理分布；另一方面，要在非都市圈地区积极发展中小城市，尤其是在中西部地区重点依托县城发展县域城市，引导流动人口向中小城市分流。这样可以缓解流动人口流向过于集中的问题，克服大城市过度膨胀导致的"大城市病"，形成大中小城市协调发展的城镇结构体系。

二、推行渐进的户籍制度改革，实现流动人口在地域、职业、身份上的"三同步"转换，有序推进农民工市民化进程

渐进式的户籍制度的改革要做到因地制宜，因人而异。一方面，要对大城市、中等城市、小城市、县城的户籍制度改革实行不同的政策，调控农村人口的流量与流速，促进城镇体系的合理化。像北京、上海这样的大城市不可能完全放开户籍，要善待现在的农民工，可考虑设立一种经济导向、人口素质导向和社会规范导向三位一体的门槛条件，避免大城市的人口急剧膨胀。但是在中等城市，应该积极地放开户籍，小城市更是完全可以放开，县城则要"敞开城门"，让农民"自由进城"。另一方面，要着眼于农民工阶层不断分化的现状以及新生代农民工壮大的实际，通过放开户籍限制，帮助新生代农民工以及老一代农民工的"精英群体"率先实现"市民化"。

三、积极推进基本公共服务均等化，逐步实现城市农民工与市民的平权

加强流动人口的公共服务管理和社会保障建设是促进流动人口实现社会融合的重要途径。完善流动人口服务管理的重点是，要建立保障流动人口子女受教育权利的政策扶持体系，赋予流动人口子女平等的教育权利，特别是要解决好农民工随迁子女在流入地接受义务教育的问题；要建立惠

及流动人口的城镇住房保障体系，逐步将流动人口纳入城镇保障性住房的覆盖范围，加强农民工公寓建设。建立完善农民工住房公积金制度，让有条件的农民工可以申请住房公积金贷款并可以支付房租；要完善流动人口就业和权益保障机制，消除就业市场上用人单位对流动人口的工资歧视等不公待遇，加强对流动人口适龄劳动力特别是新生代农民工的职业教育和技能培训；要构建符合流动人口特点的社会保障网络体系，落实流动人口的工伤、医疗、养老等保险福利。

─38─

高速城镇化和过快老龄化
考验中国社会 [*]

最近，国家统计局公布了第六次全国人口普查的主要统计结果，其中关于城镇化与人口老龄化的数据备受关注，特别是公布数据显示的老龄化进程加快的事实引来了对未来中国经济增长的普遍担忧。我们认为，当前中国经济社会发展呈现出高速的城镇化和过快的老龄化两大特征，机遇与挑战并存，需要引起高度重视。

从人口流动和分布特征来看，中国 2011 年将进入城镇人口过半的城市时代，城镇化既是重大机遇，又面临着严峻挑战，城镇化的最大挑战在于应对 2 亿多农民工构成的"半城镇化"局面。

此次人口普查的数据显示，当前中国城镇人口已经达到了 6.66 亿，占总人口的比重是 49.68%，城镇化率近 50%，高于"十二五"规划的预期。同 2000 年第五次全国人口普查相比，城镇人口比重上升了 13.46 个百分点，年均增长超过 1 个百分点。按照这个发展趋势，2011 年中国城镇人口比重就将超过一半，进入城市时代。可见，当前中国已经进入高速城镇化发展阶段。

高速城镇化是机遇也是挑战。一方面，城镇化是实现经济可持续发展

---

* 本文发表于《中国经济时报》2011 年 5 月 19 日，李华协助研究。

的引擎，是支撑经济发展的强大内在动力。可以引发消费需求，培育高消费群体；能够刺激投资需求，扩大民间投资；有利于实现产业结构转型升级，推进经济的服务化；有利于培育创业者和新型农民。中国的城镇化对基础设施、住宅、耐用消耗品、汽车等的需求，是中国能够靠内需拉动经济成长的一个根本动力。另一方面，中国城镇化也面临着"半城镇化"挑战。此次公布的普查结果表明，当前中国流动人口已经超过2.6亿。城镇流动人口只实现了地域转移和职业转换，没有实现身份转变，还戴着农民"帽子"，这使得中国的城镇化呈现出"半城镇化"的状况，严重影响了中国城镇化的质量。

为此，未来中国的城镇化发展，一要实施大中小城市协调发展的均衡城镇化战略，引导流动人口有序流动、合理分布；二要推行渐进的户籍制度改革，实现流动人口在地域、职业、身份上的"三同步"转换，有序推进农民工市民化进程；三要积极推进基本公共服务均等化，使农民工与市民在"就业、医疗、教育、住房和养老"上逐步平权，穿上五件"衣服"。

从人口结构变化特征来看，中国社会经济发展同时还面临"未富先老"的老龄化及高龄化和空巢化的挑战，应对挑战一方面要发展老龄事业，提供公共服务，另一方面又要通过市场引导发展老龄产业。

这次人口普查的数据表明：60岁以上人口数量为1.78亿，占比已达13.26%，比2000年上升2.93个百分点，反映出中国老龄化进程加快的态势。而且，当前中国的人口老龄化表现出一些不同的特点，一方面是面临"未富先老"的尴尬境地。从经济发展阶段看，虽然中国已跃居世界第二大经济体，但人均GDP刚突破了4000美元，刚刚迈入了中等收入国家行列。另一方面，老年人中高龄化和空巢化加速。研究表明，近年来中国80岁以上老人、城乡空巢家庭以及农村留守老人的比重呈不断增加的趋势。

人口老龄化将对中国的经济社会发展带来深刻影响。突出的表现在，出生人口越来越少，老年人越来越多，劳力供给和养老资源同时减少会形成两荒："用工荒"和"养老荒"。人口老龄化背景下"用工荒"现象的出现表明了中国劳动力供求关系的深刻变化，带来了劳动力成本上升的压力，意味着我国廉价劳动力时代正在逐步消失，长期以来过度依靠廉价劳动力的经济发展模式已经无法维系。老龄化日益严重背景下的"养老荒"

则主要反映了劳动人口逐步减少而需要赡养的老年人口数量快速增长情况下养老保障体系的可持续发展面临的挑战。

应对人口老龄化带来的"用工荒"挑战，关键是要推进产业结构调整，摆脱过度依赖廉价劳动力的发展模式，培植新的经济增长源。同时，要引导人口的有序流动和合理分布，帮助农民工顺利融入城市并实现安居乐业市民梦。要构建和谐的劳动关系，实现广大劳动者体面的劳动和有尊严的生活。要提升劳动者素质，增加劳动者的人力资本积累，提高就业的市场竞争力。应对过快的人口老龄化带来的"养老荒"挑战，重点是要构建多层次的养老体系，整合家庭、社会和政府各种资源，在提供养老公共产品、发展老龄事业的同时，大力发展养老产业。政府引导鼓励民间资本进入养老产业大有可为。

—39—
应对老龄化要划定
政府与家庭责任边界*

近来，人口老龄化问题成为社会关注焦点。在少子化和高龄化的双重挤压下，我国人口老龄化社会比发达国家来得更早、更快，呈现"未富先老"的特征。老龄化问题的严重性表现在五个方面：

一是老龄人口基数大、比重高、增长快。我国是世界上老年人口最多的国家，也是唯一一个老年人口超过1亿的国家。第六次全国人口普查数据显示，我国60岁及以上人口为1.78亿人，总量超过日本总人口，占全国总人口13.26%，65岁及以上人口1.19亿人，占总人口8.87%，分别高于国际老龄化社会标准3.26个百分点和1.87个百分点。从速度上看，我国老龄人口年均递增超过3%，高于同期人口增速的5倍多。据有关预测，到2015年，我国60岁以上老年人口将达到2.21亿人，年均增加860万，占总人口比重提高到16%。老年人口相对劳动年龄人口比值快速上升，社会抚养压力不断增大。据统计，我国目前5个劳动年龄人口养1个老人，预计到2030年将变成2.5个劳动年龄人口养1个老人。有关人口统计表明：法国进入老龄社会用了115年，瑞士用了85年，英国用了80年，美国用了60年，而我国仅用了18年（1981—1999年），人均GDP约为1000

---

　　* 本文发表于《中国人口报》2011年11月19日，王敏、刘江日协助研究。

美元时就已开始进入老龄化社会阶段。

二是在群体结构方面，需要特别照顾的"失能、高龄、三无、空巢"四类人群多。在老年人群体中，失能、高龄老人等特殊群体数量大幅增加，占老年人口比重较高。有关调查显示，近10年来，80岁以上高龄老人增加近1倍，已超过2000万；失能和半失能老人约为3300万，占老年人口的19%。城乡老年空巢家庭比重分别达到49.7%和38.3%，部分大中城市甚至达到70%。

三是在养老模式方面，家庭规模和结构变化弱化了家庭养老功能。区别于传统的"三代"、"四世"同堂的生活方式，老少分住、规模小型化、空巢化是当前现代城乡家庭的主要特征。第六次全国人口普查数据显示，我国户均规模为3.1人，较改革开放之初的4.61人下降了32.8%，家庭小型化结构使家庭养老功能明显弱化。同时，越来越多的家庭出现4个老年人、1对夫妇和1个孩子的"四二一"结构。在当前"高房价、高物价、高生活支出"的现实压力下，年轻人履行赡养多位老人的经济约束越发明显，传统家庭养老模式面临巨大压力。

四是在城乡分布方面，农村地区养老问题将更加突出。随着我国城镇化进程加快，大量年轻劳动力外出以及老一代农民工回流，农村留守老人比重将会进一步增加，在社会养老保障制度不健全、城乡和区域发展不平衡的条件下，农村养老问题将比城市更加严重。有关调查显示，我国农村留守老人约有4000多万，完全失能老年人占老年人的比例达6.9%，高于城市比重。

五是劳动力供给和养老资源同时减少会形成"用工荒"和"养老荒"，而且许多地区面临养老金收不抵支的巨大"缺口"。据统计，我国有26个省份进入老龄化社会，27个省份65岁及以上老年人口超过百万，山东、四川、河南等人口大省均位列其中。人口老龄化一方面会加重地区"用工荒"、"招工难"问题，另一方面也可能形成巨大的养老压力。

人口老龄化是我国当前乃至未来发展中的一项基本国情。过快的人口老龄化给经济社会带来严峻挑战的同时，也形成了"银发经济"的巨大需求。据全国老龄办研究，养老服务市场需求在3万亿人民币以上，可解决上千万劳动力的就业机会。随着老龄化进程加深以及居民收入水平提高，老年群体消费需求不仅具有相当大的规模，还呈现出多层次、多样化的趋势，在居家养老、社区服务和机构照料方面存在大量长期护理、生活服务、养老助老、生活用品、旅游娱乐、体育健生、精神慰藉等多种需求。"银发"需求正催生一个潜力极大的国内老年消费市场。但是，由于受到养老供给严重不足的制约，我国"银发经济"发展和老年消费市场开发仍处于初级阶段，远跟不上人口老龄化的需要。目前我国养老床位总数仅占全国老年人口的 1.59%，不仅低于发达国家 5%—7% 的比例，也低于一些发展中国家 2%—3% 的水平，一些地方"一床难求"，"养老难"又浮出水面。同时还存在养老服务投入不足、专业化程度不高、监管不到位、人才稀缺等问题。

当前，我国要应对严重的人口老龄化问题，需要科学界定家庭、政府和市场三者之间的边界，处理好三者关系，积极探索建立与人口老龄化进程相适应、与经济社会发展水平相协调，以居家为基础、社区为依托、机构为支撑的养老服务体系，加快发展养老事业，培育壮大老龄产业，努力提升与多样化、多层次"银发"需求相匹配的养老供给。具体而言：

一要弘扬孝亲敬老传统，强化家庭在养老中的主体作用。依据我国国情和民族传统，家庭在养老方面扮演着非常重要的角色，能满足基本养老需求，在解决老年人的生活照料和精神慰藉上具有不可替代的作用。为此，我们要积极弘扬孝亲敬老的优良文化传统，增进家庭道德建设，将敬老、爱老、助老思想与春节、清明节、中秋节、重阳节、父亲节、母亲节等节日活动紧密结合，不断宣传和强化以孝文化为核心的家庭养老文化和亲情纽带，增进家庭赡养、扶养老人的道德意识和认知。要进一步明确子女及其他赡养人的法律责任和义务，完善老年人法律服务和援助机制，严厉打击歧视、侮辱、遗弃、虐待老人的行为，保障老年人的正当权益。要适应少子化家庭结构变化，积极推进家庭养老设备信息化建设和无障碍设施改造，鼓励针对居家养老的市场服务创新，探索打造家居与社区照顾、上门服务紧密结合的居家养老模式，从技术实践层面上提升居家养老服务能力。

二要完善社区养老服务体系，加强社区养老服务设施建设，发展社区照料和护理康复服务。社区养老服务是居家养老服务的重要支撑，具有社区日间照料和护理康复，以及组织老年人活动的功能，主要面向家庭日间暂时无人或者无力照护的社区老年人提供服务。因此，发展社区养老服务，要按照就近就便、小型多样原则，建设和改造托老所、老年日间照料中心、老年服务之家等社区设施，增强社区养老服务能力，打造居家养老服务平台。要通过组织集体性的文体娱乐活动，提供心理咨询辅导，保障老人精神关怀和心理慰藉、丰富精神文化生活。要不断完善社区卫生服务，加强老年医疗保健，为老年人提供预防、医疗、康复、护理照料等便捷的一体化服务。也要积极倡导、鼓励各种形式的志愿活动，探索城乡老年人互助养老模式。

三要鼓励机构养老，发展和规范专业性养老机构，满足老年人集中照料需求。要探索以公建民营、民办公助、委托管理、合资合作、购买服务等多种方式，组织和推进供养型、养护型、医护型养老机构建设，有条件的地区可以建设集生活照顾、医疗康复、文体娱乐等多功能的大型综合养老机构，扩大服务对象范围，满足多层次、个性化的养老需求。推进养老机构现代化管理方式，培育专业化、规模化的养老服务经营管理机构，增强养老机构自身的发展能力。

四要实施老龄产业引导和扶持政策，吸引社会资本发展老龄产业。老龄产业的市场化能满足老年群体的高端需求，克服政府养老只能保证老年人低端需求的缺陷。为此，建议政府将老龄产业列入国家扶持行业目录，进一步增强老龄产业在土地、用水、用电、用气、税收、财政、金融、行政收费等方面的优惠力度和政策刚性，强化政策执行，支持民间资本投资建设专业化养老服务设施，培育发展老龄产业。积极探索新型的老龄产业发展模式，利用政府采购、补贴等方式，鼓励和引导企业、慈善机构等社会力量参与养老服务业。要营造新型的老年消费环境，培育老年消费市场。

五要完善老年社会保障，增强"制度养老"的保障能力，同步提高老年群体的社会福利水平和救助水平。政府养老是对传统家庭养老模式的补充，能有效弥补家庭做不了、不能做的养老"空档"。针对我国社会养老保障层次低，覆盖面窄，城乡之间、区域之间不平衡等问题，各级政府要加快制定社会养老保障体系建设，将其列入社会管理的重要任务。要进一步建立完善城乡基本养老保险制度、基本医疗保险制度和社会救助制度，逐步扩大社会养老、医疗保险的保障范围和层次，加大对中低收入家庭的补助力度，重点优先解决老年人群体生活、医疗、住房等基本生存问题。还要探索建立老年护理保险制度，制定实施针对城乡贫困老人养老服务的补贴政策。

六要加强养老服务人员培训和专业护理人员培养，提高从业人员素质和专业水平，建立职业资格认证制度。有关资料显示，目前我国需要养老护理人员在1000万人左右，而全国现有养老护理员仅30多万人，其中取得职业资格的不足10万人。未来，要不断加大力度培养老年医学、护理、营养和心理等方面的专业人才，鼓励高等院校和教育机构增设老年人日常照料相关的专业课程，支持养老服务从业人员参加职业教育和专业培训。要积极推广养老护理员职业资格考试认证制度，提高从业人员的职业道德、专业知识和业务技能。要不断探索养老服务专业人员引领志愿者的联动工作机制，鼓励社会各界参与社会工作和志愿者服务。

——40——

大修农技推广法 助推农业现代化[*]

　　十一届全国人大常委会第二十六次会议审议了《农业技术推广法修正案（草案）》（以下简称《修正案（草案）》），力图从法律层面上进一步解决科技链和产业链的"最后一公里"问题，让大量优秀的科技成果通过推广切实转化为现实生产力。农业技术创新是引领、支撑我国农业和农村经济发展，确保国家粮食安全和农产品长期有效供给的根本出路。农业不同于第二、第三产业，受资源与环境的约束，存在较为明显的弱质性和风险性特征。当前，要保障农业持续发展和农产品稳定供给，以及应对国际产品需求变化和竞争冲击，必须要"强科技，保发展"，依托农业科技创新来提高土地产出率、资源利用率和劳动生产率，增强对农业的支撑能力。这也是2012年中央一号文件聚焦"农业科技创新战略"的现实依据和根本出发点。在农业技术链中，技术研发是"培育"新技术的前端环节，是创新技术供给的"源头"。技术推广则是实现技术由"实验室"走向"田间地头"、连接技术供给与农户需求的"桥梁"。长期以来，我国农业发展面临科技链与产业链严重脱节的问题，农业科技工作重科研、轻中试和推广应用，农业科研成果缺乏行之有效的推广机制，农业科技成果转化率偏低。有关统计显示，我国每年经过中央和省级政府部门鉴定的农业科研成

　　* 本文发表于《法制日报》2012年5月6日，曹誉波、王敏协助研究。

果有 1 万项左右，约 30% 可以推广，但实际转化率只有 10%—15%。在水利科技领域，技术成果转化率也低于 30%，许多科技成果被"束之高阁"。因此，建立完善适应市场经济需要的农业技术推广机制，推动农业技术创新主体与需求主体有效对接是当前我国农业科技工作中最迫切、最紧要的任务。

现行《农业技术推广法》作为保障农业技术推广工作有序推行的基础性法律，自施行以来，为我国农业科技水平提高和农村经济发展提供了重要保障。但随着农村改革深化和现代农业发展，该法已难以满足新形势下开展农业技术推广工作的需要。在深入调查研究、总结经验与教训、广泛听取意见基础上形成的《修正案（草案）》，有利于进一步促进农业现代化和农村经济的可持续发展，提高科技对农业发展的贡献。这次《修正案（草案）》具有四个方面的亮点。

一、适应农技需求多样性和供给主体多元化的特点，《修正案（草案）》立法规划"一主多元"的现代化农业技术推广体系，理顺农技推广的管理体制，调动多元主体从事农技推广的积极性

当前我国农技推广工作主体逐步多元化，农业科研、教育单位、涉农企业等多方参与农业技术服务，农业技术推广体系正在向"政府为主、多元发展"的方向转变。对此，《修正案（草案）》顺应农业农村发展需求，在"一主多元"的推广体系中增加了"农民专业合作社、涉农企业"，提出"实行国家农业技术推广机构与农业科研单位、有关学校、农业专业合作社、涉农企业、群众性科技组织、农民技术人员等相结合的推广体系"。同时，《修正案（草案）》还提出"鼓励和支持发展农村专业技术协会等群众性科技组织"、"引导农业科研单位和有关学校开展公益性农业技术推广服务"、"鼓励农场、林场、牧场、渔场水利工程管理单位和农业科技示范园区面向社会开展农业技术推广服务"，从法律上明确了多元化推广服务组织的地位和作用，支持社会力量多形式、多渠道、多层次参与农技推广事业。在基层农业技术推广机构管理体制改革方面，《修正案（草案）》

对"县、乡级或区域国家农业技术推广机构"的设置和管理体制予以规定，在强调集中力量和管理的同时也为管理体制机制的适时灵活调整预留了空间。

二、提出农业技术推广公益性与经营性分类管理原则，在总结经验教训的基础上严格规定了国家推广机构的"公益性职责"，为实现农业技术推广的政府主导与市场调节的"双轮驱动"提供法律保障

过去有一段时间，在把农技推广推向市场的思想指导下，农技推广公益性弱化，基层农技站曾出现"人去楼空"，"网破、线断、人散"局面，教训十分深刻。农业自身的特殊性和粮食安全的战略意义要求政府必须明确其在基础性、前沿性、公益性技术研究与推广应用中的主体地位。为此，《修正案（草案）》新增"公益性推广与经营性推广分类管理"为农业技术推广的遵循原则。一方面进一步强调国家农业技术推广机构的公益性定位，明确"各级国家农业技术推广机构属公共服务机构"，规定其公益性职责：关键农业技术的推广、动植物疫病及农业灾害预防、农产品质量安全监管服务、农业资源与环境监测、水资源管理和防汛抗旱技术服务、农业公共信息和培训教育服务等。另一方面，要求国家农业技术推广机构"推广农业技术，实行无偿服务"，不再从事经营性推广服务，其他社会化组织可以通过"技术转让、技术服务、技术承包、技术咨询和技术入股"等多种形式提供农业技术"有偿服务"。

三、针对当前农技专业人员素质与工作严重不相适应的问题，明确规定农技推广机构专业技术人员的资格和结构比例，推动农技推广机构的专业化，进而提升农业技术推广服务水平

当前，我国农技推广机构由于专业技术人员比重偏低，后备新生力量不足，以及缺乏专业化学习与培训，导致人员老化、知识结构脱节、服务

能力下降，直接影响农业推广服务工作的质量。《修正案（草案）》明确规定"国家农业技术推广机构岗位设置应当以专业技术岗位为主"，县、乡级农技推广机构的专业技术岗位"不低于岗位总量的80%"，其他农技推广机构"不低于70%"，新聘用专业技术人员学历要求由原"中等以上有关专业学历"提高为"具有大专以上有关专业学历"，并"通过县级以上人民政府有关部门组织的专业技术水平考试"，同时要求"教育、人力资源和社会保障等部门"支持学校开展职业技术教育和技能培训，提高技术推广队伍的专业化水平。为提升农业技术推广服务质量，《修正案（草案）》鼓励"运用先进传播手段，创新推广方式方法，提高推广效率"，并强调技术推广前进行"先进性、适用性和安全性"验证。

四、在物质技术保障和法律责任方面，提出了各级政府在农技推广上的责任，规定加大对农业技术推广的财政投入，强化农技推广工作的保障措施，明确农技推广的法律责任

目前，农业技术推广的政府财政投入缺乏明确刚性目标规定，使得农业技术推广的财政资金投入不足、保障能力不强。对此，《修正案（草案）》提出了六项针对性保障措施：一是进一步强调建立农技推广基金稳定增长机制；二是明确基层农技推广工作经费由各级政府共同承担；三是保障农技推广机构工作条件，保护试验示范场所、生产资料和其他财产免受侵害；四是鼓励和支持高等学校毕业生和科技人员到基层从事农技推广工作；五是对开展经营性推广服务予以政策优惠；六是政府采取购买服务等方式，引导各类组织和个人参与农业技术推广服务。此外，《修正案（草案）》还新增第五章"法律责任"，明确推广农业技术造成损失应当承担的民事赔偿责任和行政责任，对各级政府、农技推广机构、国家机关等行为主体违反本法规定所需承担法律责任的进行了详细规定，并新增对"截取或者挪用用于农业技术推广基金的"、"侵害国家农业技术推广机构财产"等违法行为的法律责任。

―*41*―
以法治统领网络虚拟社会管理*

改革开放以来，我国经济高速增长的同时，社会阶层不断分化，社会矛盾凸显，社会管理面临新形势和新问题。2011 年 2 月胡锦涛总书记在省部级主要领导干部社会管理及其创新专题研讨班上，连用多个"必然要求"来强调"加强和创新社会管理"的重要意义。国家"十二五"规划纲要也将社会管理内容单独成篇，表明社会管理已上升至国家战略层面，成为事关国家发展的重大问题之一。"十二五"期间，我国要加强对经济社会发展形势的研判，与时俱进加强和创新社会管理，确保社会既充满活力又和谐稳定。随着计算机技术和网络技术的不断发展，网络渗透到国民经济和社会生活的各个领域，形成了新型的网络虚拟社会形态。当前，我国网民规模 5 亿左右，互联网已经成为公众舆论的主要阵地之一。网络使世界变平了：意愿表达扁平化、时空传导无限化、身份认可虚拟化、沟通路径多节点、互动关系平等化、社会价值多元化。这些特点使得网络能够将各种不同的价值观汇在一起，形成"网络舆论场"。因此有人将当今的网络社交媒体比喻为旧时代的"市政大厅"和"工会会议"，或者新时代的"咖啡馆"。网络也是一把"双刃剑"，网络民意存在情绪化倾向，容易被操作和利用。如何应对网络虚拟社会发展带来的挑战，统筹网络社会和

---

* 本文发表于《法制日报》2011 年 12 月 18 日，李洪斌协助研究。

现实社会的管理，已经成为政府官员必须面对的重要课题。强化网络虚拟社会管理需要采取以下对策：

一、转变管理理念

网络不是洪水猛兽。政府官员要深刻理解网络传播规律，正确认识网络虚拟社会的新特点，努力消除"谈网色变，避网烧身"的网络恐惧症。对于虚拟社会管理，既不能放任自流、任其发展，也不能粗暴"封""删"、只堵不疏。中国古语云：防民之口，甚于防川。川壅而溃，伤人必多，民亦如之。是故为川者决之使导，为民者宣之使言。各级政府和社会管理者要提高网络媒介素养，尊重网络民意，并对网络民意进行科学甄别，防止民意渠道被堵塞，也要防止被网络民意所挟持。网络虚拟社会平等开放、互联互通、多节点、无国界的扁平结构特征，促使管理思想必须从封闭走向开放，从孤立走向协调，从单一方式走向多样手段相结合。

二、变革管理模式

虚拟社会作为一种多节点、多中心、虚拟化的新型社会形态，单靠政府很难有效管理。充分发挥社会组织和意见领袖等不同社会力量的作用，将会使虚拟社会管理工作事半功倍。当前要按照"十二五"规划，建立健全党委领导、政府负责、社会协同、公众参与的社会管理格局，变整治命令的思维为寓管理于服务之中，变政府包打天下为社会力量形成整合，变灭火为源头治理的方式，变行政手段为法律、行政、经济等综合管理。政府部门要强化"责任"意识，勇于承担责任，不逃避、不掩饰、不推诿，要有勇气正视问题、直面民意，有效缓解危机事态，不让不明真相的网民和别有用心的坏人有推波助澜的可乘之机。要积极构建新型的多中心治理结构，推动政府、行业组织、虚拟社区管理员和网民之间通过协商与合作的方式解决各种矛盾与争端，推进网络虚拟社会自律。

三、创新工作方式

传统社会管理方式中存在政府管理被动、反应速度较慢的特点，难以适应虚拟社会管理的要求，还可能导致政府的公信力下降。虚拟社会管理从管理对象和运作方式上都更趋复杂，要求创新工作方式，借助网络平台引导民众高效便捷知政、议政、参政，健全党和政府主导的维护群众权益机制。要搭建政府与大众快速沟通的网络平台，及时准确的向广大网民公布政府相关事宜，让民众享有知情权，通过公开透明引导网络舆论，通过"网络问政"反映原生态网络民意，为政策制定提供依据，同时要与时俱进，利用新型载体如微博等，充分全面了解民意，实现问政于民。在对突发事件的应急管理中，要把握化解危机的"黄金三小时"规律，尽快使相关问题得到解决，完善人民调解、行政调解、司法调解联动的工作体系。

四、完善管理机制

健全预警防范机制，通过设立网络监察员随时了解网络动态，掌握网络民意，及时处理网民普遍关注的事件和问题，预警防范网络群体事件的"苗头"。建立网络舆情反应中心，提高对网络舆情信息的汇集、分析技术，尤其是要注重利用信息技术对网络舆情突发事件进行分析与预警等。积极开展网络治理的研究，分群体、分阶段对网民的心理和行为进行研究，探索网络舆论的形成机制及其扩散规律，共同解决网络发展所面临的问题。要完善舆论引导机制，及时全面掌握舆情，力争在危机发生的第一时间将客观、准确的事实真相传达给网民，正确疏导负面舆论。注重与"意见领袖"的沟通，发挥其在引导社会舆论向健康理性方向发展中的作用，聚同化异，扶正抑偏。要完善事故处理机制，勇于承担事件的相关责任，缓解危机事态。建立网络社会回应机制，如考虑建立网络新闻发言人制度，还可以建立紧急状态政府回应和介入的应急预案等。

五、加强网络虚拟社会管理的"法治"建设

社会管理需要法治的文化和法治的"基因",逐步形成以法治轨道来解决社会矛盾和冲突的共识。康德曾说,大自然迫使人类加以解决的最重大问题,就是建立普遍法治的公民社会。法治的实施能够使社会公众感受公平和正义,由此形成对法律的尊重和对法治的信仰,从而自觉守法,结果是社会秩序更加稳定。当前要从立法、执法、司法、普法等几个方面共同推进,着力实现用法治统领网络虚拟社会的建设与管理。要完善虚拟社会管理和互联网的相关法律法规,进一步研究互联网管理中的法律盲区,加强电子证据、虚拟财产、治理网络犯罪、个人隐私保护等相关方面立法,为虚拟社会管理提供实在的法律约束机制。要把握虚拟社会特点及规律,认真贯彻执行《互联网信息服务管理办法》等相关法律法规,不断探索和创新执法模式。要做好虚拟社会司法工作,依法打击网络违法犯罪行为,净化网络环境,优化网络生态,使网络治理从"人治"走向"法治"。要扎实推进网络普法教育,开展形式多样的网络法制宣传教育,创造条件方便群众网络维权,提高大众特别是青少年的网络法治意识。

—42—
虚拟社会管理与网络舆论危机应对[*]

随着计算机技术和网络技术的不断深入发展，网络几乎已经渗透到国民经济和社会生活的各个领域，形成了新型的网络虚拟社会形态。网络是一把"双刃剑"，互联网在给民众的生产生活及政府行政带来极大方便的同时，也极有可能由于其不同于现实社会的意见表达和传播机制而带来一些负面影响，甚至危及社会和谐稳定的大局。毋庸讳言，网络虚拟社会的管理，对于各级政府是一个新的挑战，如果领导干部不学会正确利用网络来构建电子政务平台，学会网络时代的应急管理，就会处于十分被动的状态。为此：

一、要转变社会管理理念，正确认识网络虚拟社会的新特点，主动适应网络社会发展对虚拟社会管理提出的新要求和新挑战

网络虚拟社会是一个平等开放、互联互通的扁平结构的社会，网络信息交流在时间上快速及时、在空间上跨地区无国界，大部分网民是以匿名隐身、网名代号等形式存在，而且诸如博客、微博等新交流工具和渠道也

＊ 本文发表于《中国青年报》2011 年 4 月 18 日，李华协助研究。

不断涌现。可见，网络虚拟社会表现出扁平化的意愿表达、无限化的时空传导、虚拟化的身份认可以及常态化的技术更新等特点，这些特点使得网民自由表达的意愿极有可能借助网络虚拟社会巨大的传播能力形成强大的公共舆论压力。如何应对网络虚拟社会迅猛发展带来的新挑战，顺势而为，统筹网络虚拟社会管理和现实社会管理，成为各级政府必须面对的重要课题。为此，要加强对领导干部网络知识和技能的培训，消除网络恐惧症，学会正确利用网络来构建电子政务平台，提高网络管理水平和自身执政能力。

二、要创新工作方式，加强网络虚拟社会管理和电子政务建设，构建政府与民众良性互动的网络虚拟社会管理模式，通过网络引导民众知政、议政、参政

胡锦涛总书记曾经指出，互联网已成为"思想文化信息的集散地和社会舆论的放大器"。而正是这个集散地和放大器，考验着政府的执政智慧。网络虚拟社会管理的重要目标之一，就是要构建和谐的网络环境，通过网络平台提升民众对政府决策的知晓度和参与度，实现政府与民众良性互动。为此，要建立政事发布机制，完善信息发布。及时准确地向广大网民公布政府相关事宜，让民众享有知情权。要建立民意搜集机制，实现问政于民。积极认真全面地搜集网民意见，作为政策制定的重要参考。要建立交流互动机制，推动政民互动。避免政府单方面发布政务信息而不与网民沟通的"单向思维"，建立完善网络发言人制度，实现与网民之间的交流互动。

三、要积极防范应对网络公共舆论危机，通过科学引导营造健康有序的网络生态环境

网络生态使得广大网民容易受到极端言论的影响，导致网民"群体极端化"现象的出现。如果政府应急反应不及时、回复机制不完善，极有可能加剧负面舆论的传播，从而形成公共舆论危机，严重损害政府的公信力

和形象。为此，要将建立常态的信息观察处理机制与特殊时期的应急反应机制相结合。随时了解网络动态，掌握网民意愿。对于网民普遍关注的事件和问题，要及时处理。对于网络群体性事件的苗头要及时反馈，做好预警防范。要将建立及时有效的信息披露机制与勇于承担事件责任的约束机制相结合。及时全面掌握舆情，力争在危机发生的第一时间将客观、准确的事实真相传达给网民，正确疏导负面舆论。同时，要勇于承担事件的相关责任，有效缓解危机事态。要健全网上舆论引导机制。要做好舆论引导工作，畅通广大网民充分表达民意的渠道和出口，重视健全网络监管的法律法规，依法加强网络虚拟社会管理。

—43—

构建食品安全的法治"防护墙"*

民以食为天，食以安为先。食品安全关乎人民群众的切身利益，关乎社会的和谐稳定，是党和政府执政为民的重要责任。但近年来，食品安全问题越来越突出，食品安全事件发生频率越来越高，造成的影响也越来越大。一些食品案例事件，引起老百姓对食品安全的恐慌，甚至"谈食色变"。古希腊哲学家亚里士多德曾经说过，真想解除一国的内忧应该依靠良好的立法，不能依靠偶然的机会，有好的法律才有好的秩序。为此，全国人大常委会在《食品安全法》出台两年来，已先后进行了两次全国范围的执法检查，力度和节奏前所未有，极大凸显了立法监督机关对食品安全这一民生问题的重视。但由于违法成本低、监管体制不顺、执法力度不够等多重原因，当前食品安全形势依然严峻。未来，根治我国食品安全问题，切实保障人民群众的身体健康和生命安全，需要以《食品安全法》为准绳，用重典、出重拳治乱，建立长效治理机制，确保食品安全。

一、保障食品安全要健全和完善食品安全诉讼制度，提高违法成本，重典治乱，给予食品安全违法行为者最大震慑，抑制违法冲动，实现行政监管与司法治理相结合

国外经验表明，食品安全治理光靠行政监管"一条腿"走路不行，还

---

* 本文发表于《法制日报》2011 年 7 月 16 日，杨威协助研究。

需要"另一条腿",靠法治的方式维护食品安全。这是因为食品安全违法的目的在于获利,目前食品安全违法事件层出不穷的根本原因在于违法成本过低,给违法分子以可乘之机,造成屡禁不止,甚至边罚边犯。因此,法律不得使违法者通过违法行为而获利,既是人们的共识,也是法律的基本原则。目前,我国《食品安全法》第八十五条规定,在没收违法所得和作案工具等基础上,对"违法生产经营的食品货值金额不足一万元的,并处二千元以上五万元以下罚款;货值金额一万元以上的,并处货值金额五倍以上十倍以下罚款",违法惩罚力度依然不够。因此,要发挥司法的刑事惩处和民事赔偿两大功能惩治食品安全违法。在司法治理过程中首先提高违法成本,对违法行为给予最大震慑,使其不敢以身试法。其次要创造在食品安全问题上的诉讼条件,通过建立公民食品安全诉讼制度,降低群众司法维权"门槛",保障消费者的诉讼权和索赔权。最后要完善配套法规和食品安全标准体系建设,明确刑事惩处和巨额赔偿细则,加大法律执行力。

二、建立起政府监管、行业自律、企业负责、社会监督互动的新型治理机制,实现外部他律与行业自律相结合,在法律威慑力的基础上提高道德约束力

美国著名法学家罗斯科·庞德说过,法律必须依靠某种外部手段来使其机器运转,因为法律规则是不会自动执行的。我国食品安全法律的落实,一方面需要在行政监管方面细化各部门问责机制,另一方面,需加强行业自律和社会监督,构建他律与自律相结合的立体式监管机制。为此,我国《食品安全法》第七条规定"食品行业协会应当加强行业自律",第三条、第五条、第八条、第十条分别规定"食品生产经营者对社会和公众负责","政府部门依法做好食品安全监督管理工作","新闻媒体应当对违反本法的行为进行舆论监督","任何组织或者个人有权举报食品生产经营中违反本法的行为"。未来,我国要将食品安全纳入政绩考核,实行更加严格的食品安全官员问责制,坚持推行"谁监管,谁负责;谁失职,谁受罚"的原则,实现对食品生产、流通、消费的各个环节的立体问责体系。

同时，要鼓励各食品生产企业和从业人员牢固树立职业道德意识和法律意识，为老百姓提供安全健康的食品。要充分发挥行业协会，特别是消费者协会等中介组织以及大众传媒的作用，建立健全重奖举报制度，强化舆论监督和社会公众监督，切实保障食品安全。

三、保障食品安全既要抓源头治理，又要解决好分段监管中的衔接问题，减少监管交叉，防止空白和盲点，做好全程全时"无缝"监管，实现源头治理与分段衔接相结合

我国《食品安全法》第五条、第六条规定了食品安全的分段监管原则。但是实际中，由于食品从田头到餐桌，食品安全的战线很长，涉及面和地域很广，涉及点和监管环节多，食品监管存在多种问题：一是很多食品安全问题，都出在源头污染和初加工环节污染。二是现存的分段监管方式存在：部门监管职责不明确，相互推诿、监管末端缺位，部分环节监管缺失、监管体制不顺，过度管理和管理不足并存、监测资源和力量分散，缺乏合力等问题。意大利法学家贝卡利亚认为，法律的威慑力不在于它的严酷性，而在于其不可避免性。当前，食品监管"漏洞"极大影响了《食品安全法》的威慑力，只有构建严密的监管体系，实现"法网恢恢、疏而不漏"，才能"违法必究"、保障食品安全。因此，有关部门一方面要进一步加大食品生产经营的源头管理和治理，制定完善的食品生产经营标准、推动农畜水产品的规模化生产、加强市场准入前的检测防控、建立食品可追溯体系，从源头上彻底消除隐患；另一方面，需要从根本上改变我国目前行政监管机构多头各自为政的格局，改变六个部门管不好"一头猪"，治不好"一种油"（地沟油）的局面。要合理科学的分配不同监管部门在食品安全监管中的角色和责任，加强各部门在技术、标准、信息、规则、行动等多方面的交流与协同，既减少监管交叉，消除监管空档，又规范监管执法，防止"以罚代法"，推动监管合力的形成。

四、推进堵截与疏导相结合，既要重拳出击，堵住食品安全隐患，又要因势利导，构建食品废料的政府回收利用渠道，降低企业税费负担，引导小作坊小摊贩规范运营

执法的过程需要疏堵结合、防打并举，以更好规范现实生活秩序。我国食品工业以中小型企业为主，小作坊、小摊贩、小餐饮数量巨大，是非法添加物和食品添加剂、有毒原材料等使用的高危领域，需要加大执法力度，但这些业态又涉及大量就业，不可仅靠"严打"。为此，《食品安全法》既强调打击违法，又重视疏通引导，其第三十条规定，"县级以上地方人民政府鼓励食品生产加工小作坊改进生产条件；鼓励食品摊贩进入集中交易市场、店铺等固定场所经营"。治理食品安全问题，一方面要重拳出击，加强对违禁物、非法添加物和有毒原材料使用的抽查检测力度，严格治理食品废料防止重新返回餐桌，坚决取缔违法违规经营的小作坊等，从根本上堵住食品安全隐患；另一方面，要因势利导，疏通地沟油等有毒食品废料的回收利用渠道，提高小商贩等的规范运营意识和能力，加大对食品生产经营中小企业减税减费力度，为企业营造宽松的经营环境。

责任编辑:陈　登

图书在版编目(CIP)数据

创新驱动战略与经济转型/辜胜阻 著. -北京:人民出版社,2013.3
ISBN 978 - 7 - 01 - 011748 - 5

Ⅰ.①创…　Ⅱ.①辜…　Ⅲ.①中国经济-经济发展战略-研究 ②中国经济
-经济体制改革-研究　Ⅳ.①F12

中国版本图书馆 CIP 数据核字(2013)第 032687 号

创新驱动战略与经济转型
CHUANGXIN QUDONG ZHANLÜE YU JINGJI ZHUANXING

辜胜阻　著

人民出版社 出版发行
(100706　北京市东城区隆福寺街 99 号)

北京新魏印刷厂印刷　　新华书店经销

2013 年 3 月第 1 版　2013 年 3 月北京第 1 次印刷
开本:710 毫米×1000 毫米 1/16　印张:24.25
字数:368 千字

ISBN 978 - 7 - 01 - 011748 - 5　定价:54.00 元

邮购地址 100706　北京市东城区隆福寺街 99 号
人民东方图书销售中心　电话 (010)65250042　65289539